国家级职业教育教师教学创新团队课题研究项目成果系列教材

高等院校"十四五"规划餐饮类专业新形态一体化系列教材

总主编 ◎杨铭铎

餐饮企业管理

CAN YIN QI YE GUAN LI

主　编◎史　涛

副主编◎方欣月　李　玲　申亚军

参　编◎陈婷婷　金晓阳　卜俊芝

王晶云　胡宜凡

华中科技大学出版社

http://press.hust.edu.cn

中国·武汉

内 容 简 介

本书是国家级职业教育教师教学创新团队课题研究项目成果系列教材、高等院校"十四五"规划餐饮类专业新形态一体化系列教材。

本书分为十五讲,内容包括导论,新人入职了解岗位和公司,餐饮企业人员配备,店长的领导力和沟通力培养,餐饮服务的二十一个触点,门店顾客画像与数据建模等。

本书可作为高等院校餐饮类专业学生的教材,也可作为非餐饮类专业学生公共选修课教材,还可作为广大餐饮企业的人员培训用书。

图书在版编目(CIP)数据

餐饮企业管理 / 史涛主编. -- 武汉:华中科技大学出版社,2025.1(2025.9重印). -- ISBN 978-7-5772-1607-2

Ⅰ. F719.3

中国国家版本馆 CIP 数据核字第 2025F5F808 号

餐饮企业管理
史 涛 主编
Canyin Qiye Guanli

策划编辑:汪飒婷

责任编辑:马梦雪 毛晶晶

封面设计:廖亚萍

责任校对:刘 竣

责任监印:周治超

出版发行:华中科技大学出版社(中国·武汉)　　电话:(027)81321913

　　　　　武汉市东湖新技术开发区华工科技园　　邮编:430223

录　　排:华中科技大学惠友文印中心

印　　刷:武汉科源印刷设计有限公司

开　　本:889mm×1194mm　1/16

印　　张:15.5

字　　数:457 千字

版　　次:2025 年 9 月第 1 版第 2 次印刷

定　　价:52.00 元

网络增值服务

使用说明

欢迎进入华中科技大学出版社图书中心

1 教师使用流程

（1）登录网址：**http://bookcenter.hustp.com** （注册时请选择教师用户）

注册 ＞ 登录 ＞ 完善个人信息 ＞ 等待审核

（2）**审核通过后，您可以在网站使用以下功能：**

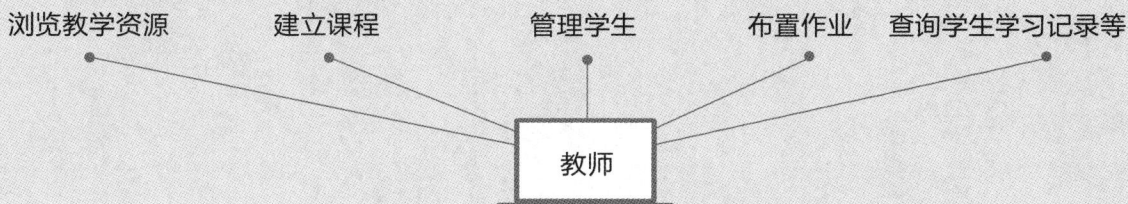

浏览教学资源　　建立课程　　管理学生　　布置作业　　查询学生学习记录等

教师

2 学员使用流程

（建议学员在PC端完成注册、登录、完善个人信息的操作。）

（1）**PC 端操作步骤**

① 登录网址：http://bookcenter.hustp.com（注册时请选择普通用户）

注册 ＞ 登录 ＞ 完善个人信息

② **查看课程资源：**（如有学习码，请在"个人中心－学习码验证"中先通过验证，再进行操作）

选择课程

首页课程 ＞ 课程详情页 ＞ 查看课程资源

（2）**手机端扫码操作步骤**

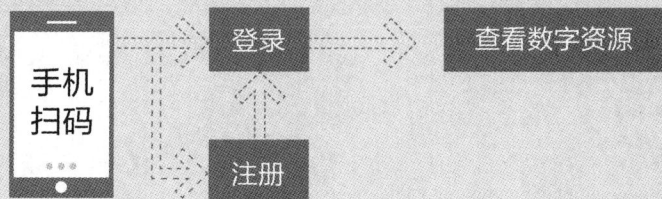

手机扫码 → 登录 → 查看数字资源

注册

加强餐饮教材建设，提高人才培养质量

　　餐饮业是第三产业的重要组成部分，改革开放40多年来，随着人们生活水平的提高，作为传统服务性行业，餐饮业在刺激消费、推动经济增长方面发挥了重要作用，在扩大内需、繁荣市场、吸纳就业和提高人们生活质量等方面都做出了积极贡献。就经济贡献而言，2022年，全国餐饮收入43941亿元，占社会消费品零售总额的10.0%。全国餐饮收入增速、限额以上单位餐饮收入增速分别相较上一年下降24.9%、29.4%，较社会消费品零售总额增幅低6.1%。2022年餐饮市场经受了新冠肺炎疫情的冲击、国内经济下行等多重考验，充分展现了餐饮经济韧性强、潜力大、活力足等特点，虽面对多种不利因素，但各大餐饮企业仍然通过多种方式积极开展自救，相关政策也在支持餐饮业复苏。目前餐饮消费逐渐复苏回暖，消费市场已初现曙光。党的二十大指出为全面建设社会主义现代化国家、全面推进中华民族伟大复兴而团结奋斗，作为人民基本需求的饮食生活，餐饮业的发展与否，不仅关系到能否在扩内需、促消费、稳增长、惠民生方面发挥市场主体的重要作用，而且关系到能否满足人民对美好生活的需求。

　　一个产业的发展离不开人才支撑。科教兴国、人才强国是我国发展的关键战略。餐饮业的发展同样需要科教兴业、人才强业。经过60多年，特别是改革开放后40多年的发展，目前餐饮烹饪教育在办学层次上形成了中等职业学校、高等职业学校、本科（职业本科和职业技术师范本科）、硕士、博士五个办学层次，在办学类型上形成了烹饪职业技术教育、烹饪职业技术师范教育、烹饪学科教育三个办学类型，在举办学校上形成了中等职业学校、高等职业学校、高等师范院校、普通高等学校的办学格局。

　　我曾经在拙著《烹饪教育研究新论》后记中写道：如果说我在餐饮烹饪领域有所收获的话，有一个坚守（30多年一直坚守在餐饮烹饪教育领域）值得欣慰，有两个选择（一是选择了教师职业，二是选择了餐饮烹饪专业）值得庆幸，有三个平台（学校的平台、教育部平台、非政府组织（NGO）——行业协会平台）值得感谢。可以说，"一个坚守，两个选择，三个平台"是我在餐饮烹饪领域有所收获的基础和前提。

　　我从行政岗位退下来后，时间充裕了，就更加关注餐饮烹饪教育，探讨餐饮烹饪教育的内在发展规律，并关注不同层次餐饮烹饪教育的教材建设，特别感谢华中科技大学出版社给了我一个新的平台。在这个平台，一方面我出版了专著《烹饪教育研究新论》，把30多年的教学和科研经验及体会呈现给餐饮烹饪教育界；另一方面我与出版社共同承担了2018年在全国餐饮职业教育教学指导委员会立项的重点课题"基于烹饪专业人才培养目标的中高职课程体系与教材开发研究"（CYHZWZD201810）。该课题以培养目标为切入点，明晰烹饪专业人才的培养规格；以职业技能为结合点，确保烹饪人才与社会职业的有效对接；以课程体系为关键点,通过课程结构与课程标准精准实现培养目标;以教材开发为落脚点,开发教学过程与生产过程对接、中高职衔接的两套烹饪专业课程系列教材。这一课题的创新点在于研究与编写相结合,中职与高职同步,学生用教材与教师用参考书相联系。编写出的中职、高职烹饪专业系列教材,解决了烹饪专业理论课程与职业技能课程脱节,专业理论课程设置重复,烹饪技能课程交叉,职业技能倒挂,中职、高职教材内容拉不开差距等问题,是国务院《国家职业教育改革实施方案》完善教育教学相关标准中"持续更新并推进专业目录、专业教学标准、课程标准、顶岗实习标准、实训条件建设标准(仪器设备配备规范)建设和在职业院校落地实施"这一要求在餐饮烹饪职业教育落实的具体举措。《烹饪教育研究新论》和重点课题均获中餐科技进步奖一等奖。基于此,时任中国烹饪协会会长、全国餐饮职业教育教学指导委员会主任委员姜俊贤先生向全国餐饮烹饪院校和餐饮行业推荐这两套烹饪专业教材。

进入新时代,我国职业教育受到了国家层面前所未有的高度重视。在习近平总书记关于职业教育的系列重要讲话指引下,国家出台了系列政策,国务院《国家职业教育改革实施方案》(简称职教 20 条),中共中央办公厅、国务院办公厅《关于推动现代职业教育高质量发展的意见》(简称职教 22 条),中共中央办公厅、国务院办公厅《关于深化现代职业教育体系建设改革的意见》(简称职教 14 条),以及新的《中华人民共和国职业教育法》颁布后,职业教育出现了大发展的良好局面。

在此背景下,餐饮烹饪职业教育也取得了令人瞩目的进展,其中从 2021 年 3 月教育部印发的《职业教育专业目录(2021 年)》到 2022 年 9 月教育部发布的《职业教育专业简介》(2022 年修订),为餐饮类专业提供了基本信息与人才培养核心要素的标准文本,对于落实立德树人的根本任务,规范餐饮烹饪职业院校教育教学、深化育人模式改革、提高人才培养质量等具有重要基础性意义,同时为餐饮烹饪职业教育的发展提供了良好的契机。

新目录、新简介、新教学标准,必然要有配套的新课程、新教材。国家在教学改革方面反复强调"三教"改革。当前,以职业教育教师、教材、教法为主的"三教"改革进入落实攻坚阶段,成为推进职业教育高质量发展的重要抓手。教材建设是其中一个重要的方面,国家对教材建设提出"制定高职教育教材标准""开发教材信息化资源"和"及时动态更新教材内容"三个核心要求。

进入新时代,适应新形势,达到高标准,我们启动新一批教材的开发工作。它包括但不限于新版专业目录下的第一批中高职教材(2018 年以来)的提档升级,新开设的职业本科烹饪与餐饮管理专业教材的编写,相关省、市、地方特色系列教材以及服务于餐饮行业和饮食文化等方面教材的编写。与第一批教材建设相同,第二批教材建设也是作为一个体系来推进的。

一是以平台为依托。教材开发的最终平台是出版机构。华中科技大学出版社(简称"华中出版")创建于1980年,是教育部直属综合性重点大学出版社,建社40多年来,秉承"超越传统出版,影响未来文化"的发展理念,打造了一支专业化的出版人才队伍和具备现代企业管理能力的职业化管理团队。在教材的出版上拥有丰富的经验,每年出版图书近3000种,服务全国3000多所大中专院校的教材建设。该社于2018年全方位启动餐饮类专业教材的策划和出版,已有中职、高职专科、本科三个层次若干种教材问世,并取得了令人瞩目的成绩。目前该社已有餐饮类"十三五"职业教育国家规划教材1种,"十四五"职业教育国家规划教材7种,"十四五"职业教育省级规划教材4种。特别令人欣慰的是,编辑团队已经不再囿于传统方式编写和推销教材,而是从国家宏观层面把握教材,到中观层面研究餐饮教育规律,最后从微观层面使教材编写与出版落地,服务于"三教"改革。

二是以团队为根本。不同层次、不同课程的教材要服务于全国餐饮相关专业,其教材开发者(编著者)应来自全国各地的院校、教学研究机构和行业企业,具有代表性;领衔者应是这一领域有影响力的专家,具有权威性;同时考虑编写队伍专业、职称、年龄、学校、行业企业、研究部门的结构,最终通过教材建设,形成跨地区、跨界的某一领域的编写团队,达到建设学术共同体的目的。

三是以项目为载体。编写工作项目化,教材建设不只是就编而编,而是应该将其与科研、教研项目有机结合起来,例如,高职本科"烹饪与餐饮管理"专业系列教材就是在哈尔滨商业大学承担的第二批国家级职业教育教师教学创新团队("烹饪与餐饮管理"专业)与课题研究项目的基础上开展的。高职"餐饮智能管理"专业系列教材是基于长沙商贸旅游职业技术学院承担的第二批国家级职业教育教师教学创新团队("餐饮智能管理"专业)和上述哈尔滨商业大学课题研究项目的子课题。还有全国、各省(自治区、直辖市)成立的餐饮烹饪专业联盟、餐饮(烹饪)职教集团、共同体的立项;一些地区在教育行政部门、教育研究部门、行业协会以及学校自身等立项,达到"问题即是课题,课题解决问题"的目的。

四是以成果为目标。从需求导向、问题导向再到成果导向,这是教材开发的原则,教材开发不是孤立的,故成果是成系列的。在国家政策、方针指引下,国家层面的专业目录、专业简介框架下,形成专业教学标准、具有地方和院校特色的人才培养方案、课程标准、教学模式和方法。形成成果的内容如下:确定了中职、高职专科、本科各层次培养目标与规格;确定了教材中体现人才培养的中职技术技能、高职专科高层次技术技能、本科高素质技术技能三个层次的形式;形成了与教材相适应的项目式、任务式、案例式、行动导向、工作过程系统化、理实一体化、实验调查式、模拟式、导学式等教学模式。成果的形式应体现教材的新形态,如工作手册式、活页式、纸数融合、融媒体,特别是要吸收 VR、AR,可视化、智能化、数字化技术。这些成果既可以作为课题的一部分,也可以作为论文、研究报告等单项独立的成果,最后都能物化到教材中。

五是以共享为机制。在华中出版的平台上,以教材开发为抓手,通过组成全国性的开发团队,在项目实施中通过对教育教学开展系列研究,把握具有特色的餐饮烹饪教育规律,形成共享机制,一方面提升教材开发团队每一位参与者的综合素质,加强团队建设;另一方面新形态一体化教材具有科学性、先进性、实用性,应用于教学能大大提高餐饮烹饪人才培养质量。做到教材开发中所形成的一系列成果被教材开发者、使用者等所有相关者共享。

党的二十大报告指出,统筹职业教育、高等教育、继续教育协同创新,推进职普融通、产教融合、科教融汇,优化职业教育类型定位。中共中央办公厅、国务院办公厅《关于深化现代职业教育体系建设改革的意见》提出了"一体、两翼、五重点","一体"是探索省域现代职业教育建设新模式;"两翼"是打造市域产教融合体,打造行业产教融合共同体;"五重点"包括提升职业学校关键办学能力、加强"双师型"教师队伍建设、建设开放型区域产教融合实践中心、拓宽学生成长成才通道、创新国际交流与合作机制。其中重点提出要打造"四个核心",即打造职业教育核心课程、核心教材、核心实践项目、核心师资团队。这为我们在餐饮烹饪职业教育上发力指明了方向。

随着经济社会的快速发展,餐饮业必将迎来更加繁荣的时代。为满足日益发展的餐饮业需求,提升餐饮烹饪人才培养质量,我们期待全国餐饮烹饪教育工作者紧密合作,与餐饮企业家、行业专家共同推动餐饮业的快速发展。让我们携手,共同推动餐饮烹饪教育和餐饮业的发展,为建设一个富强、民主、文明、和谐、美丽的社会主义现代化强国贡献力量。

杨铭铎

博士,教授,博士生导师
哈尔滨商业大学中式快餐研究发展中心博士后科研基地主任
哈尔滨商业大学原党委副书记、原副校长
全国餐饮职业教育教学指导委员会副主任委员
中国烹饪协会餐饮教育工作委员会主席

近年来,随着我国产业的不断升级换代,餐饮产业呈现出连锁化、数字化、智能化的发展趋势,高素质技术技能人才出现了供不应求的局面。与此同时,随着餐饮新质生产力的不断发展,将产业的新工艺、新技术、新标准不断地引入餐饮职业教育中已经成为当务之急。掌握数字化的技能手段、熟悉餐饮管理的各个环节已成为从事餐饮业人员的必然要求。在这一背景下,编者将餐饮行业对人才专业能力的需求和岗位标准相融合,编写了本教材。

"餐饮企业管理"是餐饮智能管理及其相关专业的核心课程,本教材以培养学生餐饮运营与管理能力为目标,使学生在掌握餐饮管理基础理论的基础上系统地学习餐饮组织管理、定岗定编、餐厅服务的关键触点,以及店长的领导力、沟通力培养,门店顾客画像与数据建模,生产卫生与安全管理,采购管理等环节的科学管理理论和方法。

本教材在内容编排上强调对学生职业素养和专业能力的培养,设计了课程思政专栏和导入案例,同时考虑教师使用教材的便利性,将本教材内容分为十五讲,基本对应教师的每周授课任务。

本教材以教学任务为载体,通过任务目标、任务导入、任务实施、相关知识等形式激发学生学习兴趣。在任务目标驱动下,学生自发地寻找知识点,提高对餐饮企业管理的认识,并将理论运用到实际操作过程中。本教材遵循由简单到复杂的学生认知规律,增加了趣味性、实用性的知识点,更符合高等院校学生的学习特点,贴近工作实际。

本教材可作为高等院校餐饮类专业学生的教材,也可作为非餐饮类专业学生的公共选修课教材,还可作为广大餐饮企业的人员培训用书。

参加本教材编写工作的教师都是高等院校餐饮专业的优秀教师,都是从事餐饮专业教育教学的骨干教师,具有丰富的教学经验和较高的专业理论水平及教育科研能力。

本教材分为十五讲,由史涛老师主编。参加编写的人员分工如下:第一、第八、第十三、第十四、第十五讲由史涛老师编写;第二讲由王晶云老师编写;第三讲由李玲老师编写;第四、第五讲由陈婷婷、胡宜凡老师编写;第六、第七讲由方欣月老师编写;第九、第十讲由申亚军老师编写;第十一讲由卜俊芝老师编写;第十二讲由金晓阳老师编写;全书由史涛老师统稿。

本教材在编写过程中得到了行业专家、各级领导的指导和大力支持,并且参考了国内已出版的相关资料,在此一并表示衷心的感谢。

由于编写时间紧,编者水平有限,书中难免出现错误及不足之处,请各位专家同行及广大读者批评指正。

编 者

导论：餐饮业与餐饮产业数字化

扫码看课件

教学视频

学习目标

知识目标 掌握餐饮业的定义和基本特征；了解餐饮业的三大核心要素；了解餐饮业的分类；理解连锁经营的特征，掌握连锁经营的优势和风险，掌握连锁经营的分类；了解餐饮产业数字化发展的宏观背景，掌握餐饮产业数字化、智能化升级的方向与路径。

技能目标 能够根据餐饮产业的核心要素，把握餐饮经营战略的市场定位。能够根据餐饮产业数字化发展趋势，把握餐饮产业数字化、智能化升级的方向与路径。

思政育人目标 培养敬业精神和社会责任感，塑造正确的餐饮经营价值观。

课程思政

数字化思维是一种在数字化环境下进行思考和决策的思维模式，它强调利用数字化技术和数据分析手段，快速获取、整合和分析信息，以更加有效地解决问题和推动创新，包括多种思维模型和方法。这种理解具体包括以下几个层面的意思。

解决业务问题：数字化思维强调使用数字化技术来解决各种业务问题，并提高效率、降低成本、改进产品和服务等。这种思维方式鼓励企业积极采用数字化工具和方法。

数据驱动：数字化思维的核心是数据。它强调将数据视为关键资源，用于决策制定和业务改进。通过快速获取数据、整合多种维度的数据进行数据分析，企业可以更好地理解其运营情况，做出有根据的决策。

综合性思维：数字化思维是一种综合性思维，它包括更加底层的开放破界融合思维、颠覆创新变道思维，也包括用户思维、产品思维、敏捷思维等，这些思维模型能够综合考虑多个因素。企业应充分利用多种思维模型，以找到最佳解决方案。

利用数字化技术：数字化思维借助数字化工具实现自动决策和评判，包括利用人工智能、机器学习和自动化流程来提高效率和准确性。

持续学习和适应性：在数字化思维中，持续学习和适应性至关重要。由于技术迅速发展，企业和员工必须不断更新知识和技能，以顺应时代的变化。

综上所述，数字化思维对企业的数字化转型至关重要。数字化思维是一种以数据为核心、以解决问题和创新为导向的思维方式，有助于推动企业在数字化时代取得成功。

Note

导读

学习目的、意义 了解餐饮业的三大核心要素和经营的底层逻辑;了解连锁经营的优势和风险,把握餐饮产业数字化发展的背景和餐饮产业数字化、智能化升级的方向与路径。

内容概述 通过对餐饮业核心要素的解构,加深学生对餐饮经营活动底层逻辑的认知。通过对餐饮产业数字化、智能化趋势的梳理,帮助学生了解餐饮产业转型升级的方向和路径。

导入案例

中小餐饮商户数字化转型难

美团研究院 2020 年针对 9132 个商户进行的问卷调查结果显示,本身营业流水高的商户在使用数字化服务后更容易获得较高的营业流水增长率;同时,本身经营净利率较高的企业在使用数字化服务后也更容易获得较高的营业流水增长率。这说明,在大型餐饮商户和中小餐饮商户之间存在着"数字鸿沟"和"马太效应",数字化转型能力和商户经营能力存在双向影响。中小餐饮商户数字化转型主要在以下几个方面存在障碍。

1. 经营模式传统,缺乏数字化转型意识 餐饮业的进入门槛较低,"开餐厅"是许多初次创业者的首选,部分餐饮经营者对餐饮经营缺乏规划性、科学性、长期性。课题组在调研访谈中发现,部分餐饮经营者既对餐厅选址、价位、特色菜等缺乏系统规划,也没有对餐厅的经营指标进行精确计算和思考,更没有利用数字化手段以降本增效、引流获客的观念。数字化转型需要餐饮经营者保持创新的精神和学习的意识,而部分有经营经验的餐饮"老人",往往会因循守旧、思维固化,不认可线上营销模式,对门店数据分析等新方法也不乐于采用,长期保持传统运营方式,错过数字化转型的机遇。

2. 专业人才匮乏,缺乏转型学习渠道 数字化转型需要经营者具备一定的数字素养和专业能力,而专业人才不足、学习提升渠道匮乏也是中小餐饮商户数字化转型的制约条件之一。研究显示,高达 54% 的企业认为数字化人才短缺是企业难以实现数字化转型的重要因素。调研发现,部分餐饮经营者自身可能具有转型意愿,但由于精力不足和水平有限,只能通过上线外卖,使用点评平台,开通店铺公众号、短视频平台账号等方式初步涉足线上化,还处于数字化的初级阶段。

3. 自身实力不足,缺乏数字化转型能力 美团研究院 2021 年的问卷调查结果显示,约有81.41% 的餐饮商户年交易额不足 20 万元,这些中小商户构成了平台生态的主体,餐饮经营主体整体连锁化和集中化程度比较低,行业小、散、弱的特征明显。广大的中小餐饮商户无力自建数字化运营管理系统,也难以支付大企业普遍使用的 ERP、CRM、OA、HR 等系统的费用,甚至不愿意承担基础版餐饮 SAAS 系统几千元的成本。中国社会科学院数量经济与技术经济研究所研究调查显示,线上点单(外卖为主)、线上广告推广、线上店铺装修等侧重于渠道数字化的易上手、低成本型的数字化产品应用率更高,而偏向于生产过程和后台运营的流程、决策类的数字化产品应用率较低(图 1-1)。

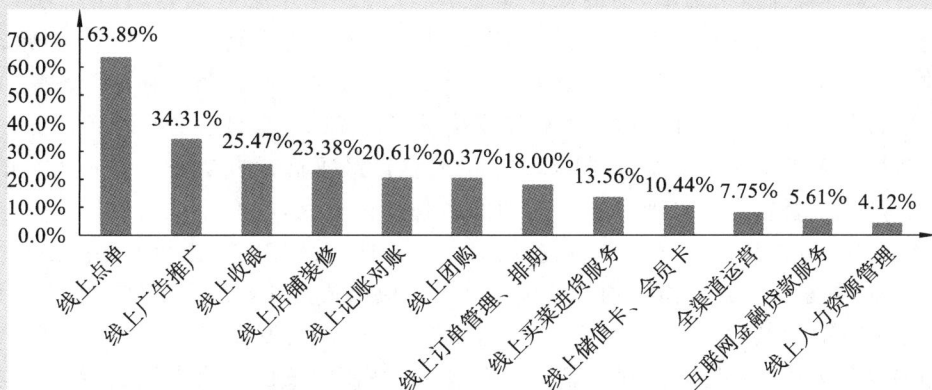

图 1-1 餐饮商户的数字化产品使用情况
(资料来源:美团研究院餐饮商户问卷调研)

学习任务 1 餐饮业基础

学习成果前瞻: 学习完本任务,你将深入了解餐饮业的定义与餐饮业的核心要素,为制定正确的餐饮定位策略和餐饮发展战略打下基础。

一、餐饮业的定义与分类

(一)餐饮业的定义

餐饮业(catering)是集即时加工制作、商业销售和服务性劳动于一体,向消费者专门提供各种酒水、食品,以及消费场所和设施的食品生产经营行业。按欧美标准行业分类法的定义,餐饮业是指以商业营利为目的的餐饮服务机构。在我国,根据《国民经济行业分类注释》的定义,餐饮业是指通过即时制作加工、商业销售和服务性劳动等,向消费者提供食品和消费场所及设施的服务。

从官方标准的定义不难看出,餐饮业是利用餐饮设施设备、依赖一定场所和消费环境为外出就餐的消费者提供餐饮产品和就餐服务的生产经营性服务行业。

餐饮业是历史悠久的传统行业,随着社会生产力的不断提升以及居民生活水平的不断提高,现代餐饮业正朝着便捷化、个性化、舒适化、优质化的方向发展。

餐饮业的市场范围十分广泛。总体而言,凡是有就餐需求的人都是餐饮业的服务对象。但受地域、文化、经济、政治等多种因素影响,餐饮市场呈现出不同的特点,表现出的餐饮业态也各种各样,如饭店、餐馆、休闲吧、饮品屋、外卖店、团餐公司、宾馆酒店的餐饮部等。虽然餐饮业态众多,但其经营与发展必然遵循相应的经济规律,如都必须以消费者的需求为中心、必须打造自己的核心产品和服务、都以营利为目的等。

(二)餐饮业的三大要素

餐饮业的经营活动涉及供、产、销全过程,其中关注点很多,但究其根源,餐饮业主要由三大要素构成。

3

❶ **场所依赖** 对于餐饮企业而言,场所的重要性不言而喻。场所的重要性首先体现在商圈选择上。商家选择场所就确定了商圈,而商圈决定顾客,间接决定了餐厅的客源量、上座率和翻台率等。同时场所具有排他性,它直接决定了市场规模的大小和行业竞争的程度。其次场所是产品销售的平台,餐饮产品的附加值很大程度上是由销售平台决定的,同样一款菜肴在星级酒店和普通餐馆销售获得的价值回报往往是不同的,由此可以体现出场所选择的重要性。

❷ **核心产品** 对于餐饮企业而言,打动人心的餐饮产品永远是成功经营必不可缺的要素。尤其在互联网经济时代,餐饮产品口碑可被朋友圈的各种评论放大,一个差评也可能导致生产经营的损失。分析餐饮产品可以从以下三个方面进行。首先,餐饮产品应以味为核心,味觉享受始终是决定餐饮体验的核心要素。但需要指出的是这里的"味"不应当狭义地理解为滋味,它应该是一个更为宽泛的餐饮审美之味,如餐饮产品的质、香、色、味、形、器、适、境、趣等都属于餐饮之味的范畴。其次,餐饮产品要以养为目的。随着人民生活水平的提高,平衡膳食已经成为消费者越来越重要的诉求。没有消费者会追求毫无营养价值的餐饮产品,餐饮产品的营养性是其根本属性。最后,餐饮企业应当恪守食品安全底线,食品安全是餐饮消费者的潜在诉求,也是最基本、最重要的诉求。一般而言,餐饮产品满足食品安全要求时不会显著提高消费者满意度,但当餐饮产品存在食品安全问题时,会显著降低消费者的满意度。许多知名餐饮企业的百年基业都毁在食品安全上。

❸ **品质服务** 很多餐饮企业会狠抓产品设计、精于选址,但在餐饮服务方面却"掉链子"。殊不知良好的品质服务不仅是餐饮经营的要素,还是决定能否快速形成品牌的关键因素。就品牌而言,其标准定义是一种拥有对内对外两面性的"标准"或"规则",是通过对理念、行为、视觉、听觉四个方面进行标准化、规则化,使之具备特有性、价值性、长期性、认知性的一种识别系统的总称。现代营销学之父科特勒在《市场营销学》中提出:品牌是给拥有者带来溢价、产生增值的一种无形的资产,它的载体是用于和其他竞争者的产品或劳务相区分的名称、术语、象征、记号或者设计及其组合,增值的源泉来自消费者心智中形成的关于其载体的印象。因此心智印象是品牌形成的关键点。而在餐饮消费过程中,面对面的品质服务是最容易让人喜出望外、留下深刻印象的捷径。

(三)餐饮业的分类

说到餐饮业的分类,就必须引入"业态"这个概念。业态是指为满足一定目标顾客的需求,组合全部营销要素而形成的营业形态。目前,我国餐饮业尚无统一的业态标准,中国烹饪协会推荐的餐饮业态大致可以分为快餐店、休闲餐饮店、正餐餐厅、自助餐饮店、小吃店、火锅店等10种(图1-2)。

知识链接

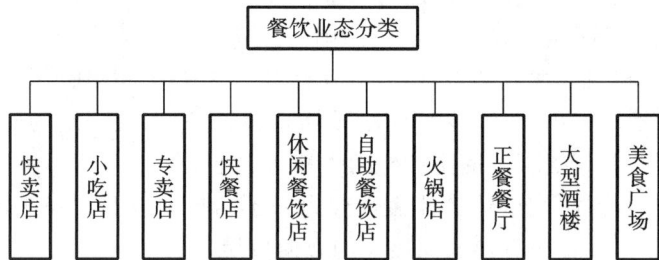

图 1-2 餐饮业态分类

❶ **快卖店** 以柜台销售为主的餐饮店。这种餐饮店的经营面积非常小,有的不足3平方米,食品品种单一,以销售为主,不做生产,如精武鸭脖、久久丫等。

❷ **小吃店** 以餐桌服务和柜台式销售相结合的餐饮店,主要供应地方特色小吃,如馄饨店、面馆、包子铺、汤圆店等。

❸ **专卖店** 以柜台式销售为主的餐饮店,销售一个或一系列包装的特色食品。

❹ **快餐店** 以餐桌服务和柜台式销售相结合的餐饮店,主要供应午餐和晚餐,提供简单服务,上餐速度快、产品标准化程度高,如肯德基、麦当劳、真功夫等。

⑤ **休闲餐饮店** 以"休闲"为特色定位,服务功能多,注重环境、服务人员素质、食品清洁度和食品质量。供应的产品以饮料、茶点为主,有时也提供商务简餐,如茶餐厅、咖啡厅、茶馆等。

⑥ **自助餐饮店** 自助餐饮店是固定每人每次用餐的价格,消费者可以自由选用食品的一种餐饮业态。酒店的自助餐厅和社会餐饮的自助餐厅皆属此类。

⑦ **火锅店** 火锅店是我国一种历史悠久的餐饮业态,以火锅作为主要就餐方式,将切片加工的肉类、海鲜、蔬菜、菌类或者粉条等进行涮煮后食用,如小肥羊、小尾羊、重庆火锅等。

⑧ **正餐餐厅** 以提供正餐为主的餐饮店,服务功能齐全,所有食品现场制作,品种丰富,讲究色香味形,菜系丰富。

⑨ **大型酒楼** 相较于正餐餐厅而言规模更大,餐饮品种更加丰富,更注重服务功能,营业面积也更大,多集休闲与餐饮为一体,也提供正餐,如杭州楼外楼、眉州东坡酒楼等。

⑩ **美食广场** 美食广场是一种新兴的餐饮业态,提供综合性的餐饮服务,由多个独立的餐饮商铺构成,餐饮品种丰富,服务功能简单,价格经济实惠。美食广场主要开在人流量大的商业街和购物中心。

二、餐饮业的基本特征

2023 年全国餐饮收入首次突破 5 万亿元,市场规模年增速达到历史性的 20.4%,与其他居民基本生活相关的消费品行业相比,餐饮业回暖速度遥遥领先。餐饮在消费侧的需求回升是毋庸置疑的,但在亮眼的宏观数据之外,餐饮企业也面临着比以往更严峻的行业竞争。2023 年国内餐饮企业注吊销数量远超 2022 年,行业优胜劣汰情况加剧。经历了近几年的繁荣与挫折,餐饮行业重整与洗牌的进程已经拉开帷幕。整个餐饮行业复苏势头如图 1-3、图 1-4 所示。

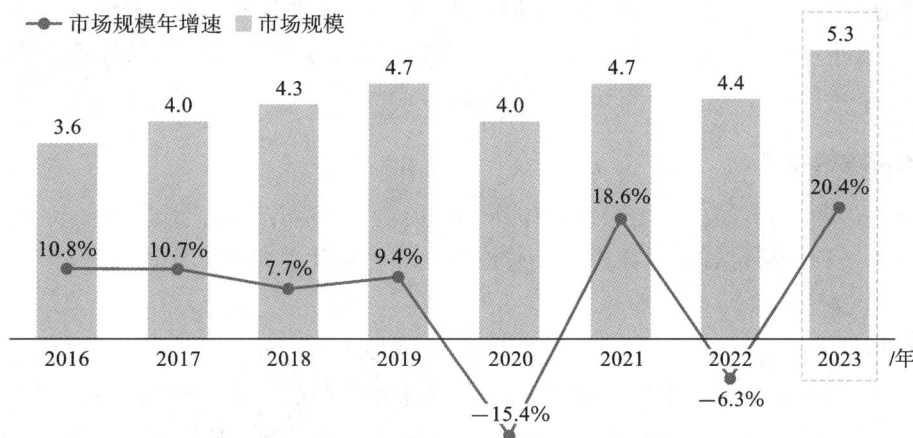

图 1-3 中国餐饮行业市场规模及增速(2016—2023 年,万亿元)

与其他行业相比餐饮业具有以下四个基本特征。

① **行业发展的依赖性和市场准入的容易性** 餐饮业是为社会公众提供以外出就餐为主的生产服务性行业。餐饮业的发展水平和居民收入水平息息相关,其发展规模、速度和结构一般和当地的国民经济发展水平相适应。

同时,餐饮业是投资差别大、规模档次参差不齐、经营方式灵活多变的大众服务性行业。市场准入门槛低,属劳动密集型行业。因此,餐饮业是一种完全竞争和充分竞争的行业。激烈的竞争又加剧了餐饮业的市场波动和提高了餐饮业的整体淘汰率。

② **市场广泛性和顾客需求多样性** 餐饮业市场范围十分广泛,凡是外出就餐,或者寻求外卖服务的人员,无论其职业、宗教信仰、性别、年龄等如何,都是餐饮市场的要素。但由于顾客的收入水平、饮食习惯、支付习惯等差别很大,因此,餐饮业的顾客需求是多元化、多层次、多样性的。

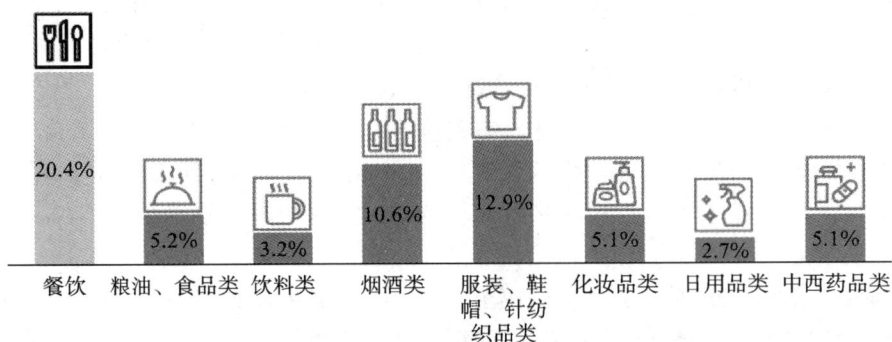

图 1-4　基本生活类社会消费品零售额同比增速（2023 年 vs 2022 年）

信息来源：国家统计局。

❸ **品牌创建的艰巨性和专利保护的困难性**　餐饮业的经营活动是将食品原料加工成产品供顾客食用。在餐饮企业经营过程中，由于激烈的市场竞争，要创造市场知名度高、美誉度高的品牌十分困难，需要较长的时间，投入较多的资金、人力和物力。此外，餐饮业技术容易被模仿，品牌专利的认证和界定相对困难，使得餐饮行业专利保护变得困难。加之餐饮市场易受"跟新赶潮"消费心理的影响，导致餐饮产品相互模仿、同质化严重。要改变这种情况需要不断深入发展相关技术，并不断完善配套技术保护政策和法律法规。

❹ **饮食文化的民族性和产品风味的地方性**　餐饮业是在长期的历史发展过程中，随着人类对饮食的不断追求逐渐发展起来的。餐饮文化包含餐厅装饰文化、烹饪文化、餐厅服务与礼仪等。烹饪产品是一个地区饮食文化的集中体现。不同地区、不同民族的地理气候、生活环境、宗教信仰、生活习惯不同，造就不同的食材、选料和产品风味，也促使餐饮业具有饮食文化的民族性和产品风味的地方性特点。

三、餐饮管理的特点

餐饮管理是借助经营资源，运用管理的计划、组织、领导、控制等职能指导餐饮生产和销售活动，获得经济效益的一种活动。餐饮管理相较于其他行业的企业管理具有以下特点。

（一）产、销及时性，产品保鲜期短

餐饮产品的生产需要经过厨房的粗加工、切配、烹调等步骤。在销售过程中，顾客往往要求上菜迅速，即使是一次大型宴会也需要在有限的时间内迅速完成产品供应。餐饮产品制作完成后，必须马上销售，否则色、香、味、形都会很快发生变化，影响餐饮产品质量，达不到顾客要求。因此餐饮管理者应具有很强的时间观念，必须统筹规划原料采购、加工、切配、烹调和销售服务。餐饮管理应当具备整体观，平衡协调生产加工中的各环节关系，提高生产服务水平。

（二）产品品种多，手工技术要求高

中国饮食文化源远流长，在长期的历史发展过程中又形成了各种菜系和流派，如中餐按照地方风味有八大菜系（川菜、鲁菜、苏菜、粤菜、浙菜、徽菜、闽菜、湘菜），每一菜系都有成百上千种风味名肴，所以就一家正餐餐厅而言，餐饮品种数甚至可达上百种。而且根据烹饪原料的季节变化特点，餐厅的特色菜品还需要时时变更以适应季节变化和顾客需求。同时大量的餐饮产品手工依赖度高，厨师的技能水平直接决定着餐饮产品的质量。因此餐饮管理者必须合理选择产品品种，提升厨师技术水平和提高产品标准化的水平。

（三）餐饮服务具有一次性和多样性特点

餐饮服务的一次性是指就餐服务不能被储存以备后用。但餐厅的服务是可以被规划的，因为顾客就餐时间固定,高峰时段相对稳定,可以通过合理排班和招聘兼职人员的方式提高生产效率。

同时餐饮服务具有多样性,主要体现为形式的多样性。中国幅员辽阔,各地风情精彩纷呈,各餐饮企业在展示其特有风俗时采用的方式方法多有不同。同时,由于各餐饮企业员工的技能、知识水平及服务态度的不同,企业与企业之间的服务水平也存在着差异。

(四)经营方式灵活,收入弹性大

在餐饮企业经营过程中,由于市场定位的不同、客源广泛,加之餐饮产品品种繁多,餐饮企业经营方式更为灵活多变,有商务性的餐厅、高档奢侈的会所、接地气的"苍蝇小馆",也有传承百年的老字号酒店等。各餐饮企业为了吸引客源,在营销手段方面不断推陈出新,如举办各式各样的美食节、食品周,并将餐饮和娱乐、社交、商务、会议有机结合。

此外,各餐饮企业的收入水平差别较大。餐厅的收入总体上与餐厅的接待能力和顾客周转率有关。档次高、服务好、口碑佳的餐厅还会有较高的文化附加值和较高的客单价,收入水平也较高。当然大众餐厅和中小餐厅也可以凭借其容易简单化、标准化、专业化的特征快速连锁经营实现规模化发展,从而获得巨大的经济效益。

(五)经营成本复杂,不易控制

餐饮经营成本主要包括食品原料成本和流通成本。由于食品原料品种繁多,其成本核算过程较为复杂。在产品生产过程中,各种原料的拣洗、宰杀、拆卸、涨发、切配和烹调等过程手工比重大,各种误差水平也较高,造成净料率和损耗率波动较大。此外,在餐饮经营过程中,还有大量的水电燃气费、清洁费、员工工资和折旧费等,使得餐饮成本的构成较为复杂。同时,由于原料要经过采购、储藏、领料、发料、加工、烹制等多道工序,其间容易发生腐败变质、丢失、损耗、报废等现象,使得成本不易控制。因此,餐饮管理者应当重视成本控制,建立一套成本管理制度,做好成本分析,减少消耗,提高利润。

学习任务 2　餐饮连锁经营

学习成果前瞻: 学习完本任务,你将了解连锁经营的优势和风险,以及连锁经营的基本类型,为掌握餐饮连锁经营技巧打下基础。

一、连锁经营的本质和基本目标

连锁经营是一种现代企业的组织形式和经营方式,它是指在统一经营的总部的领导下由若干门店和分支机构组成的联合体所进行的生产经营活动。

连锁经营的本质是将现代化工业大生产的原理运用于零售业,努力实现零售业流通的标准化(包括商品、服务、店名、装修装饰等方面)、专业化(体现在采购、配送、销售、管理等职能分离)、简单化(各个环节、各个岗位的商业活动尽可能简单化和规范化,以减少偶然因素对经营的影响),从而获得规模效益。

连锁经营的基本目标是通过规模效应实现经济效益。任何企业都有扩张欲望,希望通过扩大经营规模提高企业的市场占有率,从而建立规模优势,稳固市场地位,最终获得较好的经济效益和社会效益。连锁经营恰好迎合了企业的扩张需要。因为连锁经营实现了专业化经营和分散化设点的结合,集中采购和分散销售的结合,大型企业通过投资开店或者以特许加盟的形式形成连锁销售网,对中小型企业经营构成竞争威胁,中小型企业为了发展,也不得不走上连锁经营的道路。

二、现代连锁经营的特征

现代连锁经营具有三大特点:组织多元化,经营专业化、网络化,管理标准化、现代化。

(一)组织多元化

从形式来看,连锁经营是由一个总部和若干门店,以及加工和配送中心组成的,一般来说连锁企业应由 10 个以上门店组成。这些门店如同一条锁链相互连接在一起,故称连锁企业。这种总部+多门店的组织形态有如下特点。

(1)连锁门店以经营同类商品和提供同类服务为基础。如连锁快餐店的主力产品是快餐食品和饮料,连锁火锅店的主力产品是火锅,连锁专卖店的产品则是同一品牌的系列商品。如果把经营不同商品的店铺组合在一起经营,是很难实现标准化管理,从而获得规模效益的。

(2)连锁门店和总部职能分开。连锁门店是直接面向消费者的营销单位,其基本功能是销售服务。总部是为连锁门店的经营活动提供支持服务,并指导和监督连锁门店的管理部门。其基本功能是规划设计、服务指导、监控调控。为了便于连锁门店集中精力做好销售服务工作,必须有一个健全而坚强的总部,所以总部建设是实施连锁经营的基本条件。

(3)多门店的组织形态根据产权形态和合作程度的不同可分为直营连锁、特许经营、自由连锁三种基本形态。直营连锁是由总部直接投资或控股的组织形态,特许经营和自由连锁则是以独立产权为基础的加盟连锁形式,特许经营也称特许连锁,偏重总部与门店之间的纵向关系,自由连锁也称自由加盟,偏重门店之间的自由合作关系。

(二)经营专业化、网络化

经营专业化是指连锁企业将其采购、进货、配送、加工、销售等环节和工作内容,按其操作特点进行专业化分工,形成由专业技能、专业操作方式和工作内容构成的工作岗位,使复杂的商业活动在职能分工的基础上简单化,以提高工作效率。

连锁经营的多店铺组织形式,实质上是网络化经营。连锁经营通过对供货商的控制建立了供货网络,通过门店扩张控制销售端市场,并通过信息网络把两者有机连接在一起。连锁企业为了实现规模经营,取得最佳经济效益,必然要求其门店数量达到一定的规模。门店越多,规模越大,对消费者吸引力就越大。

(三)管理标准化、现代化

管理标准化是指连锁企业在经营管理的重要环节和主要方面实行统一的、规范的和制度化的管理。主要体现在以下三个方面:一是店名店貌的标准化,连锁企业所有门店的店名(字体、颜色)、布局和装修风格等要保持一致,以给消费者留下准确的识别效果和深刻印象,提高连锁企业的知名度。二是采购、销售、服务的标准化,连锁企业的进货渠道、经营结构、销售方式和服务方式要按照统一的形式和制度进行,以保证门店经营管理的内容和质量的一致性,提高效率,降低成本。三是业务流程、制作工艺和工作行为的标准化,以减少由于员工的能力差异和人员流动所造成的质量变动,使连锁经营的各部门、各环节都处于规范、高效、稳定的运行状态。

同时连锁经营是社会化大生产、大分工的客观要求,因此,连锁企业必须以现代化管理思想为指导,运用现代化管理方法和技术来开展管理活动。特别是要运用现代信息技术实施网络化管理,总部、配送中心、连锁门店要建立相应的管理系统,实施动态管理,提高管理水平。

三、连锁经营的优势与风险

(一)连锁经营的优势

连锁经营作为一种现代经营方式,其优势主要体现为以下几点。

❶ 规模优势 连锁经营通过扩大市场范围、建立众多门店的方法,突破了单体企业发展的成长瓶颈,具有以下优势。

(1)连锁企业由于规模大,能有效控制一定范围的终端市场,可以凭借市场优势,成为引导和整合相关企业的组织者和领导者。

(2)连锁企业的大规模经营模式使其议价能力增强,可加速商品周转和提高固定资产利用率,从而降低成本,提高效益,并以价格优势巩固市场地位。

(3)连锁企业采用统一的企业形象进行经营活动,为进行大规模的品牌投资创造条件,使其具有更高的知名度,在消费者中树立更好的形象。其产品和服务也能更好地被市场和消费者接受。

(4)连锁企业不断地运用科学的方法总结经验和教训,并使其制度化、标准化,使成功经验的效用不断扩大。

❷ 效益优势 连锁经营的最大优势是其具有良好的经济效益,这与连锁经营的实质、形式密切相关。连锁经营之所以能取得良好的经济效益,最本质的原因是其将社会化大生产的原理运用到现代商业,实现了商业活动的标准化、专业化和简单化,奠定了规模效益的基础。此外,投资的成本和风险又可以在众多的门店中得以分摊,从而降低成本,取得效益优势。

❸ 发展优势 连锁经营作为一种现代经营方式具有良好的发展优势。首先,连锁经营通过连锁加盟的方式把众多单个资本迅速集中起来,形成集体力量,从而快速扩大规模,给企业带来良好的收益和发展。其次,连锁经营也是一种向市场快速渗透的销售网络。它能加快与消费者的交互沟通,可快速准确地了解和掌握市场信息,迅速将产品推向市场,具有较强的市场扩张能力。最后,连锁经营采用统一采购、统一配送、统一宣传、分散销售的方式,可获得更大的价格折扣和优惠条件,降低进货成本。

(二)连锁经营的风险

连锁经营虽然具有巨大的优势和发展前景,但其优势的发挥还需要将经营管理者能力、市场环境、资金资源、人力资源等多方面要素结合起来。因此,必须注意防范连锁经营的风险。

❶ 经营风险 连锁经营作为一种现代的组织形式和经营方式,其经营活动是由经营管理者负责的,经营管理者的素质和能力高低往往决定着连锁经营的成败。①总部的经营管理者要有灵敏的市场分析能力和决策能力。②对加盟的经营者要有一定能力和素质要求。在特许经营中,总部所提供的经营体系需要加盟者严格遵守,经营的成败往往取决于加盟者的能力和连锁体系的生命力,虽然总部可以对加盟者进行培训和督导,但并非所有人都能做好经营管理活动。③要注意连锁经营的扩张风险,规模扩张是连锁经营的基本手段,但规模扩张要和市场、资金、人才及管理水平相匹配,否则就会产生经营风险。

❷ 市场风险 主要体现在两个方面。一方面,在市场环境下,消费者的需求日益呈现出多层次、多元化的趋势,消费不确定性增加,市场分析和预测的难度越来越大,面对复杂多变的市场变化,经营者稍有不慎就会面临巨大的损失。另一方面,连锁企业普遍规模较大,在组织结构设计、战略规划、技术迭代、产品创新等方面投入的成本也较大,面临着风险。

❸ 管理风险 连锁门店是在总部统一管理下,按照简单化、标准化、专业化的原则进行运作的。总部的管理水平决定了经营风险的大小。总部决策失误、指导不力以及信息传播、广告宣传等方面的问题均会给连锁企业或加盟者带来风险,甚至造成企业连锁经营体系的崩溃。

四、连锁经营的基本类型

连锁经营的方式根据所有权的不同,分为直营连锁、特许经营、自由连锁。这三种类型的优势不同,适用对象也不同。

（一）直营连锁

❶ **直营连锁的特征**　直营连锁，又称正规连锁，是指连锁企业的门店均由企业总部全资或者控股开设，在总部的直接领导下统一经营的连锁方式。总部对门店实施人、财、物，以及物流、信息流、资金流的统一管理。直营连锁作为大资本运作，利用连锁组织集中管理、分散销售的特点，充分发挥规模效应。其特征如下。

（1）所有权集中单一。所有门店归属总部，各门店不具备法人资格。

（2）总部实行统一核算，门店的自主权较小。各门店只是一个分支机构，收入利润由总部支配，门店经理由公司委派，主要员工的招聘和薪资考核也由总部决定。

（3）实行标准化、规范化管理。各门店的经营管理由总部统一领导，实行标准化、规范化管理。具体实施过程讲究统一标识、统一采购、统一配送、统一宣传、统一决策等。门店重大的人事、财务、生产权都由总部核定，总部为每个连锁门店提供全方位支持服务。

❷ **直营连锁的优缺点**　直营连锁的优点主要体现在以下几个方面。

（1）集中管理，有利于发挥企业的整体优势。直营连锁的集权管理可以统一调度资金，统一经营战略，统一开发和利用企业的整体资源。企业可以规划门店开发的规模和速度，在融资、采购和产品开发等方面具有较强的整体优势。

（2）严格的标准化、规范化管理，有利于提升运行效率。在直营连锁中，由于各门店的法人所有权集中在总部。因此，总部有权对各门店进行严格的标准化管理，以提升各门店的经营管理水平。

（3）有利于处理好利益关系，实施企业的发展战略。任何企业在发展过程中均会遇到短期利益和长期利益，局部利益和整体利益之间的矛盾。为了企业的发展，有时企业管理层不得不进行权衡和协调，在特许连锁和自由连锁的形式下，加盟门店具有自己的财产所有权，往往只关注短期利益和局部利益，但在直营连锁形式下，总部可以投资者身份对门店进行统筹规划。

直营连锁的缺点也很明显，主要体现在以下几个方面。

（1）资金投入大，扩张速度慢。由于直营连锁的门店均由公司总部统一开办，投资主体单一，在开办众多门店时，需要投入大量的资金，若企业资金不足，企业的发展速度和规模就会受到限制，错失市场机遇。

（2）企业总部承担的风险大，与其他连锁形式相比，在直营连锁中，各门店的开发与投资都由总部独自进行。若因门店的地理位置不佳、经营管理不当等原因导致部分门店经营失败。此时，总部需要承担所有的风险。

（3）不利于调动员工的积极性。在直营连锁形式中，各门店由总部按照一定的规章制度和标准操作流程实行统一管理，各门店没有经营自主权，门店的经营效益和员工的利益关系不够紧密，不利于调动员工的积极性。

（二）特许经营

❶ **特许经营的特征与本质**　特许经营又称特许连锁，是指拥有注册商标、企业标志、专利、专有技术等经营资源的企业（特许人），以合同的形式将其拥有的经营资源许可给其他经营者（受许人）使用，受许人按照合同约定在统一的经营模式下开展经营，并向特许人支付特许经营费用的活动。特许经营究其本质有以下几个特点。

（1）特许经营是企业的一种营销模式。

特许经营是许多企业销售产品的一种选择，通过特许经营的模式来扩大自己的市场资源、占领更多的市场份额并销售更多的产品。不管特许人是制造商、批发商还是零售商，其采取特许经营的模式发展，都是出于营销的目的，在更大范围内更快地销售产品和服务。

（2）特许经营是一种企业扩张模式。

企业的发展、扩张需要投入大量的人力、财力、物力等资源，然而并不是所有企业都具备（或通过短期积累具备）这些资源，通过特许经营，企业就可以借助受许人的资源，以较少的投入在短期内实现企业的快速扩张。

(3)特许经营是一种资本运营模式。

特许经营的核心是知识产权的授权使用,特许经营涉及的知识产权主要有商标、商号、专利、著作权等。因此,特许经营其实就是一种产权资本运营,特许权的内容就是特许人的知识产权资本。特许人将无形资本出租或出售并实现产权和经营权的分离,这既是一种典型的特许经营模式,也是一种典型的资本运营模式。

(4)特许经营是一种创业、投资方式。

从受许人角度来说,特许经营也是一种创业、投资方式。由于特许经营有成熟的经营模式基础,并且有强有力的支持系统,比独立创业投资的成功率要高很多,因此其成为许多个人和中小型企业进行创业或投资的重要选择。

❷ 特许经营的优缺点 特许经营的优点主要体现在以下三个方面。

(1)投资少,扩张快。在特许经营中由于各加盟者(受许人)均有独立产权和人事权,开发门店所需要的选址、装修、设备购置、员工招聘和房屋租赁等方面产生的资金投入和费用支出均由加盟者自行负责,这就大大降低了总部进行门店扩张的成本,使得总部能以较少的资源迅速拓大市场。

(2)风险小,利润高。风险小是相对于总部而言的。在特许经营中,各加盟店独立核算、自负盈亏,经营风险由加盟者自己负责,相应的总部承担的风险就会大大减小。同时由于是独立核算、自负盈亏,加盟者会积极努力经营、提高利润。

(3)创业成功率高。特许经营是将许多有资金的企业、个人和成熟的知识产权拥有者整合在一起,通过特许加盟的方式,利用总部的技术、品牌、商誉等资源开展经营,并享受总部的经营支持,是一种风险小、见效快、有利于创业的方式。

由于特许经营具有上述优点,因此它是当下发展较快的一种连锁经营方式。但其也存在着一些不足,主要体现在以下几个方面。

(1)特许人片面追求收益,忽视管理。在特许经营中,一些特许人在利益驱动下,不顾企业的服务与管理,盲目扩大规模,片面追求加盟费,忽视有效的支持和规划,导致受许人经营不善,甚至使整个系统崩溃。

(2)合同纠纷多,管理难度大。在特许经营中,特许人对受许人的管理主要通过特许经营合同,但无论多完善的合同,也会因为双方理解和解释的不同产生纠纷。同时特许双方并不是上下级关系,他们法律地位平等,这就导致总部的部分行政手段和措施有时不能奏效,加大了管理难度。

(3)知识产权容易流失。在特许经营中,特许人与受许人在签订特许经营合同后就依法获得特许人的品牌、技术、商誉、专业知识等,但如果受许人违约或者经营管理不善可能会导致泄密和侵权。

(三)自由连锁

❶ 自由连锁的特征 自由连锁也称自由加盟,是指各门店都是独立法人,各自的产权关系不变,门店在总部的指导下共同经营。各门店与总部签订购、销、宣传等方面的合同,并按照合同开展经营活动。在合同规定之外,各门店可以自由活动、自主经营。根据自愿原则,各加盟者可以自由加入或退出连锁体系。其在组织上主要表现为商品采购的联购分销和业务经营的互利合作,多见于中小零售企业。

❷ 自由连锁的优缺点 自由连锁的优点主要体现在以下几个方面。

(1)门店拥有较大的经营自主权。在自由连锁中各门店不仅独立核算、自负盈亏、人事自主,在经营品种、经营方式和经营战略上也有较大的自主权,但在店名、店貌、采购、配送、销售等方面受到总部制约,并按照协议向总部支付一定的费用。

(2)联合采购,降低成本。自由连锁是中小型企业为了对抗大型连锁企业而发展出来的,目的是在激烈的市场竞争中降低成本、提高利润。联合采购是降低成本的重要手段。只有拥有巨大的采购量,供应商才可能以较低的价格提供商品,采购和物流的成本才会有下降的空间。

自由连锁的缺点主要体现在以下几个方面。

(1)控制力不强,标准化程度低。在自由连锁体系中,总部对各门店的管理是松散的,对各门店的统一领导力比较有限,特别是在经营战略、经营方针和经营决策等方面的管理效率都不如直营连锁和特许经营。

(2)利益冲突多,品牌维护难。由于自由连锁的各方均为独立的法人主体,因此在经营过程中容易发生利益冲突。同时,当一些门店为了获取更多利益做出损害品牌整体形象的行为时,总部则因为对门店的约束力低而不能很好地维护品牌形象。

各连锁形式的对比如表1-1所示。

表1-1 各连锁形式的对比

项目	直营连锁	特许经营	自由连锁
店貌形象	完全一致	完全一致	基本一致
所有权	总部所有	门店所有	门店所有
经营权	总部统一控制	总部统一控制	门店自主
门店投资	总部出资	加盟者出资	加盟者出资
经营决策	总部统一决策	总部为主,门店为辅	加盟者拥有主要决策权
商品供货	总部统一配送	总部统一配送	统一配送和自主采购相结合
价格管理	总部规定	总部规定	自由制定
促销	统一实施	统一实施	自由加入
培训支持	总部统一培训	总部统一培训	自由加入
门店督导	按运营手册、标准化管理	按运营手册、标准化管理	要点式指导
总部与门店关系	上下级关系	特许加盟关系	自由加盟关系
连锁体系约束力	很强	较强	松散
管理效率	高	高	低
品牌风险	小	较小	大
扩张速度	慢	快	较快
品牌效应	高	高	低

学习任务3 餐饮产业数字化

学习成果前瞻:学习完本任务,你将能以产业升级视角,了解餐饮产业数字化、智能化升级的宏观背景,以及升级方向和路径。

一、餐饮产业数字化发展的宏观背景

(一)国家在释放政策红利的同时,也在引导餐饮行业向正规化、品质化转型

在扩大内需的背景下,餐饮行业发展获得高度重视及政策支持。近年来,餐饮方面政策频出,在中国经济呈"L型"发展的当下,政府将"刺激消费,扩大内需"作为促进经济发展的重要手段。在整体消费中,餐饮消费占据相当大的比例,对餐饮行业的支持成为国家刺激经济的重要方式。同时政

府监管力度显著增强，行业食品安全水平不断提高，国务院及相关主管部门对餐饮行业的监管力度空前加强，食品安全的立法速度也在加快，现已出台了几十部国家法律法规和部门规章来保障食品在生产、经营、管理、销售等环节的安全。

国家加强监管的背后，是品质升级的刚性需求。随着消费需求升级和消费者对饮食健康、营养的关注度提高，消费者更加重视餐品口味和形式的丰富度，消费者对餐饮的消费理念已经从"快速、饱腹、实惠"转变为"多样、美味、健康"，更多的消费者愿意为品质和健康付费，餐饮业正在向品质化方向转变。因此顺应品质化转变趋势，合理利用数字化技术，重视提高消费者用餐体验，对餐饮品牌未来发展具有重要意义。

（二）餐饮消费在提升的同时，餐饮成本也保持正增长

随着经济水平的不断提高，人均餐饮消费支出也不断增长。自 2014 年以来，我国餐饮消费占社会消费品零售总额的比例逐年攀升，2019 年，我国社会消费品零售总额达到 41.16 万亿元，其中餐饮收入为 4.67 万亿元，占比达 11.35%。

但相对于发达国家而言，我们还有大幅提升空间，2023 年，全国餐饮收入突破 5 万亿大关，合计 52890 亿元，增长 20.4%；限额以上单位餐饮收入 13356 亿元，同比增长 20.9%。餐饮业在社会消费品零售总额中，增速领跑其他类型。

餐饮企业的经营成本在营业收入中的比重以及增速未见大幅增加，部分成本的增速还出现了小幅下降的情况，但成本压力仍然存在，各项经营成本仍保持正增长。

❶ **原料进货成本** 《2024 中国餐饮业年度报告》数据显示，调研企业的原料进货成本仍然突出，原料进货成本占营业收入比例均值为 45.2%，较 2022 年基本持平；调研企业的原料进货成本增速为 2.2%，较 2022 年小幅下降 0.2 个百分点（表 1-2）。

表 1-2　原料进货成本占营业收入比例统计表

指标	数值
原料进货成本占营业收入比例均值	45.2%
原料进货成本占营业收入比例中值	42.3%
原料进货成本占营业收入比例 1/4 位值	25.3%
原料进货成本占营业收入比例 3/4 位值	53.8%
原料进货成本同比变动均值	2.2%
原料进货成本同比变动中值	0.2%

❷ **房租及物业成本** 数据显示，调研企业的房租及物业成本占营业收入比例均值为 11.1%，较 2022 年小幅增加。该项成本继续保持正增长，增速为 2.6%（表 1-3）。

表 1-3　房租及物业成本占营业收入比例统计表

指标	数值
房租及物业成本占营业收入比例均值	11.1%
房租及物业成本占营业收入比例中值	9.0%
房租及物业成本占营业收入比例 1/4 位值	5.5%
房租及物业成本占营业收入比例 3/4 位值	15.0%
房租及物业成本同比变动均值	2.6%
房租及物业成本同比变动中值	0

❸ **人力成本** 调研数据显示，企业人力成本仍处于上涨阶段，但增速放缓，其增长率为 0.5%。调研企业人力成本占营业收入比例均值为 22.2%，较 2022 年小幅下降（表 1-4）。

表 1-4　人力成本占营业收入比例统计表

指标	数值
人力成本占营业收入比例均值	22.2%
人力成本占营业收入比例中值	22.4%
人力成本占营业收入比例 1/4 位值	16.6%
人力成本占营业收入比例 3/4 位值	27.0%
人力成本同比变动均值	0.5%
人力成本同比变动中值	0.6%

❹ **能源成本**　数据显示,调研企业的能源成本占营业收入比例均值为 4.1%,与 2022 年基本持平;能源成本增速为 2.1%,较 2022 年小幅增长(表 1-5)。

表 1-5　能源成本占营业收入比例统计表

指标	数值
能源成本占营业收入比例均值	4.1%
能源成本占营业收入比例中值	3.2%
能源成本占营业收入比例 1/4 位值	2.1%
能源成本占营业收入比例 3/4 位值	4.5%
能源成本同比变动均值	2.1%
能源成本同比变动中值	0.1%

❺ **外卖收费**　数据显示,调研企业的外卖收费占营业收入比例均值为 3.0%,较 2022 年减少 2.7 个百分点。外卖收费成本增速 1.3%(表 1-6)。

表 1-6　外卖收费占营业收入比例统计表

指标	数值
外卖收费占营业收入比例均值	3.0%
外卖收费占营业收入比例中值	0.8%
外卖收费同比变动均值	1.3%
外卖收费同比变动中值	0

❻ **三项费用**　整体来看,调研企业的三项费用(销售费用、管理费用和财务费用)仍然呈现正增长,同比增长率分别为 3.3%、5.4% 和 7.9%(表 1-7 至表 1-9)。其中,管理费用和财务费用较 2022 年增速有所提升,报告认为是经营活动恢复正轨而造成的合理增加;销售费用增速有所下降,可能是得益于数字化营销工具的使用。

表 1-7　销售费用占营业收入比例统计表

指标	数值
销售费用占营业收入比例均值	17.9%
销售费用占营业收入比例中值	10.1%
销售费用占营业收入比例 1/4 位值	3.0%
销售费用占营业收入比例 3/4 位值	28.7%
销售费用同比变动均值	3.3%
销售费用同比变动中值	1.0%

表 1-8　管理费用占营业收入比例统计表

指标	数值
管理费用占营业收入比例均值	7.3%
管理费用占营业收入比例中值	5.0%
管理费用占营业收入比例 1/4 位值	3.0%
管理费用占营业收入比例 3/4 位值	9.0%
管理费用同比变动均值	5.4%
管理费用同比变动中值	0.2%

表 1-9　财务费用占营业收入比例统计表

指标	数值
财务费用占营业收入比例均值	1.4%
财务费用占营业收入比例中值	0.6%
财务费用占营业收入比例 1/4 位值	0.2%
财务费用占营业收入比例 3/4 位值	1.0%
财务费用同比变动均值	7.9%
财务费用同比变动中值	0

❼ **各项税费合计**　数据显示,餐饮企业的税费合计占营业收入比例均值为 2.4%,较 2022 年下降 0.7 个百分点;税费占比同比变动率为 3.5%(表 1-10)。

表 1-10　税费合计占营业收入比例统计表

指标	数值
税费合计占营业收入比例均值	2.4%
税费合计占营业收入比例中值	1.8%
税费合计占营业收入比例 1/4 位值	0.5%
税费合计占营业收入比例 3/4 位值	3.3%
税费合计同比变动均值	3.5%
税费合计同比变动中值	0.1%

在各项成本费用中,占营业收入比例最高的仍然是原料进货成本,人力成本占比同样突出,许多餐饮企业都有大量的用工需求,但众多从业人员因对餐饮业劳动强度、工资待遇、社会地位和职业发展等方面的不满而离职,使得餐饮业用工短缺的问题更加突出。用工短缺的问题也使得餐饮企业不断通过提高工资来保证用工,不断提高的运营成本又使得企业利润不断下滑。

(三)餐饮行业集中度较低,竞争格局分散,门店迭代速度快

餐饮行业准入门槛较低,尤其是低端餐饮市场对于资金投入与技术的要求都比较低,并且我国餐饮行业的连锁化程度并不高,因此品牌壁垒也很低。我国餐饮行业当前规模较大,但以中小餐饮企业居多,规模以上餐饮企业营业收入约占全社会餐饮收入的 20%,行业企业规模小、数量多、分布散。同时不同地区的饮食文化存在较大差异,区域口味差异大,菜系众多,餐饮市场集中度较低,餐饮百强企业营业额占全国餐饮收入之比长期不足 8%,并呈现出下降趋势。随着互联网营销的兴起和餐饮消费年轻化,我国餐饮市场上涌现出大量网红品牌,难以建立起足够的品牌忠诚度,加速了餐饮门店的迭代,缩短了餐饮企业的平均寿命,大量的餐饮门店被市场淘汰。智研咨询数据显示,北上

广深四大城市每个月餐饮门店的淘汰率高达 10%。

(四)新人群、新理念、新场景构建餐饮消费新时代

新人群:新消费群体逐渐成为餐饮消费的主力军,外卖消费市场逐渐成为餐饮市场的重要组成部分。美团数据显示,餐饮消费者中,"90 后"占比超过 50%,远超其在我国总人口中的占比,彰显出这部分群体有更大的餐饮消费意愿。

新理念:健康成为餐饮消费者最关注的方向,健康饮食逐渐成为新的餐饮理念,进而形成新的餐饮消费市场。"Z 世代"更加注重营养,对植物性产品也更加关注。

新场景:餐饮消费正突破场景限制,外卖、团餐、餐饮产品零售化等正成为餐饮企业的发力点。

(五)数字化技术助力餐饮行业实现转型升级、降本增效

随着电脑、手机等智能设备使用场景的进一步扩展和线上消费平台搭建的日趋完善,移动互联技术拓宽了餐饮消费的三大场景:外卖、线上下单到店自取和零售餐饮企业数字化升级,进一步满足了消费者对于便捷性的诉求。随着外卖在餐饮收入中占比不断提高,孵化出了一批受消费者欢迎的外卖餐饮品牌。此外,"线上下单,到店自取"的模式也受到了消费者的广泛欢迎。数字化技术助力餐饮行业降本增效的效果明显。

降本:数字化帮助餐饮企业降低运营成本。餐饮行业"三高一低"(高房租成本、高人力成本、高原料成本和低毛利)是餐饮企业赢利困难的关键影响因素,数字化、智能化技术逐渐落地餐饮行业使餐饮企业降低成本、提高效率、突破三高一低的限制成为可能。

增效:数字化推动餐厅销售。数字渠道销售额成为餐厅销售额的重要组成部分,提高数字渠道的获客效率,将直接提高餐饮企业的营收水平。Hospitality Technology 的调研数据显示,有 32% 的餐厅数字渠道销售额占其总销售额的 11%～19%。

二、餐饮产业数字化、智能化升级的方向与路径

(一)餐饮产业数字化的痛点与不足

1 中餐品类繁多,标准化难度大 门店数是品类发展的晴雨表,从门店数据看,品类占比最大的小吃快餐类拥有众多的细分品类。我国幅员辽阔,民族众多,基于地理、气候、风俗、民情、经济等因素,形成了繁多的菜系。加之中餐品类繁多,口味丰富,制作工艺复杂,使得中餐的标准化难度大。相对容易标准化的业态,如火锅、快餐等未来实现规模化的可能性更大,数字化改造水平也较好。

2 连锁化率低,集中度低,规模化难度大 中国餐饮行业业态种类繁多,导致餐饮行业市场分散,行业集中度低,餐饮百强企业营业总额仅占行业的 6%。中国餐饮服务市场连锁化率低,2019 年连锁化率刚刚超过 10%,远低于美国 50% 左右的水平。

连锁化率低、集中度低的主要原因包括:①我国地域辽阔、口味差异大,规模化运营难度大;②消费者品牌认知意识不够;③人均餐饮消费支出水平仍然较低,品牌化、连锁化运营的成本曲线难以扭转。

3 餐饮供应链的发展面临诸多困难 中国餐饮产业链的上游源头分散,自动化程度低。根据第三次全国农业普查数据,我国小农户数量占农业经营主体的 98% 以上,小农户从业人员占农业从业人员的 90%,小农户经营耕地面积占总耕地面积的 70%。中国物流产业中冷链技术水平滞后,基础设施不足,限制了供应链产业的发展,进而制约了餐饮产业的发展规模,给数字化、智能化升级带来阻碍。

(二)餐饮产业数字化升级的方向与路径

20 世纪 90 年代,餐饮行业实现了交易数据的信息化,然后随着互联网浪潮的兴起,网络销售链路被打通,之后团购外卖的兴起进一步催生了餐饮平台的诞生,预订、评价等功能的线上化开始帮助

商户进行线上营销与引流。发展至今,日益加剧的行业竞争、痛点诸多的行业环境使得餐饮数字化服务供应商不仅需要满足餐饮前端的营销需求,还需要满足效益、经营、金融到供应链的各种需求,实现从上游到下游、从线上到线下的全产业链、全方位的数字化升级。整个餐饮产业链的数字化需求如图 1-5 所示。

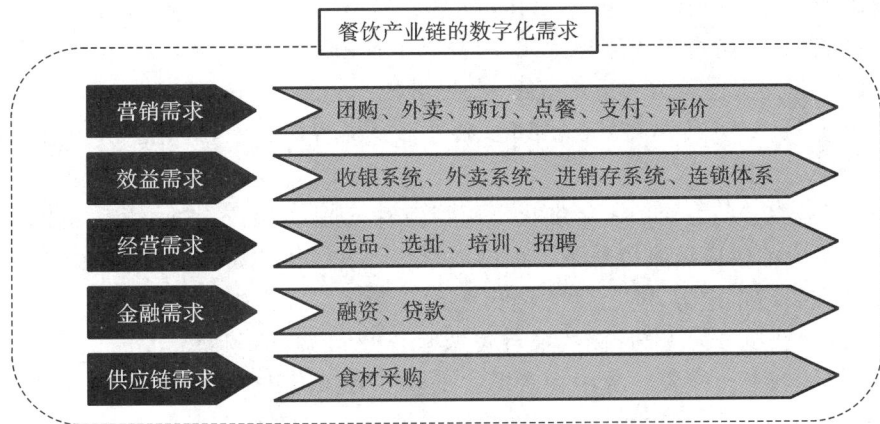

图 1-5 餐饮产业链的数字化需求

传统餐饮企业需要从上游到下游、从线上到线下的全产业链、全方位的数字化升级。数字化、信息化将提高前厅和后厨的工作效率,利用互联网技术和智能化设备减少人工服务,带来高效服务、优质产品、精准营销、移动化管理等方面的数字化转变,把控企业运营端、供应链端和消费者运营端,构成运营数字化和供应链数字化的转型路径。

❶ **以顾客为中心的餐厅数字化升级** 餐厅是餐饮企业与顾客最先也是最重要的接触地,是餐饮产品价值变现和消费终端。餐厅运营管理的核心目标是多方位提升顾客感受,包括提升服务效率、提高便捷性、提升舒适度等。餐厅数字化升级通过对前厅流程中的获客引流、预订、排队叫号、点餐、送餐、收银、外卖等店内经营环节进行数字化改造,提供更满足顾客需求、更高效、便捷、舒适的餐饮服务。其服务流程如图 1-6 所示。

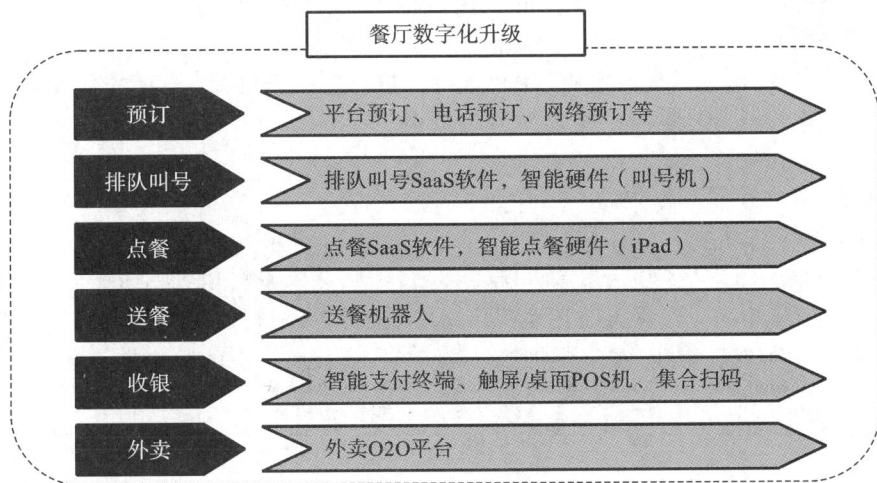

图 1-6 餐厅数字化升级

同时,餐饮的生态平台也在餐厅实现"C+B"的闭环打造。餐饮生态平台的科技赋能可提高商家整体的链条效率,打通不同业务线之间的数据信息(如将外卖订单自动接入厨房显示系统(KDS)),形成从消费者到原料管理的闭环体系,提升业务流程的便捷性和信息流的畅通性。

❷ 以厨房为中心的生产方式的智能变革　厨房出餐速度的快慢,直接决定了顾客用餐体验,影响翻台率。智能厨房显示系统(KDS)颠覆了传统的后厨出菜模式,给前端下单与后端出菜之间赋予了一套全新的数字化流程。在出菜口和后厨分别架设 KDS 设备端(触控一体机),当前端 POS 机完成下单,每桌订单传到后厨 KDS 设备端,厨房出菜时确认每单已完成,同时送餐员接菜时在出菜口 KDS 设备端确认已送餐。整个流程环环相扣,可避免漏单,或是口耳相传造成的下单误差,便于厨师根据订单顺序及菜品类别合理规划出菜顺序,提高出菜效率。

KDS 智能化的普及实现了厨房生产有序、高效出餐。从前厅到后厨到发餐,保证信息流实时传递,把控整体流程;通过 EDI 传输,实现无纸化;通过可视屏智能显示,优化服务员和厨师工作流程;智能催单,保证上菜速度和上菜顺序。

后厨数据的沉淀能够助力管理者精细化后厨管理,找到业务流程上的"堵点",以便于优化管理。

❸ 以食材为中心的供应链流程变革　国内最早切入餐饮供应链市场者为具有餐饮背景的大公司,如海底捞子公司蜀海供应链,随后供应链企业也开始逐步介入这一市场。一直到 2014 年,众多具有互联网背景的企业也开始入局,包括平台资源整合商和 IT 服务商。餐饮供应链企业的商业模式可以分为直营模式和平台模式。其中直营模式承包了采购、存储、物流等多个流程,赢利来源主要是食材费用的差价,而平台模式主要通过互联网产品或服务来链接供应商和 B 端客户,促成双方交易,收取分销佣金或服务费用。

餐饮企业的竞争日趋激烈,最后终将落地到供应链的竞争,以海底捞子公司蜀海供应链提出的"六省"为例:①省心,强大成熟的食安品控体系保障,确认食材安全可追溯;②省事,一站式食材供应、订货、收货服务,减少多供应商供货的繁杂程序;③省时,集中全食材供应,减少多方频繁沟通、协调、追踪的时间;④省人,食材统一工厂制作,减少门店用人压力;⑤省钱,借助集采优势,大宗商品集中寻源降低采购成本;⑥省地,蜀海拥有三温中转配送中心,可做到日配到店,减轻门店存货压力。强大的供应链和企业进行捆绑能有效提升规模水平和企业的赢利水平。

❹ 以数据为中心的餐饮经营管理优化变革　随着传统餐饮业向智能化方向升级,餐饮行业全流程也可抽象为前端服务接收数据,后端收集、分析数据并反馈给前端辅助经营优化的过程,数据必将成为餐饮数字化的基础。餐饮行业将逐步进入数字化管理时代,通过信息技术优化管理效率,留存数据,打通多维度数据,以数据为基础指导经营决策。餐饮行业前厅、后厨、供应链等流程形成的场景连接是云计算、大数据、人工智能等技术对餐饮行业流程效率的升级助力。餐饮行业从预订、点餐到支付,从接单到出菜,从生产、采购到运输的全渠道、全流程消费行为也成为消费者端数据与前厅后厨供应链的连接端口,在对交易数据、用户数据等进行脱敏沉淀后,丰富的数据分析维度能够反哺餐饮后市场的智能营销、智能选址、菜品研发等需求。

课后实训

实训活动 1:以小组为单位,联系实训基地门店,了解其服务对象、所在的商圈和市场定位。

实训活动 2:店长访谈,联系实训基地门店,做店长访谈,了解连锁门店的经营体系。

实训活动 3:工作现场实践,观察实训基地数字化收银设备、智能化生产设备,并记录品牌和主要功能。

新人入职了解岗位和公司

学习目标

知识目标 掌握餐饮企业组织机构的设置原则;了解餐饮企业组织机构的设置流程;了解餐饮企业组织机构图。了解连锁餐饮企业核心岗位职责,了解星级酒店餐饮部核心岗位职责。

技能目标 能够根据餐饮企业需求确定餐饮企业工作岗位。能够根据餐饮企业投资架构设计组织机构。能够根据餐饮企业运营需要设计岗位职责。

思政育人目标 树立敬业精神和社会责任感,培养规则意识和组织意识。

课程思政

红梅赞歌颂桂梅

张桂梅,这位如红梅般坚毅且满溢大爱的教育工作者,在华坪县这片土地上,如傲雪绽放的红梅,以顽强的意志与无私奉献的精神,为山区女孩照亮了希望之路。

张桂梅目睹了太多山区女孩因贫困而早早辍学,无法追求知识与梦想。这刺痛了她的心,她决心改变这一现状。于是,创办一所免费女子高中的想法在她心底生根发芽。

为了实现这个看似遥不可及的梦想,张桂梅四处奔走,省吃俭用,把自己的工资几乎都投入到学校的筹备工作中。她向社会各界人士讲述山区女孩的困境,寻求资金支持。她无数次遭受冷眼与拒绝,但她从未放弃。终于,在多方努力下,全国首所免费女子高中——丽江华坪女子高级中学(简称"华坪女高")成立了。

学校创办初期,条件极其艰苦。没有足够的教学设备,教室破旧,师资力量也严重不足。但张桂梅没有被这些困难吓倒。她既是校长,又是老师,还是后勤人员。每天天不亮,她就第一个出现在校园,叫醒学生们早读;夜晚,等学生们都入睡后,她才拖着疲惫的身躯回到自己的宿舍。

张桂梅对学生的关怀无微不至,处处彰显着人文精神的光辉。她深知这些孩子背后家庭的艰难处境,不仅关注她们的学业发展,更关注她们的生活状况与心理健康。她拿出自己本就微薄的工资,为学生购置学习用品与生活用品,对待学生如同对待自己的亲生子女,给予她们细致入微的照料。

为了让学生们能充分利用时间学习,她每日陪伴学生早读、上晚自习,以默默的陪伴给予学生们源源不断的力量。在课堂上,她认真授课,耐心解答学生们的每一个问题;课后,她和学生们谈心,了解她们的学习压力和生活烦恼,为她们排忧解难。

Note

张桂梅如红梅般在艰苦的环境中坚守。面对经费短缺、师资匮乏等重重困难,她从未有过丝毫放弃的念头。她的精神,如同一盏明灯,激励着一届又一届的学生。在张桂梅的影响下,她们勤奋刻苦,努力学习,成功走出大山,实现了命运的逆转。一届又一届学生从华坪女高毕业,她们有的成为教师,继续传递知识的火种;有的成为医生,救死扶伤;有的在各个领域发光发热。

张桂梅以实际行动,深刻诠释了教育的真谛,展现出对学生毫无保留的人文关怀。她,无疑是当之无愧的教育楷模,她的精神,犹如红梅的馥郁芬芳,在人们心间久久萦绕,激励着更多人投身公益事业,为推动社会发展贡献自己的力量。

导读

学习目的、意义 对于一家餐厅来说,无论是三五人的初创阶段还是几十成百员工的成熟阶段,组织是其存在的基础。不同的是组织规模有大小、健康与否之分。成功的餐饮企业必定拥有一个成功的组织。

内容概述 通过对餐饮企业组织机构设置的讲解,提高学生对餐饮企业组织机构设置依据和分类的认知;通过分析餐饮企业主要岗位的职责,加强学生对餐饮运营的了解。

导入案例

某餐厅坐落于友阿奥特莱斯广场对面,其主体建筑总面积达 792.56 平方米,共计三层楼。厨房设在二楼,面积为 280.53 平方米,设有湘菜档口、粤菜档口、点心房和凉菜间。餐厅的装修设计以中式园林风格为主,巧妙融合了古典与现代,营造出一种独特而雅致的用餐氛围。整个餐厅共设有 282 个餐位,充分满足了不同顾客群体的需求。一楼大厅宽敞明亮,以散座形式布局,共计 58 个餐位,适合家庭聚餐或朋友小聚。二、三楼则被打造成精致的包厢区域,二楼有 9 个包厢,餐位数为 94 个,三楼也是 9 个包厢,餐位数为 88 个,在三楼的屋顶花园还设有 2 个阳光包厢,餐位数为 42 个。每个包厢都充满了私密性与尊贵感,是商务宴请的理想选择。

请思考:

1.请结合所学内容,为该餐厅设计组织机构图。

2.该餐厅在进行员工配备时应考虑哪些因素?

餐饮企业组织机构与岗位设置直接影响到企业的运转和效益。因此,管理人员在设置组织机构时既要考虑企业经营的性质和范围、企业服务的对象及提供产品的特点,又要考虑企业向顾客提供的服务类别、预计餐饮产品的销售数量,并据此设置组织机构和岗位。餐饮企业只有通过合理组织劳动,强化员工培训,严格绩效考核,努力调动员工的劳动积极性,才能降低人力消耗,确保服务质量,提高劳动效率。

一、餐饮企业组织机构的设置原则

餐饮企业组织机构是针对餐饮企业经营管理目标,为筹划和组织餐饮产品的供、产、销活动而设立的专业性业务管理机构。组织机构是有效开展餐饮业务经营活动的组织保证,在设置时应符合相应原则。

❶ **精简与效率相统一的原则** 组织机构的规模、形式和内部结构在设置时必须在符合业务需要的前提下,将人员减少到最低限度。精简的关键是"精",能够用最少的人力去完成任务。精简的目的是减少不必要的消耗,充分发挥各级人员的才能,发挥员工的主观能动性,提高工作效率。因此,这一原则的主要标志是配备的人员数量与所承担的任务相适应,机构内部分工得当、职责明确、员工的效率高、应变能力强。

❷ **专业化和自动调节相结合的原则** 餐饮企业管理是一项专业性很强的工作,必须保持其组织机构和工作内容的专业性和正规性。组织机构内部的专业分工要明确,职责范围要清楚。各级管理人员和员工要接受一定的专业训练,具有一定的专业水平和能力。组织机构要有相对独立性,各类管理人员在职责范围内能够独立开展工作,灵活处理同外界环境的关系,具有一定灵活性。这一原则的主要标志是组织机构大小同企业等级规模相适应,内部专业分工程度同生产接待能力相协调,员工专业水平和业务能力同工作任务相适应,管理人员在不断变化的客观环境中主动处理问题,具有自动调节的功能。

❸ **权力和责任相适应的原则** 餐饮企业管理是运用不同职位的权力去完成管理任务。责任是权力的基础,权力是责任的保证。责任和权力不相适应,管理人员就无法正常地从事各项管理工作。这一原则的主要标志是组织机构的等级层次合理,各级管理人员的责任明确,权力大小能够保证其所承担任务的顺利完成,责权分配不影响各级管理人员之间的协调与配合。

二、餐饮企业组织机构的设置方法和步骤

餐饮企业组织机构的设置方法根据企业性质、规模大小、档次高低、接待对象不同而不同。从总体角度看,其设置主要分为以下 4 个步骤。

❶ **根据企业性质和投资结构,选派产权代表,确定组织领导体制** 我国餐饮业主要由酒店餐饮业和社会餐饮业组成。它们的企业性质和投资结构各不相同。从组织机构设置的角度来看,在市场经济条件下,任何企业的组织领导体制都是由投资机构选派产权代表,确定组织领导体制。这里分为两种情况:一是饭店、宾馆的餐厅。它们不是一个独立的企业,而是企业内部的一个部门,尽管其规模、档次一般高于餐馆,但它们没有企业法人的资格。因此,饭店、宾馆设置餐饮组织机构,其产权代表就是饭店、宾馆的总经理或董事长,由他们来研究、确定其餐饮管理的组织领导体制。一般来说,这种组织领导体制就是总经理或董事长领导下的部门经理负责制。二是社会餐饮企业,它们大都是独立的企业,根据投资结构不同,其第一投资人会选派出产权代表担任餐饮企业的总经理或董事长,由他们来研究、确定企业的组织领导体制。

❷ **根据企业规模、档次和接待对象,确定餐饮企业组织机构的规模和形式** 在餐饮管理组织领导体制确定后,确定餐饮组织形式、规模、档次和接待对象。如连锁餐饮企业往往会设立连锁总部、连锁门店、加工与配送中心。星级酒店的餐饮部又可以分为一星、二星级的中小型饭店,其餐厅数量通常为 1~2 个,档次亦不高,座位数量也较少,因而内部机构组成必然简单;一般中型饭店,大多只有 2~3 个餐厅和配套厨房,多为三星级左右,因而其组织规模和形式较简单;四星、五星级大饭店,其餐厅数量达 7~8 个,甚至十几个及以上,提供各种风味食品,档次很高,其组织机构的规模和形式

就复杂很多。

❸ **根据专业分工确定部门划分和岗位设置,制定各岗位职责规范** 在组织机构的规模和形式确定后,必须做好内部的专业分工,根据各岗位具体任务确定内部的部门划分和岗位设置。如连锁餐饮企业会设置加盟部、企划部、房产部、连锁运营部等,大型餐饮企业可以设置餐厅部、厨房部、酒水部,有条件的大型饭店还可以设置独立的宴会部,然后确定各部门的下级归属,进而设置各种岗位。

在部门划分和岗位设置的基础上,还应根据不同岗位的任务、职责、权限,分别制定出各个岗位的职责规范。其内容应该包括不同岗位员工的学历、资历、专业、经验、仪表、语言等基本条件和具体职责规范,以保证组织机构中各岗位人员的选择和任用。

❹ **根据各岗位工作任务和职责规范选派人员,形成正式、有效的组织管理** 现代企业组织机构的设置和建立,除组织形式、管理体制外,关键在于各岗位人员的选择和任用。餐饮管理的组织形式一经确定,就要按照不同岗位的工作任务和职责规范选派人员,特别是高中层管理人员的选择和任用,将直接决定企业组织管理水平的高低,是能否做好餐饮管理的关键。因此,根据岗位工作任务和职责规范选派人员,也是餐饮企业组织机构设置的重要内容之一。

三、餐饮企业组织机构的一般模式

餐饮企业组织机构的设置受餐饮企业的规模、经营性质和范围等因素的影响,社会餐饮企业在组织结构上与酒店餐饮部门有很大的区别,社会餐饮企业有比较健全的组织机构和功能。

❶ **连锁餐饮企业的组织机构** 见图 2-1。

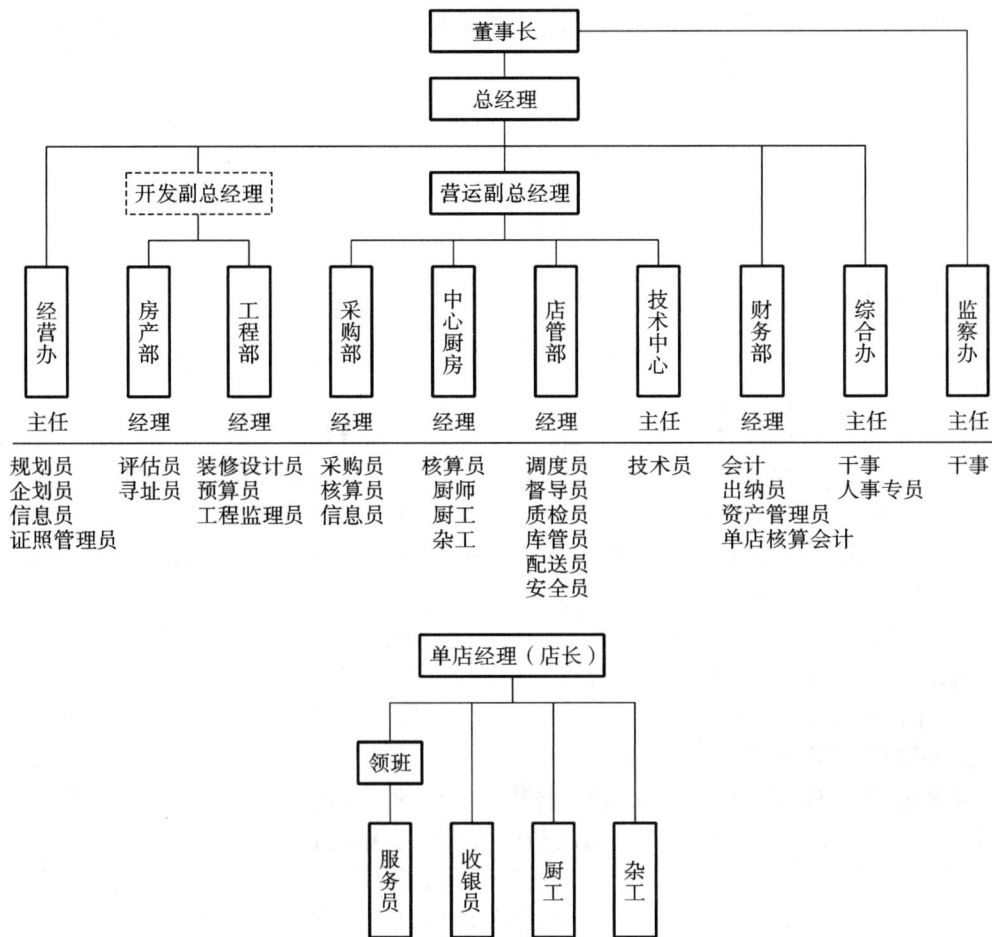

图 2-1 连锁餐饮企业的组织机构

连锁餐饮企业因为发展速度较快,通常会设立开发部,大的连锁餐饮企业还可能设立加盟部,有自己的门店督导和运营体系。成熟的连锁体系往往由连锁总部、连锁门店集群、加工与配送中心组成。

❷ **小型饭店餐饮部的组织机构**　小型饭店餐饮部的餐厅数量少、类型单一,大多只经营中餐,组织结构比较简单,分工也不细,如图 2-2 所示。

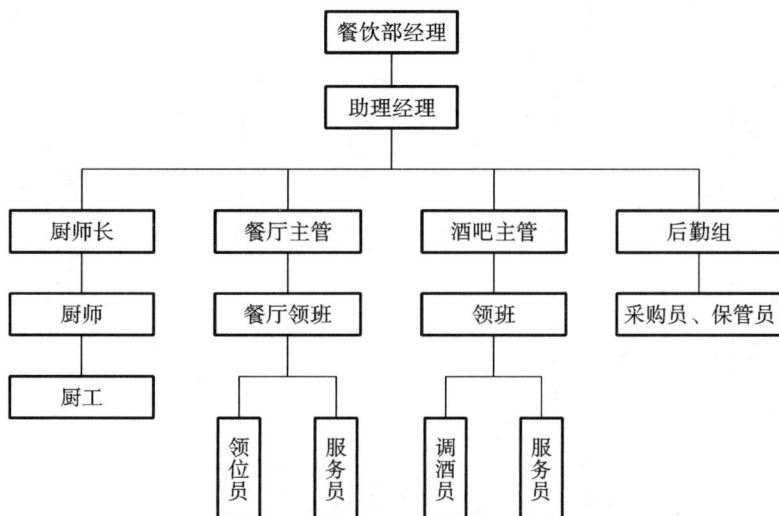

图 2-2　小型饭店餐饮部的组织机构

❸ **中型饭店餐饮部的组织机构**　中型饭店餐饮部的餐厅数量较小型饭店多,类型也比较全,内部分工比较仔细,组织结构相对复杂,如图 2-3 所示。

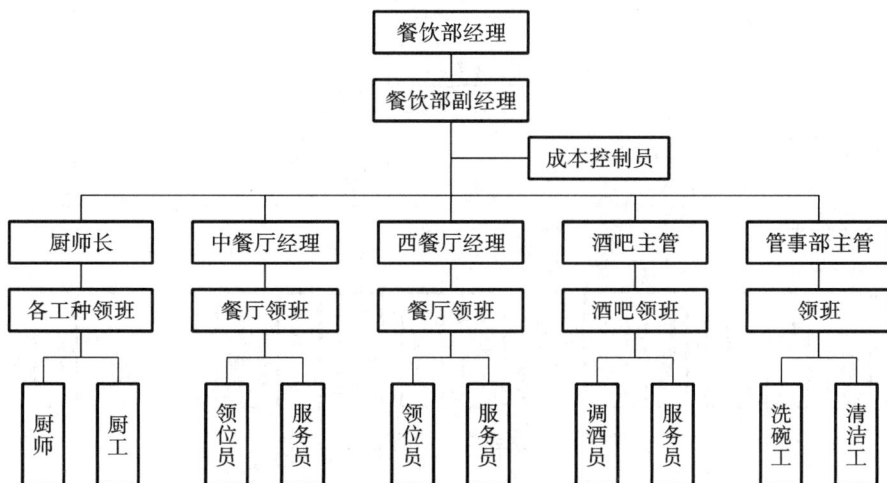

图 2-3　中型饭店餐饮部的组织机构

❹ **大型饭店餐饮部的组织机构**　大型饭店餐饮部一般设有 5 个以上的餐厅,多的可达 10～20 个,各种餐厅都单独配备厨房,分工明确,组织机构专业化程度高,如图 2-4 所示。

❺ **独立经营的餐厅的组织机构**　有些饭店的餐厅独立经营,类似社会餐饮企业,组织机构设置简单,但因其可独立经营,故也设置餐饮部经理,甚至设有总经理,如图 2-5 所示。

Note

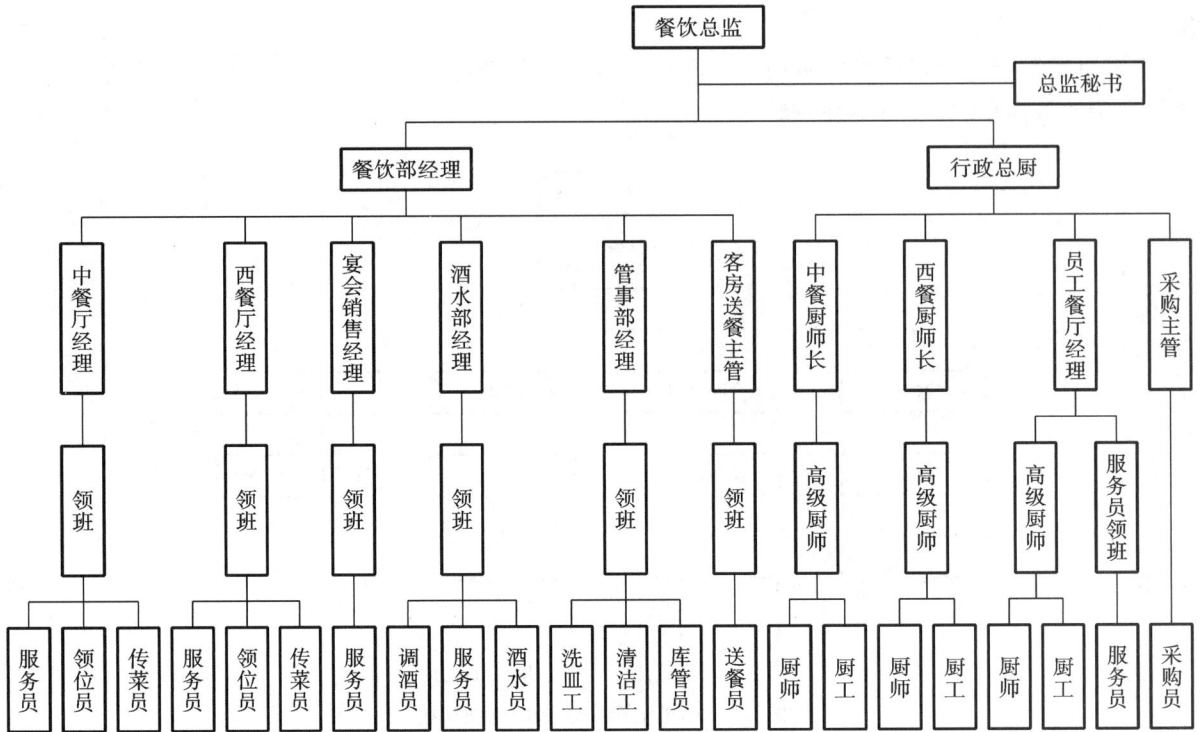

图 2-4　大型饭店餐饮部的组织机构

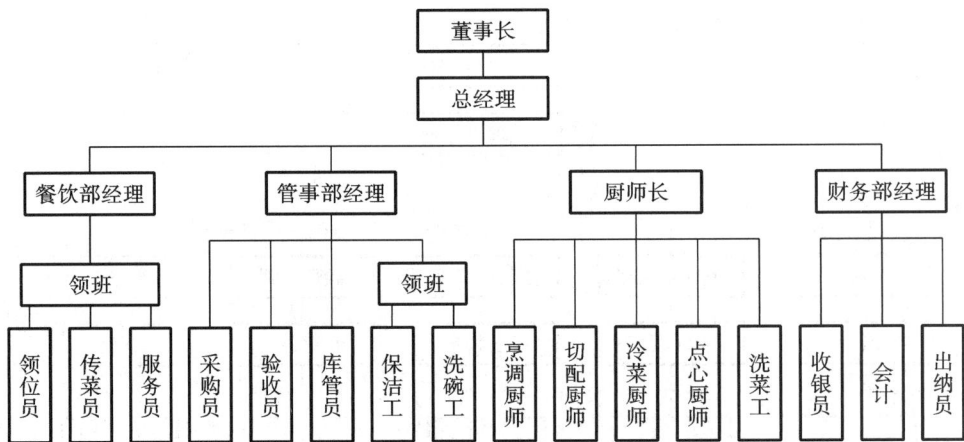

图 2-5　独立经营的餐厅的组织机构

学习任务 2　餐饮企业岗位组织与职责

　　由于不同规模、不同主营业务的餐饮企业的组织机构存在较大差异,因此即使是同一名称的工作岗位或职务,其工作内容和职责也会有所不同,现以连锁餐饮企业为例进行介绍。

一、经营办主要职责及相关岗位职责

❶ 经营办主要职责

(1)负责制订公司发展战略并组织实施。

(2)负责组织制订公司年度经营计划和月度经营计划。

(3)负责跟踪经营计划的执行,对各部门经营计划的执行情况进行考核。

(4)负责公司信息系统设立与维护管理工作。

(5)负责相关经营数据的统计分析工作,为领导决策提供支持。

(6)负责组织制定、颁布公司的业务管理制度和业务流程,并负责收集执行过程中的信息,适时进行修改和完善。

(7)负责公司的市场开发工作,以及品牌建设、营销策划、对外宣传的管理工作。

(8)负责选择与评估加盟商,并协调解决与加盟商之间的各种问题。

(9)负责公司企业文化的建设。

(10)负责协调公司各部门的活动。

(11)负责公司的工商注册、证照变更登记及年检的办理。

(12)完成公司领导交办的其他工作。

❷ 经营办岗位设置

(1)公司层岗位:主任。

(2)部门层岗位:规划员、企划员、信息员、证照管理员。

❸ 经营办相关岗位职责

1)经营办主任

(1)负责拟订、修订公司发展战略。

(2)负责组织制订公司年度经营计划草案。

(3)负责制订业务计划、部门年度及月度工作计划。

(4)负责对各部门经营计划的执行情况进行考核。

(5)负责组织制定、颁布公司的业务管理制度、业务流程及各项标准。

(6)负责公司的市场开发工作,以及品牌建设、营销策划、对外宣传的管理工作。

(7)负责公司企业文化的建设,提炼与宣传企业理念,提高员工的凝聚力。

(8)负责公司信息系统建设与维护管理工作。

(9)负责选择与评估加盟商,并协调解决与加盟商之间的各种问题。

(10)负责经营办的内部组织管理工作。

2)规划员

(1)负责协助领导制订公司发展战略。

(2)负责组织制订公司年度、月度经营计划。

(3)负责制订部门年度、月度工作计划。

(4)负责设计公司内部的运营流程并组织实施。

(5)负责组织制定公司的业务管理制度、业务流程及各项标准。

(6)负责调查公司经营项目的内外环境,并递交分析报告。

(7)负责协助领导选择与评估加盟商,并协助解决与加盟商之间的各种问题。

3)企划员

(1)负责制订公司年度企划方案,并组织实施。

(2)负责协助公司店管部制订年度营销策划方案、促销活动方案。

（3）负责公司宣传手册、促销宣传品的设计、制作。

（4）负责公司 CIS 手册的制作和完善。

（5）负责公司商标、商号、版权和专利等的日常管理工作。

（6）负责企业文化建设，提炼与宣传企业理念。

4）信息员

（1）负责公司各项信息系统的建设与维护管理工作。

（2）负责协调和监督各部门业务运行流程的执行和经营计划的有效落实。

（3）负责公司经营信息的统计和报表分析。

（4）负责公司经营工作例会的组织。

（5）负责公司经营业务的行业信息调查。

5）证照管理员

（1）负责办理公司各种证照。

（2）负责公司证照的年检工作。

（3）负责建立证照档案并妥善保管。

二、房产部主要职责及相关岗位职责

❶ 房产部主要职责

（1）负责收集市场信息以及单店运营的动态反馈信息，建立房源信息数据库，并对各种信息进行分类整理。

（2）负责根据数据积累和公司的发展方向进行开发营建规划，确定商圈选址标准。

（3）负责根据公司的发展战略制订年度单店开发计划和月度单店开发计划，并根据计划开展选址工作。

（4）负责进行单店投资的可行性分析和效益评估，为单店投资提供决策依据。

（5）负责与房主进行谈判，并签订租房合同。

（6）负责协调解决单店装修过程中的各种问题。

（7）负责协调解决租房过程中与房主产生的各种问题。

（8）负责完成公司领导交办的其他工作。

❷ 房产部岗位设置

（1）公司层岗位：经理。

（2）部门层岗位：评估员、寻址员。

❸ 房产部相关岗位职责

1）房产部经理

（1）负责根据公司发展战略，拟订开发规划草案。

（2）负责制订业务计划、部门年度及月度工作计划。

（3）负责制定开发管理制度及业务流程。

（4）负责单店投资的可行性分析和效益评估。

（5）负责与房主进行谈判，并签订租房合同。

（6）负责协调解决单店装修及运营过程中与房屋有关的各种问题。

（7）负责房产部的内部组织管理工作。

2）评估员

（1）负责收集区域规划信息及向有关部门进行咨询。

（2）负责收集和评估周围商业快速增长地区的数据。

(3)负责提供同种类型的餐厅可能会导致的直接竞争和非直接竞争的消极因素。

(4)负责收集和评估各区域的地价。

(5)负责评估交通状况、地理位置等。

(6)负责评估餐厅可见度、能源供应和当地人力的可用性。

(7)完成部门领导交办的其他工作。

3)寻址员

(1)掌握房地产开发知识,具有分析、判断和沟通能力。

(2)根据城市图,结合寻址的具体要求,进行实地勘查、调研,并提交调研报告。

(3)负责评估选址的地理位置及周边环境(根据人流评估表、周边环境评估表等进行测评)。

(4)负责协助房产部经理与房主进行谈判,并负责签订房屋租赁合同。

(5)完成部门领导交办的其他工作。

三、工程部主要职责及相关岗位职责

❶ 工程部主要职责

(1)负责单店装修方案的设计。

(2)负责编制单店工程项目预算。

(3)负责审核工程招标和合同洽谈。

(4)负责工程质量和进度监督。

(5)负责装修过程中的资金控制。

(6)参与工程质量验收工作。

(7)完成公司领导交办的其他工作。

❷ 工程部岗位设置

(1)公司层岗位:经理。

(2)部门层岗位:装修设计员、预算员、工程监理员。

❸ 工程部相关岗位职责

1)工程部经理

(1)负责根据公司发展战略,拟订营建规划草案。

(2)负责制订业务计划、部门年度及月度工作计划。

(3)负责组织制定营建管理制度及业务流程。

(4)负责编制单店工程项目预算。

(5)负责工程质量和进度监督。

(6)参与工程质量验收工作,及时解决验收过程中的各种问题。

(7)负责工程部的内部组织管理工作。

2)装修设计员

(1)严格遵守公司各项规章制度,按时、保质、保量完成领导交办的各项工作。

(2)负责连锁店店面的装修设计与规划。

(3)负责店面环境的考察与评价。

(4)负责装修图纸的绘制及施工图的审核。

(5)负责确定装修耗材标准及装修工艺。

(6)负责根据公司发展战略和单店运营的实际情况,不断调整并完善装修设计方案,使之符合公司产品市场定位,并逐渐实现标准化。

(7)负责与施工单位进行沟通与谈判,制作装修合同,上报相关部门审核。

(8)负责店面装修设计方案的制定及实施过程中与相关部门的沟通协调工作。

3)预算员

(1)严格遵守公司各项规章制度,按时、保质、保量完成领导交办的各项工作。

(2)负责公司工程前期的概算及估算,根据实际情况编制单店装修工程预算,并报部门经理进行审批。

(3)负责工程招标时工程造价的审核,负责在施工中有效地控制成本。

(4)负责施工中工程造价变更的审核。根据工程项目的实际实施情况,编制工程竣工决算。

(5)审核施工单位的申请、工程决算,并报部门经理审批。

(6)为公司投资决策、工程设计提供建议。

(7)负责施工合同及工程施工图的审核并报相关部门审核。

(8)参与工程质量的竣工验收工作,负责工程竣工资料的整理及归档工作。

(9)负责审核承包单位提交的开工报告、施工组织设计、技术方案、进度计划,并报部门经理及相关部门审定。

(10)负责工程前期、施工中、后期竣工的所有工程相关资料的整理及归档工作。

4)工程监理员

(1)严格遵守公司各项规章制度,按时、保质、保量完成领导交办的各项工作。

(2)执行业务管理规范和工序流程。

(3)根据施工合同监督整个工序流程,及时发现引起质量问题的各种可能原因,并予以纠正。

(4)负责与店面租赁方、施工单位的沟通及协调工作。

(5)严格控制施工进度及施工质量,处理施工现场的主要技术问题,及时解决施工过程中出现的其他问题。

(6)核查施工进场的主要材料、设备、构配件的原始凭证、检验报告等质量证明文件及质量情况,合格时签字确认并整理归档。

(7)对施工中的工程量及工程质量检验评定资料进行审核确认并整理归档。

(8)负责组织相关部门人员进行工程质量竣工验收,协调施工单位解决竣工验收过程中出现的各种问题,并参与整个验收过程。

(9)协助证照管理员做好行管部门的勘查接待。

(10)协助房产部做好现场勘查。

(11)协助采购部做好设备的现场安装。

四、采购部主要职责及相关岗位职责

❶ 采购部主要职责

(1)负责制订采购计划及采购活动的具体实施。

(2)对所采购物品及外协产品的市场行情、供应商情况进行跟踪调查,建立采购物品及外协产品价格信息库。

(3)负责采购物品及外协产品的质量记录。

(4)负责对供应商的管理。

(5)优化各类物品库存结构,降低采购成本,提高存货周转率。

(6)负责采购物品及外协产品的交货与协调工作。

(7)负责采购物品及外协产品质量问题的解决、退货与索赔。

(8)负责采购款项的结算支付。

❷ **采购部岗位设置**

(1)公司层岗位:经理。

(2)部门层岗位:采购员、核算员、信息员。

❸ **采购部相关岗位职责**

1)采购部经理

(1)负责根据公司发展战略,拟订采购计划。

(2)负责制订业务计划、部门年度及月度工作计划。

(3)组织制定采购管理制度及业务流程并建立供应商档案,维护客户关系。

(4)负责采购执行。

(5)负责采购部的内部组织管理工作。

2)采购员

(1)接受部门经理下达的采购作业任务。

(2)进行市场及供应商的调研和比价分析。

(3)做好大宗物资和关键商品的招标工作。

(4)负责采购合同的制订与签订工作。

(5)实施采购作业。

(6)协助办理采购物资的报检和入库。

(7)负责将各类采购单据、发票及时返回公司。

(8)负责编制公司月度、季度、年度物资采购计划。

(9)协助核算员编制周付款计划并办理相关手续。

(10)配合信息员做好各类采购合同、有关计划、报表、图纸、技术资料的收集、整理和归档工作。

(11)按照合同及时对供应商进行稽催与协调。

(12)负责控制采购作业进度。

(13)负责联系供应商,处理有关物资质量问题的索赔、退换等事宜。

3)核算员

(1)负责采购部所有采购体系的核算工作。

(2)编制周付款计划,并负责办理采购部所有付款手续。

(3)汇总采购部各业务员的月(季、年)度采购计划。

(4)负责供应商核算账目的建立。

(5)督促采购员发票的返回,并及时到财务部冲账、报销。

(6)负责编制采购部采购统计报表。

(7)负责采购入库单据的汇总、登记工作。

(8)负责供应商应付账款的管理,定期编制客户往来对账单,并妥善保存相关资料。

(9)负责与财务部及时核对应付账款。

(10)负责做好与相关部门之间的信息传递工作。

4)信息员

(1)负责采购部市场信息的收集工作,建立信息数据库。

(2)参与供应商提供商品报价信息真实性的甄选工作。

(3)做好各类信息的整理和分析工作,将各类信息分类汇总,以便于采购员及时掌握市场动态。

(4)根据市场信息,及时修改信息数据库,保证信息的及时性、准确性、完整性。

(5)定期编制潜在供应商调查表。

(6)负责做好信息的档案管理工作。

五、中心厨房主要职责及相关岗位职责

❶ 中心厨房主要职责

(1)负责制定中心厨房加工工艺手册,并不断修改完善。

(2)按照公司规范要求和加工计划合理领料。

(3)按照公司规范要求,进行加工制作,保证加工质量。

(4)按照公司规范要求,对加工成品进行提交入库。

(5)严格执行食品卫生法及相关法规,确保环境卫生达标。

(6)完成公司领导交办的其他工作。

❷ 中心厨房岗位设置

(1)公司层岗位:经理。

(2)部门层岗位:核算员、厨师、厨工、杂工。

❸ 中心厨房相关岗位职责

1)中心厨房经理

(1)负责根据公司发展战略,拟订加工制作计划。

(2)负责制订业务计划、部门年度及月度工作计划。

(3)组织制定加工制作管理制度及业务流程。

(4)负责依据加工计划合理领料,努力实现零库存。

(5)负责按照公司规范要求,进行加工制作,保证加工质量。

(6)按照公司规范要求,对加工成品进行提交入库。

(7)负责中心厨房的内部组织管理工作。

2)核算员

(1)遵守公司各项规章制度,积极完成本职工作。

(2)按工作程序接收店管部转来的订单,并确认订单。

(3)根据订单安排班次及每班工作量,并经中心厨房经理签字确认后,通知班长。

(4)对于每班领用的原料及完成的成品按程序进行出入库记录。

(5)严格按工作流程向配送部发货。

(6)完成部门领导交办的其他工作。

3)厨师

(1)遵守公司各项规章制度,积极完成本职工作。

(2)根据中心厨房经理下达的任务,严格按照工艺标准、工艺流程和质量要求完成制作任务。

(3)严格按照操作规范进行厨房设备的使用和定期保养,并由专人负责维护。

(4)负责食品制作过程中卫生及安全问题的落实及检查。

(5)对于制作过程中发生的各种操作问题及时报告带班班长,并向部门领导汇报。

(6)及时向核算员反映制作过程中原料的使用情况。

(7)完成部门领导交办的其他工作。

六、店管部主要职责及相关岗位职责

❶ 店管部主要职责

(1)负责各单店经营目标的拟定及监督执行。

(2)负责各单店运营手册的制定与监督执行。

(3)负责给予单店支持,包括营业指导、单店管理、人事管理等。

(4)汇总每天的单店需求计划,编制中心厨房加工计划,并提交采购部和中心厨房。

(5)按照公司规范要求,对加工成品和非加工产品进行核实、检验入库,清点记账,并妥善保管。

(6)负责制订并执行配送计划,按照公司规范要求,进行出库管理和配送管理。

(7)负责配送交通工具的保养和维护。

(8)负责对单店进行月度业绩考核评价。

(9)负责解决租房过程中与房主产生的各种问题。

(10)负责单店经营情况及合理化建议的反馈和处理。

(11)负责单店安全运营的指导和监督管理。

(12)完成公司领导交办的其他工作。

❷ **店管部岗位设置**

(1)公司层岗位:经理。

(2)部门层岗位:调度员、督导员、质检员、库管员、配送员、安全员。

❸ **店管部相关岗位职责**

1)店管部经理

(1)负责根据公司发展战略,拟订单店运营规划草案。

(2)根据董事会下达的公司年度经营目标、公司单店运营规划,组织研讨、拟订并审核公司年度单店运营计划。

(3)组织制定单店运营管理制度及业务流程,保证单店运营工作的规范化。

(4)负责根据经营计划拟定单店经营目标,并监督执行。

(5)汇总每天的单店需求计划,审核批准后提交采购部和中心厨房,实现公司各业务部门的有效衔接。

(6)按照公司规范要求,组织对加工成品和非加工产品的库存管理,以实现合理库存,降低库存成本。

(7)组织对菜品销售结构的分析。

(8)负责店管部的内部组织管理工作,保证部门业务的有效运转。

2)调度员

(1)遵守公司各项规章制度,积极完成本职工作。

(2)负责各单店收银系统的正常使用及维护,并负责收银员的培训工作。

(3)负责日常生产经营平衡和调度工作,保证各单店的日常运营。

(4)负责各单店与中心厨房、技术中心等部门的联络工作,及时分析各单店的需求信息,并负责产品的调配工作。

(5)及时对各单店的营业情况进行分析、汇总,填报营业日报表及周报表。

(6)及时了解库存信息,进行合理化调整。

(7)负责各单店的各类数据的收集、整理、编制、汇总工作,并报送相关部门。

(8)完成领导交办的其他工作。

3)督导员

(1)遵守公司各项规章制度,积极完成本职工作。

(2)负责连锁店员工岗位技能、业务流程等的培训。

(3)负责督导计划的有效执行。

(4)负责营运规范的培训和督查。

(5)负责公司营运标准的有效执行。

(6)依据考核结果提出专项督导方案并负责落实。

(7)执行和贯彻落实公司的经营计划和管理措施。

(8)认真督导片区内各连锁店年度经营任务的完成情况。

(9)负责片区内连锁店的验收、开业筹备、资产维护和运营管理。

(10)负责片区内连锁店的人事、财务、营业、采购、外联工作。

(11)负责管理标准和管理制度在连锁店的有效执行和监督指导。

(12)完成领导交办的其他工作。

七、财务部主要职责及相关岗位职责

❶ 财务部主要职责

(1)负责资金的筹集规划、合理使用和控制。

(2)负责制定公司的财务管理制度和实施细则,统一核算标准。

(3)负责编制公司预算,参与公司经济活动的研究和审核。

(4)负责公司的会计核算工作。

(5)负责各项财务会计报表的编制及财务分析工作。

(6)负责公司的资产管理工作。

(7)负责单店相关作业指导。

(8)负责公司有关财务资料的整理、保管工作。

❷ 财务部岗位设置

(1)公司层岗位:经理。

(2)部门层岗位:会计、出纳员、资产管理员、单店核算会计。

❸ 财务部相关岗位职责

1)财务部经理

(1)负责拟订财务规划草案。

(2)组织编制公司和部门预算,制订部门年度及月度工作计划。

(3)制定财务管理制度,建立会计核算体系,完善财务基础管理工作。

(4)负责公司财务管理工作。

(5)组织公司会计核算及税务管理工作。

(6)监督指导单店日常财务管理工作。

(7)负责协调与组织公司对外信息披露及对外统计报表的编制与报送。

(8)负责财务部的内部组织管理工作。

2)会计

(1)按照国家有关规定,记账、复账、报账,负责公司各项费用的会计核算和账务处理。

(2)负责会计报表的审校、汇总、上报。

(3)负责报税、购买发票、协调与税务部门的业务联系。

(4)会同各部门编制部门预算,并监督检查执行情况。

(5)负责汇总平衡各部门财务预算,编制公司总体预算。

(6)负责会计凭证的装订及财务、税务有关资料、印件的保管工作。

(7)完成部门领导交办的其他工作。

3)出纳员

(1)按照有关现金、银行结算制度的规定办理现金收付及银行结算业务。

(2)严格审核现金收付凭证,按时核对库存现金,定期与会计进行现金账目核对。

(3)负责每日营业额的追缴工作。

(4)负责编制资金日报表,配合银行做好对账工作。

(5)负责库存现金、支票、各种有价证券及有关印件的保管工作。

(6)协助会计办理税款申报、税款缴纳等税务管理工作。

(7)完成上级交办的其他工作。

4)资产管理员

(1)负责公司应收账款管理,督促应收账款回收与检查,组织对不良债权的处置。

(2)负责采购货物出入库的登记核对工作,负责公司应付账款的管理,及时与相关部门核对账目。

(3)负责固定资产建卡、登记、上账等管理工作。

(4)负责办理资产调拨、内部转移及外部借用手续。

(5)负责资产的清查和月末盘点工作。

八、单店主要职责及相关岗位职责

❶ 单店主要职责

(1)在店管部的统一领导和协调下,参与制定单店经营目标,如毛利、营业额、费用率、纯利润等,并在经营期间完成当期各项经营目标。

(2)参与制定单店各项管理手册、操作规范和操作流程,且不断根据实际情况提出改善建议。

(3)积极参与总部、各部门与单店业务的衔接和配合工作。

(4)维持单店的正常运营,及时处理各种问题。

(5)依据资金管理办法要求,保管好营业现金和备用金,合理使用,及时上缴。

(6)不断提高单店从业人员的素质和服务质量。

(7)保持菜品卫生质量和单店环境卫生。

(8)加强单店设备维修、保养工作。

(9)加强单店的安全工作,做到安全服务。

(10)与单店所在社区相关部门保持良好的关系,树立公司和单店良好形象。

(11)完成店管部交办的其他工作。

❷ 单店岗位设置

(1)部门层岗位:经理(店长)。

(2)店内岗位:领班、收银员、服务员、厨工、杂工。

❸ 单店相关岗位职责

1)经理(店长)

(1)负责编制单店经营计划,拟订单店经营目标,并组织落实。

(2)负责单店的日常营运管理。

(3)在公司相关部门的支持下,负责单店人员的管理工作。

(4)按照规范标准,对单店运作进行管理,保证单店的菜品质量、服务质量、环境卫生、设备和设施符合公司统一要求。

(5)负责对单店顾客、所处商圈进行调查和分析,确保单店经营的合理性和针对性。

(6)按照公司统一要求,负责组织人员执行单店的促销和宣传活动。

(7)按照公司统一要求,负责组织单店的营业收支、账务和现金管理。

(8)负责库房各种原料和商品的入库、保管、出库工作,负责每天的库存盘点工作。

(9)建立库房物品明细账,做到账物相符,并负责协助公司财务部人员进行月底盘点工作。

(10)负责处理单店的公共事务,负责协助技术中心进行新菜品试验,并协助进行相关分析。

2)领班

(1)配合店长检查服务质量,保证提供优质服务。

(2)与顾客和厨房人员保持良好的沟通,及时向店长反馈顾客对菜品、服务等的建议。

(3)每天检查餐厅卫生情况和员工的仪表仪容,做好开餐前的准备工作。

(4)定期检查、清点设备、餐具等物品。

(5)督导员工做好餐厅的清洁和安全防卫工作。

(6)妥善处理餐厅服务中的问题和顾客的投诉,并及时向店长汇报。

(7)协助店长做好对员工的考核评估和业务培训工作,以不断提高员工的工作技能。

(8)完成店长交办的其他工作。

3)服务员

(1)负责开餐前的准备工作,按照规范布置餐厅、餐桌,补充各种物品。

(2)按照餐厅规定的服务流程和服务规范做好对客服务工作。

(3)主动询问顾客对菜品和服务的意见,及时向领班汇报。

(4)负责餐厅环境、设施、地面、台面的整理和清洁卫生工作。

(5)负责将用后餐具送到洗涤间分类摆放,并及时补充干净的餐具。

(6)做好餐后清洁卫生工作。

4)厨工

(1)负责开餐前的准备工作。

(2)根据生产计划领料,合理控制成本。

(3)根据热菜加工规范进行热菜制作,保证热菜制作的数量和质量。

(4)根据凉菜加工规范进行凉菜加工,保证凉菜加工的数量和质量。

(5)负责主食的加热工作。

(6)统计当天的原料领用和产品出成率,并报店长审阅。

(7)负责厨房、凉菜间等加工场所的清洁卫生工作。

(8)做好餐后清洁卫生工作。

(9)完成店长交代的其他工作。

课后实训

实训活动 1:以小组为单位,联系实训基地门店,了解餐厅的组织机构、核心岗位工作职责。

实训活动 2:策划一家餐饮企业,绘制其组织机构图,撰写核心岗位的工作职责。

星级酒店
餐饮部岗位
组织与职责

餐饮企业人员配备

扫码看课件

教学视频 1

教学视频 2

学习目标

知识目标 了解餐饮企业人员配备的含义,理解餐饮企业人员配备的原则,了解影响餐饮企业人员配备的因素;掌握管理人员、厨房员工、前厅服务人员的配备方法。

技能目标 能运用餐厅员工配备方法为餐厅配备合适的管理人员,为前厅配备合适的服务人员,为后厨配备合适的厨房员工。

思政育人目标 树立食品安全意识,强化职业道德观念;培养团队协作精神和责任感;树立以人为本的管理理念。

课程思政

2022 年 9 月 22 日,国家市场监督管理总局发布《企业落实食品安全主体责任监督管理规定》。根据该规定,食品生产经营企业应当建立健全食品安全管理制度,落实食品安全责任制,依法配备与企业规模、食品类别、风险等级、管理水平、安全状况等相适应的食品安全总监、食品安全员等食品安全管理人员,明确企业主要负责人、食品安全总监、食品安全员等的岗位职责。具体来说,食品生产经营企业至少应配备 1 名食品安全员;而特殊食品生产企业、大中型食品生产企业、大中型餐饮服务企业和连锁餐饮企业总部、大中型食品销售企业和连锁销售企业总部,以及用餐人数 300 人以上的托幼机构食堂、用餐人数 500 人以上的学校食堂、用餐人数或供餐人数超过 1000 人的单位,在配备食品安全员的同时,还应依法配备食品安全总监。这些人员可以为专职或兼职人员。

食品安全总监和食品安全员负责食品安全管理工作,需具备相应的食品安全管理知识和能力,对食品生产经营过程进行监督和指导,发现有食品安全事故潜在风险的,应当提出停止相关食品生产经营活动等否决建议,确保食品安全。

导读

学习目的、意义 餐饮企业人员配备是餐饮企业高效运营与管理的基石,它直接影响着服务质量、顾客满意度及企业赢利能力。常言道,"人才是企业最宝贵的资源",而合理的人员配备则是将这份宝贵资源转化为实际竞争优势的关键。选择合适的员工数量、结构及配比,不仅是提升顾客体验、维护品牌形象的重要保证,也是餐饮职业经理人实现成本控制与利润最大化的必备技能。

Note

内容概述　通过详尽剖析影响餐饮企业人员配备的多元因素,引领学生深入探索餐饮企业人力资源管理的复杂性与动态性。本讲通过细致入微地分析管理人员、厨房员工及前厅服务人员的配备方法,为学生搭建一个立体且全面的知识框架,使学生能够全方位、多角度地理解餐饮企业人员管理的全貌。

导入案例

　　某中型连锁餐厅在全国拥有数十家门店,以提供高品质、快捷的餐饮服务著称。餐厅日常运营面临客流量波动大、高峰期人手紧张、低峰期人力浪费等问题。为了提升顾客满意度、提高运营效率并降低人力成本,该餐厅决定对其员工班次进行优化。数据表明,餐厅的客流量存在明显的波动规律。周末和节假日的客流量显著高于工作日,早晚高峰时段尤为明显。餐厅员工数量相对固定,但工作效率和排班满意度存在差异。部分员工对现有班次安排表示不满,认为工作强度过大或休息时间不足。餐厅决定引入先进的智能排班系统,利用大数据和算法技术,根据历史客流量数据和员工信息,生成科学合理的排班方案。设立早班、中班和晚班,明确各班次的工作时间和内容,针对高峰期设置插班制度,增加临时人手以应对突发客流,设立机动岗位,由灵活度高的员工担任,以便快速补位。同时,鼓励员工参与排班讨论,了解排班方案背后的逻辑和目的;通过员工自助平台,让员工能够查询自己的排班信息,并提前规划个人时间;设立员工反馈机制,及时调整排班方案以满足员工需求。优化后的班次安排有效缓解了高峰期人手紧张的问题,缩短了顾客等待时间,提高了服务质量,同时减少了低峰期的人力浪费,降低了不必要的人力成本,合理的班次安排和充足的休息时间也提高了员工的工作满意度和忠诚度。该中型连锁餐厅通过优化员工班次安排,不仅提升了顾客满意度和运营效率,还降低了人力成本并提高了员工满意度。

　　请思考:

　　1.在引入智能排班系统之前,餐厅是如何进行班次安排的?这种传统方式存在哪些显著的弊端?

　　2.在实施了优化后的排班方案后,餐厅除了上述提到的效率提升、成本降低和员工满意度提高外,还有哪些指标或在哪些方面发生了变化?

　　随着顾客需求的日益多样化和个性化,餐饮市场正经历着前所未有的变革。顾客不再满足于食物的味道与品质,更加注重用餐环境、服务态度以及整体消费体验。这就要求餐饮企业必须从多个维度出发,全面提升自身的综合竞争力。而人员配备作为其中至关重要的一环,其合理性与否直接影响到餐厅的每一个服务细节和顾客感知。

　　合理的人员配备不仅能够确保餐厅在繁忙时段保持高效运转,提升顾客满意度和忠诚度,还能够在淡季时有效控制人力成本,避免资源浪费。同时,科学的人员配备还能够激发员工的工作积极性和创造力,促进团队协作与沟通,为餐厅营造出积极向上的工作氛围。因此,对于餐饮企业而言,掌握人员配备的原则与技巧,是实现精细化管理、提升整体运营水平的关键所在。

学习任务 1　餐饮企业人员配备的内涵

> **学习成果前瞻**：学习完本任务，你将对餐饮企业的人员配备策略有全面而深入的理解，掌握如何根据餐饮企业需求与经营目标，科学、合理地配置人力资源，实现"人尽其才，才尽其用"的目标，从而在竞争激烈的餐饮市场中立于不败之地。

一、餐饮企业人员配备的含义

餐饮企业人员配备，即根据劳动法、公司法等相关法律法规，结合餐饮企业工作的实际情况，确定各岗位的劳动定额和员工工作量，分配每个员工的具体工作和岗位，合理组织和调配劳动力，保证餐饮经营活动的正常进行。

二、餐饮企业人员配备的原则

餐饮企业人员配备的原则是确保企业运营顺畅、服务质量高、经济效益好的关键，具体内容如下。

❶ **人岗匹配原则**　人岗匹配是餐饮企业人员配备的核心原则。它要求餐饮企业根据各岗位的职责、要求及所需技能，精准评估每位员工的能力与特长，确保每位员工都能被安排到最适合其发展的岗位上。这样不仅能提高员工的工作满意度和绩效表现，还能提高餐饮企业的整体运营效率和服务质量。

❷ **效率优先原则**　在人员配备过程中，效率优先是餐饮企业必须遵循的原则。通过优化岗位设置、调整人员结构以及改进工作流程，餐饮企业可以最大限度地减少人力资源的浪费，提高整体工作效率。同时，这也有助于提升餐饮企业的服务响应速度和市场竞争力，为顾客提供更加高效、便捷的服务体验。

❸ **灵活调整原则**　餐饮市场具有高度的动态性和不确定性，因此餐饮企业在人员配备时需要保持灵活性，随时调整。这意味着餐饮企业应根据市场变化、季节波动及企业策略等因素，灵活调整人员配备方案，以应对各种突发情况和满足高峰期需求。这种灵活性不仅有助于餐饮企业更好地适应市场变化，还能在保持服务质量的同时，有效控制人力成本。

❹ **成本控制原则**　在追求高效运营的同时，餐饮企业还需关注人力成本的控制。成本控制原则要求餐饮企业在保证服务质量的前提下，合理评估人力资源的投入产出比，避免不必要的浪费。通过优化人员配置、提高员工工作效率以及采用先进的管理技术手段等，餐饮企业可以在保证服务质量的同时，有效降低人力成本，提高经济效益。

❺ **合规守法原则**　在人员配备过程中，餐饮企业必须严格遵守国家的相关法律法规和政策要求，包括《中华人民共和国劳动法》《中华人民共和国社会保险法》等与员工权益密切相关的法律法规。合规守法原则要求餐饮企业在招聘、用工、薪酬福利等方面严格遵守法律规定，保障员工的合法权益不受侵犯。同时，餐饮企业还应建立健全规章制度和内部管理机制，确保人员配备的合法性和规范性。

三、人员配备的依据

人员配备是餐饮企业管理工作的关键，它直接影响到餐饮企业的运营效率、服务质量和经济效益。人员配备的依据主要包括以下几个方面。

❶ 企业规模与经营计划 无论是小型精致餐厅、中型连锁餐馆还是大型豪华餐厅内的餐饮部门，餐饮企业的规模是人员配备时不可或缺的基础考量因素。规模较大的企业，因其覆盖的餐位数多、服务区域广、产品线丰富，自然需要更庞大且多样化的员工队伍来支撑其日常运营的各个环节。经营计划作为企业发展的蓝图，其详尽性直接决定了人员配备的精细度。市场定位明确了目标客户群体，进而影响了服务标准和营销策略的制定；菜品种类的丰富程度决定了后厨团队的专业分工与技能需求；而预期客流量则是预测服务强度、安排服务人员班次和数量的关键依据。因此，餐饮企业需根据经营计划的各项细节，精准预测并灵活调整人员配备策略，以确保运营顺畅并实现成本效益最大化。

❷ 岗位分析与工作量评估 岗位分析是餐饮企业人力资源管理的基石，它深入每个岗位的核心，剖析每个岗位的工作内容、职责范围、所需技能及资格要求，为后续的招聘、培训、考核及薪酬设计提供科学依据。通过对岗位进行全面而细致的分析，餐饮企业能够明确各岗位所需的人员数量和质量标准，确保团队结构的合理性和高效性。同时，结合餐厅的实际运营情况，如营业时间的长短、高峰时段的客流量、菜品制作的复杂程度等，进行工作量评估，旨在平衡员工工作负荷，避免人浮于事或人力不足的情况，从而保障服务质量和提高顾客满意度。

❸ 劳动定额与员工效率 设定科学合理的劳动定额，是餐饮企业提升运营效率、控制成本的关键。它基于对员工工作能力的合理预期，规定了员工在规定时间内应完成的工作量标准。这不仅能够帮助餐饮企业准确评估人力资源需求，还能激励员工提高工作效率，促进团队协作。此外，员工的技术熟练程度直接影响其工作效率。因此，餐饮企业需重视员工的技能培训与职业发展规划，鼓励员工不断提升自我能力，以高技术熟练度带动整体运营效率的提升。

❹ 市场状况与季节波动 餐饮市场瞬息万变，竞争的激烈程度、消费者偏好的更迭速度以及行业发展趋势都是影响餐饮企业人员配备的重要因素。餐饮企业需密切关注市场动态，灵活调整人员配备策略，以适应市场需求的变化。特别是要考虑到餐饮业的季节性特征，如节假日、旅游旺季等时段客流量激增，餐饮企业需提前做好人员储备与排班安排，确保在高峰期能够迅速响应市场需求，为消费者提供高质量的服务体验。同时，淡季时餐饮企业也应通过灵活用工、员工轮岗等方式优化人力资源配置，减少不必要的成本支出。

❺ 法律法规与政策要求 在人员配备过程中，餐饮企业必须严格遵守国家的相关法律法规和政策要求。这不仅是餐饮企业合法经营的前提条件，也是保障员工权益、构建和谐劳动关系的重要基石。劳动法、社会保险法、食品安全法等法律法规为餐饮企业的人力资源管理提供了明确的规范和指导。餐饮企业需确保员工的工时安排符合国家规定，薪酬福利公平合理且符合法律标准；同时加强劳动保护措施的落实，确保员工在工作过程中的安全与健康。此外，随着政策环境的不断变化，餐饮企业还需密切关注相关政策的更新与调整，确保人员配备策略始终符合法律法规的最新要求。

四、影响餐饮企业人员配备的因素

餐饮企业的人员配备是一个综合性的决策过程，受餐饮企业内部和外部多种因素的影响。

❶ 餐厅经营功能及特色 大多数餐厅都是以经营某种风味为主，通过推出自己的特色产品以吸引顾客。中国地域辽阔，菜系众多，分工细，生产方法和服务方法也不尽相同，因此，不同餐厅对工作人员数量的需求也不一样。以粤菜为例，由于粤菜品种多，使用原料面广，生产制作工艺相对复杂，服务要求也较高，因此，无论是生产还是服务，需要的人员数量都比其他菜系的餐厅要多一些。另外，不同的用餐形式和不同的服务方式对人员的配备也有很大的影响。例如，西餐厅的服务方式比较复杂，需要配备的人员就比中餐厅多；零点用餐比自助餐配备的人员要多一些等。

❷ 餐厅布局和设施 餐饮经营和生产场所布局设计合理，结构紧凑，工作流程顺畅，服务与货

物运输线路短,提供餐饮服务和生产的人员就可以相对减少,反之,人员就要适当增加。例如,厨房各加工、生产点相距较远或不在同一楼层、同一建筑物内等都会影响人员的配备。

此外,服务设施、生产设施设备是否先进,配套是否合理,功能是否齐全等不仅影响人员配备,还影响服务与生产的效率以及生产的规模。例如,在海底捞传统火锅店里,配菜员地位举足轻重,但海底捞"智慧餐厅"通过使用先进的设施——机械臂(图3-1)取代了配菜员。顾客通过iPad完成点单后,数据传到后厨的菜品仓库中,机械臂便从货架中轻松取下菜品,再放到传送带上送至传菜口,这个过程,人工配菜员至少需要10分钟,但机械臂仅用2分钟就能完成,顾客的等餐时间大幅缩短。机械臂配好菜后,在一旁待命的机器人就会得到指令,准确无误地将菜品送到顾客餐桌前。综上,餐厅设施先进、配备合理、功能齐全有助于减少人力成本、提高工作效率,反之,则需增配人手,以确保服务与生产的需要。

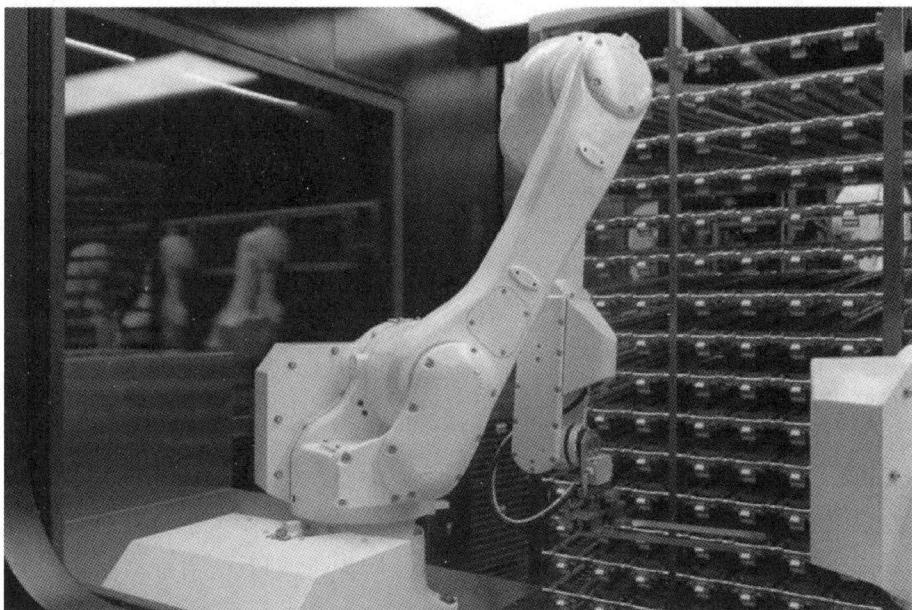

图3-1　海底捞"智慧餐厅"的机械臂

❸ 营业时间和工作班次　营业时间是指餐厅对客服务的时间。餐厅营业时间的长短对服务和生产人员的配备有很大影响。有些餐饮企业除正常的一日三餐外还会经营夜宵,提供下午茶等,营业时间越长,需要的人员就越多。例如,海底捞和阿杜打边炉有些门店是24小时营业的,每天至少要安排三个班次的员工,所以比其他营业时间短(10:30—22:00)的门店所安排的员工就要多。

同时,合理安排餐厅、厨房工作班次,提高员工的有效工作时间,既可以减轻员工的工作压力,确保其工作间隙有足够的休息和调整时间,还可以有效地减少餐饮人员的配备量,降低人力成本。

❹ 服务标准　服务标准是保障服务质量的基础,优质的服务质量是通过员工执行服务标准来实现的。与此同时服务标准高,服务人员投入的精力和劳动时间就会增多,那么餐厅配备的员工数量也会相应地增加。例如,高端餐饮企业注重的是顾客的体验感,特别注重服务品质和服务细节,所需配备的员工人数就要比快餐厅的多。

❺ 员工技能水平　员工技能水平对餐饮企业人员的配备也有很大影响。员工技能、技术全面、稳定,操作熟练度高,则工作效率高,餐厅可适当减少人员配备;如果员工队伍以新人为主,或者员工对操作规程、产品质量标准不熟悉、相互之间配合不默契,那么其工作效率就比较低,生产和服务的差错也会较多,就需要配备较多的员工。

餐饮企业人员配备方法根据组织机构中人员分工不同、工作内容不同而变化,可以按三类不同人员来确定。

一、管理人员配备方法

餐饮部门的管理人员是指主管以上的人员。其人员配备方法主要采用岗位定员法,即根据工作需要确定岗位,然后按岗定人。例如,餐饮部经理、总厨师长或行政总厨各设 1 人,副职根据餐饮企业的规模来确定。主管则要适当考虑班次的安排,在能够照顾业务工作面的前提下,其人员数量宜少不宜多。这些都取决于餐饮企业的岗位设置。

❶ 管理人员需求量的确定　管理人员的需求量取决于以下因素:①组织规模;②业务的复杂程度;③管理部门的数目;④组织发展的需要。

❷ 管理人员的来源

(1)内部提升,即内部员工的能力增强并得到充分证实后,被委以需要承担更大责任的更高职务。

优点:有利于调动内部员工的工作积极性;有利于吸引外部人才;有利于保证选聘工作的公正性;有利于被应聘者迅速开展工作。

缺点:引起同事的不满;可能出现"近亲繁殖"的现象。

(2)外部来源,即从组织外部招聘。

优点:外聘人员具有外来优势,即被聘者立场中立,有利于平息和缓和内部竞争者之间的紧张关系;能够为组织带来新的管理方法和经验。

缺点:外聘人员很难迅速打开局面;难以深入了解应聘岗位的情况;可能会打击内部员工的工作积极性。

❸ 管理人员选聘的标准　①有管理欲望;②品质正直;③有创新精神;④有决策能力;⑤有组织协调能力;⑥有相应的业务知识和水平。

二、厨房员工配备方法

厨房在进行员工配备时往往受餐厅规模、档次、经营特色、经营时间、设备条件、菜品构成、厨房结构、布局等多方面因素的影响,没有准确的数字标准。为此,寻找一个最佳、最有效率的员工配备方案(既要保证餐饮企业正常的运营人数,又不能增加餐饮企业的人力成本)成为目前餐饮企业正式运行前必须解决的重要课题。为了保证菜品生产的顺利进行,同时不增加人力成本,通常可以采用以下方法配备人员。

❶ 按比例确定

(1)第一种方式:按岗位比例确定。这种确定法一般要核定两个比例:一是通过餐厅的餐位数来确定厨房炉灶岗位生产人员数;二是通过确定炉灶岗位生产人员数确定其他岗位人员数。厨房炉灶岗位生产人员数可表明厨房生产能力的大小,而餐厅餐位数则表明餐厅接待能力的大小,只有厨房生产能力和餐厅接待能力相协调,才能保证餐厅的正常经营。因此新开餐厅往往要核算餐厅的接待定额和厨师的生产效率,然后匹配相应的生产炉灶和其他辅助工位。岗位比例只是一个相对的数字,一定要灵活掌握这种比例确定方法。如果设备、布局、人员素质都占优势的话,这种比例关系还可以调整。确定了炉灶与餐位的关系后,就可以确定炉灶与其他岗位的关系。

Note

传统的厨房员工配备比例:炉灶厨师1人、打荷厨师1人、砧板厨师1人、上什厨师0.5人、水台厨师0.5人、冷菜厨师0.5人、面点厨师1人、杂工0.5人。可以看出,1个炉灶要配备5个相关生产员工。按这个比例,在经营淡季,会使人工成本过高。现在,一些餐饮企业管理者认为,1个炉灶配备3个相关生产员工比较合适,即炉灶与其他岗位人员(含加工、切配、打荷等)的比例是1∶3。此配备比例也常用于包厨制经营中,被认为是比较经济的员工配备方案。其中打荷厨师和砧板厨师可以通岗合二为一,杂工可以让水台厨师客串,面点厨师减半。也就是说,可以缩减同一类工种的人数。当然,由于厨房的种类不同,在配备员工时可采用的形式很多。有时尽管人手比较紧张,但排班合理,也可以解决一定的问题。例如,将员工上班的时间交错,既可以延长经营时间,又可以充分发挥每个员工的价值。

(2)第二种方式:按餐位比例确定。按餐位比例就是按就餐人数来确定厨房员工的数量。这种确定法适用于宴会、团队厨房及一些招待所厨房。按餐位比例测算厨房员工数比较简单,但需要有一定的经验。

不同餐位数厨房员工的配备比例,即就餐人数与厨房所需厨师人数之比大致为100∶(9～11),200∶(12～18),300∶(15～20),400∶(20～26)。有时候,也可以用餐位数确定生产员工数,即一般13～15个餐位配1名生产员工。不过,使用按餐位比例进行测算时需要注意,所有计算的人数只是生产员工,且应该为技术较熟练的员工,不包括实习工、勤杂工、清洁工,也不包括脱产的厨师长等挂职人员。由于该比例是按实际生产量所需的生产员工数而定的,不包括两班制或多班制员工,因此实际测算时人数要略增加。

以某餐厅厨房员工配备为例。进餐人数共计348人,其中包间10个计100人,大厅十人大圆桌18张计180人,四人方桌17张计68人。餐厅经营类型:主营川菜,兼营粤菜。厨房配备生产员工共计27人(348÷13≈27):厨师长1人、炉灶厨师4人、砧板厨师4人、打荷厨师4人、厨房厨工4人、冷菜厨师2人、冷菜厨工2人、面点厨师2人、面点厨工2人、杂工2人。

❷ **按工作量确定** 厨房用人包括厨师、加工员工和勤杂员工三种。其员工的配备方法以劳动定额为基础,重点考虑炉灶厨师。其他加工员工可以作为炉灶厨师的助手。员工确定的具体方法如下。

(1)核定劳动定额。选择厨师和加工员工,确定在正常生产情况下,平均1名炉灶厨师需要几名加工员工才能满足生产业务的需要。由此核定劳动定额,计算公式如下:

$$Q_1 = \frac{Q_{X1}}{A_1 + B_1}$$

式中,Q_1为劳动定额;Q_{X1}为测定炉灶台数;A_1为测定炉灶厨师数;B_1为为炉灶厨师服务的其他员工数。

(2)核定员工配备。在确定劳动定额的基础上,影响员工配备的因素还有厨房劳动班次、计划出勤率和每周工作天数等。根据每周工作5天的要求来核定员工配备,其计算公式如下:

$$n_1 = \frac{Q_{X1} \cdot r_1 \cdot F_1}{Q_1 \cdot f_1} \times \frac{7}{5}$$

式中,Q_{X1}为测定炉灶台数;F_1为计划班次;r_1为座位利用率;f_1为计划出勤率;n_1为定员人数;Q_1为劳动定额。

【案例1】

某餐厅餐位数为350个,旺季餐位利用率为95%,每80个餐位配1名炉灶厨师,每位炉灶厨师管理1台炉灶,并配有加工、勤杂员工4人,厨房一班制,计划出勤率98%。计算厨房的平均劳动定额及厨房的定员人数。

如测定炉灶台数为4台,请核定厨房的平均劳动定额及厨房的定员人数。

解:测定炉灶台数$Q_{X1}=350÷80=4.375$(台)

厨师的劳动定额为 $Q_1 = 4/[4+(4\times4)] = 0.2$（台/人）。

以厨房的平均劳动定额为参数，其厨房的员工配备数为

$$n_1 = \frac{4.375\times95\%\times1}{0.2\times98\%}\times\frac{7}{5} = 29.7（人）\approx30（人）$$

厨房各岗位员工：依据配备数量为30人，基本安排如下。厨师长1名、炉灶厨师5名、冷菜厨师2名、打荷厨师5名、冷菜厨工2名、砧板厨师4名、砧板厨工2名、面点厨师2名、面点厨工2名、上什厨师2名、水台厨师1名、杂工2名。以上考虑到一周双休，每个岗位都增加了人手。其实无论哪种配备方式都只是提供了一个大概的、理想的数字，实际操作中员工配备还要依靠各餐饮企业自身情况来定。例如，有些私营餐厅没有双休，有些甚至一年都很少有休息日，员工人数控制在很低的水平上。所有这些都需要仔细测算，尽可能将厨房员工配备得更周全、更合理。

三、前厅服务人员配备方法

前厅以服务人员为主，包括领位员、传菜员、酒水员和桌面服务员。其员工配备方法也以劳动定额为基础，重点考虑桌面服务员。其配备方法如下。

❶ **核定看管定额**　选择服务人员，观察测定在正常开餐情况下，每人可以接待多少位就餐者或看管多少个座位。这时，要特别注意不同餐厅的等级规格。例如，零点餐厅1名服务员可接待20人左右；团体、会议餐厅1名服务员则可接待30～40人；高档西餐厅每桌需要配备2名服务员。所以，餐厅档次不同，其看管定额存在较大区别。计算公式如下：

$$Q_2 = \frac{Q_{X2}}{A_2 + B_2}$$

式中，Q_2 为看管定额；Q_{X2} 为测定顾客人数；A_2 为桌面服务人员数；B_2 为其他服务人员数。

【案例2】某餐厅各岗位服务人员的员工配备

某餐厅分别按照大厅方桌、大厅圆桌、普通包房、豪华包房的劳动定额确定餐厅服务员、迎宾员、传菜员人数如表3-1所示。

表3-1　某餐厅各岗位服务人员的员工配备

类型	桌数/张	餐位数/位	劳动定额/（单位·人）	服务员人数/名	迎宾员人数/名	传菜员人数/名	合计服务员/名
大厅方桌	10	40	16	3		5	
大厅圆桌	24	240	20	12	6		74
普通包房	30	300	15	20		8	
豪华包房	20	200	10	20			
合计		780		55	6	13	

❷ **核定人员配备**　在确定看管定额的基础上，前厅服务人员配备方法与厨房员工配备方法基本相同，计算公式如下：

$$n_2 = \frac{Q_b \cdot r_2 \cdot F_2}{Q_2 \cdot f_2}\times\frac{7}{5}$$

式中，Q_b 为餐厅座位数；F_2 为计划班次；r_2 为座位利用率；f_2 为计划出勤率；n_2 为定员人数；Q_2 为看管定额。

在竞争激烈的餐饮行业中，高效的班次安排是企业成功的关键之一。面对餐饮企业特殊的运营需求，如何科学地安排员工的班次，既保障员工的身心健康，又提升服务质量和运营效率，成为每个餐饮企业管理者必须面对的挑战。然而，许多餐饮企业却在这一环节上陷入了困境，导致员工疲惫不堪、工作效率下降。下面的任务将深入探讨餐饮企业员工班次安排的原则、方法和技巧，通过理论阐述与实例分析相结合的方式，帮助大家理解并掌握班次安排的精髓。

学习任务 3　餐饮企业人员班次安排的内涵

班次安排是劳动组织中一个重要的内容,它是以岗位或班组为单位的劳动分工形式,既要保证业务分工上的合理性,又要保证工时安排上的合理性。班次安排非常讲究技巧和方法,在排班时,要考虑"闲时少留人,忙时人手足",以适应营业需要。

一、合理安排员工班次的重要性

在餐饮行业中,合理安排员工班次是确保企业顺畅运营、提升服务质量与顾客满意度,以及维护员工身心健康和提高员工工作动力的基石。其重要性具体体现在以下几个方面。

❶ **提升服务质量与顾客满意度**　合理的班次安排能够确保在高峰时段有足够的员工为顾客提供优质的服务,减少顾客等待时间,提升就餐体验。同时,良好的班次轮换机制也能让员工保持最佳的工作状态,从而以更专业的态度和更高的效率服务顾客,提高顾客满意度和忠诚度。

❷ **维护员工身心健康**　不合理的班次安排,如长期夜班、频繁轮班等,容易打乱员工的生物钟,导致身体疲劳、精神压力增大,甚至引发健康问题。合理的班次安排可确保员工有足够的休息时间和规律的作息,有助于减轻员工的身心负担,提高其工作积极性和生活质量。

❸ **提高工作效率与降低员工流失率**　当班次安排合理时,员工能够更好地平衡工作与生活,减少因班次问题带来的不满和抱怨。这种积极的工作状态会转化为更高的工作效率和更好的工作表现。同时,合理的班次安排也是吸引和留住人才的重要因素之一,有助于降低员工流失率,保持团队的稳定性和凝聚力。

❹ **优化企业资源配置**　合理的班次安排可以使企业更加精确地预测和安排人力需求,避免在高峰时段出现人手不足,在低谷期又出现人力浪费的情况。这有助于优化企业资源配置,提高运营效率,降低运营成本。

二、餐饮企业常见的时间班

常见的班次安排有两种形式:一是按作业时间区分,排成时间班;二是按工作性质的业务内容区分,排成业务班,如管事班、卫生班等。

餐饮企业常见的时间班有以下几种。

❶ **一班制(正常班)**　一天内员工同时上班,同时下班。它的优点是营业时间内没有交接班;缺点是营业时间短,因而前台人员不合适此时间班,只适用于后台服务的行政、后勤人员。如某餐厅餐饮部文员的上班时间为 8:00—17:00。

❷ **两头班**　在每天的两个营业高峰时段工作,中间的非营业时段或生意清淡时休息。如某中餐厅的营业时间是 11:00—14:00、17:00—21:30,有一班次服务员的工作时间为 10:30—14:30、16:30—22:00。

❸ **两班制**　有些餐饮企业的营业时间往往超过了 8 小时,为了保证服务质量,可将员工分成先后两班,每班工作 8 小时,中间有交接班的过程。如某供应早餐的茶楼营业时间是 7:00—21:30,服务员早班工作时间为 6:30—14:30,晚班工作时间为 14:00—22:00。

❹ **三班制**　与两班制类似,为保证服务的需要,将员工分成先后三个班,每班工作 8 小时。如某酒店送餐部提供 24 小时送餐服务,将送餐员排成了三个班,A 班员工的工作时间为 6:30—15:30,B 班员工工作时间为 15:00—24:00,C 班员工工作时间为 23:00—8:00(此处工作时间包含两餐半小时的用餐时间,实际工作时间为 8 小时)。

⑤ **半班制** 半班制就是员工一天只工作 4 小时。半班制班次工作时间一般安排在营业的高峰时间,如 10:00—14:00 或 17:00—21:00。

三、餐饮企业员工班次安排的原则

在餐饮行业中,员工班次的有效安排是确保餐厅高效运营、节约成本、提升员工满意度以及灵活应对各种挑战的关键。餐饮企业员工班次安排的原则具体如下。

❶ **效率优先原则** 效率优先不仅仅是追求高峰时段的服务速度,更是对顾客体验与服务质量的全面考虑。餐饮企业需通过历史数据分析、市场调研等手段,精准预测每日、每周乃至每月的顾客流量趋势,进而科学规划员工班次。在高峰时段,确保前厅服务员、厨师、收银员等关键岗位的人力充足,以减少顾客等待时间,提升顾客满意度。同时,通过优化工作流程和员工配置,减少非高峰时段的人力浪费,提升整体运营效率。

❷ **成本控制原则** 在保证服务质量的同时,成本控制是餐饮企业不可忽视的重要环节。合理的班次安排能够显著降低人力成本。通过减少不必要的加班、优化排班减少空闲时间以及灵活利用兼职员工和实习生等方式,餐饮企业可以有效控制人力成本。此外,利用先进的排班系统和软件,可以实现自动化的排班管理和人力成本预测,进一步提高成本控制的精确性和运营效率。

❸ **员工满意原则** 员工是餐饮企业最宝贵的资源,其满意度和健康状况直接影响到餐厅的服务质量和运营效率。在安排班次时,餐饮企业应充分考虑员工的个人需求和健康状况,如避免让员工连续工作过长时间、确保员工有足够的休息时间以恢复体力和精力,以及尽可能满足员工的排班偏好等。此外,餐饮企业还可以通过开展员工培训、提供职业发展机会和发放员工福利等方式,提升员工的归属感和满意度,从而激发员工的工作热情和创造力。

❹ **灵活调整原则** 餐饮企业面临诸多不确定因素,如员工请假、离职、突发事件等。为了应对这些挑战,餐饮企业必须具备高度的灵活性和适应性。在排班时,餐饮企业应预留一定的机动岗位或制定备选方案,以便在需要时能够迅速调整排班计划。同时,管理层应与员工保持密切的沟通和联系,及时了解员工的动态和需求变化,以便对排班计划进行持续的优化和调整。此外,餐饮企业还应建立有效的应急机制,以应对突发事件对餐厅运营的影响。

学习任务 4　餐饮企业人员班次安排的方法与流程

一、餐饮企业人员班次安排的方法

在餐饮行业中,班次安排是确保餐厅高效运营、满足顾客需求以及维护员工健康及提高满意度的重要环节。以下详细介绍几种常见的班次安排方法。

❶ **固定班次排班法** 固定班次排班法是指员工在固定的时段内工作,如早班、中班和夜班,且每个班次的工作时间和内容相对固定。这种方法适用于顾客流量较为稳定、工作任务相对单一的餐厅。固定班次排班法作为餐饮行业中一种常见的排班方式,具有其独特的优缺点。其优点在于员工能够形成稳定的工作和休息习惯,有利于身心健康,管理也相对简单,易于排班和调度。其缺点则在于缺乏灵活性,难以应对突发情况。

❷ **轮换班次法** 轮换班次法是一种灵活多变的排班方式,在餐饮行业中得到了广泛应用。该方法通过让员工按照一定顺序轮换不同的班次(如早班、中班、夜班等),以实现人力资源的合理配置和工作任务的均衡分配。其优点在于能够确保每个员工都有机会体验不同的工作时间段,避免长期固定班次带来的身体和心理压力,同时,也能够根据餐厅的实际运营情况灵活调整班次安排。其缺

点则在于员工需要频繁调整作息时间和工作习惯,可能会对工作效率和身体健康造成一定影响,同时,班次轮换也可能导致员工之间的交流和配合存在一定的障碍。

轮换班次法的主要类型:①固定周期轮换:按照固定的周期(如一周、两周或一个月)进行班次轮换。②随机轮换:根据实际情况随机安排员工的班次,以满足不可预见的业务需求。③自我选择轮换:允许员工在一定范围内自行选择班次,增加自主权。

❸ **弹性班次法**　弹性班次法是指员工可以根据餐厅的实际运营情况和个人需求,在一定范围内自主选择工作时间段。这种方法适用于员工自主性较强、需要兼顾家庭和平衡工作的餐厅。其优点在于能够充分尊重员工的个人意愿和需求,提高员工的工作满意度和忠诚度,同时,也能够根据餐厅的实际运营情况灵活调整人力资源配置。其缺点在于管理难度较大,需要建立完善的沟通和协调机制,同时,也需要确保员工选择工作时间段时不会影响到餐厅的正常运营和顾客体验。餐饮企业在选择弹性班次法时,一般采用核心工作时间＋灵活工作时间的方式,即设定一段核心工作时间(一般餐饮企业的核心工作时间为 11:00—13:00 和 18:00—20:00),员工必须在这个时间段内工作,其余时间为在灵活工作时间。

在实际操作中,餐饮企业可以根据自身的经营特点和员工需求选择合适的班次安排方法。无论采用哪种方法,都需要确保班次安排的合理性和有效性,以提升餐厅的整体运营效率和服务质量。

二、餐厅员工班次安排流程

❶ **确定劳动定额**　劳动定额的制定是餐厅员工班次安排的首要任务,它直接关系到餐厅的运营效率和成本控制。在制定劳动定额时,餐厅需全面考虑各岗位的工作内容、技能要求、工作强度以及设备条件等因素。通过参考历史数据、员工反馈和行业标准,餐厅可以设定出既符合实际情况又具有一定挑战性的劳动定额。这一过程不仅要求管理者具备丰富的行业知识和实践经验,还需要与员工进行充分的沟通和协商,以确保定额的公平性和合理性。同时,劳动定额的制定还需考虑到员工的身体健康和工作效率之间的平衡,避免过度劳动对员工造成不良影响。

❷ **预估客流量,确定员工人数**　为了确保餐厅在高峰期能够顺畅运营,同时避免在低峰期造成人力资源浪费,餐厅需要基于历史数据和行业趋势对客流量进行预估。这一步骤需要餐厅管理者具备敏锐的市场洞察力和数据分析能力,能够准确判断未来一段时间内的客流量。在预估客流量的基础上,餐厅可以根据已确定的劳动定额计算出完成预期服务量所需的员工人数。为了确保服务的连续性和稳定性,餐厅还需预留一定的员工以应对突发情况。同时,餐厅还需关注员工的休假等特殊情况,及时调整员工人数以确保服务质量的稳定。

❸ **确定员工班次和时间**　在确定了员工人数后,餐厅需要根据实际运营需求和员工的个人需求来确定员工班次和时间。这一过程需要综合考虑餐厅的营业时间、客流量变化、员工的工作效率以及生物钟等因素。为了确保顾客在高峰时段得到及时、优质的服务,餐厅需要在高峰时段安排足够的人手;而在低峰时段,则可以适当减少员工数量以降低人力成本。此外,餐厅还需关注员工的休息和轮换需求,避免员工长时间连续工作导致疲劳和工作效率下降。在设计班次类型时,餐厅可以灵活采用早班、中班、晚班等形式,以满足不同员工的作息习惯和需求。同时,餐厅还需制定详细的工作交接流程,确保班次之间的无缝衔接和服务的连续性。

❹ **编制餐厅员工排班表**　在确定员工班次和时间后,餐厅需要编制详细的员工排班表。排班表是餐厅员工班次安排的重要工具,包含了员工姓名、岗位、班次类型、工作时间等基本信息,并明确了特殊工作安排和注意事项。为了确保排班表的准确性和可操作性,餐厅管理者需要仔细核对每个员工的班次和时间安排,避免出现重复或遗漏的情况。同时,排班表还需遵循公平公正的原则,确保每位员工在排班过程中得到平等对待。在编制排班表时,餐厅还需与员工进行充分沟通和协商,了解他们的意见和建议,并根据实际情况进行必要的调整。一张清晰明了、科学合理的排班表可为餐

知识链接

厅的高效运营和员工的合理调配提供有力支持。

某餐厅散座大厅员工两周工作安排表详见表3-2。

表 3-2　某餐厅散座大厅员工两周工作安排表

姓名及职务		日期												
		1	2	3	4	5	6	7	8	9	10	11	12	13	14
张小红	主管	O	A	A	A	A	A	A	A	O	A	A	A	A	A
胡静	领位员	A	O	A	A	A	A	A	A	O	B	B	B	B	B
冯金珠	领位员	O	B	B	B	B	B	B	A	O	A	A	A	A	A
胡佳聪	服务员	A	O	A	A	A	A	A	A	O	B	B	B	B	B
黄喜春	服务员	O	A	B	B	B	B	B	A	O	A	A	A	A	A
罗逸	服务员	A	A	O	O	A	A	A	B	B	B	O	B	B	B
刘美玲	服务员	B	B	B	O	O	B	B	A	A	O	A	A	A	A
胡春影	洗碗工	O	B	A	A	A	A	A	B	O	B	B	B	B	B
梁美兰	洗碗工	B	O	B	B	B	B	B	O	B	A	A	A	A	A

　　备注：A班：10:30—14:00;16:30—21:00。

　　　　　B班：11:30—15:00;17:30—22:00。

　　　　　O:休假。

　　(1)打卡须知：每天上下班需打卡4次,一个月只有1次忘记打卡的机会,一个月内未打卡次数为5次以内者负激励10元/次,5~10次者负激励20元/次,10次以上者负激励30元/次。

　　(2)迟到/早退须知：迟到/早退30分钟以内负激励1元/分钟,迟到/早退31分钟至2小时,按事假0.5天处理。迟到/早退2~3小时按旷工0.5天处理,迟到/早退3小时以上按旷工1天处理。

　　(3)旷工须知：员工旷工1天扣3天工资(含旷工当天),当月旷工超过2次及连续旷工3天按自动离职处理。

　　(4)请注意当月迟到/早退3次以上(含3次)、有旷工行为者,只发放基本工资,不享有月度评优、月度绩效奖金、父母津贴等。

　　某餐厅日排班表详见表3-3。

三、餐饮企业人员班次安排的注意事项

　　(1)排班表中需要体现当日上班人数,且早晚班人员均衡、合理。

　　(2)确保班次之间留有充足的时间间隔。员工一个班次结束到下一个班次开始前,应留出至少10个小时的时间间隔。

　　(3)在进行员工排班时,不能只考虑可排班时段,还要考虑员工所处的工作站及生产力。

　　(4)如餐厅人手不能满足运营需求时,以餐厅能够安排的员工数为准,但是不允许安排没有经过培训的员工在岗位上顶岗。

　　(5)所有的调休与排假都是在保证运营顺畅的基础上进行的。

　　(6)调休前尽量和员工沟通,做到员工满意。

　　(7)再次检查排班表,确保其符合工时制度。

　　(8)如按照排班表执行后,员工时间仍有富余,则应尽量安排员工到新岗位学习或安排员工培训。

　　(9)必须在餐厅经理审核签字后方可张贴。

　　(10)需要对当月的排班表进行保存,以便进行行政总结。

　　(11)各班次之间应有30分钟以上间隔,确保在同一时间内,不会有过多的人员同时打卡上班或下班。

表 3-3 某餐厅日排班表

排班经理 _____　　餐厅经理 _____　　星期 _____　　日期 _____

	5	6	7	8	9	10	11	12	13	14	15	16	17	18	19	20	21	22	23	24	1	2	3	4	5
预估 SALES	0	10	280	150	85	220	980	1320	880	180	20	55	220	560	430	260	180	108	80	50	30	0	0	0	0
预估 GC	0	1	32	20	5	15	43	57	38	8	2	3	10	24	19	11	7	4	4	3	1	0	0	0	0
实际 SALES																									
实际 GC																									
预估工时	3	3.5	4	4	6	6	10	11	10	3	3	3	3	5	5	3	3	3	3	3	3	0	0	0	0
实际工时	3	3.5	4	4	6	6	6.5	9	9	3	3	3	5	7	7	7	5	2	2	2	2	0	0	0	0
差异	0	0	0	0	0	0	-3.5	-2	-1	0	0	0	-2	2	2	4	2	-1	-1	-1	-1	0	0	0	0

	5	6	7	8	9	10	11	12	13	14	15	16	17	18	19	20	21	22	23	24	1	2	3	4	5
管理者1 DIC																									
管理者2 DIC																									
员工1 LM					WS																				
员工2 DM					XW																				
员工3 LC					WS																				
员工4 CM									LM																
员工5 LM								XW							WS										
员工6 LM													WS						WS						
员工7 SY					WS				WSSY																
员工8 CC															WS										
员工9 BC					WS											WS									
员工10 CC																				WS					
员工11 SY																				WS					

厨房				服务				员工上下班记录					今日训练计划	
拉面	出面	凉菜	洗碗	收银	备餐	点餐	传餐	分餐	卫生	上班	离岗	返回	下班	完整	训练员
LM	CM	LC	XW	SY	BC	DC	CC	FC	WS		╳	○		╳	员工
打面															
DM															

【案例3】某餐厅员工班次安排

某餐厅餐位数为 100 个,营业时间为 7:00—22:00,营业时间为 15 小时。餐厅就餐高峰时间为 8:30—10:30(早茶)、12:00—14:00(午餐)、18:00—20:00(晚餐)三个时间段。据统计,餐厅就餐高峰时段,餐位平均周转率达到 120%,低谷时段周转率为 40%。餐厅楼面服务员每人看管定额为 20 个餐位,传菜员与餐位数的比例为 1:60,餐厅配领位员 2 名、收银员 2 名、领班 2 名。该餐厅的员工班次安排如下。

1.确定高峰时段和低谷时段餐厅就餐人数及所需服务人员数

(1)高峰时段就餐人数=餐位数×餐厅高峰时段周转率=100×120%=120(人)。

高峰时段楼面服务员人数=高峰时段就餐人数/看管定额=120/20=6(人)。

高峰时段传菜员人数=高峰时段就餐人数/看管定额=120/60=2(人)。

餐厅营业高峰时段至少需要 6 名楼面服务员、2 名传菜员。

(2)低谷时段就餐人数=餐位数×餐厅低谷时段周转率=100×40%=40(人)。

低谷时段楼面服务员人数=低谷时段就餐人数/看管定额=40/20=2(人)。

低谷时段传菜员人数=低谷时段就餐人数/看管定额=40/60≈1(人)。

餐厅营业低谷时段至少需要 2 名楼面服务员、1 名传菜员。

2.结合餐厅营业时间安排员工班次(表3-4)

(1)领班:2 名领班分别上 A 班和 C 班,即每个时间段内都保证有 1 名领班在岗。

(2)领位员:2 名领位员分别上 A 班和 C 班,即每个时间段内都保证有 1 名领位员在岗。

(3)收银员:2 名收银员分别上 A 班和 C 班,即每个时间段内都保证有 1 名收银员在岗。

(4)楼面服务员:A 班有 2 名楼面服务员,B 班有 4 名楼面服务员,C 班有 2 名楼面服务员,在低谷时段有 2 名楼面服务员在岗,在高峰时段保证有 6 名楼面服务员在岗。

(5)传菜员:3 名传菜员分别上 A 班、B 班和 C 班,在低谷时段有 1 名传菜员在岗,在高峰时段保证有 2 名传菜员在岗。

表 3-4　餐厅员工排班表

人员	班次	早餐 6:30—12:00	午餐 12:00—14:00	下午茶 14:00—17:00	晚餐 17:00—20:00	宵夜 20:00—22:30
楼面服务员 (8 人)	A 班(2 人)	←—————→				
	B 班(4 人)	←—————————→			←————→	
	C 班(2 人)			←——————————————→		
传菜员 (3 人)	A 班(1 人)	←—————→				
	B 班(1 人)	←—————————→			←————→	
	C 班(1 人)			←——————————————→		
领班 (2 人)	A 班(1 人)	←————————→				
	C 班(1 人)			←——————————————→		
领位员 (2 人)	A 班(1 人)	←————————→				
	C 班(1 人)			←——————————————→		
收银员 (2 人)	A 班(1 人)	←————————→				
	C 班(1 人)			←——————————————→		
在岗人数合计		11	11	6	11	6
其中: A 班:6:30—15:30(包括 1 小时早午餐时间) B 班:8:30—14:00;17:00—20:30(包括 1 小时早午餐时间) C 班:14:00—22:30(包括 30 分钟晚餐时间)						

知识拓展

餐饮企业考勤排班制度(范本)

一、总则

第一条　为了规范餐饮企业的考勤排班管理,确保员工合法利益,提高工作效率,根据国家相关法律法规和政策,结合餐饮企业实际情况,制定本制度。

第二条　本制度适用于餐饮企业全体员工的考勤排班管理,包括固定班制、综合计算工时制和特殊工时制等。

第三条　考勤排班管理应遵循公平、公正、合理的原则,确保员工休息权益,合理安排工作时间,提高员工工作满意度。

第四条　餐饮企业应严格执行国家规定的工时制度,确保员工每周工作时间不超过40小时,依法支付加班费。

二、考勤管理

第五条　员工必须按照规定的上下班时间准时上班和下班,如有迟到、早退、缺勤等现象,按公司规定进行处罚。

第六条　员工如需请假,应提前向上级主管申请,经批准后方可离岗。员工请假期间,按公司规定扣除相应工资。

第七条　员工加班应提前向上级主管申请,经批准后方可加班。加班时间按国家规定支付加班费。

第八条　员工在岗位上应保持通讯畅通,以便接收公司通知。如有紧急情况,无法及时联系到员工,公司将按相关规定进行处理。

三、排班管理

第九条　餐饮企业应根据营业需要、员工能力和工作性质合理安排班次,确保员工休息时间和班次均衡。

第十条　班次安排应充分考虑员工意愿,尊重员工个人时间安排,确保员工休息权益。

第十一条　餐饮企业应定期公布排班计划,便于员工提前安排个人时间。

第十二条　特殊情况下,如有突发事件或营业需要,餐饮企业可以调整班次,员工应无条件服从。

四、考勤排班记录与核算

第十三条　餐饮企业应建立考勤记录制度,详细记录员工上下班时间、加班时间、请假等信息。

第十四条　考勤记录应真实、准确、完整,不得伪造、篡改。

第十五条　餐饮企业应按月核算员工工资,包括基本工资、加班费、奖金等,确保工资发放的准确性和及时性。

五、监督检查与处罚

第十六条　餐饮企业应设立考勤监督机构,对考勤排班管理进行监督检查。

第十七条　对违反考勤排班制度的员工,餐饮企业应按照公司规定进行处罚。

第十八条　对违反考勤排班制度的管理人员,餐饮企业应追究其责任,严肃处理。

六、附则

第十九条　本制度自发布之日起实施,原有相关规定与本制度不符的,以本制度为准。

第二十条　本制度的解释权归餐饮企业所有。

注:本范本仅供参考,具体考勤排班制度应根据国家相关法律法规、地方政策和公司实际情况进行制定。

课后实训

实训活动 1：以小组为单位，调研一家实训基地门店的班次情况，并分析其班次安排是否合理，有无改进之处。

实训活动 2：某中餐厅位于市中心繁华地段，共计三层楼，一楼为大厅散座，餐位数共 68 个，二楼、三楼为包厢，每层楼都有 10 个包厢，餐位数分别为 98 个和 128 个。该中餐厅大厅人均消费为 120 元，包厢人均消费为 280 元。该中餐厅一楼大厅配备了 7 名值台员，二楼配备了 8 名值台员，三楼配备了 10 名值台员。请为该中餐厅的值台员设计两个星期的排班表。

实训活动 3：某知名中餐连锁企业位于市中心的旗舰店因地理位置优越和菜品质量上乘而备受顾客青睐。然而，近期该店面临了一个显著的问题：晚餐高峰时段，客流量激增，但服务速度跟不上，导致顾客等待时间过长，影响了整体的顾客满意度。同时，员工也普遍反映晚餐时段工作负担过重，长时间连续工作让他们感到疲惫不堪，进而影响了工作效率和服务质量。请以小组为单位进行讨论：在晚餐高峰时段，顾客等待时间过长的情况是什么原因造成的？如何通过优化员工班次安排来缩短顾客等待时间，提升顾客满意度？

实训活动 4：某餐厅有座位 200 个。预测餐厅座位利用率淡季为 80%，旺季为 150%，平季为 100%。该餐厅以接待散客为主，一日开两餐，餐厅桌面人员每人每天看管 20 位客人，每名传菜员为 50 位客人传菜，餐厅另配领位员、酒水员各 3 人/班，计划出勤率为 95%。员工每周工作 5 天，休息 2 天。请用核定看管定员法为餐厅编一份不同季节的人员需求表。

店长的领导力和沟通力培养

扫码看课件

教学视频

学习目标

知识目标 了解餐饮企业店长的岗位类型及职责要求;掌握与领导力相关的基本理论;掌握有效沟通的基本原则和应用技巧。

技能目标 培养制定和实施团队目标的能力,提升激励团队成员的能力,以提高团队成员工作积极性;有效组织和协调团队活动,提高团队合作能力,具备优化团队结构和角色的能力,使团队高效运作;提升倾听能力,能够理解团队成员和顾客的需求和反馈,学会处理冲突和解决问题的实际技巧,以维护良好的工作氛围。

思政育人目标 强调集体主义,鼓励团队成员相互支持、团结协作。

课程思政

集体主义是一种强调集体或团体利益高于个人利益的社会价值观念。它倡导个人在工作和生活中应与他人合作,以共同实现目标。集体主义重视团队精神、共享责任和共同努力,认为个人的成功离不开集体的支持和贡献。

在餐饮企业经营管理中,可通过以下措施发挥集体主义精神的作用。

1. 开展团队建设与培训 如员工通过参加各种团队活动(如角色扮演和团队挑战),了解彼此的工作流程和岗位职责,以增进团队成员之间的信任与协作。

2. 制定共同的目标与激励机制 如很多餐厅的绩效奖金与团队整体的业务表现挂钩,员工会一起努力实现销售增长,争取更高的绩效,这种激励机制可以鼓励员工互相帮助,共同追求更高的业绩。

3. 共享责任与反馈机制 如餐饮企业收到顾客的建议或投诉,所有员工都应参与讨论并提出解决方案,通过这种方式,员工不仅能够共同面对和解决问题,还能通过对顾客反馈的集体分析,提升服务质量与顾客满意度。

4. 营造文化氛围 如在"团队庆祝日",可让员工分享个人的成功故事、工作中的挑战,并共同庆祝团队取得的成就,这种文化氛围可有效提升团队的凝聚力和员工的工作满意度。

5. 集体参与决策 如管理层鼓励员工参与菜单的设计和改进过程,定期召开会议,讨论顾客的反馈以及可能的改进措施,这样的决策方式不仅增加了员工的参与感与责任感,还促进了团队成员之间的沟通与合作,可提升顾客的就餐体验。

6. 集体应急响应 如在高压情况下,员工可通过提前的团队演练学会如何共同应对突发状况,如顾客人数超出预期、食物准备不足等。

导读

学习目的、意义 餐饮企业店长是高层与基层管理者沟通的桥梁,负责团队管理、流程优化、问题解决及顾客关系维护,推动战略实施,提升运营效率,确保财务健康,并塑造企业文化,促进员工发展,对餐饮企业成功至关重要。

内容概述 通过对餐饮企业店长、岗位要求、岗位困境等的介绍,加深学生对餐饮企业店长职业特征的认知;通过学习和应用领导权变理论、有效沟通等,学生可了解提高领导力、沟通力的方法。

导入案例

企业中层管理者培养

中层管理者负责上传下达,保证企业上下同心、行动统一,既是战略执行者,也是团队领导者。如果把企业比作一个人,那么中层管理者就是脊柱,所以提升企业中层管理者的领导力尤为重要。随着工作年限增长和职位提升,员工的专业技能对工作效能的贡献率逐渐降低,其领导力对工作效能的贡献率则不断提高。管理者的成功体现在团队的整体绩效方面,快速提升领导力对管理者来说更为重要。

管理者需要通过有效的管理,将组织的目标转化为实际的行动计划,进而实现组织的愿景。管理不仅包括对组织内部各个方面的协调和控制,还包括对外部环境的敏锐洞察和适应。

1. 制定明确的目标和战略 成功的管理者需要具备根据组织所处的内外部环境,制定具有可行性和可持续性的目标和战略的能力。制定明确的目标和战略,企业可以更好地应对变化多端的市场环境,抓住发展机遇。例如,很多餐饮企业将"餐饮销售额增长 $X\%$""大众点评达 X 分""毛利率达 $X\%$"等作为经营目标。这些目标应该与企业的整体战略和愿景相一致,以确保对企业的整体发展产生积极的影响。

2. 建立有效的沟通机制 管理的重要职责之一是建立有效的沟通机制。管理者需要确保企业内部的沟通渠道畅通,使得员工能够及时了解企业的目标、战略和计划,同时也可以就相关问题进行及时的反馈。通过有效的沟通,管理者可以更好地理解员工的需求和期望,进而做出更为明智的决策。餐饮门店员工与企业之间的沟通渠道主要包括内部会议、内部公告板、内部社交平台、员工反馈系统、培训和培养机制、员工大会等。

3. 激发员工的积极性和创造力 优秀的管理者懂得如何激发员工的积极性和创造力。通过建立激励机制、提供培训和发展机会等,激发员工的工作热情和创造力,进而提高企业的绩效。同时,管理者还需要关注员工的个人发展和职业规划,为他们提供成长的空间和机会。根据马斯洛的需求层次理论,自我实现是人类最高层次的需求,因此精神方面的激励能最大限度挖掘员工潜能,并能持续发挥激励效果。知名餐饮企业海底捞就深谙此道,采取了以下激励措施:①荣誉激励:荣誉可以改变员工的行为,激发员工无限潜能。②精神激励:物质激励见效快,但精神激励能持续很久。③物质激励:最为直接、快速、有效的激励模式。④反向激励:惩罚性激励,通过反面典型刺激员工改进。

学习任务 1　餐饮职业经理人

学习成果前瞻：学习完本任务，你将能全面了解餐饮职业经理人产生的原因，职业店长在团队管理中常犯的错误。

一、职业经理人诠释

职业经理人是在社会分工协作基础上产生的独特阶层，是社会较稀缺的资源。

（一）所有权与经营权

❶ **所有权**　《中华人民共和国民法通则》规定：财产所有权是指所有人依法对自己的财产享有独占、使用、收益和处分的权利。

公司以其全部法人财产，依法自主经营，自负盈亏。公司制企业对所拥有的资产享有占有、使用、收益、处分的权利。公司制企业以股东会为最高权力机构，董事会执行股东会的决议并成为公司的最终决策机构。

❷ **经营权**　经营权是指董事会授予经理人对所经营与管理的财产享有占有、使用、处分的权利。占有权是指经理人对所授予的资产进行控制的权利；使用权是指经理人对实际控制的财产有独立使用的权利；处分权是指经理人在权利范围之内对所控制资产的处分权利。

经营权是一项综合权利，包括经营决策权、机构设置权、产品定价权、服务定价权、物品采购权、投资决策权、资金分配权、资产处置权、劳动用工权、人员管理权、奖金分配权、拒绝摊派权等。

（二）两权分离与职业经理人

职业经理人是为解决企业规模的不断扩大，生产力水平的不断提升，资本占有与资本经营的矛盾不断激化等问题而产生的。

传统意义上的企业，投资人既是所有者又是经营者，企业所有权与经营权是统一的。要解决经营管理日趋复杂的难题，投资人在所有权与经营权分离的基础上把所有权的实现权交给了德才兼备的职业经理人。

职业经理人的经营、管理、组织经验与技能不是与生俱来的，需要接受专门的教育，经受时间的磨炼和实践的打磨才能"出道"。这种付出是职业经理人为获取经验与技能所付出的成本，是职业经理人的知识财产，当知识财产成为企业必要的赢利条件时就成为企业最稀有的资本。

职业经理人作为有知识财产变现能力的人，从资本所有者手中换取支配财产的权利，为资本所有者创造价值和实现价值增值。

（三）职业经理人的职责

职业经理人以企业的经营管理为职业，其具体职责如下。

（1）职业经理人要使企业的资产实现保值增值。

（2）职业经理人要使企业所有者权益得到实现。

（3）职业经理人要完成董事会下达的经营目标。

（4）职业经理人要不断提升企业的营业额。

（5）职业经理人要培养优秀的管理团队。

职业经理人的责任和权力成正比，权力越大责任就越大。

二、职业店长资源稀缺

（一）职业店长的技能和品质

职业店长是指负责餐饮店铺的经营与管理,享有餐饮店铺经营权的职业经理人。

职业店长需要职业知识、技能、经验,掌握服务管理、厨务管理、行政管理三大专业管理技能,具有不断学习、善于合作、有效沟通、信息处理、创新经营、分析问题、解决问题的核心专长;具备计划、组织、协调、控制、决策的管理力。

职业店长的个性品质包括头脑敏捷、受过良好教育、专业技能娴熟、机智灵活、勤奋努力、坚韧而诚实、商业悟性高、拥有常识和经验、身体健康。一名合格的职业店长需要具备上述至少三种个性品质。

职业店长的综合素质只有在工作中将基础理论和具体实践相结合,并不断感悟升华才能得到提高。

（二）企业体制的弊端

现今阻碍中国餐饮企业发展的主要问题是管理水平低,管理是企业“木桶中最短的一块”。我们必须正视餐饮企业的管理现实:在私营企业中,店长往往是企业的所有者,也是经营者,由于自身素质不高而制约了企业的发展;在国有企业中,店长往往由上级单位委派,并长期依附于上级单位,既难以培养职业经理人,又造成职业经理人的流失。

（三）现实需要职业店长

中国餐饮企业缺少职业店长,缺少经营战略、经营策略、商业计划及现代组织与管理,因而每天都有餐饮企业退出历史舞台。

中国餐饮业是最早与国际接轨的产业。以快餐业为例,麦当劳、肯德基、必胜客以其成熟的运作、先进的管理,不仅占据了一定的市场份额,其经营模式还成为快餐业的主流模式。

面对快餐业店铺面积不大、产品结构单一,但日营业额是相同面积的中式餐饮企业数倍的现实,我们必须承认差距就在于我们没有打造赢利模式,没有先进的经营与管理模式。中式餐饮企业既需要赢利模式,更需要职业店长。

三、职业店长的培养

（一）店长的分类

一个企业的成功除了店长发挥关键作用以外,还要有相应的体系、制度、模式。店长按餐饮业态可分为以下三种类型。

（1）在中式酒楼中,单店的店长称为“经理”,连锁店的称为“店长”。

（2）在现代快餐店中,单店的店长称为“经理”,连锁店的称为“店长”。

（3）在星级酒店中,餐厅的店长称为“经理”,餐饮部的称为“餐饮部经理”。

（二）店长职业化

美国经济学家钱德勒曾说,当管理上的协调比市场机制的协调能带来更大的生产力、较低的成本、较高的利润时,现代工商企业的管理协调就会取代市场机制。

管理协调正是由具有管理能力的职业经理人来完成的。

近些年,诸多的私营企业、民营企业意识到管理及职业经理人的重要性,并把经营权交给具有能力的职业经理人。

在产品、服务、价格日趋同质化的今天,管理是促进企业发展的“强心剂”。明智的餐饮企业老板应该把店长职位交给有能力的职业经理人。

(三)店长的打造

① 从个人角度讲

(1)决心与承诺:个人要树立成为店长的目标,且意志坚定,企业要为培养店长级人才付费。

(2)对管理有高度的热情:分析自身特点,找出愿意为之奋斗的事业,一旦选定就义无反顾。

(3)接受先进的、系统的职业培训:要想成为职业店长,必须接受先进的、系统的职业培训。

(4)理论与实践相结合:理论回到实践中才能发挥价值。理论与实践相结合才是学习的终极目的。

② 从企业角度讲

(1)选拔机制:选拔机制包括外部招募和内部升迁两种。

(2)激励机制:应对店长设计实用的激励机制,从社会荣誉和物质生活等方面激发店长的使命感和成就感。

(3)监督机制:在赋予店长职权的同时要设计相应的监督机制。利用法规条例、财务制度、决策程序、监事会来约束店长行为。

(4)考评机制:对店长的工作绩效进行客观公正的考核与评价,为选拔、提升、奖励提供科学依据。

(四)店长常犯的错误

① 拒绝承担个人责任　管理者如果要发挥管理效能,就必须勇于承担个人责任。餐饮企业更是如此。例如,酒店事情杂、分工细,每位员工都要明确自己的责任,这样不但能使酒店的分工简单明了,还能避免各部门间的争论和推诿。调查中很多调查者抱怨:"当我们受到老板表扬的时候,有些店长会把所有的功劳都揽在自己身上,而一旦出现问题,受到老板或顾客的指责,店长会把责任推得一干二净,这使我们很恼火。"假若店长对单位的工作成绩和效益不满意,应该先从自身找原因,而不是把责任都推给员工。拒绝承担个人责任的店长,员工也会拒绝其领导。

② 只控制工作成果　在工作中,很多店长"只重结果,不管过程"。至于安排的工作员工是不是有能力完成,在开展工作的过程中会遇到什么困难,或者员工是抱着一种什么样的心态工作,他们并不了解。这种只想控制工作成果而不试图去了解员工想法的做法,也是店长经常犯的错误。因为每个员工的工作习惯、性格不同,他们做事的方式也会不同。店长如果不了解员工的性格、心理,想当然地为员工安排工作,不但不能提高员工的工作效率,还会打击员工工作的积极性。

③ 和员工"称兄道弟"　现代酒店讲求人性化管理,但这并不意味着管理者要放下领导的架子和员工"称兄道弟"。虽然和员工打成一片,可以及时了解员工的思想动态、酒店存在的弊端等,但是要把握好尺度。如果为了"亲民"而失去自己的"威信",店长就会成为"失去指挥棒的指挥",时间长了还会给员工留下其不谙管理之道的印象。

④ 附和错误的一方　忠诚并不意味着必须附和上级的不正确意见或观点。由于立场和出发点的不同,餐饮企业老板和店长经常会出现意见上的分歧,此时店长是选择附和老板错误的意见或观点,还是以酒店的利益为重坚持自己的观点呢?很多店长喜欢将忠诚与附和等同,这是错误的。如果餐饮企业老板的意见或观点是错误的,店长应该坚持自己的观点,据理力争,甚至立下军令状。

⑤ 忘却利润的重要性　餐饮企业老板开酒店就是为了获得利润,店长的能力如何酒店的效益是最好的证明,店长要时刻把酒店的效益放在首位,并竭力防止利润下跌。此外,店长还要提醒酒店的每位员工注意自己的个人活动对酒店的影响,让他们养成处处为酒店利润着想的习惯。如果店长忘却利润的重要性,只想维持现状,那离下岗也不远了。

⑥ 只专注业务问题　把90%的时间花在处理业务问题上,而解决这些问题只能影响到10%的生产力,这同样是一种管理错误。餐饮界的竞争越来越激烈,店长如果不为酒店制定出切实可行的短期、中期、长期目标,而只是专注于酒店内部业务问题,就会错过很多商机。因此,好的店长在自己

及他人遇到问题时也绝不会忘记自己的主要目标。

❼ 未能培育人才 人才是酒店发展壮大的关键,作为酒店的管理者,店长不但要充实自己,还要学会培育人才。因为一位优秀的管理者要做到即使不在酒店,酒店的经营活动也一样能有序地进行。如果做不到这一点,那么店长一定是忽略了培育人才。难怪有人说,对店长的最大考验不在于店长的工作成效,而在于店长不在酒店时职工的工作成效。

四、餐饮职业经理人的任务

管理涉及协调和监管资源,以获得尽可能多的产出。下面将从职能、角色、技能三个方面对餐饮职业经理人的工作任务展开叙述。

(一)餐饮职业经理人的职能

根据职能方法,当餐饮职业经理人高效协调工作时,他们执行着特定的活动或职能,主要包括计划、组织、领导和控制。

❶ 计划 即设定目标、制定战略、开发计划以协调活动。餐饮职业经理人首先需要负责制订餐饮业务的发展计划,确保经营活动的顺利进行以及达成经营目标。这涉及对市场趋势的分析、目标客户群体的确定、营销策略的制定等,以确保餐饮企业能够在竞争激烈的市场中占据一席之地。

❷ 组织 即决定需要做什么,如何做以及谁来做。在组织方面,餐饮职业经理人需要组织和协调餐饮团队,确保整个团队能够协同工作并完成工作任务,包括员工的工作分配、岗位职责的明确、工作流程的优化等,以提升工作效率和团队的整体绩效。

❸ 领导 激励、领导员工。作为领导者,餐饮职业经理人需要激励员工,确保餐饮质量,并执行卫生、安全、质量等方面的控制程序和操作规范。餐饮职业经理人需要公正、公平地对待员工和顾客,并通过实际工作中的探索和经验积累,不断完善和调整岗位职责,以提升员工和顾客的满意度。

❹ 控制 监管经营活动以确保其按照计划施行。在控制方面,餐饮职业经理人需要监控运营数据和成本,做好收支管理和资产管理,保证餐饮业务的经济效益。通过持续积累管理经验,不断完善和调整岗位职责,利用市场营销、团队建设、成本控制等方面的管理知识,持续改进餐饮管理。

餐饮职业经理人并不总是先计划,再组织、领导,然后控制餐饮管理过程。但不管如何执行,这四种职能总是存在的。

(二)餐饮职业经理人的角色

著名的管理学者亨利·明茨伯格总结后认为,管理者的工作可以由他们在工作中担任的管理角色来做出最好的诠释。管理角色是指管理者被期待及表现出来的特定行为。当从角色视角描述管理者的工作时,我们不是在研究特定的人本身,而是研究与该管理者的角色相关的预期和职责。

餐饮职业经理人在人际关系、信息传递、决策制定三个方面扮演着重要的角色,具体如下。

(1)在人际关系方面,餐饮职业经理人首先扮演着代表人角色,他们代表着餐饮企业的形象,与员工、顾客以及其他利益相关者进行互动。作为领导者,他们引导团队朝着共同的目标努力,为团队树立榜样。此外,他们还是联络者,负责协调内部和外部的沟通,确保信息的有效传递和团队的合作。

(2)在信息传递方面,餐饮职业经理人承担着监督职能,确保团队成员了解并遵守企业的规章制度。作为传播者,他们负责将企业的战略目标、政策以及市场变化等信息传达给团队成员,保持信息传达的及时性和准确性。同时,他们还充当发言人,代表团队向更高层级的管理者反馈员工的意见和建议,确保信息的双向流通。

(3)在决策制定方面,餐饮职业经理人扮演着企业家角色,他们在日常运营中做出决策,确保企业的正常运转。作为资源分配者,他们负责合理分配企业资源,如人力、物力等,以满足业务需求。在面对冲突时,他们充当冲突管理者,解决团队内部的矛盾,维护团队的和谐与效率。此外,作为谈判者,他们在必要时代表企业与外部进行谈判,维护企业的利益。

综上所述,餐饮职业经理人在人际关系、信息传递、决策制定三个方面发挥着不可或缺的作用,对于企业的成功运营至关重要。

（三）餐饮职业经理人的技能

罗伯特·卡茨提出,管理者需要具备三种关键的管理技能:技术技能、人际关系技能与概念技能。技术技能指熟练完成工作任务所需的特定领域的知识与技术;人际关系技能指与他人及团队良好合作的能力,知道如何进行沟通、激发、领导和鼓励;概念技能指管理者对抽象、复杂的情况进行思考和概念化的能力。

餐饮职业经理人应具备的技术技能、人际关系技能和概念技能归纳如下(表4-1)。

表4-1　餐饮职业经理人的技能

技能类型	具体技能	描述
技术技能	餐饮服务操作技能	熟练掌握餐饮服务的工作技巧,包括托盘、摆台、口布折花、斟酒、上菜、分菜等基本技能
	安全工作知识和技能	培训员工关于安全工作的知识和技能,确保员工和顾客的安全
	设施设备安全状况检查	定期检查设施设备的安全状况,确保餐厅的正常运营和安全
人际关系技能	领导能力	激发团队的工作热情和创造力,设定明确目标和保持有效沟通
	组织能力	合理安排人员和资源,保证餐厅的正常运营
	人际关系处理能力	与员工、顾客和供应商建立良好的合作关系,解决员工之间的矛盾和顾客投诉
	团队管理能力	培养和激励团队成员,合理分配工作任务,建立良好的团队氛围
概念技能	决策能力	根据市场需求和经营状况,制订合适的经营策略和销售计划
	创新能力	不断推陈出新,提供独特的餐饮体验,关注市场动态和顾客需求
	危机处理能力	应对突发事件和紧急情况,制订应急预案,培训员工的应急反应能力

学习任务2　沟通管理

学习成果前瞻:学习完本任务,你将能比较各种人际沟通方式,克服沟通障碍,实现信息的有效传达。

一、沟通的本质和职能

有效沟通是任何想要成为有效管理者的人必须掌握的一项技能。在缺乏信息的情况下,管理者无法进行决策,这些信息必须通过沟通来获得。若缺乏充分沟通,则无法形成最好的创意。

（一）沟通的含义

沟通指信息的传递和理解。没有信息传递,沟通就不会发生;没有理解,沟通就不会成功,只有信息被准确传达和理解,沟通才真正发生。但人们沟通时常存在误解,认为良好的沟通等同于别人接受我们的意见,这是错误的,清晰理解并不代表对方同意我们的观念。

沟通包括人际沟通与组织沟通。人际沟通指两人以上的沟通,组织沟通则包含各种沟通模式、网络和系统。对于管理者而言,这两种沟通方式都非常重要。

(二)沟通的职能

沟通发挥着四项重要职能:控制、激励、情绪表达和信息传达。

❶ 控制　管理者可通过沟通来控制员工。例如,每个餐饮企业都有一些已制定的规章制度,员工必须遵守相关规定进行日常工作,这种模式属于正式沟通。非正式沟通在组织工作中同样具有举足轻重的作用,如在一些不良的工作氛围下,一位认真努力工作的员工受到群体嘲讽时,管理者则需要启动非正式沟通进行干预。

❷ 激励　管理者常通过向员工清楚阐述他们应该做什么、表现如何、哪些工作未达到预期目标,通过何种方式提升绩效等来激励员工。在员工设定明确目标、为实现这些目标而努力工作,以及反馈进展的过程中,沟通都发挥着重要作用。

❸ 情绪表达　对于员工而言,他们所在的工作群体是他们与社会进行交往的重要来源,在工作群体中进行沟通,员工可分享挫败感和成就感,为他们提供了情绪表达的一种途径,同时也满足了他们的社会需要。

❹ 信息传达　个体和群体都需要一些必要的信息来完成组织中的工作,如获取一位常客的饮食习惯有助于员工更好地为顾客提供服务,而沟通提供了相关信息。

二、人际沟通

(一)沟通障碍

有时沟通并不能发挥其应有的作用,其中一个原因就是管理者在人际交往过程中可能会出现沟通障碍。过滤、情绪问题、信息超载、防卫等可导致沟通障碍。

❶ 过滤　故意使信息更容易被接收者认同的过程。一般来说,一个餐饮企业的组织纵向层级越多,信息被过滤的机会就越多。但如果各层级通过协作安排工作,信息被过滤的可能性则会减少。

❷ 情绪问题　接收者在接收某条信息时的心情会影响他如何理解这条信息。减弱情绪对餐饮管理者的影响可以通过多种方法实现,如搭建良好的沟通渠道、提供适当的培训和发展机会、赏识和激励员工、创建良好的工作环境、建立团队合作与支持,以及采取积极的疏导措施等。

❸ 信息超载　当个人拥有的信息量超出自身的处理能力时,人们往往会忽视、忘记或者选择性地挑选信息,甚至可能会停止沟通。

餐饮企业减弱信息超载对餐饮管理者的影响可以通过以下策略来实现。

(1)优化内部职责分工和沟通协作:明确各部门的职责和加强部门间的沟通协作,可以确保信息在内部流通更加顺畅,减少信息传递障碍,从而提高工作效率。

(2)利用数字化管理工具:如引入 POS 系统、餐饮管理软件等数字化管理工具,实现订单管理、库存管理、财务管理等方面的自动化和集中化管理,可以提高工作效率,减少人为错误,并为餐饮管理者提供更准确的数据分析和决策支持。

(3)实施大数据分析:通过对海量数据的分析和挖掘,餐饮管理者可以更好地了解顾客需求、制订个性化的营销策略,并对业务运营做出更科学的决策。

(4)强化信息技术支持:通过加强信息技术支持,餐饮管理者可以改善顾客体验,如提供个性化的服务、优化点餐与支付体验、加强客户关系管理等,从而提升顾客满意度和忠诚度。

(二)克服沟通障碍

通常来讲,每个人听到某一新信息的次数必须达到七次,才能真正理解这一信息,基于这样的事实,餐饮管理者可以通过以下方式克服沟通障碍,提高沟通效果。

❶ 利用反馈　沟通上的很多问题都源于误解。餐饮管理者与员工保持有效的沟通,了解他们

的需求和关注,并及时提供反馈和指导,是管理员工的关键。可以定期开展一对一会议、员工调查和提供开放式沟通渠道。通过这种方式,餐饮管理者可以及时了解员工的工作表现、遇到的困难以及个人的职业发展规划,从而提供必要的支持和指导。

❷ 简化语言　餐饮管理者应该根据沟通对象有针对性地调整自己的措辞。餐饮管理者通过简化语言、避免重复强调、注重信任和及时反馈等,可以有效地与员工进行沟通,提高团队的合作效率和员工的满意度。

❸ 积极倾听　倾听是一种有效获取信息的方式,要求餐饮管理者集中注意力,认真听说话者表达的完整内容。积极倾听具体表现为不随意打断说话者、复述说话者所说的内容、提出问题、发挥怡情作用等,餐饮管理者在与员工沟通时,可利用以上方法提高沟通的有效性。

❹ 控制情绪　一名心烦意乱的餐饮管理者很难接收到对方想传达的信息。在准备与员工进行沟通前,先平复自己的情绪,在稳定的状态下进行对话,采取情绪管理策略,营造利于沟通的氛围。

三、组织沟通

想象一下这样的场景:当一名企业管理者在会议中提出一个问题时,现场鸦雀无声,此时每一个人可能都会觉得尴尬。但其实沟通本身可以是一件很有趣的事情,尤其是在组织中。组织沟通可分为正式沟通与非正式沟通。

(一)正式沟通与非正式沟通

正式沟通指在规定的指挥链或组织安排内发生的沟通,非正式沟通是不限于组织层级结构的组织沟通。

在餐饮企业中,管理者正式沟通的内容包括工作安排、政策传达、绩效考核等。例如,通过定期举办会议向员工传达公司的政策变化、工作要求,或者通过书面报告了解各部门的运营情况。正式沟通的方式包括定期的书面报告、面谈、定期的小组或团队会议等。正式沟通有助于保持信息的准确传达和记录,有助于员工明确工作要求和目标。

在餐饮环境中,非正式沟通可能包括员工之间的闲聊、共同进餐时的交流,或者是通过社交媒体等进行的沟通。非正式沟通有助于建立团队成员之间的信任和良好的工作关系,但管理者需要注意引导,以确保其不会对正式沟通产生负面影响。

为了有效地进行正式和非正式沟通,餐饮管理者应采取以下策略。

(1)营造良好的沟通氛围,使员工愿意主动参与沟通,而不是被动接受指令。

(2)及时反馈,对员工的建议和问题给予及时的回应,显示对员工的重视。

(3)使用简单明了的语言,避免使用过于复杂或模糊的语言,以免造成误解。

(4)定期组织团队建设活动,如聚餐或户外活动,以增强团队凝聚力。

通过采用这些策略,餐饮管理者可以更好地与员工进行沟通,提高工作效率,同时也能增强员工的归属感和满意度。

(二)沟通的流动方向

沟通的流动方向包括下行沟通、上行沟通、横向沟通。

❶ 下行沟通　信息从管理者流向下属员工的沟通。下行沟通常用于通知、指挥、协调和评估等。如餐饮企业的餐前会就是典型的下行沟通,每日开餐前15分钟召开例会,由当班经理主持,全体当班员工必须准时参加,餐前会的内容主要包括以下几个方面。

(1)仪表仪容的检查,当班经理检查全体员工的仪表仪容,包括上岗着装、个人卫生和基本姿态是否符合标准。

(2)通告当日特别推荐菜肴以及预订情况,包括菜肴的中英文名称、基本制作方法和配料、主料,以及客人的姓名、人数和已订的台位。

（3）总结前一天的工作，包括营业收入、客人人数、服务中的经验与问题，并进行深入剖析，提醒全体人员注意改进。

（4）安排当日工作，包括检查员工出勤情况，根据预订情况和饭店的出租率安排必要的加班人员，检查餐厅的卫生和各种设施使用情况，并指定专人完成。

❷ **上行沟通**　信息从下属员工流向上级管理者的沟通。上行沟通可使管理者了解员工大体上如何对待他们的工作、同事和组织。上行沟通的一些实例包含提交绩效报告、开展员工满意度调查和一线员工讨论会等。在餐饮企业中，中基层管理者与上级之间的有效沟通对于促进内部协作、提高服务质量和加强团队合作至关重要。为了实现高效的上行沟通，中基层管理者可以采取以下策略。

（1）定期汇报工作进展：中基层管理者应定期向上级汇报工作的进展情况，包括已经完成的任务、当前的工作状态以及可能遇到的问题。这有助于让上级及时了解工作情况，为进一步的支持和指导提供依据。

（2）及时反馈问题和解决方案：当遇到问题时，中基层管理者不仅要向上级反映问题，还应提出自己的解决方案，这样不仅能显示其主动性和责任感，还能帮助上级更好地理解问题的本质和可能的解决方案。

（3）选择合适的沟通方式：根据事情的重要性和紧急性，选择合适的沟通方式。对于重要且紧急的事项，应立即当面沟通或通过电话与上级联系；对于重要但不紧急的事项，可以选择书面沟通，如电子邮件或书面报告。

（4）把握主动权：积极主动的沟通，可给人以认真负责的印象，同时也能在工作中把握更多的主动权，包括在工作中定期汇报进展，出现不利情况时立即汇报，以及工作完成后及时总结汇报，反思工作中存在的不足。

❸ **横向沟通**　在餐饮组织同一层级的员工之间发生的沟通称为横向沟通，如餐厅主管与管事主管、厨师长等存在横向沟通。中基层管理者实现横向沟通的关键在于建立有效的沟通渠道、采用开放透明的沟通方式，并确保信息的及时准确传递。以下是一些实现餐饮部门内横向沟通的具体内容。

（1）与厨房的沟通：餐厅经理应与厨师长核对准备工作的一致性，及时通知厨房客人开始用餐的时间，督促厨房及时上菜，并转告厨房领班客人对菜肴的评价和建议。

（2）与管事部的沟通：根据任务需求，餐厅经理应通知管事部餐具等用品的数量、规格和任务完成时间，管事部据此准备好全部用品。

学习任务 3　领导力培养

> **学习成果前瞻**：学习完本任务，你将了解领导权变理论，学习如何为有效转换领导职位做准备。

在一个组织中，到底什么样的人才能被称为领导者呢？领导者是指能够影响他人并拥有管理职权的人。领导是指影响团队来实现组织目标的过程。是不是所有的管理者都是领导者？领导属于管理的四大职能之一，所有的管理者应当是领导者。本任务将从管理者的角度阐述领导者和领导。

领导权变理论的研究始于 20 世纪 60 年代，并于 70 年代逐渐形成体系。其产生和发展反映了一定时代背景条件下实际管理活动的需要。下面将介绍三种领导权变理论：费德勒权变模型、情境领导理论、路径-目标理论。

一、费德勒权变模型在餐饮企业中的应用

(一)费德勒权变模型

最早对领导权变理论做出理论性评价的人是心理学家费德勒。他于1962年提出了一个有效领导的权变模型,即费德勒权变模型。费德勒权变模型是一个管理学名词,该模型基于不同领导风格适用于不同情境这一前提,提出成功领导的关键在于有效的领导行为,领导者与被领导者相互影响的方式及情境给予领导者的控制和影响程度的一致性。

费德勒提出,个人的基本风格是成功领导的要素之一,这一基本风格可以是任务导向型或者关系导向型。任务导向型风格指领导者注重生产效率和把工作做好;关系导向型风格指领导者注重与同事保持良好的个人关系。同时,费德勒认为,一个人的领导风格是固定不变的,不会随着情境改变而发生变化。

费德勒对领导风格和情境进行匹配,并通过试验揭示了三大权变维度:①领导者与被领导者的关系,反映了领导者为被领导者所接受的程度;②任务结构,指任务的明确度和下属对这些任务的负责程度;③职位权力,指与领导者职位相关的正式职权以及各方面的支持程度。如果领导者具备上述三个因素,是最有利的情境;如果都不具备,则是最不利的情境。费德勒指出,在群体条件最有利和最不利的情况下,任务导向型是最有效的领导方式,效果较好;在群体条件一般的情况下,采用关系导向型的领导方式比较有效。

费德勒认为,个人领导风格是固定不变的,可通过两种途径提升领导效率。第一,找到一个能与情境更好匹配的新领导者。如在一个群体条件非常有利的餐饮工作环境,招聘一名任务导向型领导者可能会比关系导向型领导者创造出更好的绩效。第二,改变情境,使其与领导者相匹配。可通过任务重构、优化企业KPI考核等,改善领导者与成员之间的关系。

(二)餐饮企业中基层管理者如何应用费德勒权变模型

在餐饮企业中,中基层管理者可以利用费德勒权变模型来优化管理策略,提高团队绩效。具体而言,中基层管理者可以通过以下步骤应用费德勒权变模型。

(1)检测领导者的基本领导风格:通过费德勒设计的LPC(最难共事者)问卷评估领导者的基本领导风格。如果回答者大多用带有敌意的词句评价自己的同事,则趋向任务导向型领导方式(低LPC型);如果回答者多用善意的词句评价自己的同事,则趋向于关系导向型领导方式(高LPC型)。

(2)界定情境:确定领导有效性的三个关键因素为领导者-成员关系、任务结构和职位权力。

(3)评估情境:根据上述三项权变因素来评估情境,如领导者-成员关系好或差,任务结构高或低,职位权力强或弱。领导者-成员关系越好、任务结构化程度越高、职位权力越强,则领导者拥有的控制力也越高。

(4)评价领导者与情境的匹配性:根据LPC分数和三项权变因素,确定领导风格和情境是否匹配。一般任务导向型领导者在非常有利的情境和非常不利的情境下工作效果更好。而关系导向型领导者则在中等有利的情境中表现更佳。

(5)提高领导者的有效性:根据费德勒的观点,个体的领导风格是稳定不变的。因此,提高领导者的有效性只有两条途径:替换领导者以适应新环境,或改变环境以适应领导者。

通过上述步骤,餐饮企业中基层管理者可以更好地理解和应用费德勒权变模型,以提高团队绩效和管理效果。

二、情境领导理论在餐饮企业中的应用

(一)情境领导理论

情境领导理论由行为学家保罗·赫西博士和肯尼思·布兰查德提出。赫西和布兰查德认为,领导者的领导方式,应与下属的成熟度相适应,在下属渐趋成熟时,领导者应依据下属的成熟度选择正确的领导风格,才能获得成功。

情境领导理论将成熟度定义为个体对自己的直接行为负责任的能力和意愿。成熟度包括工作成熟度与心理成熟度。前者指一个人的知识和技能。工作成熟度高的个体拥有足够的知识、能力和经验去完成他们的工作任务而不需要他人的指导。后者指一个人做某件事的意愿和动机。心理成熟度高的个体不需要太多的外部激励,他们更多的是靠内驱力。下属的成熟度可划分为四个水平:①下属没有能力且不愿意做(R1);②下属没有能力却愿意做(R2);③下属有能力却不愿意做(R3);④下属有能力且愿意做(R4)。

情境领导理论使用两个领导维度:任务行为和关系行为。每一维度有高有低,从而组合成以下四种具体的领导风格:①指示(高任务-低关系),领导者定义角色,告诉下属应该干什么、怎么干以及何时何地去干。②推销(高任务-高关系),领导者同时提供指导性的行为与支持性的行为。③参与(低任务-高关系),领导者与下属共同决策,领导者的主要角色是提供便利条件与沟通。④授权(低任务-低关系),领导者提供极少的指导或支持。

情境领导理论认为,当下属的成熟度不断提高时,领导者不但可以不断减少对活动的控制,还可以不断减少关系行为,从而使领导者的领导方式或风格与下属的成熟度相适应。

(二)餐饮企业中基层管理者如何应用情境领导理论

餐饮企业中基层管理者可以通过以下步骤应用情境领导理论进行工作实践。

❶ 识别下属的成熟度　首先需要识别下属的成熟度,这一步骤有助于了解下属的能力和意愿,为后续的领导风格调整提供依据。

❷ 选择合适的领导风格　根据下属的成熟度选择相应的领导风格。例如,对于R1级别的下属,可能需要采取更直接的命令式领导风格,提供具体的指导和监督;于R4级别的下属,可以采取更开放和参与式的领导风格,鼓励他们参与决策过程,发挥自主性。

❸ 调整领导行为　情境领导理论强调根据环境的变化调整领导行为,包括任务行为和关系行为。任务行为涉及任务的分配和完成,而关系行为则关注与下属关系的建立和维护。根据下属的成熟度,可以适当调整任务行为和关系行为的比重,以达到最佳领导效果。

❹ 培养团队合作精神　在餐饮行业中,团队合作精神至关重要。作为领导者,应通过建立积极的工作环境、明确的工作目标和责任分工,以及及时的反馈和奖励来促进团队合作。

❺ 发展员工的技能和潜力　关注员工的培训和发展,了解每个员工的技能和兴趣,根据其特长和潜力进行岗位安排。提供培训机会,帮助员工提升专业技能和职业素养,激励他们不断提升自己,为餐厅的发展做出更大的贡献。

❻ 建立良好的沟通与协调机制　注重建立一个开放的沟通氛围,鼓励员工分享意见和建议。同时,建立有效的协调机制,确保各部门之间的协作和配合,保持餐厅顺利运营。

通过上述步骤,餐饮企业中基层管理者可以根据情境领导理论,调整自己的领导行为,以适应不同的工作环境和下属的成熟度,从而提高团队绩效和员工满意度。

三、路径-目标理论在餐饮企业中的应用

(一)路径-目标理论

路径-目标理论是领导权变理论的一种,由多伦多大学的组织行为学教授罗伯特·豪斯最先提出,后来华盛顿大学的管理学教授特伦斯·米切尔对这一理论进行了补充和完善。该理论在当今备受人们关注。

路径-目标理论与以前的各种领导权变理论的最大区别在于,它立足于下属,而不是立足于领导者。豪斯认为,领导者的基本任务就是发挥下属的作用。要发挥下属的作用,就得帮助下属设定目

标,把握目标的价值,支持并帮助下属实现目标。在下属实现目标的过程中提高下属的能力,使下属得到满足。该理论的基本原理如下。

(1)领导方式必须是下属乐于接受的方式,只有能够给下属带来利益和满足的方式,才能使他们乐于接受。

(2)领导方式必须具有激励性,激励的基本思路是以绩效为依据,同时以对下属的帮助和支持来促成高绩效。也就是说,领导者要能够指明下属的工作方向,还要帮助下属排除实现目标的障碍,使其能够顺利实现目标,同时在工作过程中尽量使下属的需要得到满足。

按照豪斯的论述,领导者的职能体现在六个方面:①唤起员工对成果的需要和期望;②对完成工作目标的员工增加报酬,兑现承诺;③通过教育、培训、指导,提高员工实现目标的能力;④帮助员工寻找达成目标的路径;⑤清除员工前进路径上的障碍;⑥增加员工获得个人满足感的机会,这种满足感又以工作绩效为基础。

实现这种以下属为核心的领导活动,必须考虑下属的具体情况。显然,现实中的下属是千差万别的。下属的差异主要表现在两个方面:一是员工的个人特质,二是员工需要面对的环境因素。以性格差异为例,内向型员工更易于接受参与式领导,而对指示式领导有所抵触;而外向型员工则更易于接受指示式领导,却不大适应参与式领导。如果一个人对自己的能力估计过高,那他就会抵触指令;而如果一个人对自己的能力估计过低,那他就会害怕授权。就员工面对的环境因素而言,如果工作任务明确清晰,权力系统有效得力,工作群体友好合作,那么强化控制明显多余甚至无礼;而如果情况相反,放松管制就会出现偏差,同样会招来员工的抱怨。因此,路径-目标理论强调领导方式要有权变性。

(二)餐饮企业中基层管理者如何应用路径-目标理论

路径-目标理论在餐饮企业管理中的运用主要体现在领导过程、目标设置、路径改善等方面。

❶ 领导过程　在餐饮企业中,中基层管理者需要首先确认员工需要,提供合适的目标,明确期望与目标的关系,将实现目标与报酬联系起来,消除取得绩效的障碍,给予员工一定的指导。这一过程旨在提高员工的工作满意度、认可领导和增强动机。

❷ 目标设置　在餐饮企业中,目标设置是取得成功绩效的标准。通过设定群体成员可以感觉到有价值的目标,并确保这些目标与现有的资源和领导能力相匹配,可以检测个体和群体完成绩效标准的情况。共同目标的设定对于引导团队朝着同一方向努力至关重要。

❸ 路径改善　领导者在决定顺利实现目标的路径时,需要了解权变因素和可供选择的领导方案,特别是在面对不同的支持需求时,必须权衡确定。这涉及对组织内部和外部环境的分析,以及如何最有效地利用资源来实现目标。

综上所述,餐饮企业中基层管理者可通过路径-目标理论明确领导过程、合理设置目标以及灵活改善路径,有助于提高员工的工作满意度、增强团队凝聚力,从而实现企业的经营目标和提升企业的市场竞争力。

课后实训

实训活动1:选取某个餐饮门店,梳理该门店中层管理岗位的职能、角色、技能要求。

实训活动2:以小组为单位,模拟门店晨会,与一线员工进行一场正式沟通。

实训活动3:学习领导权变理论,测试自己的领导风格,并针对具体实训岗位思考如何增强自己的领导力。

课后思考

公司制餐饮企业如何设计店长的薪酬和股权？

家族制餐饮企业如何设计店长的薪酬？

店长如何运用经营权？

店长如何使企业实现赢利？

什么是职业经理人的知识财产？

职业经理人如何将知识财产转化为经济效益？

餐饮服务的二十一个触点

学习目标

知识目标 掌握服务触点的相关概念；了解餐饮服务触点类型及作用；掌握餐饮服务的二十一个触点；掌握餐饮服务触点指标。

技能目标 能对餐饮环节进行服务触点的挖掘和分析；能根据服务触点进行优化升级。

思政育人目标 培养创新精神；树立科学严谨的工作态度；培养合作与沟通能力。

课程思政

服务设计指利用调研等手段使某项服务能够满足用户或客户的需求。服务设计既可以改进现有的服务，也可以从零开始创造新的服务。对于餐饮企业而言，超预期的服务体验是顾客与餐厅服务之间重要的接触与记忆点，优秀的体验设计能使顾客对餐饮企业的服务质量产生良好的印象。服务设计则是对系统的设计，对应的要素包括利益相关者（stakeholder）、触点（touch point）、流程（process）、服务。

1.利益相关者 服务设计需要综合考虑所有利益相关者，如何通过设计让各方利益相关者都能高效、愉悦地完成服务流程。其中利益相关者又可以按照和服务的联系紧密程度分为核心利益相关者、直接利益相关者和间接利益相关者。以餐饮业为例，餐饮服务的利益相关者包括顾客、员工、供应商、投资者、政府监管部门等。

2.触点 字面上的意思是事物之间相互接触的地方，在服务设计中是利益相关者与服务系统进行交互的载体。触点可以是有形的，也可以是无形的，触点的种类繁多，大体可分为物理触点、数字触点、情感触点、隐形触点和融合触点等。例如，餐厅预订服务环节的触点可以是线上预订，也可以是线下预订等。触点的选择和设计是服务设计的重要环节之一。

3.流程 服务设计的对象不是单一的触点，而是由多个触点组成的系统的、动态的流程。服务系统的节奏、各触点、服务阶段的划分与组织都是进行服务设计时要重点考虑的。例如，餐厅的支付环节是设计在下单时，还是在用餐结束后，甚至在开始用餐之前，服务流程和节奏的变化对顾客用餐体验有很大影响。

4.服务 设计服务系统，最本质的要素是服务，服务包括前台服务和后台支持等。服务设计师需要确保服务流程简单、高效，并且能够满足用户或客户的需求。此外，服务设计师还需要考虑服务与环境的融合，以及如何通过优化服务流程和交互来提高用户或客户的体验。

Note

导读

学习目的、意义 设计餐饮服务触点有助于了解顾客的需求和偏好,从而提高服务质量和满足顾客需求。通过分析顾客在不同触点上的行为和反馈,餐饮服务提供商可以优化自己的服务策略和营销策略,提升顾客体验和忠诚度。

内容概述 对餐饮服务触点的概念、类型、作用等进行介绍,帮助学生对餐饮环节进行服务触点的挖掘和分析,从而实现根据服务触点进行优化升级,有助于提高创新服务意识,培养严谨科学的管理能力。

导入案例

肯德基服务触点管理

肯德基(简称 KFC)是美国跨国连锁餐厅,同时也是全球第二大速食及最大炸鸡连锁企业,由哈兰德·桑德斯上校在肯塔基州路易斯维尔创建,主要出售炸鸡、汉堡、薯条、蛋挞、汽水等西式快餐食品。

我们以南京市某肯德基店为例进行服务触点分析。

通过表 5-1,我们可以了解到该肯德基店所有的服务触点。在点餐、送餐、餐中服务及餐后结账中,服务人员的态度会影响顾客对整个店的好感程度。

表 5-1　南京市某肯德基店服务触点

序号	服务接触层面	服务触点
1	用餐准备	环境、卫生、台布、摆放、齐全
2	迎客	站姿、倒水、表情、称呼、询问
3	点餐	递送、器具
4	送餐	添加、整理、征询
5	餐中服务	添加、整理、征询
6	餐后结账	账单、方式、发票
7	送客	打包、礼貌
8	收台	速度、卫生

在有效的服务触点中,关键的是点餐、送餐和餐中服务。例如,送餐的速度过慢,顾客会心急、焦虑,以至于对企业的好感大打折扣。针对这样的问题,服务人员应该及时向顾客告知送餐时间,这样就会让顾客感受到自身的重要性,并觉得得到了充分的尊重。在餐中服务中,若餐桌上空出的餐盘较多,可以先礼貌询问顾客是否还需要这些餐盘,不需要的就收走。

服务触点管理应注意的问题:①统一体验主题;②整合各种接触途径;③瞄准适当的顾客群;④推进组织机构改革。

学习任务 1　餐饮服务触点概念与类型

> **学习成果前瞻：**学习完本任务，你将能充分了解餐饮服务触点，养成"触点思维"。

触点就是一个杠杆，企业做出一点点的努力就能得到很大的回报。当找到一个企业的触点时，应该合理利用，同时注意接触的频度和强度。还要从细节中发现如何创造更多的触点，加强与顾客的接触。同时要注意，触点和员工密不可分，员工才是每天面对顾客的品牌核心价值传播者，员工可以直接反映顾客对企业的满意度。只有深切关注员工，使他们产生强大的主观能动性，餐饮服务才有可能做得更好。

多触点策略是企业深入推进分级服务分类营销的理想选择，但在多个顾客接触渠道中保持一致的信息和服务水平是一项管理挑战。企业需要精心设计并在各触点上准确提供一致的信息，防止造成顾客的困惑与负面体验。

"接触—感受—行动"是顾客在决策是否购买产品时的简单流程，而"接触"作为与顾客接触并产生链接的第一步，其重要性也就不言而喻了。餐饮服务"触点"，是一个餐饮企业的品牌、产品、服务等在各个环节中与顾客接触的点，不仅存在于线下的门店中，也遍布企业的网站、App、顾客所接受的服务和所使用的产品中，其既可以是"五感"层面的也可以是心理层面的，既可以是"物"也可以是"人"，这些"触点"构成了顾客对品牌和产品的第一印象并随后转化为体验的媒介，是决定顾客下一步行动的重要节点。

"触点思维"即重视与顾客产生链接的每个"点"；从顾客真实路径着手，通过串联时间维度与空间维度上的"点"，梳理交互行为路径并形成系统；结合路径分析发现在哪些"点"更适合传递信息、在哪些点存在顾客的"行为摩擦"，以此发现问题的关键；最终在确定的"触点"位置思考如何实现信息感知的最大化。餐饮企业可利用"触点"提高顾客对门店服务质量的满意度。

一、服务触点的基本概念

触点就是餐饮企业的品牌、产品、服务等在各个方面各个环节与顾客的接触点，包括视觉、触觉、听觉、嗅觉、味觉以及心理上所接触的每一个点。

触点管理法，就是抓住与顾客接触的各个关键时刻。对触点进行规划、设计和管理，可使这些与顾客接触的关键时刻变为顾客满意的节点。顾客决策的最优效果，不是去说服顾客，而是让他们自己说服自己。

餐饮企业要做的，就是在合适的时间、合适的地点、采取合适的方式（触点）与特定顾客进行接触，从而影响顾客的判断和决策。

二、餐饮服务触点类型

不同类型的企业，触点存在形式也不一样。餐饮企业的触点类型可划分为三类，分别为物理触点、数字触点、人际触点。

❶ **物理触点**　如线下门店的门头、菜单、桌椅、餐具、打包袋等，它们可以通过固定标准去衡量和统一，维护难度低，但变更和替换的成本较高。有的物理触点可以随顾客进入其他场域，是品牌在门店之外继续扩大影响力的媒介，如满大街的"美团黄"、喜茶的标志等，顾客不需要用心观察便可看见。

❷ **数字触点**　从简单的背景音乐，到 App、H5，到更复杂的 AR、VR、AI，有很多可能性。由于

其无实物,数字触点的体验感受和评判标准并不容易统一。数字触点的迭代相对简单,成本也较物理触点更低。例如,"你爱我,我爱你,蜜雪冰城甜蜜蜜"这首歌耳熟能详,不用仔细寻觅,你也知道附近一定有一家蜜雪冰城。

❸ **人际触点** 通过人际交往来达到接触顾客的目的。它比前两者更灵活,能动性更强。工作人员与顾客的交互能直接得到输出与反馈,品牌文化通过人与人的交互而被感知,容易产生共鸣,对于树立品牌形象至关重要。例如,星巴克的一些咖啡师在顾客等候时会看似无意地聊天,问怎么称呼顾客,在完成咖啡制作以后会以姓氏问候顾客:"王先生好,您的拿铁,欢迎下次光临。"

学习任务 2 餐饮服务触点梳理

学习成果前瞻: 学习完本任务,你将能以餐饮门店店长的视野梳理顾客的消费流程,并针对不同服务触点进行设计升级。

餐饮的消费体验在顾客到店前就已经产生了,按照完整的消费流程可以分为三个阶段,即到店前、在店中、离店后三个较大的环节,以及二十一个较小的触点(图 5-1)。

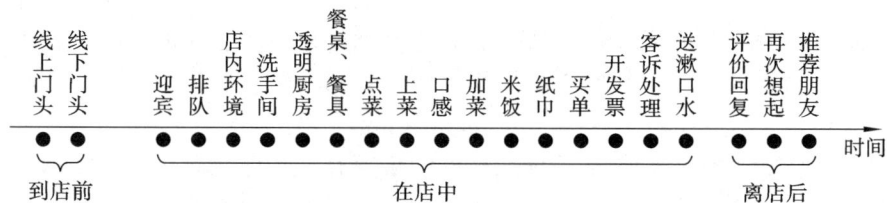

图 5-1 餐饮消费流程中的二十一个触点

一、线上门头

餐饮服务触点一:线上门头。关键体验点:高颜值(图 5-2)。

线上门头设计虽然与线下实体店铺的门头设计在物理形态上有所不同,但它们在吸引顾客、传达品牌信息方面的目的是一致的。当用户通过美团和大众点评看到一家陌生门店时,除了评价和星级,还有什么因素会影响到他的消费决策呢?最重要的就是这个线上门店的颜值,也就是门头招牌。当线下门店越来越注重形象时,线上门店同样需要注重形象。如果某个线上门店的宣传图片很精致、菜品图片很精美、店内环境看起来也很舒适,那自然会给用户一个暗示,这个店还不错,要不要去试一试?

很多人在互联网上看到喜茶店铺的时尚空间图片和高颜值的产品图片,从而产生了要去这家店看看的兴趣。在当下这个消费升级的时代,美也是一种生产力。美团点评也正是基于顾客这样的消费习惯,给餐饮商家推出了"商户通"服务,实际数据也表明,4 星级以上的门店开通商户通服务的用户访问数(UV)要比未开通商户通的 UV 高 2~3 倍,而 4 星级以下的门店差距更大。这个数据就能明显地反映出顾客都是"爱美"之人。

二、线下门头

餐饮服务触点二:线下门头。关键体验点:易识别+有美感。

(一)品牌标志

门头设计应该包含店铺的品牌标志或商标,以增加品牌识别度,可以是店铺名称、标志图案或独

触点 餐饮品牌	物理触点	数字触点	人际触点
盒马鲜生	建筑外观、门店、海报	App、网页、智能点餐	餐品加工、配送人员
瑞幸咖啡	店铺设计、品牌包装、周边零售	移动终端、会员体系、动态数字菜单	咖啡师、自助营业模式
亚朵酒店	店铺设计、品牌包装、周边零售	App、会员体系	前厅服务人员
海底捞	店铺设计、品牌包装、周边零售	网站、排队到号通知	生日祝福、拉面互动

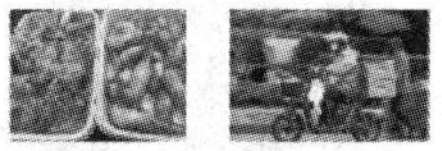

图 5-2　服务触点设计

特的商标设计。应确保品牌标志在门头上清晰可见、易于识别。

❶ **清晰可见**　品牌标志应该在门头上清晰可见,不容易被忽视或混淆,门头的尺寸和位置应该使品牌标志能够引起顾客的注意。

❷ **简洁和易识别**　品牌标志应该简洁明了,易于识别和记忆,避免使用过多的复杂图案或文字,以免造成混淆和视觉混乱。

❸ **品牌色彩和字体**　使用品牌标志中的色彩和字体,以确保品牌的一致性和连贯性。色彩和字体的选择应该与品牌形象相符合,并能够传达出品牌的特点和价值。

❹ **会发光和可变性**　如果门头设计包含可变元素,如电子显示屏或可旋转的标志板,可以通过改变显示内容或标志的朝向来增加品牌识别度,这样可以吸引更多的顾客和注意力。

（二）色彩、字体与装饰效果

选择与品牌形象相符合的色彩和字体。色彩可以通过店铺标志装饰元素或照明来体现。字体的选择应该与品牌风格一致,以确保门头设计的统一性。

❶ **色彩选择**　主要从品牌形象、情感和目标受众、色彩搭配和对比三方面进行设计。

（1）品牌形象:选择与品牌形象和定位相符的色彩,颜色可以传达不同的情感,所以应确保所选颜色与品牌的价值观和个性相一致。

（2）情感和目标受众:考虑目标受众的喜好和情感反应,不同的颜色会引发不同的情绪和联想,因此应选择适合目标受众的颜色。

（3）色彩搭配和对比:选择适合的色彩搭配和对比来增加视觉吸引力,可以使用配色工具或咨询专业设计师来获得搭配建议。

❷ **字体选择**　依据品牌风格、可读性、同一性和一致性进行设计。应选择与品牌风格相符的字体。确保所选字体具有良好的可读性。简洁、清晰的字体通常更易于阅读和理解。在门头设计中,字体应保持统一和一致,以提高品牌形象的专业感和连贯性,避免使用太多不同的字体,以免造成视觉混乱。如古茗的门头陆续更新,一改往日书法字体,让人眼前一亮,圆形加"古"字的创意展现,突出了品牌符号。升级后,古茗的门头字体简洁、更有时尚感(图 5-3)。

(a)升级前   (b)升级后

图 5-3 门头字体选择

❸ **材料和质感** 选择适合店铺风格和定位的材料和质感。例如,高档品牌店铺可以选择金属、玻璃等高质感材料。自然风格店铺可以选择木材等自然材料。门头设计所选择的材料和质感应与店铺的品牌形象、目标受众、整体风格和定位相符合,以确保门头设计能够成功体现店铺的特色和风格。

❹ **照明效果** 照明在门头设计中起到重要的作用。可以使用灯箱、霓虹灯、投影灯等不同类型的照明设备来实现照明效果。合适的照明效果可以使门头设计更加吸引人,并突出店铺的特色和品牌形象。通过选择合适的照明设备、调整灯光层次和色彩,可以创造出独特而引人注目的门头设计。

❺ **装饰元素和图形设计** 门头设计可以通过使用各种装饰元素和图形来增加吸引力和独特性,使店铺在视觉上脱颖而出,可以是艺术图案、装饰物、立体字母等。应确保装饰元素与店铺的风格和品牌形象相协调,避免使用过于拥挤或不协调的设计。

❻ **空间布局和比例** 门头设计应该与店铺的整体空间布局和比例相适应。确保门头设计在视觉上与周围的环境相协调。合理分配空间,适当调整门头尺寸和比例,可以提高门头设计的视觉吸引力和品牌辨识度。

❼ **当地的法规** 在进行门头设计时,需要了解当地的法规。各地可能有不同的法规,如门头的最大尺寸、照明的亮度限制、历史保护和保留要求、广告法规等。应确保门头设计合法合规,并减少与当地政府和执法机构的纠纷。在开始门头设计之前,咨询相关部门或专业人士,以获取准确的指导,确保门头设计合规。

门头就是流量,门头无法改变,那就只能提高流量的转化率和复购率。而提高转化率即到店率的核心就是降低用户选择成本,降低用户选择成本的关键就是让用户明白这个店是卖什么的。通过选择合适的色彩、字体、材料、照明和装饰元素等,可以创造出独特而吸引人的门头设计。

三、迎宾

餐饮服务触点三:迎宾。关键体验点:热情主动＋精准服务。

餐饮企业的服务质量非常重要,尤其是餐厅迎宾员,在餐厅环节起着"窗口"效应,其最重要的素质就是热情主动,同时能为顾客提供精准服务。

热情服务是一种注重细节的个性化服务方式,通过用心和努力为顾客提供优质的服务体验,来赢得顾客的满意和忠诚。精准服务理念是指一种强调准确、高效和个性化的服务理念。该理念将顾客的需求和期望放在首位,并力求在服务过程中提供最准确、最适配的解决方案。具体而言,迎宾服务中的热情主动、精准服务体现在以下几个方面。

❶ **友好待客** 迎宾员应以友好的态度迎接顾客,用亲切的语言和微笑表达对顾客的关注和尊

重,针对不同的顾客、不同的节庆等打招呼的方式也应个性化,如"新年好"肯定要比"中午好"让顾客感觉更暖心。

❷ **主动帮助**　迎宾员应主动寻找并提供帮助,帮助顾客解决问题和满足需求,而不仅仅是被动地等待顾客的指示。迎宾员要熟记顾客,对于熟客、常客的姓名和预订信息要谨记于心,不等顾客开口,就以"姓氏＋职位"的方式称呼顾客并引领至相应台面,如"王总,您今天预订的 10 人包厢安排在春华厅,您这边请"。

❸ **有效沟通**　迎宾员应清晰、准确地表达信息,以便顾客理解,同时能够积极倾听顾客的反馈,并及时解决顾客的疑虑和问题。当没有预订并且是第一次来餐厅用餐的顾客至前台询问门店情况时,迎宾员应准确介绍餐厅产品、客单价、等候时间等顾客看重的信息。

❹ **数据驱动决策**　餐饮企业常借助数据收集和分析做好客史档案工作。建立档案需要了解顾客基本信息,包含顾客的姓名、年龄、生日、工作单位、饮食习惯、消费标准、忌讳等,以了解顾客行为、偏好和反馈,基于这些数据做出精准的决策,改进服务流程和提升顾客体验。

❺ **尊重顾客**　迎宾员应尊重顾客的个人权益和隐私。迎宾员通常掌握顾客的客史档案,应妥善保护顾客的个人信息,确保顾客在服务过程中感受到尊重和保护,不可议论顾客等。

❻ **持续改进**　精准服务理念强调持续改进和创新,不断寻求优化和提升服务质量,以满足顾客不断变化的需求和应对市场的竞争压力。

四、排队

餐饮服务触点四:排队。关键体验点:时间成本可预知、可被补偿。

排队现象:当前的客流量已经超过了餐厅所能服务的上限,后来的顾客需要支付等待成本。一般来说,生意好的餐厅一定会有排长队的情况,餐厅人流高峰期往往集中且可持续 1～2 小时,面对选座、点餐、等餐、用餐、结账等多个几乎不能省去的环节,顾客在餐厅排队等位的时间明显延长,也更难熬。有顾客这样分享过自己排队时的感受:从内心期待到逐渐平静,最后变得烦躁;而腿越来越酸,最后无奈选择了隔壁没那么多人的餐厅就餐。做好排队管理,并安抚好顾客情绪,主要从以下几个方面着手。

❶ **知进度**　让顾客清晰知道两个信息:前面还有几桌,还要等多久。排队取号可让顾客对等待时长心中有数。排队取号存在的价值一是确保公平,避免插队等行为;二是让顾客清楚排队的进程,可以安排自己的行程,体验感也会更好。

❷ **补偿顾客**　一般来说,顾客在排队过程中,尤其是看着其他顾客就餐,是很难感到愉悦或舒适的。因此餐厅要提供额外的服务或者补偿安抚顾客,如提供零食、自助小游戏、美甲服务等,这些都是商家对顾客的补偿形式。还有些商家提出针对等待时间的补偿规定,如排队时间超过 30 分钟,则赠送一份素菜或者饮料;超过 45 分钟,则赠送一份荤菜;超过 60 分钟,可以适当给予折扣,这些补偿信息也应该展示给排队的顾客,以减少顾客流失。

❸ **应用排队管理工具**　微信小程序叫号系统颠覆了传统取号叫号模式,可解决手记易出错、不能及时同步剩余餐桌的问题,针对服务人员和顾客人群,设置不同的取号模式,缓解高峰期餐厅的服务压力。顾客拿到取号单后,单上会展示预计等待时间,也可以用微信扫描取号单上的二维码,实时跟进排队进程,避免过号;排号大屏实时展示排号信息,服务人员可随时在 App 中查看排队状况和餐桌状态,随时叫号,大大缓解了服务人员在高峰时段的服务压力。

五、店内环境

餐饮服务触点五:店内环境。关键体验点:调性＋舒适。

餐饮门店的装修需要考虑到多个方面,包括品牌定位、色彩选择、空间布局、装饰、环保和卫生以及可持续性和节能等。通过综合考虑这些因素,可以打造出具有吸引力和竞争力的餐饮门店。

❶ 品牌定位 装修风格需要与品牌定位相符,以吸引目标顾客。例如,快餐店通常需要简洁明亮,而高级餐厅则需要营造优雅高贵的氛围。

❷ 色彩选择 颜色可以影响人的心情和营造氛围。装修时选择适当的颜色组合可以增强门店的吸引力。例如,暖色调可以营造温馨、舒适的氛围,而冷色调则让人感到清新、宁静。

❸ 空间布局 空间布局应合理,确保顾客在用餐时感到舒适,并能够轻松地找到空位。此外,空间布局还应当考虑到空气流通等方面的因素。

❹ 装饰 装饰可以增强门店的视觉效果和氛围。可以选择使用一些装饰品和艺术品来增加空间的美感,但要注意不要过度装饰,以免让顾客感到压抑。

❺ 环保和卫生 装修材料必须符合环保和卫生标准,确保不会对人体健康造成影响。此外,要保持门店的清洁卫生,为顾客提供安全卫生的用餐环境。

❻ 可持续性和节能 在装修过程中,要尽量选择环保、可回收利用的装修材料和节能设备。这样不仅可以降低装修成本,还可以为环境保护做出贡献。

六、洗手间

餐饮服务触点六:洗手间。关键体验点:方便+干净。

"成功在细节里"。对餐厅来说,这个成功点可能就在洗手间里。大型餐厅往往有标准化运营体系和成熟的餐饮设施。例如,肯德基一直将洗手间卫生看得很重,顾客对此也习以为常。小餐厅没有独立洗手间也是顾客预料中的事,如果小餐厅也能提供干净卫生、贴心的洗手间,就会让顾客有超出预期的体验。

在日常使用场景中,多数顾客使用洗手间的频率往往高于使用卫生间。然而实际情况是,除部分大型餐厅配备独立的洗手间与卫生间外,众多餐厅并未设置专门的洗手间。另外,许多商场店铺的卫生间需与商场共用,店内甚至缺乏洗手设施。饭前洗手是一项基本需求,这一需求与设施配备之间的矛盾尚未完全凸显。其原因不仅在于洗手间的布局设置缺乏合理性,还在于顾客自身存在惰性,入座后便不愿起身前往洗手。

从提升顾客体验的角度出发,理想的设置应当是将洗手间设置在餐厅入口处,使顾客进门即可洗手。同时,洗手台上应配备洗手液。人们对洗手的重视程度日渐提升,有望逐渐形成一种习惯,进而使当前不合理的洗手间设置状况得到改善。以中式快餐品牌老乡鸡为例,该品牌在餐厅进门处设置了醒目的洗手台,台面干净整洁,配备无接触式智能洗手液,墙上还配有"饭前请洗手"的语音提示,指引牌上写着"不洗手,不给吃饭"的字样(图5-4)。由此可见,老乡鸡将干净卫生确立为品牌的首要战略,并非仅仅停留在口头上。

七、透明厨房

餐饮服务触点七:透明厨房。关键体验点:干净透亮。

透明厨房是指在餐厅中设置开放式厨房,让顾客能够看到整个食品加工流程。这种设计可以增强顾客对食品质量和卫生状况的信任,提高顾客的满意度。透明厨房也可以让餐厅自我约束,提高管理者的责任心和自我管理能力。透明厨房的出现将后厨"敞"给监管者、"晒"给顾客,能最大限度让顾客吃得放心、吃得舒心、吃得安心。透明厨房的打造可以从以下几个方面实现。

❶ 加强场地规划和设计 餐厅进行场地规划和设计时,应该重视厨房的设置和布局。通过合理划分空间和配置设备,厨房的每一个环节都能够被顾客直接观察到。

❷ 提高员工素质和管理水平 在透明厨房中,员工的言行举止、卫生习惯等都会被顾客所关注。员工培训和管理的水平也需要得到提高,以确保厨房操作的规范和卫生。

图 5-4　具有亲和力的洗手间设计图

❸ **引进先进设备和技术**　为了提高透明厨房的实用性,餐厅应该引进一些先进的设备和技术,如高效净化器、电子监控点餐软件等。

马记永兰州牛肉面的厨房采用了明厨亮灶的设计,餐食的整个制作过程肉眼可见,一方面保证了食品卫生,另一方面可作为广告宣传的设计点。店外的人可看到店内的就餐场景,可能会引起他们的食欲,激发顾客消费信心。

八、餐桌、餐具

餐饮服务触点八:餐桌、餐具。关键体验点:干净+品质。

顾客入座后,通常第一个习惯就是检查餐桌、餐具是否干净。此时什么样的体验才是好体验呢?餐桌干净,无油污、无缺损至少不会引起顾客反感,餐具也要遵循同样的标准。倘若餐具还是温热的,顾客会联想到餐具是刚刚从消毒柜里拿出来的,会对门店的卫生标准给予较高评价。

餐具安全性、实用性、美观性也是顾客非常注重的要素。餐具材料应无毒无害,不含有对人体有害的重金属;具有细腻光滑的表面,且不易藏污纳垢;餐具的造型、色彩应与餐厅的整体风格相协调,以提升顾客就餐体验。

九、点菜

餐饮服务触点九:点菜。关键体验点:快、菜品推荐。

点菜这个环节有两个痛点:一个是餐厅很忙时没有人帮顾客点菜,另一个是顾客面对很多菜品时不知道该点哪些菜。随着近几年收银软件的不断迭代,出现了好几种点菜方式,不同业态的餐厅可以采用不同的点菜方式。

❶ **菜单+服务员手工记录+系统输入**　这种方式就是给顾客一份菜单,顾客一边翻看菜单,服务员一边记录,记录的过程中同时向顾客介绍菜品,记录完之后由服务员输入点菜系统里,再下单到后厨。这种点菜方式适合那些翻台率不高的中高端餐厅和西餐厅。服务员站在顾客旁边介绍并记录菜品是一种尊重顾客的行为,这也是加强互动和建立客情关系的重要环节。但一些服务员在这个过程中只是被动地等待,不主动与顾客互动和介绍菜品,既忽略了顾客体验,也浪费了建立客情关系和促进销售的机会。这种方式既能体现服务的热情,又能帮助顾客合理地点菜,化解顾客不会点菜的尴尬,可给顾客留下好的消费印象。

❷ **菜单+服务员、点菜宝**　这种方式是比较传统的点菜方式,适合家常型中餐厅。即给顾客一份菜单,旁边站一名服务员拿着传统点菜宝记录,通常服务员不太会主动介绍菜品以及与顾客互动,

主要是记录。这种点菜方式的好处是效率较高,服务员在记录的同时就可以下单到后厨;缺点是服务员站在顾客旁边记录会给顾客带来压力,同时也对服务员的人数有要求。

❸ **顾客手写单+服务员系统输入** 这种方式适合翻台率较高的餐厅。每张桌子上有一份一次性菜单和一支笔,顾客自己打钩,点完菜之后服务员再来收取,并录入系统里下单。这种点菜方式的好处是点菜时服务员不需要站在旁边等候,不会给顾客带来压力,同时一个服务员管一个区域,也减少了服务员的数量。这种点菜方式也是第二种点菜方式的迭代。

❹ **iPad点菜** 在iPad刚推出时,餐厅用iPad点菜是非常流行的,但这种点菜方式除了硬件成本高之外,实际并没有明显提升顾客体验价值或点菜效率。早期iPad点菜只是给顾客看图片,并不能直接下单;在基于iPad的点菜软件开发出来后,顾客可以在iPad上直接点菜下单。由于使用习惯的不同,顾客可能会出现点错菜品的情况。另外,iPad比较重,顾客或者服务员拿来拿去都很不方便,餐厅丢失iPad的情况也时有发生。用iPad点菜的阶段属于图片点菜和手机扫码自助点餐的过渡阶段,现已少有餐厅仍用iPad点菜。

❺ **顾客扫码自助点餐** 这是移动互联网在餐饮行业应用的一个典型场景。特别是在美团大力投入餐饮软件领域以后,餐饮软件普遍进行了升级。相比于传统收银软件只是一种解决效率问题的电脑版软件,新一代的收银软件(或称"云收银软件")把顾客与餐厅、平台连接在了一起。顾客用美团、大众点评App或者微信App扫描桌台上的二维码,就可以直接点菜、下单到厨房,并可以在线买单,省去了服务员点菜、确认、下单、结账的过程,从而大大减少了服务员的数量,也提高了整个流程的效率。近几年,越来越多的餐厅基于降低服务员成本的需求而更换了收银软件。这种点菜方式也有其适用场景的局限性。由于整个点菜过程都是顾客自己操作,没有服务员参与,虽然减少了餐厅的服务成本,但餐厅并没有把这部分节省的利益返还给顾客,同时顾客还需要自己摸索手机点菜操作,而这可以理解为顾客的就餐成本增加了。那么,在什么样的场景下顾客不会计较这部分成本呢?当顾客在那些经营比较好、客单价比较低、翻台率比较高、主要面向年轻人群体的餐厅中消费,快速就餐的需求大于顾客要付出的这部分成本时,自然就不会在意这种问题。

但在中高端宴请型餐厅,让顾客自己扫码点餐就不符合顾客的需求也不符合这样的场景。这种类型的餐厅主要以服务为卖点,不能为了降低成本而影响顾客体验。

除了中高端用户体验的特殊性,扫码自助点餐还有一点容易被商家忽略,那就是这种点餐方式如果处理不好会影响销售收入。由于顾客每点一道菜,总价都会直接表现出来,这在某种程度上会给顾客带来压力,顾客会容易放弃那些高客单价的菜品或者点得少一点,长期来看,这会影响餐厅的销售收入。美团收银软件在这方面充分考虑到商家的实际需求和应用场景,提供了把点菜总价隐藏的选项功能。

十、上菜

餐饮服务触点十:点菜。关键体验点:快、温度。

❶ **上菜速度** 上菜速度是所有体验里最为重要的痛点。十几年前,有餐厅用沙漏来管理上菜时间,超过30分钟,这道菜就免费赠送,在当时顾客都觉得特别好,现在依然有很多餐厅在使用这种方式。但在今天这个快节奏的时代,30分钟把所有的菜上齐已经满足不了顾客的需求,尤其是那些在写字楼附近的餐厅,顾客都在中午集中就餐,此时就需要更快的上菜速度。但由于厨房产能的问题,不可能每一桌菜都能快速上齐。我们经常看到这种情况:几乎同时到店的两桌顾客,一桌的菜都上齐了,另一桌还一道菜都没上,这就是非常不好的体验,也是经常引起顾客投诉的原因。好的体验是每一桌顾客点完菜之后的10分钟之内一定要先上一道菜,然后5分钟后上第二道菜,依次间隔。笔者把这种上菜方式称为"上菜动态平衡法"。

但现实情况中很难做到这种平衡。主要原因如下:一是现在的收银软件不支持后厨按照时间来分配任务,都是按照桌台来分配任务,所以经常会出现一桌的菜上满了而另一桌还一道菜都没上的现象。二是供应链的支撑不足,良好的供应链支撑可以确保很多菜品被提前制作,可节省厨房的加工时间。这也是供应链逐渐成为连锁餐饮企业核心竞争力的根本原因。

❷ **菜盘有温度**　"菜盘有温度"在餐饮服务中有着重要的意义,尤其是在高端餐饮和特定的菜品中呈现。鲁菜中烤鸭的呈现就是一个典型的例子。热的菜盘能够保持鸭肉的温度,避免热的鸭肉放入冷菜盘后温度迅速下降而影响肉质口感。保证热的菜盘这一做法在从平价餐馆到高档饭店的各类餐饮场所中普遍存在。在市场上,各种加热菜盘和相关厨房用品也应运而生,如饭菜保温板、热菜板等,这些产品不仅满足了家庭日常使用的需求,也广泛应用于商业餐饮服务中,确保食物在最佳温度下呈现给顾客。

用热的菜盘装菜易被很多人忽略,但这也是注重细节的一种体现。中国菜品讲究"一热当三鲜",这里的热是指菜品的热。但当刚出锅的菜品碰上冷冰冰的菜盘时,菜品温度会瞬间降低,进而影响菜品口感。

❸ **摆盘有颜值**　菜品摆盘颜值高既能让顾客感到愉快,还能给顾客一个拍照的理由。摆盘可提升食物的颜值,使其在视觉上更加吸引人。通过巧妙地安排食材,摆盘可以展现出食物的丰富层次和立体感,让顾客眼前一亮,尽情享受美食的多重乐趣。以下是一些具体的摆盘技巧和方法,它们不仅能够让食物看起来更加美观,还能为餐桌增添趣味和艺术感。

(1)对称式摆盘:将食物摆放成左右对称的形式,给人一种平衡和谐的感觉。适用于正式的场合,可营造庄重的氛围。

(2)层叠式摆盘:将不同食材层叠摆放,给人以丰富的口感和视觉冲击。常用于呈现复杂且色彩丰富的菜品。

(3)图案式摆盘:巧妙地安排食材,使食材在餐盘上组成图案,可以塑造出各种形态,为餐桌增添趣味和创意。

(4)自然式摆盘:将食材摆放得宛如自然界的景观,营造出一种恬静和自然的感觉。适用于健康和清新风味的菜品。

(5)简约式摆盘:强调简洁大方,通过简单的摆放和少量的点缀,突出食材本身的美味与质地,给人一种清新脱俗的感觉。

(6)色彩式摆盘:注重运用不同食材的颜色搭配,营造出艳丽多彩的视觉效果,让食物色、香、味俱全。

(7)随性式摆盘:将食物随意摆放在餐盘上,营造出一种随兴所至的生活态度,适用于家庭餐桌等。

(8)造型式摆盘:将食材塑造成各种造型,既能展现厨师的刀工技巧,又能为食物增添趣味和艺术感。

(9)个性式摆盘:强调个性和创意,可以依据自己的喜好和习惯,自由发挥,让每道菜品都成为独一无二的艺术品。

❹ **菜品有故事**　服务员主动向顾客介绍菜品,可以很好地提升顾客体验,既体现了对顾客的尊重,又可以加深顾客的记忆。

十一、口感

餐饮服务触点十一:口感。关键体验点:好吃、鲜。

口感是口腔(牙齿、舌面、腭等部位)接触食物之后的感觉。食物的口感有嫩、脆、松、软、糯、烂、酥、爽、滑、绵、老、润、枯、清等。作为餐饮企业,应充分了解顾客对口感的需求及变化。口感也是餐饮服务的根基,如果它是1,其他方面则是后面的0。没有这个1,其他方面都不复存在。

十二、加菜

餐饮服务触点十二:加菜。关键体验点:时机、种类、速度。

加菜一般发生在餐中环节。加菜的原因如下:之前点的菜品数量不够、品质不好、人数增加、宴席时间延长等。在餐中环节服务员应当细心观察顾客用餐进度及菜品食用情况,如发现以上现象,应该主动和顾客提前沟通。

在加菜过程中,服务员要根据宴会等级、宴请对象、宴会目的、用餐进度等推荐适合的菜品,同时注意上菜节奏,以满足顾客需求。但要做到第一时间处理加菜需求,则需要系统的支持和提高服务员的主观能动性。

十三、米饭

餐饮服务触点十三:米饭。关键体验点:品质。

随着生活水平的提高,顾客去餐厅消费时吃米饭的需求越来越少,基本上只吃菜不吃饭,这也导致很多餐厅对米饭不那么重视。

但其实这个环节是顾客非常重视的环节。不仅应选用最好的米,且应用最好的电饭煲来煮;每一份用小碗来装,并且每次赠送顾客一小碗米饭。米饭口感好,并且主动免费赠送,会给顾客留下深刻的印象。顾客可能就会因为这一小碗米饭而成为常客。

十四、纸巾

餐饮服务触点十四:纸巾。关键体验点:品质、免费。

纸巾是众多对客服务用品中的一种,但其对顾客体验感的影响不容小觑。现今顾客对产品品质的要求越来越高,尤其是对健康相关的入口型产品。只有让顾客放心,才能提高顾客对相关品牌的信任。另外,一些餐厅的纸巾收费,餐具也收费,这可能会是一种非常差的体验。餐厅可使用一次性餐具,既减少了洗碗工的成本,又能向顾客收取一次性餐具的使用费。

这些低价且是人人使用的产品,如果能免则免,能给最好的就给最好的,对于顾客而言,体验感将会有较大的提升。很多企业可能认为,免费提供纸巾将造成成本的增加。换个角度思考,餐饮企业给每道菜适当加价,顾客不一定有感知,但给顾客带来好的体验,人人都会有感知,这样既传播了品牌,也并没有额外增加成本。

十五、买单

餐饮服务触点十五:买单。关键体验点:方便、快。

由于移动支付的发展,现在这一问题基本得到解决。最好的体验是顾客不离开座位就可以买单。在移动支付出现之前,买单时顾客要起身到收银台,此时经常会出现几个人争抢着买单的现象。但有了扫码点菜和移动支付之后,顾客坐在座位上扫桌台上的二维码就可以买单,或者扫码点菜后顺便结账,这种体验就很流畅,同时也省去了收银员的工作。

随着智能收银软件的广泛应用,顾客习惯于自助扫码点菜、买单后,餐厅不再需要收银员,而且也不需要传统的那种大大的收银台,很多餐饮企业还提供了线上开票的服务,大大减少了服务工作量,提高了服务效率。

十六、开发票

餐饮服务触点十六:开发票。关键体验点:方便、快。

随着移动支付的广泛应用,收银员的主要工作是开发票。而随着电子发票的应用,开发票这个工作也省去了。顾客只要扫码就可以领取一张电子发票,非常方便。

十七、客诉处理

餐饮服务触点十七：客诉处理。关键体验点：响应速度快、态度真诚。

随着顾客的要求越来越高，对客诉的处理在服务行业中变得越来越重要。客诉处理得好，能让坏事变好事，在化解危机的同时还能给门店品牌形象加分。客诉处理本质上就是对沟通能力的考验，下面介绍两个关键法则。

❶ **响应速度快** 大多数问题的发酵是因为没有第一时间及时响应。餐厅消费场景本身不会出现太严重的问题，大多是小问题，而处理小问题的第一原则就是及时。及时还包括第二层含义，就是给服务员足够的权限。如果服务员有权在第一时间免单、退菜，那么给顾客的体验感一定比等门店经理过来了解情况后再免单要好得多。在这一点上，海底捞和西贝都做得非常好，甚至西贝的一个考核项目就是看门店的免单率和退菜率，奖励免得多的服务员。近几年越来越多的餐厅公开承诺"不满意就退款"，如石家庄餐饮品牌"小放牛"就公开发布了这一承诺。

❷ **态度真诚** 态度真诚体现为遇到顾客投诉绝不推诿、不争辩。响应速度快是行动层面的，态度真诚则是态度层面的。顾客对投诉处理的预期往往是态度大于行动，但一些餐饮从业人员由于受不了委屈，容易和顾客发生争执，或者推卸责任，这必然会加深双方的矛盾。正所谓"没有宽广的心胸，就做不了餐饮业"。

十八、送漱口水

餐饮服务触点十八：送漱口水。关键体验点：品质。

很多餐厅和酒店会在前台摆放薄荷糖或口香糖，目的是给顾客在就餐后去除口味。餐后去除口味虽然是刚需，但从体验上来说，刚吃过饭再吃一颗甜甜的薄荷糖感觉可能会更糟糕。这一点有些餐厅就做得很好，其把传统的薄荷糖升级成了一种果冻装的漱口水。这种小包装的漱口水用茶叶提取物制作，像茶水一样清香爽口，用于饭后漱口令人舒适。

十九、评价回复

餐饮服务触点十九：评价回复。关键体验点：及时、真实。

当顾客完成消费后，若主动留下评价，无论其性质为好评抑或差评，商家均应在第一时间予以回复。这一举措对于开业不久的店铺而言，尤为关键。通过及时回复顾客评价，商家不仅能够更清晰地洞察顾客需求，还能精准定位店铺内部需要改进的方向。例如，喜茶在发展早期，便在微博平台投入大量精力，对顾客的每一条评价进行悉心回复，正是凭借这种细致入微的运营方式，喜茶逐步积累起庞大的顾客群体。特别需要指出的是，当面对差评时，商家应以真实、真诚且不失诙谐的态度进行回复。

世间万物皆具两面性，好事与坏事在特定条件下能够相互转化，其关键在于人们以何种心态去应对。然而，在现实中，许多商家往往忽视这一要点，一旦遭遇顾客给出的差评，便选择不予回复。实际上，这些回复的意义不仅在于回应留下差评的特定顾客，更在于向其他尚未到店消费的潜在顾客展示商家的态度。如今，随着生活水平的提高，顾客对于消费体验的要求日益提升，但与此同时，他们也可能变得更为宽容。只要商家能够向顾客展现出真诚的一面，多数顾客会给予理解。这一现象在电商购物场景中也有所体现，如在淘宝购物时，许多消费者倾向于查看商品是否存在差评，在他们看来，适度的差评反而能够增强评价的真实性。此外，倘若商家能够运用诙谐幽默的语言回复每一条评论，这无疑将成为吸引潜在顾客的一大亮点。

二十、再次想起

餐饮服务触点二十:再次想起。关键体验点:好印象。

二十一、推荐朋友

餐饮服务触点二十一:推荐朋友。关键体验点:好印象。

"再次想起"和"推荐朋友"这两个环节的关键体验点:让顾客可以用一句话清晰地表达出对餐厅的印象。商家要思考一个问题,那就是当顾客离店以后,再次想起这家店或者向其他朋友提起这家店时会有什么评价。顾客第一次到店消费只是个开始,整个消费过程需要给顾客留下清晰的印象,只有这样,当顾客需要再次消费时才能第一时间想到这家店。

餐厅经营的好坏取决于顾客的口碑推荐。做生意不怕顾客少,怕的是顾客越来越少,这一点在餐饮行业体现得尤为明显。如果有好的就餐体验,顾客是非常愿意向其他人推荐的,但重要的是要给顾客一个介绍的理由和一句能介绍清楚的话。例如,海底捞早期的口碑传播就是因为"特色服务";喜茶的介绍语是"一杯高颜值的茶";木屋烧烤的介绍语是"和朋友干杯的地方"。

学习任务 3　餐饮服务触点标准

> **学习成果前瞻**:学习完本任务,你将掌握餐饮服务触点标准,有助于提升餐饮服务能力,提高顾客满意度。

一、迎宾服务触点标准（表 5-2）

表 5-2　迎宾服务触点标准

触点细化	触点标准	触点提示
迎宾准备	(1)制服整洁、淡妆上岗、站姿规范 (2)熟悉当日餐厅预订情况	对餐厅 VIP、常客的预订情况要熟记于心
迎接顾客	(1)有顾客到达迎宾区时,面带微笑,主动上前,行鞠躬礼,问候顾客 (2)询问顾客是否有预订,若有预订,则核对预订信息后将顾客引领至餐位,没有预订的询问顾客人数、有无其他要求等,再安排合适餐位 (3)如顾客有行李,主动询问是否可以提供帮助	(1)重要节日问候要有针对性,如"新年好""端午安康" (2)对常客、熟客的问候要有针对性,以"姓氏＋职位"称呼
引客入座	(1)站在顾客右前方 1 米左右引领顾客,三步一回头,根据顾客行走速度调整步伐 (2)确认顾客对餐位的满意度,如"先生,您看这张桌子可以吗?"	在引领的过程中要注意倾听顾客的谈话,如顾客的姓氏、职位、宴请目的等,若获得相关信息,与服务员做好沟通,记录相关信息
拉椅让座	迎宾员协助顾客拉椅,配合手势,请顾客入座	服务遵循先宾后主、先女后男的顺序,儿童则提供儿童椅

续表

触点细化	触点标准	触点提示
挂衣帽服务	顾客有外套、手提包时，主动询问是否可以帮顾客存储至衣帽间，如"王总，您的外套帮您挂起来可以吗？"	帮顾客挂衣帽时，提醒顾客是否有贵重物品，若有，则先让顾客取出贵重物品，再为顾客服务
问茶水	(1)征询顾客意见"先生您好，请问喝什么茶？有铁观音和大红袍，还有今年刚上市的新茶碧螺春" (2)告知服务员顾客喝什么茶，请服务员帮顾客准备	(1)如果茶是收费的，一定要提前告知顾客 (2)要有销售意识，尽可能抓住机会增加营收
服务交接	告知值台服务员顾客相关信息，如用餐人数、顾客姓氏、个性化需求等	不要当着顾客的面交接，应客观描述顾客信息
递送菜单	展示餐厅菜单、酒水单(电子菜单或纸质菜单)，翻开至菜单的第一面	(1)递送纸质菜单，站在顾客的右边，右手在上，左手在下 (2)菜单在上，酒水单在下
回岗	将顾客信息交接给值台服务员，继续迎接顾客	
送客	(1)询问顾客用餐感受，做好客史档案记录 (2)行鞠躬礼，使用礼貌敬语"欢迎再次光临""再见"	迎宾员每餐结束后要整理客史档案，每天整理顾客的意见、评价等用于内部服务质量提升

二、点菜服务触点标准（表5-3）

表5-3　点菜服务触点标准

触点细化	触点标准	触点提示
点菜准备	(1)准备点菜服务用品，如纸质菜单、电量充足的iPad、纸、笔等 (2)具备点菜必备的相关知识、服务技巧等	服务员需具备良好的语言技巧、推销知识等，掌握顾客消费心理，需要做好前期的上岗培训
递送菜单	同迎宾员递送菜单	
接受点菜	(1)关注顾客，在合适的时机询问顾客是否可以点菜 (2)站在顾客右后方。纸质点菜：左手持点菜单，右手拿笔。电子点菜：询问顾客是否需要帮助或推荐	一般顾客在看菜单或者讨论菜单时，服务员等候即可，如果顾客用目光寻求帮助，或者主动招呼，服务员应立刻上前，询问顾客是否需要点菜服务
推荐建议	(1)根据顾客喜好适当推荐菜肴 (2)按照上菜顺序进行推荐，以酒店招牌菜、价格中等的菜肴先开始推荐 (3)注意顾客用餐目的，如顾客赶时间，则推荐上菜速度较快的菜肴，若顾客选择烹制时间较长的菜肴，要事先告知顾客，询问是否可以等待 (4)征询顾客是否有特殊要求，并在点菜单上做好备注	(1)综合考虑顾客宴请目的、宴请对象、用餐人数、用餐时间等 (2)不可强制推销，避免引发顾客不满

续表

触点细化	触点标准	触点提示
填写点菜单	(1)点菜单上标注清楚用餐基本信息:台号、人数、日期、上菜时间、特殊需求等 (2)正楷填写菜肴名称、数量、特殊需求等	对于顾客的特殊需求首先要了解有无满足条件,若无,则应礼貌拒绝顾客
复述确认	(1)复述顾客点菜要求:名称、数量、特殊需求等 (2)收回菜单、酒水单	若点有需要较长时间等待的菜肴要提前告知顾客等待时间
落单	落单至厨房	若顾客有用餐时间要求,则第一时间和厨房进行沟通

三、上菜服务触点标准(表5-4)

表5-4　上菜服务触点标准

触点细化	触点标准	触点提示
上菜准备	准备上菜的服务用品,如托盘、服务餐具、调料等	服务员需根据顾客所点菜肴准备相关服务用品
上菜位置	(1)共份菜肴:站在副主人右边上菜为宜,避开老年人、儿童,菜肴摆放均衡,注意冷热搭配、颜色搭配、器皿搭配等 (2)各客菜肴:站在顾客左边上菜,左上右撤	(1)上菜位置尽量安排在对顾客用餐干预少的地方 (2)先腾位置再上菜,不可一手转动转盘,一手上菜
上菜顺序	(1)中餐:冷菜、热菜、汤菜、甜菜、点心、水果 (2)西餐:开胃品、汤、副菜、主菜、配菜、甜品、咖啡/红茶	(1)上菜前核对点菜单,防止上错菜,认真把握菜肴质量 (2)西餐上菜次序:女士优先,先宾后主
上菜速度	(1)休闲餐饮:一般要求所有菜肴30分钟内上齐 (2)正式宴会:一般在10分钟内上齐冷菜,每5分钟左右上一道热菜	上菜速度可根据顾客需求进行调整,如在顾客饮用酒水高峰期,上菜速度可减慢,保证顾客不错过菜肴的最佳风味品鉴时机
菜肴介绍	(1)报菜名:对于共份菜肴,将菜肴转至顾客主宾中间时报菜名;对于各客菜肴,将菜肴放置在装饰盘内再报菜名 (2)介绍菜肴特色:从选材、烹饪技艺、顾客评价、故事等进行介绍	介绍菜肴时注意时机,切忌打断顾客聊天,或者介绍时间过长而导致顾客错过菜肴的最佳风味品鉴时机,可以在服务过程中判断顾客对菜肴的兴趣,有针对性地介绍

四、加菜服务触点标准(表5-5)

表5-5　加菜服务触点标准

触点细化	触点标准	触点提示
加菜时机	(1)顾客主动加菜 (2)正处于用餐高峰期,所剩菜肴不足 (3)用餐人数增加 (4)有非常重要的顾客加入用餐	(1)服务员全程关注顾客的用餐进度,判断是否需要帮助顾客加菜、加酒水 (2)加菜时,注意和请客人沟通不要打搅到其他顾客,防止请客人尴尬

续表

触点细化	触点标准	触点提示
加菜种类	(1)烹制速度较快：新增的菜肴烹制速度应较快，不需要顾客等待太长时间 (2)价格适中：新增的菜肴不宜推荐价格较高的菜肴，应价格适中 (3)适合宴会气氛	根据顾客宴会等级、宴请对象、宴会目的、用餐进度等推荐适合的菜肴，同时注意上菜节奏，满足顾客需求

五、买单服务触点标准（表 5-6）

表 5-6　买单服务触点标准

触点细化	触点标准	触点提示
买单人	一般买单人是预订人，如果有其他顾客主动买单，询问预订人意见，是否同意他人买单	买单时询问顾客意见，如发生投诉需要离店前解决，不让顾客带着意见离店
结账	(1)账单核对准确，包含菜名、数量、价格等 (2)根据不同的结账方式进行灵活结账	(1)现金结账要当面点清，唱收唱付 (2)不催促顾客买单 (3)确保顾客在离店前完成买单

课后实训

　　实训活动 1：以小组为单位，以某连锁餐饮企业为研究案例，运用文献查阅、访谈调查等方式对其服务触点进行梳理，并在课堂上进行展示。

　　实训活动 2：以实训餐饮企业为案例对象，分别设计其物理触点、数字触点、人际触点。

　　实训活动 3：学习餐饮服务触点标准，设计门头、排队、店内环境等触点标准。

门店顾客画像与数据建模

学习目标

知识目标　掌握顾客画像的基本概念及构建方法；了解顾客标签化管理的技巧；掌握会员数据建模与分析技术；了解会员生命周期管理策略。

技能目标　能够设计并构建顾客画像；能够实施顾客标签化管理；能够进行会员数据建模并分析会员消费行为；能够设计和实施会员流失率分析和会员池管理。

思政育人目标　提高数据隐私保护意识和伦理素养；建立商业道德观。

课程思政

现代门店运营中，数据隐私保护是至关重要的，利用数据驱动的顾客画像和标签化管理技术可以极大地提升服务质量和营销效果。然而，在收集、处理和使用顾客数据时，门店必须严格遵循数据隐私保护和伦理道德准则，以维护顾客的信任和品牌声誉。

在数据收集过程中，门店需要确保数据收集透明化。在顾客提供个人信息时，必须清晰地告知顾客数据收集的目的和使用范围，确保顾客知情并自愿提供数据。这不仅符合数据保护相关法规，还通过透明化操作赢得了顾客的信任。

通过采用以上措施，门店不仅能够合规地保护顾客数据，还能提升顾客对品牌的信任和忠诚度。提醒我们在顾客数据管理过程中必须始终以诚信和数据收集透明化为基础，尊重和保护顾客的隐私权。

导读

学习目的、意义　门店顾客画像与数据建模是餐饮门店管理的基础。理解和掌握顾客画像和数据建模的重要性，并进行实际操作，能够有效提升门店的运营效率和顾客满意度。

内容概述　通过对餐饮门店顾客画像和数据建模的含义、特征、分类和要素进行分析，加深对门店顾客行为和消费习惯的基本认知。通过应用顾客画像，分析会员数据，设计个性化营销策略，提升对餐饮门店运营和顾客管理策略的认知。

数字化营销下的个性标签策略

在数字化营销领域,一家国际知名连锁餐饮品牌通过其广泛使用的移动应用程序积累了大量的消费者数据,这些数据包括顾客的购买习惯、喜好、地理位置等详细信息。借助先进的大数据分析技术,该品牌首先对这些数据进行了深入分析和挖掘,识别出不同顾客群体的消费模式和行为特征,再精准地将顾客细分为多个标签群体,如频繁顾客、偏好特定产品或服务方式的顾客等。

在制定个性化营销策略时,该品牌根据不同标签群体的特征,采取了多种有针对性的措施。例如,针对频繁顾客群体,他们推出了会员专享活动和定期优惠,以提升顾客的忠诚度和消费频次。对于偏好特定产品的顾客,该品牌则通过个性化推荐系统,向其推荐新品或相关产品,以提升交叉销售额和顾客满意度。

营销效果的评估和优化是数字化营销的关键步骤之一。该品牌定期分析和评估各项营销活动的效果,通过收集反馈数据和分析消费者行为,及时调整和优化个性化营销策略。这种持续的优化过程不仅确保了营销活动的效果和投资回报率(ROI),还提升了顾客的整体体验和满意度。

通过采用这种基于数字化营销的个性标签策略,该品牌不仅加强了与顾客之间的互动和沟通,还显著提升了品牌的市场影响力和竞争力。这种精细化的营销方法不仅为企业带来了商业价值,也为顾客提供了更优质和个性化的服务体验。

优秀的餐饮职业经理人必须精通门店顾客画像与数据建模的应用。这不仅涉及收集和分析顾客的消费偏好、行为习惯和人口统计信息,还需要应用先进的数据分析技术(如机器学习和预测建模)来深入理解顾客群体的需求。

通过精确的数据建模,餐饮企业能够制定有针对性的营销策略和服务优化方案,从而提升顾客体验、增加销售额,并在市场竞争中保持领先地位。因此,门店顾客画像与数据建模不仅是优化经营管理的关键工具,更是企业提升竞争力和长期成功的重要基础。

学习任务 1　门店顾客画像与标签化管理

学习成果前瞻: 学习完本任务,你将能全面了解顾客标签体系,为实现精细化运营打下基础。

一、顾客画像的基本概念

顾客画像是将顾客的行为和静态标签数据化,即通过标签表示顾客以往购买商品的种类、价格和频次等信息的方法。餐饮企业通过对这些标签的汇总、分析和分类,可以深化对个人或群体的认知。在餐饮门店经营中,顾客画像内容涵盖基本属性、购买能力、行为特征、社交网络、心理特征和兴趣爱好等多个维度。顾客画像不仅能帮助餐饮企业更好地了解顾客,还能为餐饮企业的精准营销和个性化服务提供重要支持。

进入大数据时代后,顾客行为对餐饮企业的产品和服务产生了显著的影响。最大的变化在于顾客的行为变得可追溯和可分析。相比于传统的线下会员管理、问卷调查和购物篮分析,大数据技术让餐饮企业能够通过互联网便捷地获取更广泛的用户信息。这为餐饮企业精准、快速地分析顾客行为和消费习惯等重要商业信息提供了坚实的数据基础。随着大数据技术的不断发展和应用,餐饮企业越来越重视利用大数据技术进行精细化运营和精准营销。

二、顾客画像的构成要素

顾客画像(persona)的核心工作是为顾客打上标签。打标签是为了分类统计、精准获取(图6-1)。顾客画像涉及七要素,顾客画像的构建是有方法的,即 persona 模型,按照 persona 的拼写将其拆成 7 个字母,每个字母对应一条维度,具体如下。

P 代表基本性,是指该顾客角色是否基于对真实用户的情景访谈。

E 代表同理性,是指顾客角色中包含与姓名、照片和产品相关的描述,该顾客角色是否具有同理心。

R 代表真实性,是指对那些每天与顾客打交道的人来说,顾客角色是否看起来像真实人物。

S 代表独特性,是指每个顾客都是独特的,彼此很少有相似性。

O 代表目标性,是指该顾客角色是否包含与产品相关的高层次目标,是否包含关键词以描述该目标。

N 代表数量性,是指顾客角色的数量是否足够多,以便设计团队能够分类统计每一类顾客角色,并计算出主要顾客角色的数量。

A 代表应用性,是指设计团队能否将顾客角色作为一种实用工具进行设计决策。

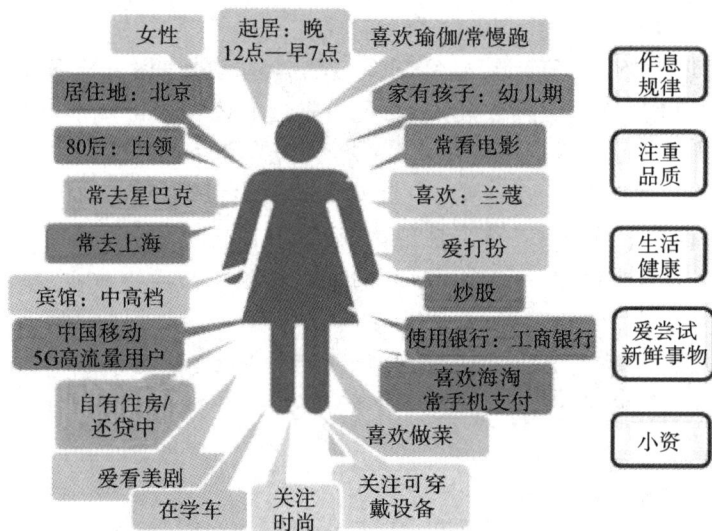

图 6-1　女性顾客画像案例

三、顾客画像的作用

顾客画像产品化后,能够有效提升门店分析顾客、触达顾客的效率。利用顾客画像工具,门店可以完成经营分析、精准营销和个性化服务等。

(1)在经营分析方面,门店可通过顾客画像进行商品销量分析,如快速定位爆款商品并进一步分析购买这些商品的顾客特征。此外,运营人员可以了解门店顾客的基本信息,如性别、年龄和职业等。通过顾客画像,门店还能分析目标人群的渠道来源,提升渠道投放的针对性。借助顾客画像,客服人员可以通过系统准确定位顾客的档案和咨询记录,从而提高客服人员沟通的效率。

（2）在精准营销方面，顾客画像为精准营销提供了充足的基础信息，帮助门店快速定位目标顾客群体并进行需求分析和挖掘。基于顾客需求的信息推送可以提升顾客的接受度，扩大传播量，并促进转化和成交，进而提升门店收益。业务人员可以根据业务规则组合标签，锁定特定人群，并将这些人群推送到对应的业务系统中进行运营。例如，根据历史顾客特征，分析产品的潜在用户及需求；针对特定群体，采取定点广告投放策略。顾客画像还可以用于用户统计、数据挖掘、服务产品优化以及行业报告和用户研究，全面提升服务的精准度和质量。

（3）在个性化服务方面，随着餐饮行业竞争的加剧和互联网技术的迅速发展，门店个性化服务成为发展的重要领域。通过顾客画像，门店可以聚焦目标顾客群体的核心需求，提升用户黏性。顾客画像还能够使产品设计人员关注顾客需求，提升产品设计质量，真正做到产品为顾客服务。从产品设计出发，定位并满足顾客需求，从而赢得用户口碑和市场份额。通过这些方式，门店可以为长期发展奠定坚实基础。

【场景一】麦当劳作为一个跨国连锁餐饮企业，对其顾客群体进行了详细的划分，并据此设计其门店菜单。麦当劳门店顾客画像如图 6-2 所示。

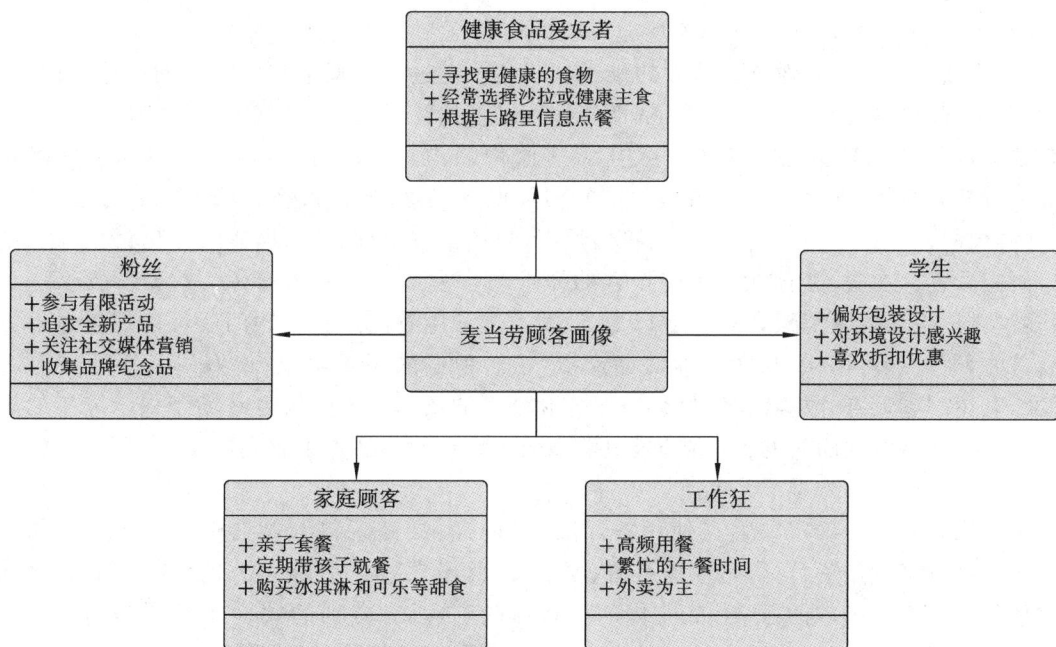

图 6-2　麦当劳门店顾客画像

四、顾客画像的构建流程与技术

❶ 顾客画像的构建流程　顾客画像构建按流程可分为目标分析、数据体系构建和画像建立。

（1）目标分析。顾客画像构建的第一步是目标分析，这是整个过程的基础和关键。通过明确顾客画像的运营目标及预期效果，规划标签体系的深度、广度和时效性，确保底层设计科学合理。首先，需要明确运营目标。在进行顾客画像构建之前，首先要明确我们希望通过顾客画像达成的具体目标，如提高营销精准度、提升顾客满意度、优化产品设计等。这一步骤有助于保持后续构建过程方向一致。其次，进行标签体系规划。根据运营目标，确定需要收集的数据类型和标签。这些标签可以包括年龄、性别、职业、收入、兴趣爱好等多个维度。标签体系的设计直接影响到最终顾客画像的深度和广度。

（2）数据体系构建。数据体系构建包括数据采集、数据清洗和数据标签化三个关键步骤。数据采集是指通过多种方式收集顾客数据,包括行业调研、顾客访谈、顾客信息填写和平台数据收集。具体来说,行业调研通过行业研究报告和市场分析获得相关数据;顾客访谈通过直接与顾客对话,以获取反馈和建议;顾客信息填写通过注册表单填写、问卷调查等方式收集个人信息;平台数据收集则通过平台的后台系统获取顾客的行为数据和互动记录。数据清洗是指在收集到原始数据后,需要进行处理以去除无效数据,确保数据的准确性和一致性。数据清洗包括数据过滤(去除无关数据)、数据去重(删除重复记录)、数据标准化(统一数据格式)和数据结构化(将非结构化数据转化为结构化数据)。数据标签化是指清洗后的数据将依据预设的标签体系进行分类和标注。例如,将顾客的年龄、性别、职业、兴趣等信息放入相应的标签中。标签的选择和定义对于顾客画像的丰富程度和准确度具有直接影响。例如,年龄标签可以细分为"18～24 岁""25～34 岁"等,兴趣标签可以包括"体育""美食""旅行"等。

(3)画像建立。画像建立是在数据体系构建完成后,将数据输入预设的模型中,生成并不断优化顾客画像的过程。首先,运行模型并将数据输入预设的模型中,生成初步的顾客画像。这些模型可以是简单的统计模型,也可以是复杂的机器学习模型,根据具体需求选择合适的模型。接着,利用可视化工具将生成的顾客画像进行可视化展示,以便于理解和应用。可视化工具包括图表、图形和交互式仪表盘等,这些工具帮助我们更直观地理解顾客特征和行为模式。最后进行动态调整,根据顾客的实时行为数据对顾客画像进行持续的修正和优化。通过不断收集和分析新的数据,及时修正和优化顾客画像,确保其准确性和时效性,从而使顾客画像始终反映顾客的最新特征和需求。

❷ 顾客画像的构建方法及技术　　关于顾客画像的构建方法有很多,下面将基于早期开创者 Alan Cooper 提出的"七步法",结合餐饮门店的实际操作场景,展现顾客画像构建的方法、步骤。常见的顾客画像的构建技术包括信息检索、机器学习、自然语言处理、大数据实时计算、大数据存储等。

(1)研究顾客。在餐饮门店中,研究顾客的需求和行为是构建顾客画像的首要步骤。这一过程包括用多种方法来深入了解顾客的日常行为、消费习惯和用餐偏好。餐饮门店可以通过以下方式进行研究:首先,通过顾客访谈,与顾客面对面交流,了解他们的用餐习惯、偏好以及对餐饮门店的期待。其次,利用问卷调查,收集顾客对菜单、服务和环境的反馈。这些信息有助于揭示顾客的真实需求。最后,通过分析餐饮门店的销售数据,识别出顾客常点的菜品和用餐高峰期,以便于更好地满足顾客的需求。

(2)确定顾客目标。确定顾客在使用餐厅服务时的主要目标和需求是构建顾客画像的重要步骤。首先,明确顾客的用餐目标,是快速就餐、享受美食,还是进行社交聚会。其次,了解顾客的服务需求,如他们是否需要高效的服务、个性化的用餐体验,是否有特别的饮食要求(如素食、低卡等)。这些信息可帮助餐饮门店明确顾客画像的方向,确保服务能够精准满足顾客的期望。

(3)定义顾客角色。在明确了顾客的目标和需求后,需要基于这些信息定义不同的顾客角色。这些角色代表了餐饮门店中的主要顾客类型,有助于设计和优化服务。可以定义出以下角色:①"忙碌的职场人士":他们工作繁忙,偏好快速用餐和高效服务;②"家庭聚餐者":他们与家人一起用餐,重视舒适的用餐环境和丰富的菜品选择;③"美食爱好者":对新菜品感兴趣,喜欢尝试不同的美食,注重餐厅的独特风味。定义这些角色有助于餐饮门店更好地满足不同顾客群体的需求。

(4)创建角色档案。为每个定义的顾客角色创建详细的档案,包括他们的背景信息、行为模式、目标和痛点等,是构建顾客画像的关键步骤。例如,对于"忙碌的职场人士",可以记录以下信息:背景信息为 25～40 岁,白领职业,工作时间不固定;行为模式为通常选择外卖或快餐,偏好快捷的就餐服务;目标为寻找便捷、高效的用餐方式;痛点包括等待时间长、服务效率低(图 6-3)。这些详细档案能帮助餐饮门店精准把握顾客需求,优化服务。

(5)设定情境。设定不同的用餐情境可以帮助描述顾客在特定场景下如何使用餐厅服务,从而理解顾客的实际需求和体验。例如,对于"忙碌的职场人士",可以设定情境为在工作日的午餐时间,通过外卖平台订购快餐,要求准时送达并确保食物质量;而"家庭聚餐者"的情境可能是在周末带着

```
┌─────────────────────────┐
│        研究顾客          │
├─────────────────────────┤
│ 顾客访谈：了解用餐习惯和偏好。问 │
│ 卷调查：收集顾客对菜单、服务和环 │
│ 境的反馈。数据分析：分析销售数据， │
│ 识别常点菜品和用餐高峰期        │
└─────────────────────────┘
            │
            ▼
┌─────────────────────────┐
│       确定顾客目标        │
├─────────────────────────┤
│ 确定顾客用餐目标：快速用餐或享受 │
│ 美食。了解顾客服务需求：高效服务 │
│ 或个性化体验                │
└─────────────────────────┘
            │
            ▼
┌─────────────────────────┐         ┌─────────────────────────┐
│       定义顾客角色        │◄────────│       迭代和优化          │
├─────────────────────────┤         ├─────────────────────────┤
│ 顾客：忙碌的职场人士        │         │ 迭代和优化措施：改进外卖服务， │
│                          │         │ 调整菜单和优化服务流程       │
└─────────────────────────┘         └─────────────────────────┘
            │
            ▼
┌─────────────────────────┐
│       创建角色档案        │
├─────────────────────────┤
│ 创建角色档案背景信息：25～40岁， │
│ 白领职业。行为模式：选择外卖或快 │
│ 餐。目标：寻找便捷、高效的用餐方 │
│ 式。痛点：等待时间长，服务效率低 │
└─────────────────────────┘
            │
            ▼
┌─────────────────────────┐
│        设定情境          │
├─────────────────────────┤
│ 在工作日午餐时间，通过外卖平台订 │
│ 购快餐，要求准时送达并确保食物质 │
│ 量                        │
└─────────────────────────┘
            │
            ▼
┌─────────────────────────┐
│       测试和验证          │
├─────────────────────────┤
│ 外卖服务准时和食品质量好。       │
│ 数据验证：确保角色定义准确且有效 │
└─────────────────────────┘
```

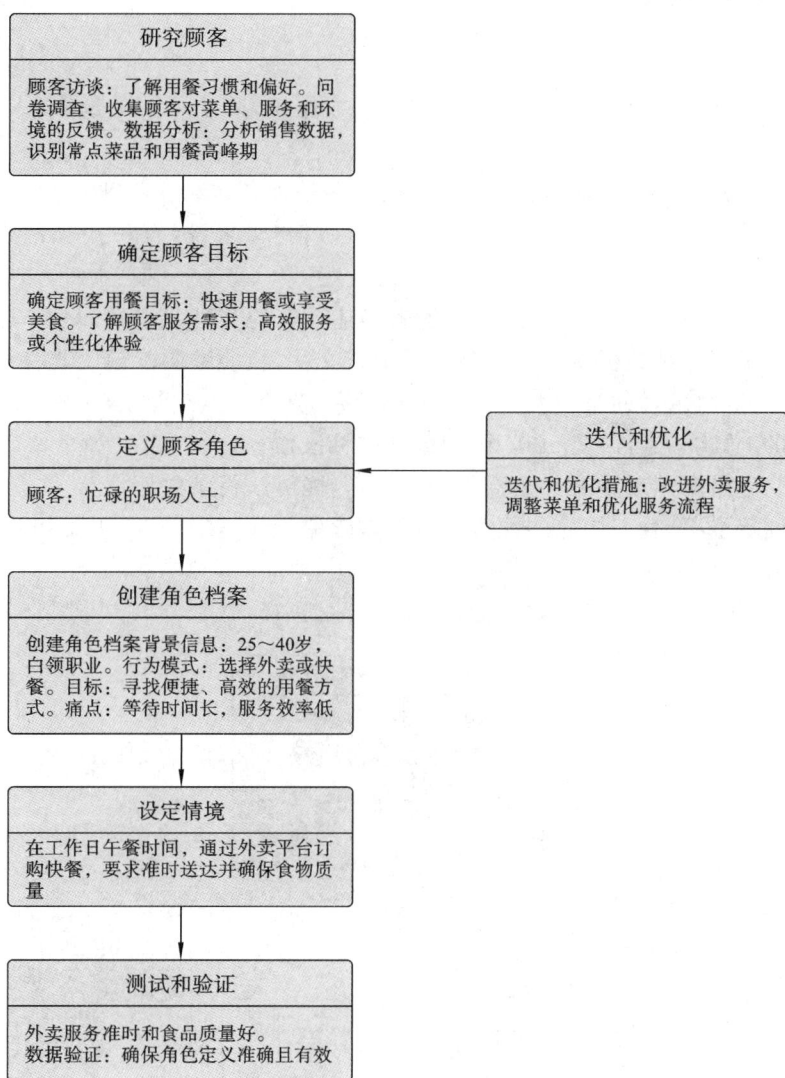

图 6-3 顾客画像构建案例

家人到餐厅就餐，期望有一个舒适的环境和友好的服务。通过这些情境描述，可以更好地设计和优化服务流程。

（6）测试和验证。对创建的顾客角色进行测试和验证，以确保角色定义的准确性和有效性，是优化顾客画像的重要步骤。餐饮门店可以通过实际的顾客反馈和行为数据来进行测试。例如，"忙碌的职场人士"的反馈表明外卖服务准时和食品质量好是关键，而"家庭聚餐者"的反馈显示，他们重视餐厅的环境氛围和菜品的多样性。这些反馈有助于验证顾客角色的准确性，为进一步优化顾客画像提供依据。

（7）迭代和优化。根据顾客的反馈和行为数据对顾客角色进行迭代和优化，能够保持角色的有效性和适应性。这一过程包括根据顾客反馈调整菜单和优化服务流程。例如，如果"美食爱好者"对某些菜品提出改进建议，餐饮门店可以调整菜品以更好地满足他们的需求。同时，根据"忙碌的职场人士"的反馈，餐饮门店可改进外卖服务，缩短等待时间。通过不断迭代和优化，餐饮门店能够保持顾客画像的准确性和时效性，提高顾客满意度。

五、门店顾客的标签化管理

（一）标签分类

顾客画像的核心是给顾客"打标签"。不同的公司或组织，基于不同的场景，采用不同种类的顾客画像标签。

❶ 静态（常态）标签/动态（非常态）标签　这类标签是指顾客与生俱来、很少发生变化、稳定的属性。如性别、民族等个人属性，学历、职业等社会属性。相对来说，有一些非常不稳定的属性，如"最近购买的商品品类"等。

❷ 定性式标签/定量式标签　定性式标签能够描述顾客的某种状态和属性。如"最近购买的商品品类""婚姻状态"等。定性式标签的普遍特点是属于文字类、能够明确说明其特征。

定量式标签能够获得顾客的某些数值。如"总购买金额""总进店消费次数"等。假设有一位顾客，其顾客画像中的"总购买金额"是 100 万元，可考虑将该顾客列入"VIP"等级顾客。定量式标签的特点是属于数字型，通过对大量顾客的数值进行统计后，能够获得某些信息。

请注意，在不同场景下，我们构建的顾客画像所包含的标签是不同的，很难找到一个可以泛用的标签来应对所有场景。

【场景二】餐饮连锁门店常用的顾客画像维度（图 6-4）。

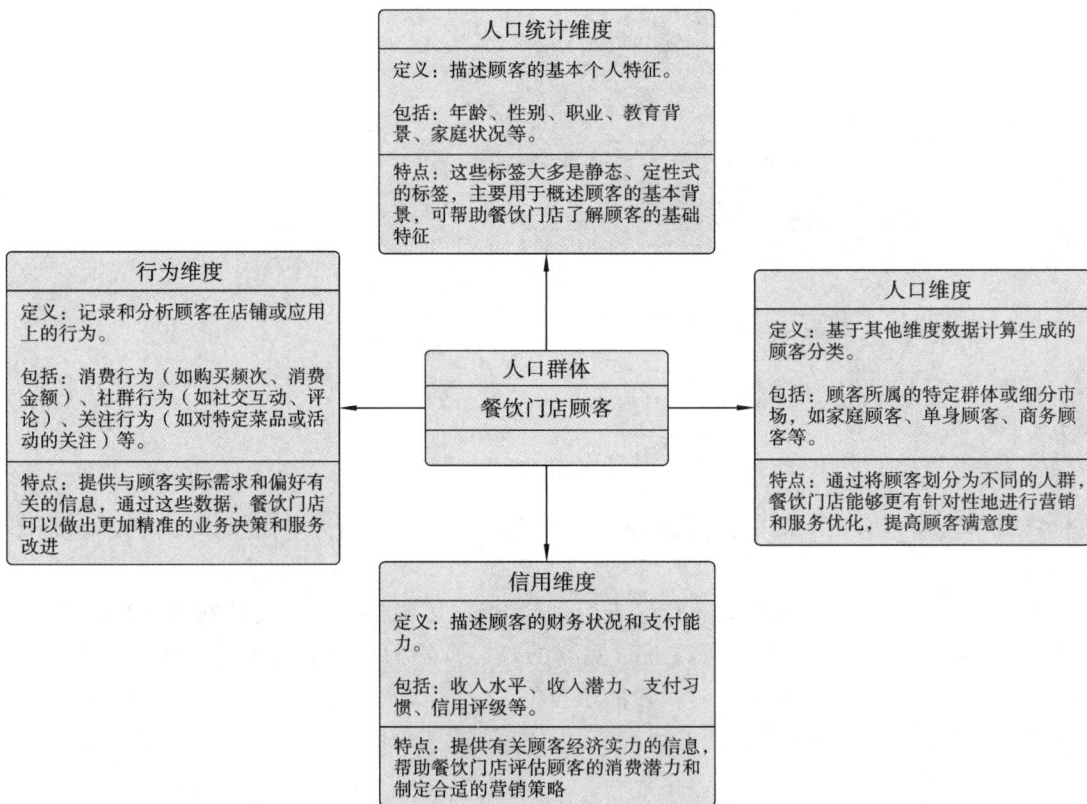

图 6-4　餐饮门店常用顾客画像维度图

（二）标签的层次

❶ 标签层次化结构　在餐饮门店中，标签体系通常采用层次化结构构建，以确保对顾客信息的全面把握。

（1）上层标签通常是抽象的集合，用于宏观层面的统计分析。例如，"顾客年龄段"或"就餐频率"

等标签能帮助餐饮门店了解整个顾客群体的特征。这些标签在实际运营中具有统计意义,如了解不同年龄段顾客的占比,可以帮助餐饮门店制定总体营销策略,但这些标签的实际应用价值有限,多用于数据汇总和分析。

(2)下层标签则提供更详细的信息,直接反映顾客的具体特征,如"25～34 岁"这个年龄段标签或"经常光顾"的频次标签。下层标签通常具有很强的实际应用价值,可用于精准营销和提供个性化服务。例如,基于具体的年龄段和就餐频次,餐饮门店可以精准投放广告或推出特别活动,以吸引不同类型的顾客群体。

❷ 标签构建注意事项

(1)在构建标签体系时,需要特别注意标签的粒度和要求。标签粒度的设定至关重要。如果标签粒度过粗,可能无法准确描述顾客的具体需求;而粒度过细,则会导致标签体系过于复杂,不易管理。餐饮门店应根据实际业务需求,平衡标签的详细程度和实用性,确保标签既能有效区分顾客特征,又不至于造成操作复杂。

(2)每个标签应具备唯一性和有语义性。唯一性要求每个标签只能表示一种明确的含义,以避免标签之间的重复和冲突,确保数据的准确性和计算的简便性。有语义性则要求标签应具备清晰的定义,使得相关人员能够快速理解每个标签的含义。这样的标签设置不仅提升了数据分析的效率,还使得实际应用操作更加便捷。

❸ 标签构建优先级　在餐饮门店中,标签的构建应按照优先级进行,以确保高效利用资源,如图 6-5 所示。

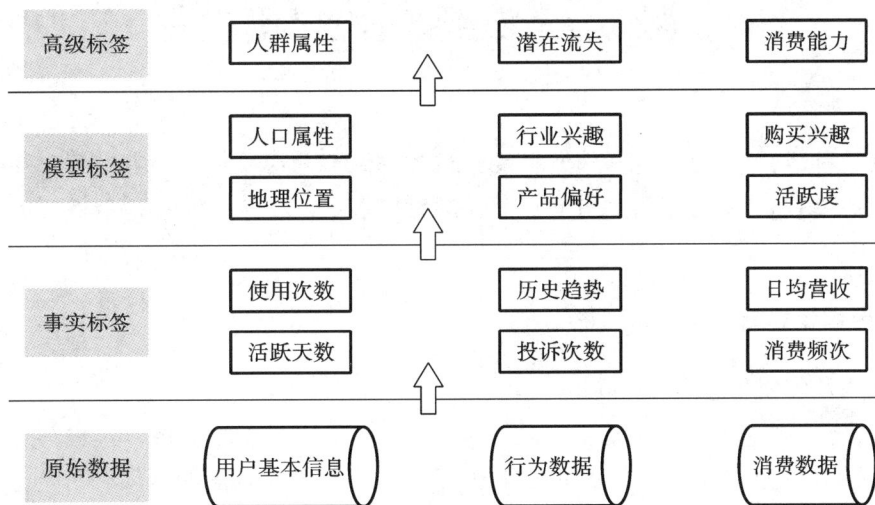

图 6-5　标签构建体系案例

(1)事实标签:构建标签体系的基础。这类标签可以直接从顾客的注册信息或销售记录中获取,如顾客的年龄、性别、消费频次等。这些标签获取难度较低,且具有明确的实际含义,有助于对顾客进行初步的分类和分析,为后续标签的构建奠定数据基础。

(2)模型标签:标签体系的核心部分。构建模型标签通常需要运用机器学习和自然语言处理技术。例如,通过分析顾客的消费行为数据,生成"高价值顾客"或"新顾客"等标签。模型标签的构建难度较高,但能够提供顾客的深层次行为和偏好特征,对精准营销和策略制定具有重要影响。

(3)高级标签:在事实标签和模型标签的基础上,通过统计建模得出。这些标签通常与具体的业务指标紧密相关,如顾客的购买潜力、忠诚度等。构建高级标签可能涉及复杂的数据分析和建模方法,可以帮助餐饮门店了解顾客的详细需求和行为模式,从而制定更有效的营销策略和服务优化方案。

通过科学、合理地构建和应用这些标签,餐饮门店可以更加精准地理解顾客需求,实现个性化服务和精准营销,从而提升顾客满意度,获取效益。

行业态势

餐饮会员数据分析师或客户体验数据分析师是近些年逐渐兴起的岗位,属于数据分析师的分支。2022 年 9 月 27 日发布的《中华人民共和国职业分类大典(2022 年版)》中首次增加"数字职业"标识(标识为 S),共标识数字职业 97 个。

以下是某国内连锁餐饮企业招聘餐饮会员数据分析师相关的职位描述。

职位描述:①结合业务发展目标,构建和优化会员经营分析指标体系,输出对业务发展有前瞻性、有洞见的周期性分析报告;②负责管理会员系统并提升会员的体验,总结用户在消费体验中的问题、痛点、真实需求,归纳用户行为规律,对用户的体验满意度进行客观、可量化的评估和测算,为营销决策提供数据支撑;③以会员增长为目标开展用户行为专项分析,深入分析服务全链路的每一个关键点,构建分析模型,形成分析报告并跟进业务优化过程,推动研究成果的应用;④不断完善数据监测体系与自动化平台搭建,提升 BI 系统整体的业务自动化水平;⑤对竞品进行用户体验分析,从多视角、多维度识别竞品的优势和变化,找到自身服务改善机会并推进改善落地。

学习任务 2　会员数据建模与分析

学习成果前瞻:学习完本任务,你将能够通过深入分析会员生命周期、行为和价值,优化营销策略和服务,从而提升门店会员黏性和品牌价值。

一、会员数据化运营的目的与指标

(一)会员数据化运营的目的

会员数据化运营是企业成功运营的核心基础,通过系统的分析和管理,可以有效提升会员价值和满意度。首先,需要监控会员的生命周期状态,了解会员在不同阶段的需求和行为。其次,识别会员的核心诉求,有助于精准满足他们的期望。评估会员的实际价值则能够优化资源分配,提升投资回报。同时,分析会员的转换习惯与路径,为制定市场扩展策略提供依据。企业还需采取相关措施扩大市场,吸引新会员,并通过有效的方法维系老会员的忠诚度。针对不同会员群体,制定具体的活动和策略,以提升会员的参与度和满意度。在特定运营目标下,优化会员管理措施,使运营更加高效。这些措施不仅能提升会员体验,还能推动企业的持续发展。

(二)会员数据化运营的指标模型

在顾客关系管理中,RFM 模型是会员分析的常用模型(图 6-6)。RFM 模型是一种通过分析顾客历史行为数据来衡量顾客价值和忠诚度的模型。RFM 模型涉及以下三个指标。

❶ 最近一次消费时间(R)　R 代表顾客最近一次消费的时间。这个指标可以帮助企业了解顾客的活跃度,最近消费的顾客往往可能再次消费。通过分析这一数据,餐饮门店可以识别出哪些顾客最近光顾频繁,哪些顾客已经有一段时间未光顾,从而制定不同的营销策略。例如,对长期未光顾的顾客发送特别优惠,吸引他们再次光顾。

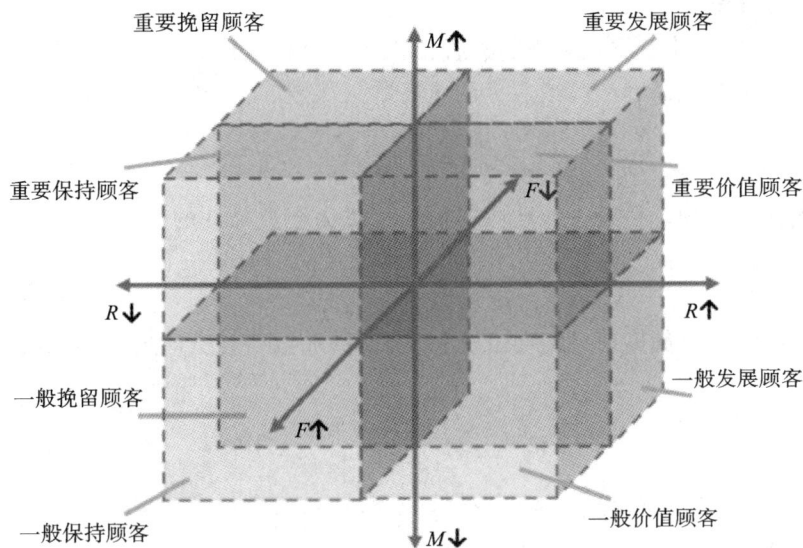

图 6-6　RFM 模型

❷ **消费频率(F)** F 代表顾客在一定时间内光顾餐厅的次数。光顾频率高的顾客通常是忠诚度较高的顾客,他们对企业的产品或服务有较高的需求,餐饮门店可以通过会员积分计划或特别活动来奖励这些顾客,增强他们的忠诚度。

❸ **消费金额(M)** M 代表顾客在一定时间内的消费总金额。消费金额高的顾客往往是高价值顾客,餐饮门店可以为他们提供 VIP 服务或特别礼遇,以增加他们的满意度和忠诚度。

通过对 RFM 模型的分析,餐饮门店可以将顾客分为不同的群体,如高价值高频顾客、高价值低频顾客、最近消费但低频顾客等。针对每个顾客群体,餐饮门店可以制定不同的营销策略,提高顾客的满意度和忠诚度,从而提升整体营业额。

(三)会员数据化运营的指标

❶ **会员整体指标** 基于基础业务逻辑,可以提取以下三个会员整体指标:注册会员数、激活会员数、购买会员数。还可以基于以上指标进一步计算会员激活率、会员购买率等。

❷ **会员营销指标**

(1)可营销会员数量。会员营销的基础是存在可营销会员,即通过一定的方式能联系到并进行营销的会员。

(2)营销费用。营销费用包括营销媒介费用、优惠券费用、积分兑换费用等。从营销方式角度可计算用券/积分会员比例、用券/积分比例金额、用券/积分订单比例等。从顾客角度可计算每订单/会员所带来的收入。

(3)营销收入。除了总体的营销收入指标外,应尽量对通过不同渠道触达产品完成购买的顾客进行分别统计,如对不同渠道所发放的优惠券进行标记等。其他指标延伸可参照营销费用部分。在计算营销费用与营销收入之后,可进一步计算营销费率。

$$营销费率 = \frac{营销费用}{营销收入} \times 100\%$$

❸ **会员活跃度指标**

(1)整体会员活跃度。罗列与会员活跃度相关的指标并赋权,通过加权求和可计算会员每个月活跃度,求和后可计算整体会员活跃度。

(2)每日/每周/每月活跃会员数。具体的活跃测评指标应结合产品自身的特点进行评估。

❹ **会员价值度指标**

(1)价值分群。如高、中、低(或钻石、黄金、白银等)价值会员。

(2)复购率。会员对该品牌产品或服务的重复购买次数、重复购买率越高,说明会员对品牌忠诚度越高,反之越低。

(3)消费频次/消费金额/平均每次购买金额。

(4)最近一次购买时间。最近一次购买时间也可作为会员黏性的评估指标。

(5)会员剩余价值。这是一个评测指标,可预测会员之后某段时间内的购买转化率、订单价值、订单数等。

❺ **会员异动指标** 会员异动是指会员流失,主要指标包括会员流失率、会员异动比。

(1)会员流失率。

$$会员流失率 = \frac{流失会员数}{全部会员数} \times 100\%$$

流失状态需要结合具体情况判定,在某些情境下,从付费会员到普通会员也是一种流失。

(2)会员异动比。

$$会员异动比 = \frac{新增会员数}{流失会员数}$$

二、会员的生命周期管理

(一)会员生命周期的概念

会员生命周期是指一名普通消费者变成门店的顾客再到不再消费的整个过程。对门店而言,门店总是希望顾客能够不离不弃,终身是门店的会员。这里的"终身"是指产品定位范围内的终身。例如,某化妆品零售品牌将其顾客群体定位在 17～30 岁,一旦顾客成为该零售品牌会员,该零售品牌会希望顾客在 30 岁之前都能产生购买行为,30 岁之后如果还有消费,那就是会员溢出价值。

(二)会员生命周期管理的七个环节

会员生命周期可分为以下七个环节,如图 6-7 所示。

(1)消费者。此时就是普通的消费者,和门店并没有任何关联。

(2)顾客。当普通的消费者购买了门店的产品或服务之后,就成为该门店的顾客。在会员生命周期中,前面这两个阶段属于顾客管理阶段,也可以理解为"准会员"阶段,真正的会员管理是从顾客取得会员资格,成为真正的会员开始的。

(3)新会员。当满足门店的会员标准,如消费达到一定金额或一定次数后,就成为正式会员。从这个阶段开始,门店就对会员进行真正意义上的会员生命周期管理。

(4)活跃会员。最近 3 个月内有过消费的会员群体。

(5)沉默会员。最后一次消费发生在最近的 4～6 个月内,已经"沉默"了 3 个月的会员群体。

(6)睡眠会员。最后一次消费发生在最近的 7～12 个月内,已经"睡眠"了 6 个月的会员群体。

(7)流失会员。最近 12 个月内没有消费的会员群体。

图 6-7 会员生命周期图

从销售额的角度来看,餐饮门店希望每个会员都成为活跃会员,并尽量减少或避免沉默会员、睡眠会员和流失会员的出现。对于新会员,餐饮门店通常会采取策略促进他们的第一次重复购买;对于已有重复购买行为的会员,则希望他们尽快再次消费。这是一个持续转化的过程,转化率越高,销售额越高,这也是餐饮门店实施数据化管理的依据。

在餐饮门店的会员生命周期管理中,活跃会员并非每个会员的必经阶段。顾客成为新会员后,可能没有产生重复购买行为,直接从新会员转变为沉默会员或睡眠会员,甚至成为流失会员。

目前,餐饮门店对流失会员的处理方式主要有两种:一种是直接终止会员资格,终止后,即使顾客再次购买,也无法重新激活为活跃会员;另一种是继续保留流失会员的资格,使其会员资格可以随时被激活。通过采用合理的会员管理策略,餐饮门店能够有效提升会员的活跃度和转化率,进而增加销售额。

三、会员消费轨迹数据分析

消费轨迹是顾客的历史购买记录,从顾客的消费轨迹中可以清晰看到顾客的购买趋势和规律。菲利普·科特勒认为,想要知道人们接下来购买什么,就看看他正在购买什么。通过分析顾客最近购买了什么以及正在购买什么,我们可以初步推断出顾客接下来要购买的产品。

（一）客动线分析

客动线分析是指对顾客从进入门店直到退出门店的实际行走轨迹所进行的科学测量和分析,有助于改善门店布局,促进销售额提高。

❶ 客动线指标

（1）进店率。

$$进店率 = \frac{进店人数}{路过人数} \times 100\%$$

进店率主要用于统计门前客流量,是衡量门店外部是否吸引顾客的重要依据。

（2）通过率。

$$通过率 = \frac{通过客数}{调查对象客数} \times 100\%$$

通过率是指顾客在店内主通道、辅通道及横向通道通过的比例,这是门店布局调整、商品调整的重要依据。

（3）上楼率。

$$上楼率 = \frac{本层向上的顾客数}{进入本层的顾客数} \times 100\%$$

上楼率对于多楼层经营的门店来说是一个重要的指标。上楼率的数据收集比较困难,要计算上楼率就要在各入口、电梯口、楼梯口等安装计数器来采集数据,并且采集的数据必须是向上的。

（4）停留率。

$$停留率 = \frac{停留客数}{通过客数} \times 100\%$$

停留率是指门店中某个商品部门顾客停留的比例,该指标是指导商品调整、商品陈列调整、商品促销调整的重要依据。

❷ 客动线指标运用　门店布局调整与改进并非直接照着客动线分析结果做,还需要参照其他管理目标和要素综合考虑。例如,成熟的超市会有通过率和停留率低的商品,但通常不会立即裁撤这些商品部门,而是进行优化,如卖场布局调整→商品分类调整→商品陈列调整→商品表现调整。

（二）触摸率分析

触摸率是指实际触摸某件商品的顾客数量与总进店顾客数量的比例。通过触摸率分析,我们可以更深层次地了解顾客的购买行为。

(1)触摸率。

$$触摸率 = \frac{触摸某商品的顾客数}{进店人数} \times 100\%$$

触摸率能够反映商品外观被关注的程度。目前可以借助视频设备自动采集这个数值。一般来说,某些商品的触摸率和成交数量成正比,但也有触摸率很高、成交率很低的情况。管理者需要分析这种现象产生的原因,了解消费者为什么有购买冲动而无行动。

(2)试穿率。

$$试穿率 = \frac{试穿顾客数}{进店人数} \times 100\%$$

这个指标常用于鞋服行业,目前仪器监控比较困难,大多需要人工统计。需要注意的是,同一顾客无论试穿多少次,只统计一次。

(3)试用率。

$$试用率 = \frac{试用顾客数}{进店人数} \times 100\%$$

这个指标常用于化妆品、食品等行业。适用于封闭销售(如专卖店)环境。如果是在超市或百货商场等开放式销售环境,进店人数指标可以替换为与商品有接触的顾客数,不能采用路过人数来进行简单统计。

(三)购买率分析

购买率是指在某一商品部门或区域停留的顾客中,实际购买该商品的顾客比例。

(1)购买率。

$$购买率 = \frac{购买商品的顾客数}{停留顾客数} \times 100\%$$

购买率是商品调整、关联商品调整的重要依据。

(2)客单价。

$$客单价 = \frac{销售总额}{顾客总数} \times 100\%$$

或

$$客单价 = \frac{销售总额}{成交总笔数} \times 100\%$$

客单价是指在一定时期内每位顾客的平均消费金额,离开了"一定时期"这个范围,客单价这个指标是没有任何意义的。

(3)客品数。

$$客品数 = \frac{总销量}{销售小票数量} \times 100\%$$

客品数是指一段时间内顾客购买商品的平均数量,可得出一位顾客购买商品数量的平均值,并与上一段时间进行对比,就是"消费水平增长比率"。有的行业将客品数称为连带率,有的行业用附加推销率来表示。

(4)平均成交时长。

$$平均成交时长 = \frac{每位顾客成交的时间总和}{成交顾客数量} \times 100\%$$

这是考察门店员工工作效率的指标,一般和客单价结合起来看会比较客观。

(5)平均接待时长。

$$平均接待时长 = \frac{每位顾客成交的时间总和}{接待顾客数} \times 100\%$$

目前门店对该指标普遍采用人工计算。除了平均接待时长外,还有一个类似指标,就是顾客平均停留时长。区别如下:平均接待时长是从开始接待顾客到顾客离开门店的时间段来计算;顾客平均停留时长是从顾客进门店到出门店的时间段来计算。

四、会员流失率分析

(一)会员流失率的定义

根据营销学者赖克海德和萨瑟的理论,一个企业如果将其会员流失率降低5%,利润就能增加25%~85%。这一理论清楚地表明,降低会员流失率对于企业来说至关重要。会员流失率是指在一定时间内,原有会员停止使用服务或产品的比例。它是衡量企业维系客户能力的重要指标。对于餐饮门店来说,会员流失会直接影响销售额和整体赢利能力。随着行业的逐渐饱和和商业竞争的加剧,餐饮门店面临的会员流失问题日益严重。降低会员流失率不仅可以提高会员的终身价值,还可以降低获取新会员的成本,从而实现更高的投资回报率。因此,了解和降低会员流失率是餐饮门店数据化运营中不可忽视的重要环节。

各企业对流失的定义不同,可能是7天内没有登陆行为(一般一款游戏7天没有再次登陆基本就可以算作流失),也可以是几个月之内没有交易行为。电商公司的流失周期会比较长,其流失情况也没有像游戏或者内容应用那样容易判断。

$$会员流失率 = \frac{某段时间内流失的会员数}{起初有效会员总数} \times 100\%$$

该指标反映了会员的流失速度,也反映了企业运营状况。它和会员增长率是一对相反的指标,建议门店同时采用这两种指标进行分析。

(二)会员流失的类型

会员流失有其合理的一面,如对于定位在20~30岁顾客的化妆品品牌来说,会员年龄变大可能就会流失;再如超市,如果会员搬家,流失也是合理的。

会员流失分为以下几种类型。

(1)刚性流失。这部分流失会员包括水土不服型新会员和兴趣转移型老会员,属于无法挽留的会员。对于餐饮门店而言,这类流失可能是新会员对菜单或服务不适应,或是老会员对餐饮门店失去兴趣。应尽快将这部分会员剥离出来,避免不必要的投入。例如,新开业的餐饮门店吸引了一批顾客,但他们尝试后发现不符合自己的口味,这类会员的流失是难以避免的。

(2)体验流失。这类流失是由于应用体验、服务体验、交易体验或商品体验等体验不良导致的。例如,餐饮门店可能因为服务员态度不好、食物质量下降或用餐环境不佳而导致会员流失。餐饮门店需要尽快找到关键环节并进行及时维护,以减少体验流失。举例来说,一家餐饮门店的会员可能因为一次糟糕的用餐经历而不再光顾,此时餐饮门店应加强培训,提升服务质量,避免此类问题重复发生。

(3)竞争流失。在竞争激烈的餐饮行业,会员流失往往是由于竞争对手提供了更好的体验或更优惠的政策。例如,一家新的餐饮门店开业,提供了更有吸引力的菜单和折扣,导致原有会员流向新的餐饮门店。对此,餐饮门店应针对竞争对手的行为及时做出回应,如推出会员优惠活动、改进菜品质量或提升服务体验,以避免竞争流失。

通过识别和应对不同类型的会员流失,餐饮门店可以更有效地保留会员,提升整体赢利能力。

(三)降低会员流失率的措施

管理学大师彼得·德鲁克认为,衡量一个企业是否兴旺发达,只需回头看其身后的顾客队伍有多长就一清二楚。那么,如何才能降低会员流失率呢?从流程上来看,只有及时监控会员流失数据、找到会员流失环节、确定会员流失原因,并进行针对性改进,才能有效降低会员流失率。结合餐饮门店背景,可以采取以下措施。

（1）及时监控会员流失数据：建立数据监控系统，实时跟踪会员的消费频率、消费金额和访问频率等指标。餐饮门店可以通过会员管理系统，定期分析数据，识别出流失的会员和具有潜在流失风险的会员。

（2）找到会员流失环节：通过数据分析和顾客反馈，找出导致会员流失的关键环节。例如，餐饮门店可以通过调查问卷或直接访谈方式，了解会员流失的具体原因，是否为服务质量、菜品口味或用餐环境等因素导致。

（3）确定会员流失原因：在找到流失环节后，进一步分析具体原因。例如，顾客可能因为餐饮门店服务员态度不佳、菜品质量下降、价格上涨等原因选择不再光顾。通过详细的原因分析，可以更准确地制定改进措施。

（4）进行针对性改进：根据分析结果，采取有针对性的改进措施。对于服务质量问题，餐饮门店可以加强员工培训，提高服务水平；对于菜品质量问题，可以改进烹饪工艺，提升菜品口感；对于价格问题，可以推出会员专享优惠或套餐，增加顾客的性价比感受。

（5）提升会员体验：除了针对性改进外，餐饮门店还可以通过提升整体会员体验来降低会员流失率，如推出个性化的会员活动、定期更新菜单、改进餐饮门店环境等，提升会员的忠诚度和满意度。

（6）建立会员反馈机制：建立常态化的会员反馈机制，及时收集会员的意见和建议。通过多渠道的反馈，如线上问卷填写、电话回访、现场调查等，了解会员的真实想法和需求，并及时做出调整和改进。

通过采用以上措施，餐饮门店可以有效降低会员流失率，保持会员的持续关注和消费，进而提升整体的赢利能力和市场竞争力。

【场景三】餐饮连锁门店常用的会员池管理。

会员制度能够为会员提供不同的礼遇与服务，从而增强会员的黏性。随着会员制度的发展，它几乎渗透到商业的各个领域，如大型购物中心、超市、酒店、航空业、地产业等。如今，在大数据的驱动下，会员运营不断升级，其重要性也随之增加，会员池的概念应运而生。

会员池＝新增会员数＋无效会员数＋复购会员数

随着流量红利的消失，餐饮门店获取新会员的成本越来越高。如何让老会员复购，并从老会员那里不断获取收益，成为众多餐饮门店重点投入的营销主战场。因此，建立会员池成为必然选择。会员池管理的核心是保持会员的活跃度和忠诚度。一个健康的会员池中，三类会员的合理占比为2：2：6，即新增会员占20%，无效会员占20%，复购会员占60%。

会员终身价值是指门店从与会员的所有互动中所得到的全部经济收益的总和。该指标通常被应用于市场营销领域，用于衡量会员对餐饮门店所产生的价值，被认为是餐饮门店能否取得高利润的重要参考。会员终身价值包含以下三个部分。

（1）现有会员赢利能力：这是会员池中已有会员给餐饮门店带来的直接收益，只需要会员继续购买和使用餐饮门店提供的餐饮服务。这是最基础的，也是餐饮门店应当首先实现的目标。通过数据分析，餐饮门店可以识别高价值会员，有针对性地提供优惠和个性化服务，以提升他们的复购率。例如，为高价值会员提供专属折扣和优先预订服务。

（2）其他价值：除了复购给餐饮门店带来的收益外，会员还能够带来其他价值。例如，一名满意的会员可能会将使用过的餐饮门店推荐给他的朋友，这种口碑传播可以帮助餐饮门店获得新的会员。这类价值虽然难以直接量化，但对于餐饮门店的长期发展至关重要。餐饮门店可以通过推荐奖励计划，鼓励现有会员推荐新会员，从而扩大会员池。

（3）门店未来收益：会员信息在会员池中沉淀的数据也是宝贵的资源。通过对这些数据的分析，餐饮门店可以更好地了解会员的需求和行为模式，从而制定更有效的营销策略。这些数据不仅能帮助餐饮门店优化现有的会员服务，还能为未来的市场拓展和产品开发提供重要参考。例如，根据会员的口味偏好，推出新的菜单项或特别套餐。

在具体实施会员池管理时，餐饮门店可以采取以下措施。

（1）数据驱动的会员细分：通过对会员数据的深入分析，将会员按照消费行为、偏好和价值等维度进行细分，针对不同细分群体制定差异化的营销策略。例如，将会员细分为"高频次用餐者""家庭聚餐者""商务午餐客"等不同群体。

（2）精准的会员营销：根据会员的消费记录和行为数据，推送个性化的优惠和活动信息，提升会员的参与感和忠诚度。例如，通过短信或应用内通知，向会员推送他们喜欢的菜品打折信息。

（3）会员活动多样化：定期组织会员专属活动，如美食品鉴会、烹饪课程等，增强会员的参与感和归属感。同时，通过这些活动收集会员的反馈，进一步优化服务。

通过采用以上措施，餐饮门店可以有效管理和运营会员池，提高会员的活跃度和忠诚度，从而实现销售额的增长和市场份额的提升。在大数据的支持下，会员运营将变得更加精准和高效，助力餐饮门店在激烈的市场竞争中脱颖而出。

课后实训

实训活动1：以小组为单位，联系实训基地门店，使用餐饮门店的顾客数据集，构建一个完整的顾客画像。

实训活动2：结合实训基地门店的会员数据，根据会员生命周期管理理论，设计个性化营销策略。

顾客投诉和特殊事宜管理

扫码看课件

教学视频

学习目标

知识目标 了解顾客投诉的主要类型及其特点;掌握顾客投诉处理的基本流程和步骤;熟悉与顾客投诉相关的法律法规和行业规范。

技能目标 能够有效倾听和记录顾客投诉;具备分析和解决顾客投诉问题的能力;能够根据实际情况制定和实施有效的投诉处理方案。

思政育人目标 培养学生的服务意识和责任感;提高学生对社会责任感和职业道德的认识;增强学生在面对投诉时的同理心和诚信意识。

课程思政

在现代餐饮门店运营过程中,顾客投诉处理是至关重要的。通过采用有效的沟通和服务技巧,可以极大地提升顾客满意度和忠诚度,维护顾客的信任和品牌声誉。

在投诉处理过程中,餐饮门店需要确保处理过程透明化。在顾客提出投诉时,必须清晰地告知顾客处理步骤和时间框架,确保顾客知情并理解处理进展。这种透明度不仅符合保护顾客权益的要求,还能通过诚实的沟通帮助餐饮门店赢得顾客的信任。

通过采用以上措施,餐饮门店不仅能够有效地解决顾客投诉,还能显著提升顾客对品牌的信任度和忠诚度。在处理顾客投诉时,餐饮门店员工需秉持同理心,在面对顾客的不满时,必须始终以诚实、透明和理解为基础,以尊重和关怀的态度来处理问题,从而建立与顾客的深厚关系和良好的品牌声誉。

导读

学习目的、意义 顾客投诉和特殊事宜处理是餐饮门店管理的重要环节,理解和掌握这些处理方法并进行实际操作,能够有效提升餐饮门店的服务质量和顾客满意度。

内容概述 通过对餐饮门店顾客投诉和特殊事宜处理的原则、步骤和策略进行分析,加深学生对顾客行为和投诉原因的基本认知。通过案例分析和实战演练,设计有效的处理方案,提升学生对餐饮门店运营和顾客管理策略的认知。

Note

在互联网时代,如何应对餐饮门店危机:以某知名火锅品牌为例

在互联网时代,餐饮门店的危机处理需要迅速、透明和有效。某知名火锅品牌在其子品牌因"挂羊头卖鸭肉"事件暴发后,迅速采取了一系列应对措施,为我们提供了一个生动的案例。

2023年9月,该火锅品牌的子品牌被曝售卖的羊肉卷中含有鸭肉成分。这一消息一经曝出,迅速引发了广泛关注和舆论热议,多个话题阅读量超亿,数万网友参与讨论。在事件曝出的第二天,子品牌在其官方公众号发布声明,称公司正在积极配合市场监管部门调查,并对涉事羊肉菜品暂时做下架处理。次日,母品牌也发布声明,明确子品牌为其旗下品牌,并保证母品牌门店售卖的羊肉质量。经进一步调查确认羊肉卷含有鸭肉成分后,母品牌迅速要求子品牌多家门店停业整改,取消独立采购权,并对自2023年1月15日子品牌开业以来消费过该产品的顾客进行赔付,总金额约为835.4万元,每桌可领取1000元。

在处理危机的过程中,该火锅品牌定期分析和评估各项措施的效果,通过收集反馈数据和分析消费者行为,及时调整和优化应对策略。这种持续的优化过程不仅获得了良好的危机处理效果,还提升了顾客的体验和满意度。母品牌的迅速反应和诚恳态度使得舆论风向从"挂羊头卖鸭肉"逐渐转向"超高赔付标准",从而缓解了危机。

通过对本次餐饮门店危机事件的处理,该火锅品牌不仅加强了与顾客之间的互动和沟通,还显著提升了品牌的市场影响力和竞争力。这一案例提醒我们,在互联网时代,面对餐饮门店危机时,必须迅速做出反应,保持透明态度,并采取高效措施,以赢得顾客的信任。

优秀的餐饮职业经理人必须精通顾客投诉处理和特殊事宜管理。这不仅涉及快速响应和解决顾客的投诉,还包括对投诉数据的收集和分析。利用先进的数据分析技术,如情感分析和趋势预测,可帮助餐饮企业深入理解顾客反馈的核心问题和潜在需求。

通过精确的投诉管理和数据分析,餐饮企业能够制定有针对性的改进措施和服务优化方案,从而提升顾客满意度,增加顾客忠诚度,并在市场竞争中保持领先地位。因此,顾客投诉处理和特殊事宜管理不仅是优化经营管理的关键工具,也是提升餐饮企业竞争力的重要基础。

学习任务 1　应对顾客投诉的态度和原则

学习成果前瞻:学习完本任务,你将能全面了解应对顾客投诉的态度和原则,为提升服务质量打下基础。

一、解决顾客问题的重要性

在服务行业,处理顾客问题的能力至关重要。面对顾客提出的各种问题和投诉,服务提供者的应对方式直接影响顾客的满意度以及企业的声誉。首先,我们要明白,问题和挑战是服务工作中不可避免的一部分。尽管解决问题可能会带来压力,但积极面对问题并加以解决,可以有效提升工作环境的和谐与稳定。

许多服务提供者对处理问题感到畏惧,这往往是因为缺乏有效解决问题的技巧和经验。因此,餐饮门店需要创建一个支持性的工作环境,鼓励员工提升解决问题的能力。这不仅仅是一个技术问题,更是一个个体化的过程,每个人处理问题的方式各有不同。关键在于解决问题的结果。

在顾客服务中,如何迅速做出正确决策是一个重要挑战。当顾客提出问题时,服务提供者往往只有有限的时间来回应,这使得问题的处理必须迅速而有效。因此,服务提供者需要具备充分的专业知识,能够耐心倾听顾客的描述,并通过询问详细信息来明确问题的根源,以提供合适的解决方案。

这些投诉有时是在顾客付款之后才提出的。在这种情况下,餐饮门店的处理方式决定了顾客是否愿意再次光临。如果顾客的不满情绪非常强烈,经理应当立即介入,与顾客沟通并寻求解决方案。如果顾客的不满情绪没有改善,经理需要特别关注,并主动出面,表明餐饮门店积极解决问题的态度,显示出对顾客的尊重。

如果顾客的投诉不需要经理亲自出面,并且顾客没有要求见经理,接待员应当当场记录顾客的不满,并向顾客保证这些问题会向经理反映。接待员还可以询问顾客是否愿意留下姓名和联系方式,方便经理后续跟进。同时,接待员应当感谢顾客的反馈,真诚道歉,并热情欢迎顾客下次光临。这些投诉信息应及时汇报给经理,并附上详细情况说明,以便进一步处理。

通过有效解决顾客问题,餐饮门店不仅能够提升顾客的满意度,还能够树立良好的品牌形象,增强顾客的忠诚度,进而在竞争激烈的市场中保持优势。

二、分析顾客投诉的类型

顾客的投诉通常可以归纳为以下四类,这些类别可帮助餐饮门店更好地理解顾客不满的原因,并有针对性地制定改进措施。了解这些投诉类型不仅有助于提高顾客满意度,还能优化餐饮门店运营,提高服务质量。

❶ **对食品安全的投诉** 这类投诉包括食物出现变质、过期等卫生安全问题,一些食品商家围绕健康概念进行虚假宣传,用拼接肉、调理肉冒充原切肉、纯肉,有机食品来源不明等。此外,餐饮场所卫生条件差、餐具不洁,服务人员操作不规范,导致顾客用餐后出现集体腹痛、腹泻、呕吐等不适症状也是常见的食品安全投诉。

❷ **对设备的投诉** 这类投诉主要涉及餐饮门店的设备问题,如空调、照明、供水、供电、家具、电话故障等。即使餐饮门店已经建立设备检查、维修和保养制度,也难以完全消除所有潜在的问题。处理这类投诉时,服务人员应立即前往现场查看情况,并采取相应措施解决问题。并通过电话再次联系顾客,确认他们的要求是否已经得到满足。

❸ **对服务态度的投诉** 顾客对服务态度的投诉通常包括服务人员言辞粗鲁、回答或行为不合理、态度冷漠,或者过于热情等。这类投诉容易发生,因为服务人员和顾客的个性有差异,可能导致不同的服务体验。解决此类问题的关键在于提升服务人员的沟通技巧和情绪管理能力。

❹ **对服务质量的投诉** 顾客对服务质量的投诉主要集中在服务的速度和准确性上。例如,服务人员没有按照先来后到的原则提供服务、订单出错、服务不及时等。这类投诉在餐饮门店工作繁忙时尤为常见。减少此类投诉的有效方法是加强对服务人员的培训,确保他们掌握必要的服务技巧和知识。

❺ **对突发事件的投诉** 这类投诉包括无法预订座位、因天气原因导致服务延误、餐饮门店已满座等。餐饮门店通常难以控制这些突发事件,但顾客期望能够得到帮助。服务人员应在力所能及的范围内帮助解决问题;如果实在无法解决,应尽早告知顾客。只要服务人员态度诚恳,绝大多数顾客会表示理解(图7-1)。

【场景一】顾客投诉食品卫生问题处理
【案例1】
在某餐厅营业过程中,顾客发现其点餐的食物中存在异物,对餐厅的卫生状况表示担忧,并提出

食品安全投诉

1. 食物中有异物：顾客在食物中发现头发、玻璃、塑料、金属屑等异物
2. 食物不新鲜：顾客投诉食物有异味、变质、颜色不对，或口感异常
3. 食物未煮熟：顾客发现食物未完全煮熟，如肉类内部仍然处于半生状态
4. 食物过敏反应：顾客因误食含有未标明的过敏原的食物而出现过敏症状
5. 就餐场所卫生问题

设备投诉

1. 空调问题：温度不适宜、噪声过大
2. 照明问题：灯光昏暗，灯具故障
3. 电梯或自动门问题：故障或不灵敏
4. 洗手间设备问题：故障或排水不畅
5. 座椅或餐桌问题：座椅不稳或桌面不平整
6. 点餐设备问题：点餐系统故障或支付设备故障

餐饮门店常见投诉

服务态度投诉

1. 员工态度冷漠或不友好：顾客感觉员工缺乏热情，或发生争执，言语粗鲁
2. 服务慢：顾客抱怨点餐、上菜或结账等环节速度过慢，导致体验不佳
3. 沟通不当：顾客认为员工在与其交流时态度生硬、不耐烦
4. 服务不专业：顾客投诉员工在服务过程中表现出不熟练或缺乏专业性
5. 无视顾客需求：顾客认为自己的特殊需求（如更换座位、增加餐具）被忽视或未得到及时响应
6. 对顾客投诉处理不当：顾客觉得在提出投诉后，员工或管理层没有给予足够的重视或处理不及时

突发事件投诉

1. 无法预订座位：顾客希望预订座位但发现门店满座，无法满足用餐需求
2. 天气原因导致的延误：因突发天气状况（如暴雨、大雪）导致外卖延误或门店服务受到影响
3. 门店已满座，无法就餐：顾客到达门店后发现已满座，无法立即就餐
4. 交通或停车问题：门店所在位置因大型活动造成交通拥堵
5. 突发公共事件：如临时停电、设备故障、周边施工噪声等影响顾客用餐体验
6. 人流量大，服务延迟：由于节假日或促销活动人流量大，服务延迟

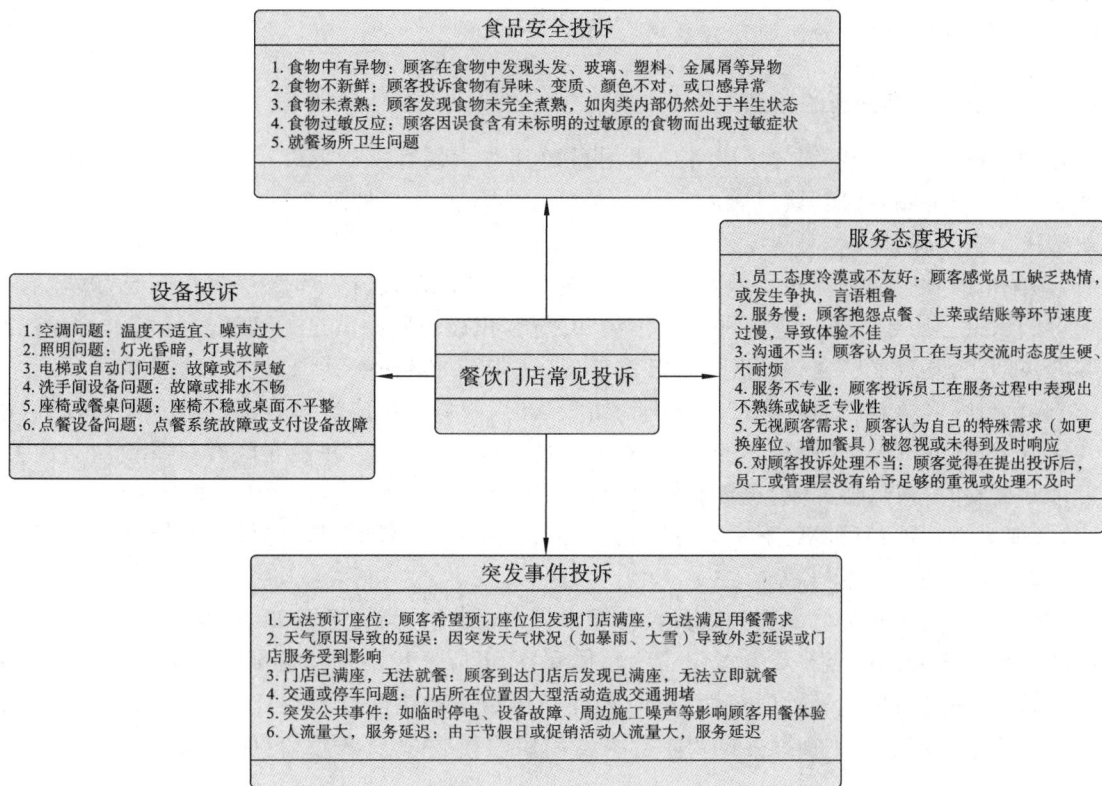

图 7-1　餐饮门店常见投诉

了投诉。顾客情绪激动，要求餐厅对此事进行处理并做出合理解释。顾客："我在我点的菜里发现了一个异物，这让我非常不舒服。"餐厅管理层需要迅速、妥善地处理该投诉，以确保顾客满意和维护餐厅的声誉。

1. 正确应对步骤

（1）保持礼貌和关心态度。服务人员应立即表达歉意，并表现出对顾客感受的理解。服务人员："非常抱歉，给您带来了这样的用餐体验。我完全理解您的感受，这确实是我们不希望发生的情况。"

（2）提供解决方案。如果顾客愿意继续用餐，提供更换餐点的选项。服务人员："我们可以为您更换一道新的菜品，以确保您能够享受到满意的用餐体验。"

（3）处理不愿再用餐的情况。如果顾客不想再吃这道菜，提供退菜的选项。服务人员："如果您不想继续用餐，我可以立即为您退掉这道菜，并为您提供其他补偿措施。"

（4）收集详细信息并进行后续处理：记录顾客的投诉内容，进行详细调查，并跟进处理结果。服务人员："我们会立即对这个问题进行调查，以确保以后不会再发生类似情况。同时，我们将对您的投诉进行认真的处理，并采取改进措施。"

2. 不正确的处理方式

（1）回避问题。不应质疑顾客的感受或寻找问题的原因。服务人员："这是什么东西，您在哪儿吃到的？"

（2）轻视顾客的担忧。不应向顾客保证异物无害或否认问题的存在。服务人员："没关系，我可以保证，这种东西对您的身体绝对没有害处！"

（3）推诿责任。不应推诿责任或否认餐厅有类似情况。服务人员："异物是从哪儿来的呢？餐厅并没有这种东西啊！"

正确的处理方法是充分尊重和理解顾客的感受，迅速采取实际措施解决问题，并进行详细的调

查和跟进,以确保顾客满意,维护餐厅声誉。通过模拟这种情境,餐饮门店员工可以提升应对顾客投诉的能力,掌握实际工作中的问题处理技巧。

三、制定处理顾客投诉的原则

处理顾客投诉是提升餐饮门店服务质量的重要环节。顾客投诉不仅反映了餐饮门店服务中存在的问题,也体现了顾客对餐饮门店的期待和信任。服务人员在处理投诉时应遵循以下原则,以确保有效解决问题并提升顾客满意度。

(1)真诚帮助顾客解决问题。顾客提出投诉通常意味着餐饮门店的服务存在不足,顾客的某些需求未得到满足。服务人员应理解顾客的不满和困扰,积极识别并满足顾客的实际需求。真诚地帮助顾客解决问题,不仅能够赢得顾客的信任和好感,还能有效解决餐饮门店存在的问题。

(2)避免与顾客争辩。当顾客带着不满情绪投诉时,服务人员应选择合适的地点处理投诉,避免在公共场合处理。应耐心听取顾客的诉说,对顾客的不满表达歉意,并感谢顾客对餐饮门店的关注。在顾客情绪激动时,应保持礼貌,避免与顾客争辩。即使顾客的投诉有失偏颇,也应先努力平息顾客的情绪,必要时请管理人员协助解决问题。通过妥善处理投诉,餐饮门店能够维护顾客的信任,提升服务质量。

(3)保护餐饮门店的利益。服务人员在处理投诉时,必须注意合乎逻辑,避免推卸责任或贬低其他部门的工作。服务人员应尊重餐饮门店的整体利益,不应通过指责其他部门来解决问题。对于大多数顾客投诉,通过提供额外的面对面服务、关怀和体贴来解决问题往往比单纯的退款或减免费用更有效。服务人员应尽力平衡顾客的需求与餐饮门店的利益,确保投诉得到妥善解决。

四、优化处理顾客投诉的流程

在餐饮门店经营与管理中,处理顾客投诉的效率和效果直接影响到顾客的满意度和餐饮门店的声誉。制定并优化处理顾客投诉的流程不仅可以提高服务质量,还能增强顾客的忠诚度。以下是处理顾客投诉的推荐流程和技巧,能够帮助管理者有效应对各种投诉情况,并将负面体验转化为积极的客户关系。

(一)处理顾客投诉的流程

在餐饮门店中,积极回应顾客的反馈意见是管理者的一项关键职责。顾客的反馈意见可能是正面的,如对某些菜品或服务的赞赏;也可能是负面的,如菜品质量有问题或服务态度不佳。无论反馈意见的性质如何,以下五个步骤能够帮助管理者更有效地处理顾客投诉。

(1)介绍自己的姓名和职位。当顾客提出投诉时,首先要明确告知顾客你的姓名和职位,以便顾客知道你是有权解决问题的人,这种做法能够让顾客感受到你是真诚的。再表明你愿意解决他们的问题。

(2)寻找信息。请求顾客详细说明投诉的原因,能有效安抚顾客并展示关切。避免打断顾客的话,即使顾客的反馈有时不完全准确或合理。了解顾客的视角对解决问题至关重要。

(3)体谅顾客。表达对顾客感受的理解,站在顾客的立场上看待问题,这有助于让顾客感受到你的关心。例如,对顾客反映的食物温度不佳、饮料错误、服务缓慢等问题表示理解。

(4)解决问题并道歉。在多数情况下,通过减免菜品费用或提供额外服务来解决问题是有效的。如果服务人员犯了错误,应进行真诚的道歉。这样的做法能有效缓解顾客的不满,改善服务过程。

(5)感谢顾客提出意见。在处理投诉的最后一步,要感谢顾客提出意见。顾客提出问题并得到解决表明他们仍关注餐饮门店,真诚的道歉和感谢有助于恢复顾客的信任(图7-2)。

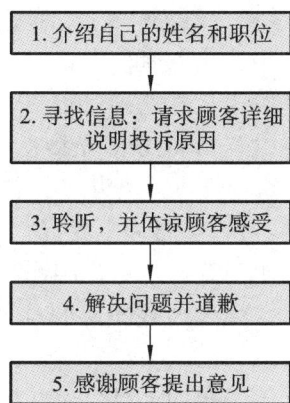

图 7-2　餐饮门店处理顾客投诉一般流程

【场景二】顾客对员工服务进行投诉

【案例 2】

某餐厅的一位顾客对服务员的服务感到不满，提出投诉，并要求餐厅开除该员工。餐厅管理层需迅速、妥善地处理该投诉，以确保顾客满意和维护餐厅声誉。

正确应对步骤如下。

（1）介绍自己的姓名和职位。当顾客提出投诉时，值班店长主动上前，明确告知顾客自己的姓名和职位，以便顾客知道你是有权解决问题的人。值班店长："您好，我是这家餐厅的值班店长××，很抱歉听到您的投诉，请您告诉我发生了什么问题，我会尽力帮助您解决。"

（2）寻找信息。请求顾客详细说明投诉的原因，避免打断顾客的话，即使顾客的反馈有时不完全准确或合理。了解顾客的视角对解决问题至关重要。值班店长："请您详细告诉我发生了什么情况？您的反馈对我们非常重要。"

（3）体谅顾客。表达对顾客感受的理解，站在顾客的立场上看待问题，这有助于让顾客感受到你的关心。值班店长："我非常理解您的感受，这种情况确实不应该发生。给您带来了不愉快的用餐体验，真是非常抱歉。"

（4）解决问题并道歉。安排当事员工当面致歉，值班店长也代表餐厅向顾客表示歉意。同时，告知顾客餐厅将采取的处理措施。值班店长："非常抱歉，我们会立即处理这件事。这位员工会向您道歉。同时，我也代表餐厅向您表示诚挚的歉意。对于员工的处理，我们会采取相应的教育和处理方式。"

（5）委婉告知顾客处理方式。委婉告知顾客，对于员工的处理，餐厅有其内部的教育和改进措施。值班店长："我们会通过加强培训，让员工改善自己的工作和服务质量，以期为您和其他顾客提供更好的服务。"

（6）感谢顾客提出意见。最后，感谢顾客提出意见，表达对其反馈的重视。值班店长："感谢您向我们反映这个问题，您的反馈对我们非常重要。我们会认真改进，以后绝不会再让您有这样的体验。"

特别要注意的是，当顾客的投诉表现出极端情绪，甚至对员工或其他顾客发出威胁时，管理者有责任确保所有人的安全。避免与顾客发生肢体冲突，并在必要时请求警察协助处理。如果顾客不停止其不当行为，管理者有权要求其离开门店。

通过上述应对步骤，餐厅管理者能够有效处理顾客的投诉，维护餐厅的声誉，同时也能提升顾客的满意度和信任度。总之，处理顾客投诉时，尊重、理解和迅速行动是关键。

（二）处理顾客投诉的技巧

在专业领域中，处理问题并非总是简单易行的。顾客的抱怨、诉求和问题需要得到高效的解决，有效的处理方法之一是询问顾客他们认为的满意解决方案。这不仅能让顾客参与问题的解决过程，还能帮助服务提供者更好地理解顾客的需求。在这一过程中，高效的谈判尤为重要。

谈判是对可能的解决方案进行评估并选择双方都能接受的方案的过程。谈判需要双方的讨论和协商，目标是达成一个大家都认为公平合理的解决方案。在谈判中，双方需要在某些问题上做出让步。为了提高服务提供者的谈判技巧，可以参考以下建议。

（1）了解顾客：了解顾客的背景和需求对于有效解决问题至关重要。通过积累顾客关系的经验，可以更好地识别顾客的真实问题和担忧。熟悉顾客的需求和动机，可以帮助服务人员提供更加有针对性的解决方案。

（2）询问并倾听：通过询问顾客并认真倾听他们的反馈，能够更好地理解问题的本质。有时候，顾客可能不愿意分享所有细节，此时需要通过有效的提问和观察，获取足够的信息。创造一个开放、友好的沟通环境，让顾客感受到重视和尊重，有助于获得更多的信息。

（3）了解企业政策：在与顾客谈判前，服务人员需要了解餐饮企业的相关政策和灵活性。了解哪些方面是可以调整的，哪些是固定的，可以帮助提供更加合适的解决方案。过多关注政策的限制，而忽略可以为顾客做的事情，会让服务人员显得不够专业。

（4）制定一致的政策：餐饮企业应根据相似的问题制定一致的政策，以维护公平性。然而，顾客可能不清楚具体政策，通过询问顾客的意见，建立开放的沟通环境，允许顾客参与问题的解决过程，可以实现更好的解决效果。

（5）处理愤怒情绪：在处理顾客的愤怒情绪时，服务人员需要尽可能态度温和，避免情绪升级。愤怒通常源于顾客的挫折和未达预期，服务人员应注意情绪管理，采取合适的策略，平息顾客的不满。

通过上述措施，餐饮门店能够系统化和高效地解决顾客投诉，显著提升服务质量。餐饮门店通过规范化的投诉处理流程，可以迅速识别和解决问题，从而减少负面影响并优化服务。顾客在遇到问题时获得及时回应和真诚处理，不仅能提高他们的满意度，也能增强顾客对餐饮门店的忠诚度。满意的顾客往往会成为回头客并推荐该餐饮门店，进一步提升餐饮门店的口碑和品牌形象。最终，这种积极的服务体验有助于餐饮门店在竞争激烈的市场中脱颖而出，实现长期的成功和发展。

知识拓展

餐厅接待员的礼貌用语的基本要求

（1）说话要用尊称、声调要平稳。对就餐来宾说话，都应用"您"来尊称，言辞上要加"请"字，如"您请坐""请您稍等一下"。

（2）说话要文雅、简练、明确，不要含糊、啰嗦。文雅就是彬彬有礼；简练就是简洁明了，一句话能说清楚的，就不用两句话，使人一听就懂。

（3）说话要委婉、热情，不要生硬、冰冷。尤其是解释的话，态度更要热情。

（4）讲究语言艺术，说话力求语义完整，合乎语法。有时，服务人员出于好意，但因为讲话意思不完整、不合乎语法，反而会使顾客产生误解，如服务人员看到顾客的米饭吃完了，想给顾客添一些米饭，于是询问"您还要饭吗？"这样的话容易引起反感。如果稍加修改，说："我再为您添一些米饭吧。"顾客听了就会觉得舒服。

（5）与顾客讲话要注意举止表情。服务人员的良好修养，不仅体现在优美的语言上，而且体现在良好的举止和神态上。如顾客到餐厅用餐，服务人员虽然说了"您好，请坐"，可是脸上不带微笑，而且漫不经心。这样会引起顾客的不满。可见，不仅要用语言，还要用表情和动作来配合。

学习任务 2　处理突发事件的应急预案制定

> **学习成果前瞻：** 学完本任务后，你将能够识别和分类餐饮门店中的各种突发事件，掌握应急预案的设计与实施方法，从而有效应对危机，提升餐饮门店的会员黏性和品牌价值。

一、餐饮门店突发事件概念

突发事件是指那些在没有预警的情况下，突然发生并对餐饮门店的日常运营、安全和声誉造成显著影响的事件。这些事件通常具有不确定性和不可预测性，需要餐饮门店管理者和员工快速反应和处理。突发事件可能涉及食物安全、人身安全、财产安全、环境安全等，对餐饮门店的影响往往是多方面的，包括经济损失、顾客信任度下降、法律风险增加等。突发事件对餐饮门店的影响可从以下几个方面来分析。

（1）经济损失。突发事件可能导致直接经济损失，如因火灾导致的财产损失、因盗窃导致的货物损失等。此外，处理突发事件的成本，如赔偿顾客、维修设备、停业整顿等，也会增加餐饮门店的经济负担。

（2）顾客信任度下降。突发事件，尤其是涉及食物安全和人身安全的事件，会严重影响顾客对餐饮门店的信任度。顾客可能会因为一次负面的体验而不再光顾该餐饮门店，并在社交媒体和口碑传播中对餐饮门店产生负面影响，进而影响潜在顾客的选择。

（3）法律风险。某些突发事件可能涉及法律问题，如食物中毒、人身伤害等，顾客可能会因此向餐饮门店提起诉讼。餐饮门店需要承担法律费用、赔偿费用，并面临法律调查和处罚的风险。

（4）品牌声誉受损。突发事件，特别是被媒体曝光的事件，会对餐饮门店的品牌声誉造成严重打击。负面新闻的传播会影响餐饮门店的公众形象，降低品牌的市场竞争力和吸引力。

（5）运营中断。突发事件可能导致餐饮门店的运营中断，如火灾、水灾、职能部门检查等，需要餐饮门店暂停营业进行整改和修复。这不仅会影响餐饮门店的日常收入，还可能导致供应链中断，影响后续的运营。

（6）员工士气低落。突发事件的发生会对员工的心理和工作状态产生负面影响。员工可能会因为事件处理不当而感到不安和焦虑，影响工作效率和士气，进而影响餐饮门店的整体运营。

（7）资源调配压力。在突发事件发生后，餐饮门店需要迅速调配资源进行应急处理。这包括人力资源、物资资源和时间资源的调配，可能对餐饮门店的其他正常运营活动产生干扰。

为了减少突发事件带来的负面影响，餐饮门店需要建立完善的应急预案，确保在事件发生时能够快速有效地应对。以下将详细分析几种常见门店突发事件的类型及可能性，并提出相应的应急预案。

二、餐饮门店突发事件类型

一般来说，餐饮门店突发事件可根据其影响范围、发生原因及处理难度等进行分类。餐饮门店管理者需根据突发事件类型做好预案，提升应急响应能力，并最大限度地减轻事件对餐饮门店运营和声誉造成的负面影响。常见的突发事件类型包括以下几种。

（1）食物中出现异物。顾客在餐食中发现异物，包括头发、虫子、金属等。这类事件发生的可能性较高，主要是由食品的复杂性和加工过程中的不确定因素导致。其影响包括顾客满意度和信任度降低，可能引发负面口碑和法律问题，对餐饮门店声誉造成负面影响。

（2）人身伤害。顾客在餐饮门店内意外受伤，如滑倒、烫伤等。此类事件发生的可能性为中等。餐饮门店环境复杂，尤其是厨房和就餐区，存在一定的安全隐患。其影响包括顾客安全受损，可能引发法律纠纷，影响餐饮门店形象和顾客忠诚度。

（3）盗偷刑事案件。顾客或员工的财物在餐饮门店内被盗或发生其他刑事案件。尽管发生可能性较低，但依然需要防范。这类事件会影响顾客和员工的安全感，可能引发法律问题和负面口碑，对餐饮门店形象造成不利影响。

（4）火灾。餐厅内发生的火灾可能由电器故障、油烟起火等引发。此类事件发生的可能性为中等。餐饮门店内使用大量电器和明火，存在火灾隐患。火灾的影响严重，可能导致人身和财产安全受到威胁，甚至导致餐饮门店停业整顿。

（5）水灾。餐饮门店遭遇洪水、暴雨等自然灾害，导致设施损坏和运营中断。此类事件发生的可能性取决于餐饮门店所在地的地理和气候条件，通常为低至中等。水灾会导致财产损失和运营中断，影响顾客体验和餐饮门店收入。

（6）职能部门检查。卫生、计量、物价、城管等职能部门对餐饮门店进行检查。此类事件发生的可能性较高，因为职能部门的定期检查是餐饮门店运营中的常见事件。如果不合规，可能面临罚款、停业整顿等处罚，影响餐饮门店声誉和运营。

（7）食物中毒。顾客因食用不合格食物而出现食物中毒症状。尽管餐饮门店会严格控制食品安全，但仍存在一定风险，发生可能性为中等。其影响严重，威胁顾客健康，可能导致法律诉讼和品牌损害，甚至导致餐饮门店停业整顿。

通过详细分析这些突发事件类型及发生可能性，餐饮门店店长和员工可以更好地理解和应对各种突发事件，确保顾客和员工的安全，维护餐饮门店的正常运营和良好形象。

【场景三】顾客受伤处理流程

【案例3】

某餐厅在营业过程中，一位顾客意外受伤。餐厅管理层需迅速、妥善地处理该事件，以维护顾客的安全、信任和餐厅的声誉。

顾客在餐厅用餐时不慎摔倒受伤，随后向服务员求助。正确处理步骤如下。

（1）了解情况并表示关切。服务人员应立即了解顾客的受伤情况，并表示高度关切。服务人员："非常抱歉发生这样的事情，请告诉我您现在感觉怎么样？"

（2）提供紧急协助。视情况需要，服务人员应立即主动提出协助送医检查，必要时为顾客联络亲友。服务人员："您的情况需要立即处理，我可以送您去医院检查吗？我们也可以联系您的家人。"

（3）报备主管和危机处理小组。服务人员需立即报备主管和危机处理小组，以取得指导和支持。服务人员："我会立即向主管和危机处理小组报告这一情况，以便我们能更好地帮助您。"

（4）处理受伤责任。如果确认顾客受伤是餐厅的责任，应考虑为顾客垫付治疗费用，并在事发后的第二天与顾客联系询问病情或进行探望，不争论责任，表示歉意和遗憾。服务人员："我们会承担您的治疗费用，并在明天与您联系，确认您的恢复情况。"

（5）轻微受伤处理。如果顾客受伤较轻微，服务人员应了解相关情况，并询问顾客是否需要协助送医检查或其他帮助，并留下顾客的联系方式，在第二天进行问候。服务人员："您的伤势看起来不严重，但我们可以送您去医院检查一下。请留下您的联系方式，我们明天会跟进您的情况。"

（6）严重受伤处理。如果顾客受伤严重（出现流血或其他症状），需立即协助送医治疗，必要时拨打120急救电话，为顾客联络亲友并垫付医疗费。服务人员："您的情况看起来比较严重，我们会立即送您去医院，并拨打急救电话。同时，我们会联系您的家人，并为您垫付医疗费用。"

（7）后续追踪和改进。在处理顾客受伤事件的同时，应立即检查造成伤害的原因并进行整改，对事件进行完整记录，留下证人信息，报备店长、营运督导及相关负责人，完成危机事件报告单。服务人员："我们会详细记录此次事件，并立即进行整改，以防类似事件再次发生。"

该案例展示了餐厅在顾客受伤事件中的正确处理流程。通过迅速了解情况、提供紧急协助、报备主管和危机处理小组、处理受伤责任、轻微及严重受伤处理以及进行后续追踪和改进,餐厅可以有效维护顾客信任和餐厅的声誉。

三、制定应急预案流程

为了有效应对突发事件,确保餐饮门店的安全和正常运营,制定科学合理的应急预案是必不可少的。应急预案的制定流程包括识别风险、制定预案、实施培训、演练评估和持续改进五个步骤。以下是详细的应急预案制定流程。

（一）识别风险

识别风险是应急预案制定的首要步骤。通过全面的风险评估,餐饮门店能够明确可能面临的突发事件类型及发生概率,从而为后续的预案制定奠定坚实基础。常见的风险评估方法如下。

❶ **头脑风暴法**　组织餐饮门店管理层和员工共同讨论,集思广益,列出所有可能的突发事件。这种方法可以激发创造性思维,确保不遗漏任何潜在风险,并能够挖掘出平时未曾考虑的风险因素。

❷ **历史数据分析法**　收集和分析餐饮门店及行业内发生过的突发事件案例,通过对这些案例的深入分析,识别出常见的风险类型和事件模式。这种方法可以帮助餐饮门店借鉴以往的经验,有针对性地制定应急预案。

❸ **情境分析法**　模拟不同情境,评估各类突发事件发生的概率和可能的影响。通过构建不同的情境,餐饮门店能够预测各种突发事件的潜在影响,并制定有针对性的应急措施,以提高预案的全面性和实用性。

通过识别风险,餐饮门店可以制定有针对性的应急预案,确保覆盖所有潜在风险,提升应对突发事件的能力和效果。

（二）制定预案

制定预案是应急预案制定的核心步骤。预案内容应全面、详细,涵盖应急组织结构、应急措施、应急资源配置和责任分工。具体步骤如下。

❶ **建立应急组织结构**　明确应急管理小组的组成和职责,包括组长、副组长及各成员的职责,确保在突发事件发生时能够迅速有效地组织应急响应。应急组织结构应根据餐饮门店规模和实际情况进行调整,确保结构合理和高效。

❷ **制定应急措施**　针对不同类型的突发事件,制定详细的应急措施和操作步骤。例如,对于火灾事件,预案中应包括疏散顾客、使用灭火器扑灭初期火灾、拨打 119 报警、联系消防部门等具体操作步骤。这些措施应覆盖事件发生的各个阶段,从初期应对到事件后的处理都应详细规定。

❸ **配置应急资源**　确保餐饮门店内配备足够的应急资源,如灭火器、急救箱、应急照明设备等。除此之外,还应建立与当地医院、消防部门、警察局等外部应急资源的联系,以便在紧急情况下能够迅速获得支持和帮助。

❹ **明确责任分工**　清晰划分应急管理小组每个成员的具体职责,确保在突发事件发生时,各成员能够迅速反应和协调行动。责任分工应涵盖应急指挥、信息沟通、现场管理、后勤支持等各个方面。

（三）实施培训

应急预案制定完成后,需要对餐饮门店员工进行全面的培训,以提高他们的应急意识和应急能力。培训内容如下。

❶ **应急预案内容讲解**　详细讲解各类突发事件的应急措施和操作步骤,确保员工了解应急预案的具体内容和要求。通过理论培训,员工应能掌握应急处理的基本知识和方法。

Note

② **应急技能培训**　对员工进行急救、灭火、疏散等应急技能的培训,使其能够在突发事件发生时采取正确的措施进行应对。培训应结合实际操作,确保员工能够熟练掌握各类应急技能。

③ **应急演练培训**　定期组织应急演练,模拟突发事件的应急处置过程,提高员工的实际操作能力和应急反应能力。演练应包括现场演习和桌面推演,以全面测试应急预案的实施效果和员工的应急能力。

（四）演练评估

应急预案的有效性需要通过实际演练来验证。定期组织应急演练,并对演练效果进行评估。演练评估的步骤如下。

① **制定演练计划**　明确演练的时间、地点、参与人员和演练内容,确保演练的有序进行。演练计划应详细说明演练的目标、步骤和要求,以确保演练的有效性。

② **实施演练**　按照演练计划,模拟突发事件的应急处置过程,测试应急预案的实际可操作性和员工的应急反应能力。演练过程中应记录所有操作细节,确保对演练过程有全面的了解和掌握。

③ **评估演练效果**　通过演练评估表、现场观察和员工反馈等,评估演练效果,发现预案中的不足之处并提出改进建议。评估应包括对预案执行情况、员工表现和问题处理的全面分析,以优化应急预案。

（五）持续改进

应急预案的制定和实施是一个动态的过程,需要不断改进和优化。持续改进的步骤如下。

① **收集反馈**　通过演练评估、员工建议和实际突发事件的处置情况,收集预案实施过程中的问题和改进建议。反馈应包括对预案内容、培训效果和实际操作的全面评价,为改进提供依据。

② **调整预案**　根据收集的反馈,对应急预案进行调整和优化,确保预案的科学性和实用性,以适应不断变化的实际情况。调整应包括对预案内容、组织结构和资源配置的全面更新,以提升预案的有效性。

③ **更新培训**　根据调整后的应急预案,及时更新员工培训内容,确保员工掌握最新的应急措施和操作步骤。培训更新应结合最新的预案内容和实际情况,以提高员工的应急处理能力。

通过以上应急预案制定流程(图 7-3),餐饮门店能够建立科学、系统的应急管理体系,提升应对突发事件的能力,保障顾客和员工的安全,维护餐饮门店的正常运营和良好形象。同时,科学的应急预案还能够有效减少突发事件带来的经济损失、声誉损害及法律风险,为餐饮门店的长期稳定发展提供有力保障。

四、实施应急预案的步骤

在应急预案制定完成后,确保其有效实施是关键。实施应急预案的步骤包括培训与教育、演练与模拟、资源配置与管理、员工心理支持。

① **培训与教育**　在应急预案的实施过程中,培训与教育是至关重要的。新员工入职时,应接受全面的应急预案培训,确保他们了解基本的应急措施和个人职责,包括应急预案的整体框架、常见突发事件的处理方法及岗位相关的具体操作要求。除了入职培训外,还需定期对所有员工进行应急预案培训,以更新他们的知识和技能,特别是针对高风险岗位的员工,这种培训应结合实际情况和最新预案内容,确保员工能够及时掌握并应用应急处理技巧。对于负责特殊任务的员工,如急救员和灭火员,应进行专业技能培训,包括急救技术、灭火方法和应急设备操作,以确保他们在突发事件中能发挥关键作用。

② **演练与模拟**　在应急预案实施过程中,演练与模拟是关键环节。首先,根据预定的演练计划,定期组织模拟突发事件的应急演练,如火灾逃生演练和食物中毒应急演练等。这些演练应模拟真实的突发事件场景,旨在测试员工的应急反应能力和预案的实际操作效果。其次,进行突击检查

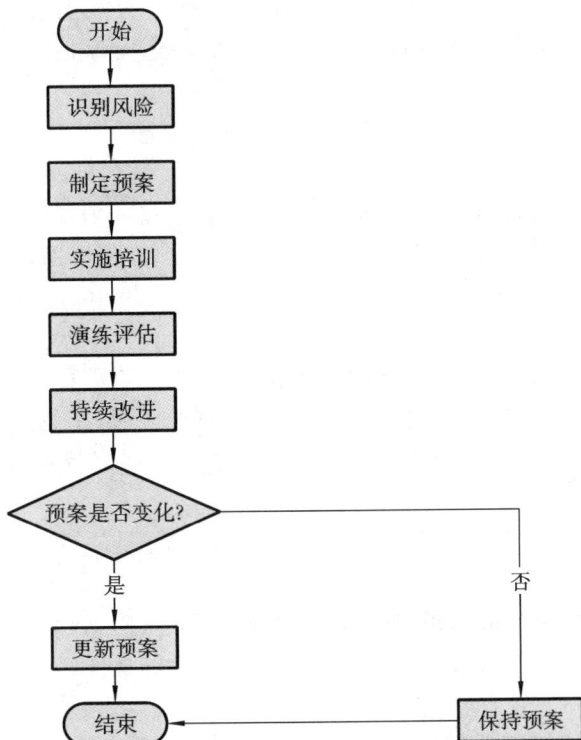

图 7-3　应急预案制定流程图

和演练，目的是测试员工在无预警情况下的应急反应能力。这类突击演练有助于评估员工在突发情况中的实际表现，发现潜在问题并加以改进。每次演练结束后，应进行总结与评估，通过全面分析演练效果，收集员工反馈，明确改进方向，以提高应急预案的有效性和员工的应急处理能力。

❸ 资源配置与管理　在应急预案实施过程中，资源配置与管理至关重要。首先，进行应急物资管理，包括定期检查和维护（必要时更换）关键应急设备，如灭火器、急救箱和应急照明设备，确保这些物资始终处于良好状态，能够在实际应急情况下发挥应有作用。其次，应急联络网络的建立与维护同样重要。应建立并保持与当地医院、消防部门等外部应急资源的紧密联系，确保在突发事件发生时能够迅速得到支援。联络网络应定期更新，确保信息准确无误，并保持畅通，以应对各种突发情况。

❹ 员工心理支持　在突发事件发生后，为确保员工能够快速恢复正常工作状态，提供心理支持和疏导显得尤为重要。心理疏导应包括专业心理咨询和情绪疏导，以帮助员工有效处理突发事件带来的心理压力和情绪困扰。通过系统的心理干预，员工可以缓解焦虑、恢复心理平衡，从而提高工作效率和团队凝聚力。与此同时，建立员工互助支持网络也是关键措施之一。互助支持网络应包括员工互助小组和沟通平台，确保每位员工在需要时都能得到同事的关怀和支持。这种互助支持网络不仅能为员工提供实质性的帮助，还能增强团队的整体稳定性和协作精神。

通过上述步骤，餐饮门店能够在突发事件发生时，快速而有效地实施应急预案，保障顾客和员工的安全，维护餐饮门店的正常运营。同时，科学的应急管理和员工支持措施可以提升餐饮门店的应急反应能力，降低突发事件对餐饮门店运营和声誉的影响。

五、分析餐饮门店突发事件处理案例

为了更好地理解和应用应急预案，以下列举几个典型的突发事件处理案例，供参考和学习。

❶ 案例一　火灾应急处理。
某餐厅厨房突然起火，火势迅速蔓延。应急处理步骤如下。

（1）迅速报警：发现火情后，立即通知店长或应急管理小组组长，并拨打 119 报警。

（2）疏散顾客：启动火灾应急预案，组织员工引导顾客迅速有序地从安全通道撤离，避免拥挤和踩踏。

（3）初期扑救：在确保安全的前提下，使用灭火器扑灭初期火灾。若火势无法控制，应立即撤离，并等待消防人员到场。

（4）清点人数：疏散完成后，清点员工和顾客人数，确保所有人安全撤离。

（5）配合调查：火灾过后，配合消防部门进行火灾原因调查，并根据调查结果改进预防措施和应急预案。

❷ 案例二 食物中毒应急处理。

某餐厅内，多名顾客在用餐后出现食物中毒症状，应急处理步骤如下。

（1）立即隔离：将疑似食物中毒的顾客安置在通风良好的区域，避免交叉感染。

（2）紧急救助：为顾客提供基本的紧急救助，如补充水分、保持安静等。必要时，拨打 120 急救电话，送医治疗。

（3）停止使用疑似食品：立即停止使用和销售所有疑似引起中毒的食品，并封存相关原料和菜品。

（4）报告与调查：向当地卫生部门报告事件，配合相关部门进行调查，查明原因。

（5）公开声明：事件调查结束后，向公众发布正式声明，解释事件经过和处理结果，并表示对受影响顾客的关心和赔偿意愿。

通过上述案例，可以更直观地理解应急预案的重要性。每个突发事件的处理过程都应详细记录，并在事后进行总结和反思，不断完善应急预案，提高餐饮门店应对突发事件的能力。

学习任务 3 媒体关系维护与防范恶意损坏的策略

学习成果前瞻：学完本任务后，你将能够有效维护媒体关系，识别和应对恶意损坏的行为，制定相应的策略，从而提升餐饮门店的公众形象和品牌价值。

一、应对负面事件策略

在餐饮门店的日常运营中，媒体曝光和负面事件是不可避免的挑战。正确应对媒体曝光和负面事件，不仅能够维护餐饮门店的声誉，还能提升顾客信任度。以下将从三个方面详细说明应对措施。

（一）快速反应与信息收集

面对类似的突发危机事件，餐饮门店应立即成立危机处理小组，由门店经理或最高管理层负责，统一指挥应急处理工作。这支团队需要迅速收集并核实事件的具体情况，了解事实真相，避免信息误传。准确的信息收集是制定有效应对方案的基础，有助于防止因误传信息而导致危机进一步扩散。

例如，某餐厅在营业高峰时段接到了媒体的电话采访，称有顾客投诉在该餐厅就餐后发生食物中毒。接电话的员工礼貌地请对方稍等，立即将电话交给资深的管理者接听。管理者了解采访者的身份、采访目的及顾客投诉的内容，并取得了对方的联系方法，告知回复时间。随后，管理者迅速报备主管及危机处理小组。

（二）制定应对方案

在收集和核实信息后，应对事件进行详细分析，评估其性质及可能的影响范围。根据分析结果，制定具体的应对方案和行动计划。同时,与相关部门(如法律顾问、公共关系部门等)进行协调,确保应对措施合法、合规。统一的行动计划能确保所有相关人员步调一致,快速有效地处理危机事件。

（三）实施应对措施

在制定好应对方案后,及时对外发布官方声明,澄清事实,表达企业态度和应对措施。通过各种渠道(如社交媒体、官方网站等)与顾客沟通,解释事件真相,并提出解决方案。同时,对员工进行培训,确保他们了解事件真相和应对策略,避免误传信息。通过内部培训,提高员工在面对危机时的应对能力,避免因信息传递不畅而导致的二次危机。

例如,在确认了顾客投诉的真实情况后,餐饮门店迅速发布官方声明,澄清事实,表达歉意并提出解决措施。通过社交媒体和官方网站与顾客沟通,解释事件真相,并提出具体的补救方案。

二、媒体关系维护方法

良好的媒体关系是应对媒体曝光的关键。建立和维护良好的媒体关系,可以帮助企业在危机时刻获得媒体的理解和支持。

（一）媒体电话询问

接到媒体电话采访时,应立即将电话交给当时餐饮门店的资深管理者接听。对媒体的提问,应礼貌对答,了解采访者的身份、采访目的,并取得对方的联系方法,告知回复时间。同时,填写媒体采访联系单,并将其报备给主管及危机处理小组。特别是针对顾客投诉的电话采访,必须迅速、礼貌地回复,了解采访者的身份和目的,并取得联系方式,告知回复时间,报备主管及危机处理小组。

（二）媒体到餐饮门店采访

当媒体到餐饮门店进行采访(无论是因为顾客投诉而采访还是日常采访活动)时,应礼貌接待,提供饮料和食品,记录媒体的联系资料,并立即报备主管及危机处理小组,必要时由危机处理小组到场解决。在了解采访意图后,应及时答复,特别是对负面采访,更应注意准确把握媒体意图,给出准确回复时间并在承诺时间内给予回复。

在媒体拍照或摄像时,应告知拍摄范围的限制,如厨房区、前台收银机等不能拍摄,确保拍摄是用于正面报道。如果媒体需要采访员工或顾客,应说明员工未经授权不能接受采访,若要采访顾客,应在采访顾客前征得顾客同意,建议提供相关资料配合。对于不透露身份和媒体名称的负面采访,委婉表示确认身份和联系方式的重要性,给出准确回复时间并及时回复。

（三）媒体拍摄活动

【场景四】一部电视剧的剧组希望在某餐饮门店内取景拍摄。

该餐饮门店礼貌接待剧组,了解并确认了剧组的背景和身份,详细了解了剧本内容,并将相关信息报备给危机处理小组审核。危机处理小组确认后,餐饮门店给予了相应的拍摄配合,并确保拍摄活动不影响正常营业和顾客体验。

三、品牌声誉管理

品牌声誉是企业的无形资产,维护品牌声誉需要企业长期不懈的努力,特别是在面临危机时。

（一）品牌建设

企业应明确品牌定位和核心价值,树立良好的品牌形象。通过各种渠道(如广告、社交媒体、公共关系活动等)传播品牌价值,提升品牌知名度和美誉度。品牌建设不仅仅是企业的对外宣传,更是企业文化和价值观的体现,通过持续的品牌建设,让顾客对企业产生信任感。

（二）客户关系管理

重视客户反馈,及时处理客户投诉,提升客户满意度和忠诚度。通过建立会员制度、定期回访等方式,维护良好的客户关系。客户的满意度和忠诚度是衡量品牌声誉的指标,通过积极的客户关系管理,企业可以获得更多的正面口碑,降低负面事件发生的概率。

(三)持续改进

加强产品和服务质量管理,确保提供优质的产品和服务,减少负面事件的发生。定期进行内部审查和风险评估,发现潜在问题并及时改进。通过持续改进,企业可以不断提升自身竞争力,减少危机事件的发生,提高危机应对能力。

通过上述措施,餐饮门店可以有效应对媒体曝光和负面事件,保护企业的品牌声誉和市场竞争力。应对危机事件时,快速反应、积极沟通、透明处理是关键,同时要加强品牌建设和客户关系管理,从根本上减少危机事件的发生。

课后实训

实训活动 1:某餐饮门店在高峰时段接到顾客投诉,称就餐后发生食物中毒,媒体已开始报道此事。请各小组迅速制定应急处理方案并进行模拟演练。

实训活动 2:某餐饮门店接到顾客投诉,顾客对食物质量不满并在社交媒体上发文投诉,导致负面评价不断增加。各小组需要模拟处理顾客投诉的全过程,包括接待投诉、调查问题、提供解决方案和后续跟进。

餐饮采购与供应管理

扫码看课件

教学视频

学习目标

知识目标 了解餐饮供应链的构成;了解供应链发展的趋势、供应链竞争的特点;掌握餐饮原料采购的原则、方法、基本要求;熟悉采购流程;掌握库房管理的工作要求、管理任务、各项监控点、规章制度;掌握最高库存、最低库存、订货点设置。

技能目标 能够制定采购规格书,合理科学地计算采购数量,熟悉确定和监控采购价格的方法。掌握餐饮原料的出入库管理;掌握库房的盘点,能够控制库存容量。

思政育人目标 培养敬业精神和责任感,塑造成本思维,培养表单管理习惯。

课程思政

采购员的思想品德素质

采购工作没有固定规则可循,加上采购行为稽查困难,使得采购工作成为"良心工作"。因此,觉悟高、品行端正是一个采购员应有的基本素质。只有思想品德高尚的人,才能大公无私、克己奉公,处处为企业大局着想,不贪图个人小利。在实际工作中,许多采购员拿回扣,要好处费,或借采购之机游山玩水,造成企业采购费用开支过大,或所采购商品质量低劣,给企业造成巨大损失。结合当前很多企业的实际情况,采购员应具备以下基本的思想品德素质。

(1)胸怀坦荡,大公无私。

(2)有很强的责任心和敬业精神。

(3)有良好的职业道德,把企业的利益放在首位,严格把好进货关。

(4)有较强的抗压能力。采购工作是一项重要、艰巨的工作,要与企业内外方方面面的人打交道,经常会受到来自企业内外的"责难",采购员应具有应付复杂情况和处理各种纠纷的能力,在工作中被误解时,能承受得住各种各样的"压力"。

导读

学习目的、意义 餐饮采购与供应链管理有利于保证菜品质量与稳定供应,供应链的整合有利于控制成本与提高利润,有利于提升运营效率,优化库存管理,保障生产流程顺畅。

内容概述 分析餐饮供应链的构成和发展态势,帮助学生熟悉餐饮供应链的特点、热点以及供应链竞争的要素,加深学生对餐饮生产经营活动的认知;分析采购、验收、仓储相关流程,使学生熟悉和掌握采购、验收和仓储的要求、标准、方法以及表单管理。

Note

导入案例

　　彭记坊荣获"湖南省著名商标""坛子菜第一品牌"等称号。彭记坊每年锁定特定产区的香芋、辣椒等原料规模采购。二次生物发酵技术和清卤工艺是该公司的产品技术核心:2011年,彭记坊与湖南农业大学的科研团队共同研发出"汉逊德巴利酵母菌及其发酵液、混合发酵液和在二次发酵蔬菜中的应用技术",实现产品亚硝酸盐含量几乎为零的目标。

　　(1)深耕B端,客群定位中高端餐饮。彭记坊的下游渠道主要是中高端连锁餐饮、酒店。彭记坊定位高品质,客户主要是客单价60多元的湘菜餐厅(行业平均客单价在45~50元),客户群体看重的核心是产品力。

　　(2)重视校企合作研发,生物发酵技术领先。彭记坊与湖南农业大学、长沙理工大学等长期合作研发,联合突破生物发酵、冷冻技术等应用技术课题。

　　(3)厨务顾问辅助经销商开拓客户、推介新品。厨务顾问帮助经销商客户做B端客户拓展,强化服务(向经销商下游的餐厅厨师长展示新品、进行菜品使用示范,了解厨师需求,将市场前端信息反馈给公司,进而升级产品/研发新品。

　　(4)产品差异化源于湘菜丰富的味型、优质的食材。

　　(5)选品考虑:原料必须要可控制、可管理,规模优势带来成本摊薄,原料价格比行业平均低10%~20%。

　　彭记坊特色单品如图8-1所示。

图8-1　彭记坊特色单品

学习任务 1　认识餐饮供应链

　　学习成果前瞻:学习完本任务,你将了解互联网背景下餐饮供应链的构成、变革趋势以及供应链领导者的主要特征。

一、餐饮供应链及其发展趋势

　　从产业链视角定义餐饮供应链:连接上游农业与下游餐饮业的中游部分被称为餐饮供应链,主要产品包括速冻食品(如速冻米面、速冻火锅料、预制菜肴等)、卤制品、复合调味品等。从本质上看,供应链服务商是利用规模效应的力量实现降本增效,赋能产业链。

　　过去,餐饮的前端制作环节(如食材清洗加工、调味品搭配等)往往由下游餐饮企业或家庭独立完成,而餐饮供应链本质上是整合下游需求,并对上述前端制作环节进行标准化、集约化处理,提供安全稳定的原料,提升全行业效率。

餐饮供应链涉及三大业务流程。①原料采购:食品加工企业与供应商沟通达成合作,采购原料。②产品制作:通过中央厨房或食品工厂将原料加工成半成品或成品。③物流配送:由冷链物流负责将产品及时送达餐饮门店,最终服务于消费者。高效且优质的餐饮供应链对于确保原料和产品的质量、降低成本、提高效率至关重要。

中国传统餐饮食材供应链环节众多且复杂,食材从原产地流通到餐饮终端一般需要经过多级批发商或经销商流转,不仅导致食材损耗率偏高,而且层层加价,增加餐饮企业采购成本、降低采购效率。此外,当前上游食材供应仍以初级食材为主,产品附加值较低。中国、美国、日本餐饮供应链主要指标对比如表 8-1 所示。

表 8-1　中国、美国、日本餐饮供应链主要指标对比

主要指标	中国	美国	日本
食材损耗率	10%~15%	约 5%	约 5%
蔬菜冷链渗透率	7%	80%~100%	80%~100%
冷冻食品冷链渗透率	66%	80%~100%	80%~100%
每百万人冷藏车保有量	118 辆	749 辆	1181 辆
每千人冷库保有量	143 立方米	440 立方米	277 立方米

与发达国家相比,中国餐饮食材供应链建设水平差距较大,主要原因在于以下两个方面。

(1)餐饮连锁化、规模化程度不足。当前中国餐饮连锁化率约 21%,较美国和日本还存在差距,较低的连锁化率使行业整体中央厨房建设水平落后。同时,餐饮行业极度分散且规模化程度较低,导致对上游食材的集中采购规模不足。

(2)相关基础设施建设落后。中国冷链基础设施建设水平与发达国家相比仍存在较大差距,中国连锁经营协会数据显示,当前中国蔬菜和冷冻食品冷链渗透率仅为 7% 和 66%,低于美国和日本。此外,中国每百万人冷藏车保有量不及美国的 1/6,每千人冷库保有量不及日本的 1/2。

随着餐饮连锁化和规模化程度的提高,近年来已经有越来越多的企业开始意识到餐饮食材供应链的重要性。食材供应商、餐饮企业、零售商、互联网企业等纷纷开始布局餐饮食材供应链,推动餐饮食材供应链向以下方向升级:一是餐厅标准化、集约化,同时兼具 C 端(终端消费者)销售属性的预制菜成为热点;二是在流通环节,区别于传统多级经销模式,提供一站式服务的集成供应链服务商和供应链平台正在发展壮大。餐饮食材供应链流程如图 8-2 所示。

从供应链发展趋势来看,预制菜成为行业热点。预制菜是餐饮行业工业化进程的必然产物。使用预制菜,餐饮企业可以缩短出餐时间、保证菜品质量稳定、降低对厨师的依赖度并减少后厨面积,进而提升餐饮门店翻台率,满足餐饮企业降本增效的需求。此外,普通家庭消费改变也带动了预制菜在 C 端的火热发展,便捷的制作方式使得预制菜受到众多消费者青睐,丰富了消费者的餐饮消费场景。

从企业视角看,当前布局预制菜的企业类型按照自身背景不同,可以分为五类。不同企业由于业务类型的差异,在预制菜领域的发展模式与特点也各有不同(表 8-2)。

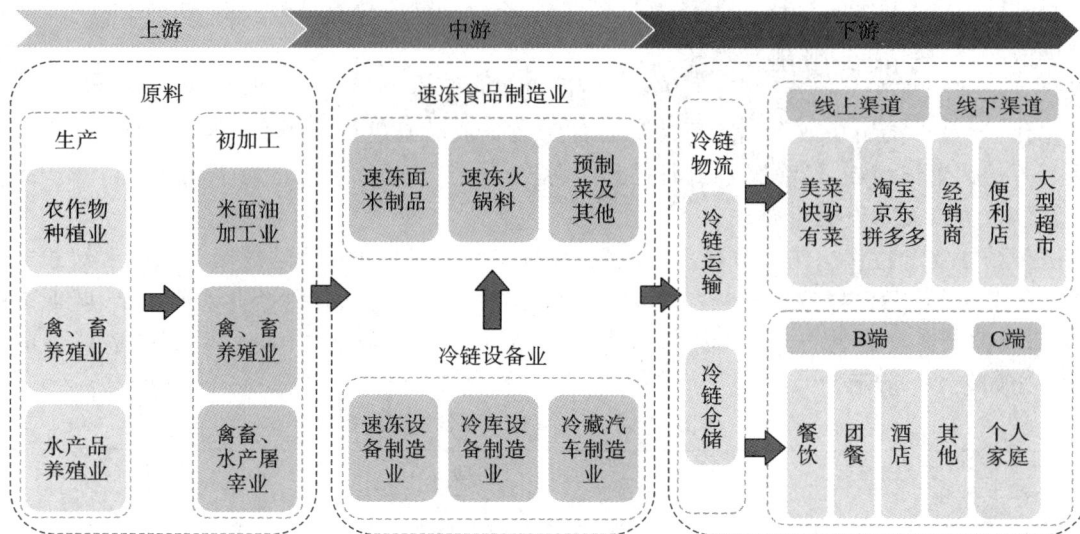

图 8-2　餐饮食材供应链流程图

表 8-2　布局预制菜的企业类型及模式

企业类型	初级食材供应商	冻品商	专业预制菜企业	餐饮企业	零售商
代表企业/品牌	圣农、国联水产	安井、千味央厨	味知香、珍味小梅园	西贝、眉州东坡、广州酒家、海底捞	盒马工坊、叮咚买菜、每日优鲜
客户类型	To B & C	To B & C	To B & C	To C	To C
生产模式	自有生产基地，契合原有加工产品生产线	自有生产工厂	区域性工厂生产辐射，少量代工	自有中央厨房	代工生产为主
优势	上游原料供应优势，渠道黏性强	规模化优势，渠道分销能力强，冻品开发能力强	产品研发能力强，品牌力强	菜品研发能力强，门店渠道优势，餐饮品牌加持	渠道优势，消费者洞察能力强

注：To B，面向企业消费者；To C，面向终端消费者。

　　从产品视角看，当前预制菜处在标准探索初期。2024 年 3 月市场监管总局等部门联合印发《关于加强预制菜食品安全监管　促进产业高质量发展的通知》，首次明确了预制菜的定义和范围，推动了预制菜标准体系和食品安全监管。此外，2024 年 3 月商务部等部门发布《关于促进餐饮业高质量发展的指导意见》，提出规范预制菜产业发展。预制菜是以一种或多种食用农产品及其制品为原料，使用或不使用调料等辅料，不添加防腐剂，经工业化预加工制成，配以或不配以调料包，符合产品标签标明的储存、运输及销售条件，加热或熟制后方可食用的预包装菜肴。传统速冻米面制品、方便食品等主食类食品不属于预制菜，连锁餐饮中央厨房自行制作并向自有门店供应的产品亦不纳入预制菜范围。同时大力推广餐饮环节使用预制菜明示，保障消费者的知情权和选择权。

　　预制菜的引入对企业而言是降本增效。在我国传统餐饮企业成本中，原料成本占比最高，为 38%；人力成本与租金成本的占比分别为 22% 与 10%。餐饮企业在使用预制菜之后，可以有效减少人工成本，提高出菜效率，降低餐饮企业平均成本，提高盈利水平。数据显示，餐饮企业在使用预制菜后，人力成本占比从 22% 下降至 12%，而净利润占比则从 20% 上升至 27%。餐饮企业成本结构见图 8-3。

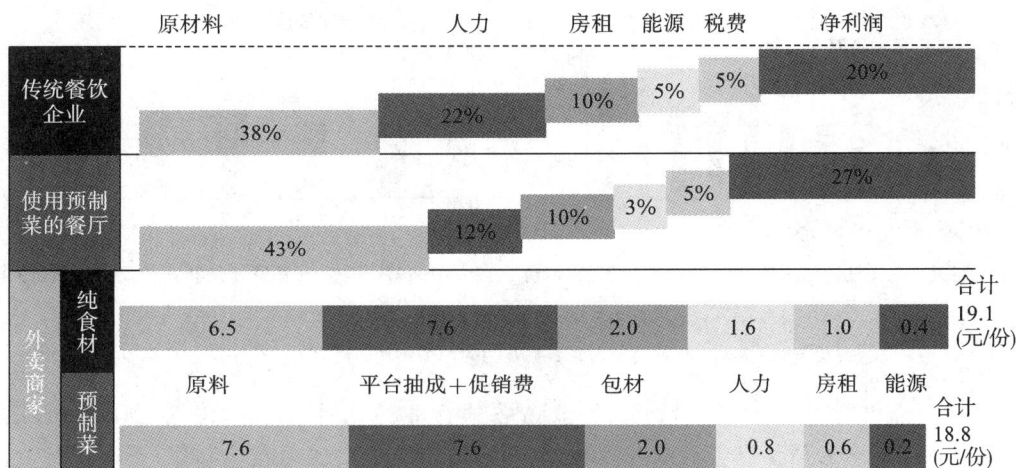

图 8-3　餐饮企业成本结构图

经过预制菜改良后的餐饮产业链复合发展趋势如图 8-4 所示。

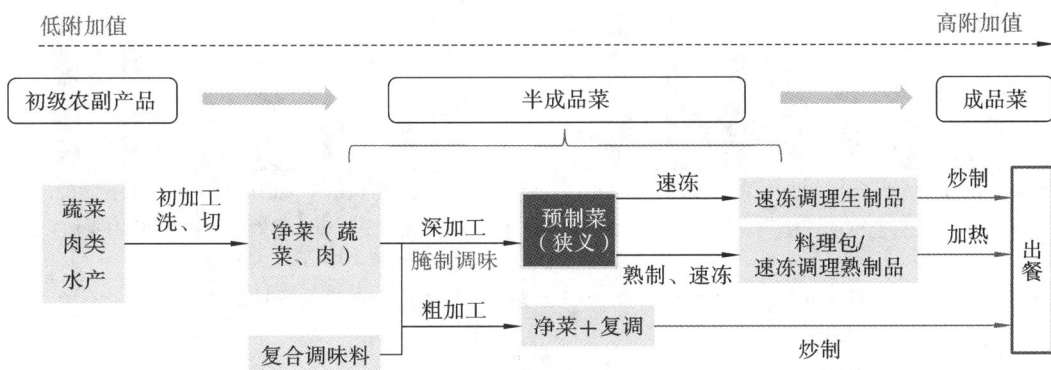

图 8-4　餐饮产业链复合发展趋势

二、餐饮企业的扩张和竞争未来将落地到供应链的竞争

(一)连锁商业模式的发展,必须落地供应链

面对传统原料成本高、人力成本高、房租高和利润低的问题,餐饮企业积极寻求降本增效的解决措施。数据显示,使用半成品加工后,传统餐饮企业的人力成本占比下降 16%,能源成本占比下降 2%。餐饮供应链成为餐饮企业降本增效的有力抓手。近年来,随着生活节奏和消费习惯的改变,消费者对品牌化、标准化餐饮服务的需求逐渐增长。中国餐饮市场不断适应变化,连锁化趋势日益显著。连锁化不仅能够保证食品质量和服务水平的一致性,还能通过规模化经营有效降低原料成本、人力成本、宣传成本,提高运营效率。据国家统计局数据,自 2012 年以来,连锁餐饮企业门店总数年复合增长率(CAGR)维持较高的增速,达到了 11.07%。据美团新餐饮研究院数据,中国餐饮连锁化率由 2019 年的 13% 提升至 2023 年的 21%(图 8-5),餐饮业正变得更加集中化和规模化,连锁经营成为行业发展的主要趋势。

(二)新兴业态模式苗壮成长,推动餐饮供应链发展

餐饮供应链能够迎合外卖、团餐等新兴业态模式的快速发展需求,在提高效率的同时能够有力保证食品安全。①外卖迎合了“懒宅经济”下的餐饮需求,外卖业务的快速增长提高了对备菜速度、食品口味、质量稳定的要求。这一变化推动外卖商家采用预制食品,使餐饮供应链的供应效率提升。数据显示,2022 年中国外卖餐饮行业市场规模达 9417 亿元,5 年 CAGR 达到了 27.99%。据饿了么

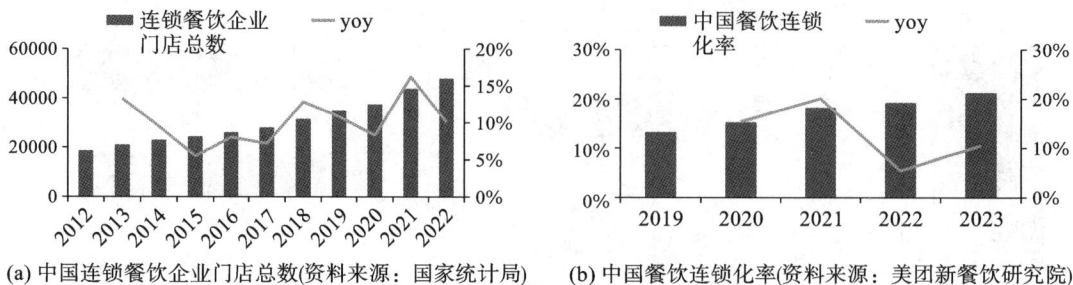

(a) 中国连锁餐饮企业门店总数(资料来源：国家统计局)　(b) 中国餐饮连锁化率(资料来源：美团新餐饮研究院)

图 8-5　全国餐饮连锁化率

注：yoy 为同比增长率，一种用于衡量数据在相邻两个年度周期之间变化幅度的指标。

即时电商研究中心数据，2022 年在线外卖行业占餐饮行业的比重再创新高，达到 25.4%(图 8-6)。②团餐业务对食品安全和质量有着明确的标准，倒逼餐饮供应链实现标准化制作，严格把控食品安全。2023 年团餐市场规模达 2.1 万亿元，占餐饮市场规模的 40.5%，近年来的 CAGR 领先整体市场。

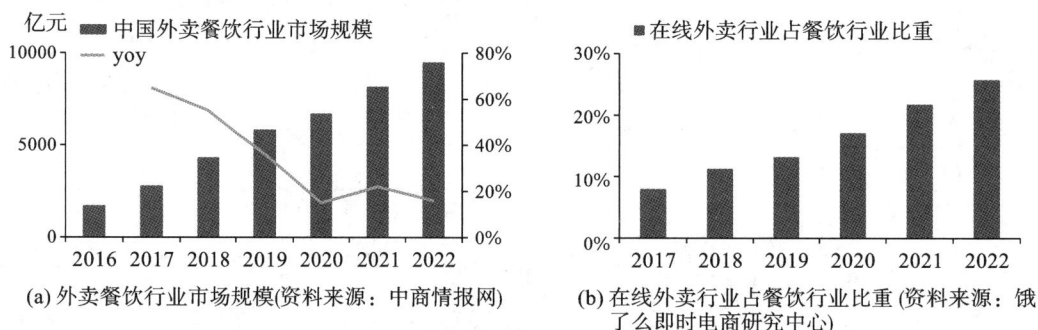

(a) 外卖餐饮行业市场规模(资料来源：中商情报网)　(b) 在线外卖行业占餐饮行业比重 (资料来源：饿了么即时电商研究中心)

图 8-6　我国外卖餐饮行业市场规模和在线外卖占餐饮行业比重

(三)餐饮行业剧烈波动，餐饮供应链是稳定力量

2023 年，全国餐饮收入突破五万亿元大关，合计 52890 亿元，增长 20.4%。餐饮收入在社会消费品零售总额中的占比增速领跑其他类型(参考中国饭店协会研报 2024)。然而，受价格战、同质化竞争和成本压力的影响，尽管全国餐饮收入同比有所增长，但利润未同步提升，餐饮行业正位于阶段性低点。餐饮企业新注册量和注销吊销量均较高，行业正处于剧烈波动阶段。连锁餐饮企业如百胜中国等在激烈的市场竞争和成本压力影响下，纷纷实施降价调整策略，以抢占更多的市场份额，使利润端短期承压(图 8-7)。餐饮供应链恰能为餐饮企业提供有效的降本增效策略，正逐渐被市场拥抱，发展前景光明，在餐饮市场剧烈波动的背景下将大有可为。

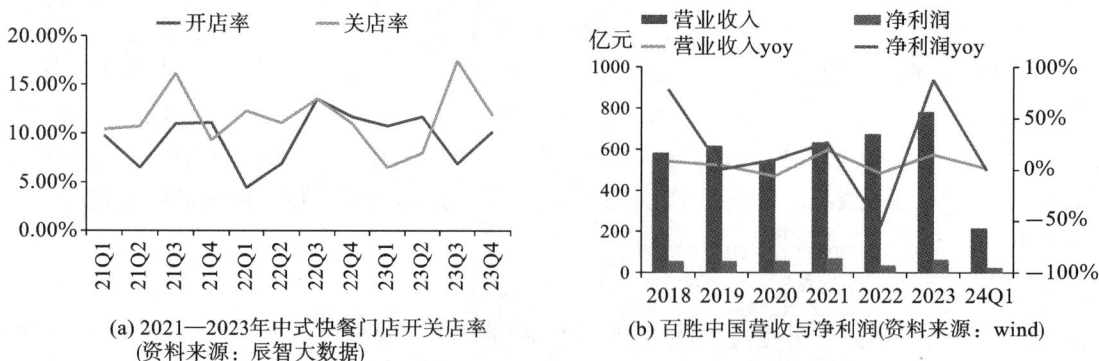

(a) 2021—2023年中式快餐门店开关店率(资料来源：辰智大数据)　(b) 百胜中国营收与净利润(资料来源：wind)

图 8-7　2023 年中式快餐开关店率和百胜中国营收与净利润图

三、供应链竞争中容易脱颖而出的"强者"

供应链竞争带来的副作用就是产品的同质化,一般而言,以下品类往往能在供应链竞争中脱颖而出。

(一)盈利强、有定价权的产品

产品的定价权往往来自原料的管控和产品工艺的复杂度。上游原料壁垒往往是来自特定产区的原料、供应规模有限、生长周期漫长等因素。在供应链中原料具有资源属性,上游供给稳定性(量)、原料价格稳定性(价)、原料品质(稀缺性)构成供应量的竞争性。肉制品中,鸡、鸭的供应稳定性＞猪肉、牛肉。同时食材进口依赖度不同,相对而言,进口牛肉、猪肉对企业原料综合管理能力要求更高。稀缺性原料(如广西荔浦香芋)的获取,保障供应规模稳定是构建原料管理优势的关键。不同原料资源对比表如表 8-3 所示。

表 8-3　原料资源对比表

项目	中式/西式米面		蔬菜	鸡鸭	鱼	虾	猪肉	牛肉
生长周期	—		—	3 个月	3～6 个月	3 个月	6～10 个月	18～36 个月
国内供需	小麦自给自足	大豆和油菜籽、棕榈油净进口	—	完全自给自足	—	—	进口占 10%	进口占 25%
初加工企业	益海嘉里	益海嘉里	—	泰森、圣农、凤翔	安井、国联水产、恒兴	国联水产、恒兴	新希望、龙大美食	大希地、福成股份
深加工企业	千味央厨	立高、千味央厨	彭记坊、盖世	味知香、彭记坊、蒸烩煮	安井、国联水产、恒兴	安井、国联水产、信良记	美好、盘点美味、味知香	味知香、大希地、盘点美味

注:从左往右,原料管理难度逐渐变大。

(二)消费观念高定价但实际成本低的产品

有一些品类,消费者在观念上对价格接受度高,如佛跳墙(表 8-4)。这类产品属于典型的消费观念高定价但实际成本低的产品。以一份 60 元的佛跳墙预制菜为例,其中昂贵的食材鲍鱼、鱼翅,成本为 10～15 元,加上其他辅料、调料成本合计 25 元,通常餐饮门店佛跳墙单份毛利率约为 50%。在我国传统饮食中,猪肉占比高,牛肉在菜系中占比非常少。在消费者认知中,牛肉类菜肴价格普遍偏高。还有宴席菜肴,其实际成本不高,但摆盘精致、菜肴名称高级,所以菜品价格高(半成品年夜饭售价高的原因也是如此)。

表 8-4　佛跳墙成本

原料	鲍鱼、海参、杏鲍菇、蹄筋、花菇、鹌鹑蛋等
原料成本	20～25 元
预制菜售价	39～49 元
毛利率	50%左右
酒楼售价	98 元/盅
毛利率	74%
外卖售价	50 元
毛利率	50%

（三）单品规模大、生产效率高的品类

标准化程度高、应用场景较为丰富的品类往往单品规模比较大，容易在竞争中拔得头筹。从标准化程度看，西餐＞中餐，面点＞菜肴。标准化主要指标准化菜品＋标准化厨具＋标准化烹饪方式。西餐中的快餐，如肯德基、麦当劳，选品都是易流程化、标准化生产的菜品（如三明治、汉堡），门店订制厨具数字化加工，标准化程度比较高。西餐厅也能做到菜品（如牛排、意大利面）标准化，加上有温度恒定的煎锅，简单操作即可。

中餐烹饪技法丰富，煎、炒、烹、炸中最难标准化的是"炒"。油温、食材、调味稍有变化，出品就会不同。即使食材一致，不同厨师炒出的菜品依然有差异。中餐在个别品类上也有标准化相当高的产品，如面点类（庆丰包子、巴比馒头）。包子生产基地完全实现馅料和多种菜品标准化配方、标准化生产，外加冷链运输，包子上的褶子都可实现完全标准化。

应用场景丰富的品类也较有竞争优势，如表 8-5 所示。

表 8-5　预制菜细分品类适用渠道举例

分类	举例	适用渠道	规模预计
中式米面	油条	属于全渠道通用型，适用大 B、小 B、团餐、乡厨、C 端家庭	70 亿～80 亿
西式烘焙	甜甜圈	适用大 B（烘焙连锁）、小 B（烘焙小店）、C 端家庭（较少）	20 亿
预制菜肴	生腌牛肉	适用大 B（酒店、连锁餐厅）、小 B、乡厨、C 端家庭	70 亿～100 亿
	梅菜扣肉		10＋亿
	糖醋里脊		几亿
速冻水产（鱼）	黑鱼片	适用大 B（酒店、连锁餐厅）、小 B、团餐、C 端家庭	50 亿～70 亿
速冻鱼糜	鱼丸	适用大 B、小 B（麻辣烫火锅店）、团餐、C 端家庭	百亿规模
速冻猪肉	小酥肉	全渠道通用型，适用大 B、小 B、团餐、乡厨、C 端家庭	几十亿

注：B，企业用户；大（小）B，大（小）型企业用户；C，终端零售用户。

（1）B＋C（全渠道覆盖）的预制菜品类：如中式米面、西餐（牛排）、西式烘焙半成品。

（2）B（大 B）的预制菜品类：宴席菜肴，如扇子骨、蒜蓉开背虾、孔雀开屏鱼；规格上，大包装适用于酒店团餐。

（3）B（适用某一菜系）的预制菜品类：常见于某类菜系中，如鲁菜中的德州扒鸡。

（4）C 和小 B 的预制菜品类：家常菜，回锅肉、宫保鸡丁；规格上，小包装适用于 C 端家庭。

学习任务 2　认识餐饮采购的工具与方法

学习成果前瞻：学习完本任务，你将能全面了解餐饮采购的基本要求，掌握确定采购数量、监控采购价格、保证采购质量的方法。

一、餐饮采购的工作组织与管理工具

（一）采购管理的流程

采购工作是保证餐饮产品质量和控制成本的前提和基础，直接影响厨房生产、产品质量控制、成本核算和经营效益。采购管理的流程受餐饮企业的管理体制、经营规模的影响。当下，我国餐饮企业采购管理的流程主要有如下两种。

❶ **单店经营的餐饮企业采购流程**　该模式下餐饮企业统一设置采供部,采供部隶属于餐饮企业财务部。餐饮企业各级各部门所需的各种物资用品统一归采供部管理,采供部内部再分别设置验收、采购、库房管理等部门。这种模式广泛应用于大中型酒店宾馆、餐饮集团(特别是合资酒店)。其优点是从系统观念出发,由财务部统筹全店的资金筹措、设备物资、原料物品采供、会计核算和效果考核,有利于资金的统一调度和使用,有利于加强成本核算和控制。部门设置因餐饮企业规模大小、管理体制等不同会有所区别,一般模式可参阅图 8-8。

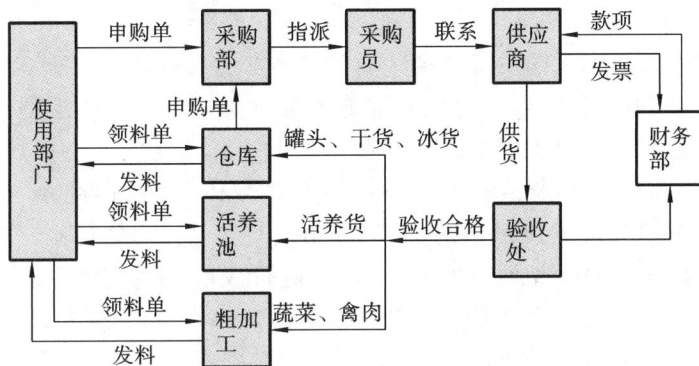

图 8-8　单店经营的餐饮企业采购流程

❷ **连锁经营的餐饮企业采购流程**　餐饮连锁企业往往统一采购,统一配送,以此来保证采购质量,发挥规模优势。其采购流程如图 8-9 所示。

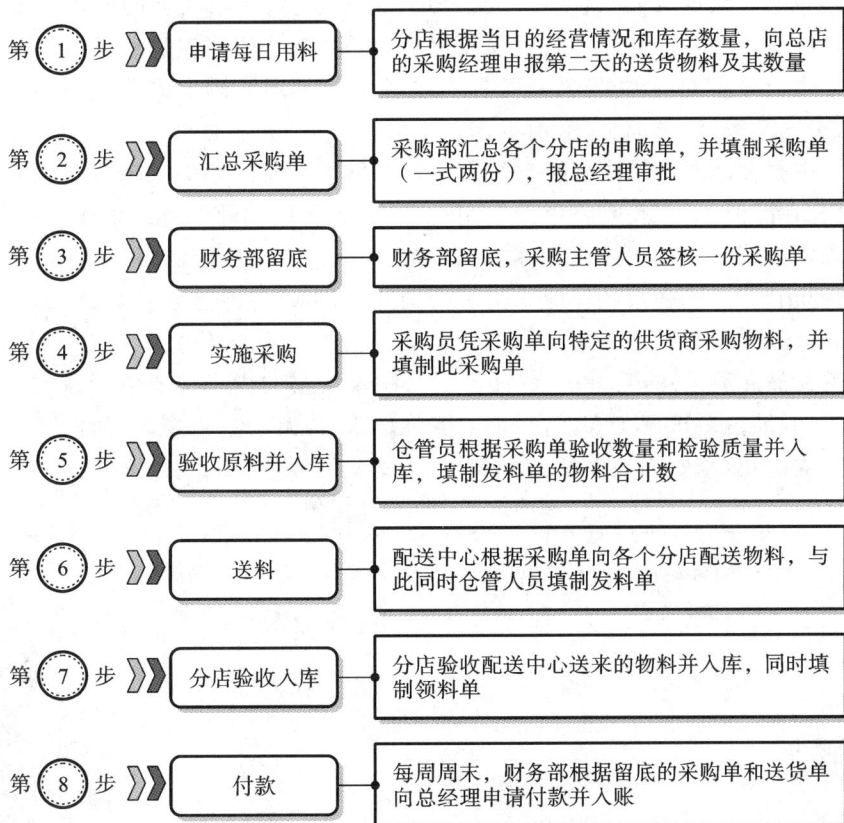

第①步	申请每日用料	分店根据当日的经营情况和库存数量,向总店的采购经理申报第二天的送货物料及其数量
第②步	汇总采购单	采购部汇总各个分店的申购单,并填制采购单(一式两份),报总经理审批
第③步	财务部留底	财务部留底,采购主管人员签核一份采购单
第④步	实施采购	采购员凭采购单向特定的供货商采购物料,并填制此采购单
第⑤步	验收原料并入库	仓管员根据采购单验收数量和检验质量并入库,填制发料单的物料合计数
第⑥步	送料	配送中心根据采购单向各个分店配送物料,与此同时仓管人员填制发料单
第⑦步	分店验收入库	分店验收配送中心送来的物料并入库,同时填制领料单
第⑧步	付款	每周周末,财务部根据留底的采购单和送货单向总经理申请付款并入账

图 8-9　连锁经营的餐饮企业采购流程

121

（二）采购管理的基本要求

食品原料采购管理是一项涉及面广、独立性强、关系复杂、对成本影响大、业务性较强的工作。为保证采购管理工作方针的贯彻落实,满足餐饮企业需要,做好食品原料的采购管理,必须遵循以下基本要求。

❶ **计划要求** 要做好食品原料和餐茶用品采购,就必须根据采购计划,坚持以厨房生产和餐厅销售为中心,每天的采购都做到适用、适销、适时、保质、适量,具体表现为品种对路、质量优良、价格合理、数量适当、到货准时。

❷ **质量要求** 食品原料的采购质量直接影响原料加工的出料高低、配菜要求和烹调质量,最终影响产品成本、产品质量和经济效益。因此,食品原料采购管理的基本要求是部位准确、色纯味正、优质上乘、新鲜安全、规格达标、确保卫生。

❸ **价格要求** 食品原料的价格直接影响餐饮成本和产品毛利。因此,采购原料时必须在保证原料质量的前提下,选好供货渠道,减少流通环节,掌握合理价格,做到"价比三家,货比三家"。

❹ **渠道要求** 采购渠道对食品原料的购货方式、进价成本、采购手续、运费高低和质量控制等都有一定影响。因此,在原料进价和质量标准基本相同的条件下,应控制进货成本。

（三）采购管理的常用工具——采购规格书

采购规格书又称采购质量标准控制单,是决定和控制食品原料采购品种、规格、质量标准和使用要求的主要依据。食品原料采购规格书应该在行政总厨的指导下,由各个厨房的厨师长分别制定。其制定过程大致包括以下三个步骤。

❶ **确定食品原料采购规格书的种类** 食品原料种类很多,在市场上的初步整理、分档包装、质量状况等区别很大。要制定采购规格书,首先需根据菜单内容和厨房对原料部位、质量、加工方式的要求,将采购规格书分成不同的种类,然后按原料的种类及其用途制定采购规格书的具体内容。采购规格书可大致分为蔬菜类、禽肉类、畜肉类、海鲜类、河鲜类、水果类和干货类。

❷ **调查市场主要食品原料供应规格与质量** 食品原料采购规格书的内容包括必须与市场供应相吻合。只有这样,才能保证采购规格书的实用性,并控制采购质量。通过调查,将市场上的原料规格、质量状况和采购规格书的内容结合起来,才能增加实用性,达到控制采购规格、质量的目的。例如,了解牛肉中的里脊和上脑在市场供应中是否已经分开供应、分开包装;鸡肉中的胸脯肉、鸡翅、鸡腿等分开供应的规格、质量等。

❸ **分类制定食品原料采购规格书** 食品原料采购规格书的内容主要包括原料分类、原料名称、采购规格、原料用途、质量要求五个方面,具体内容依蔬菜、海鲜、禽肉、畜肉、河鲜、干货等原料种类、名称、部位等不同而变化,采购规格书举例如表8-6所示。

表8-6 采购规格书举例

品种	品牌	生产企业	食品生产许可证号	产品日期	生产地址	质量等级	包装规格	配送企业	单价/（元/袋、桶）	外包装图片
面	特精粉	河南莲花面粉有限公司	QS410001010438	20171101	河南省项城市	一级	25千克/袋	万源粮油	107元/袋	

续表

品种	品牌	生产企业	食品生产许可证号	产品日期	生产地址	质量等级	包装规格	配送企业	单价/（元/袋、桶）	外包装图片
油	曦曦压榨菜籽油	四川德阳市年丰食品有限公司	QS510602010146	20171127	四川省德阳市	三级	12.5升/桶	万源粮油	176.5元/桶	

采购规格书

二、采购价格的确定

采购价格是影响原料成本的重要因素之一。在采购管理过程中,控制原料进价,防止舞弊行为,是降低餐饮成本的重要措施。各种食品原料在一定时期内会随市场行情有一定波动。采购价格就是供求双方通过协商、竞价、讨价还价等方法来确定食品原料的进货价格。目前,餐饮企业制定采购价格的方法主要有以下三种。

❶ **采购员定价**　这种方法是由采购员根据市场行情,在采购过程中与供应商协商,确定双方均可接受的采购价格,然后根据进货发票由采购员到企业会计处报账,由此完成原料采购,形成餐饮进价成本。采用这种采购价格管理方法是建立在对采购员的觉悟、思想水平、政策水平的充分信任,特别是对他们廉洁奉公的精神和自觉程度的充分信任基础上的。虽然各餐饮企业也有财务报销管理制度的规定,但大多是难以执行和检查的。在市场经济条件下,这种采购价格制定方法的弊端是不言而喻的。

❷ **货源报价制定价格**　这种方法是设置一位价格管理人员。价格管理人员根据原料种类、采购周期、市场行情、同期历史价格资料等,每周、每半个月或一个月从供应商或原料市场上获得各种原料的最高、最低和正常价格,再根据餐厅菜单和采购计划,制定原料采购货源报价表并下达到采购部经理和采购人员。各种原料在保证采购规格、质量的基础上,其采购价格以原料采购货源报价表中的平均价格为准,上下浮动的范围一般要求控制在1%～3%。最后由价格管理人员检查采购价格执行情况。这种定价方法与前一种比较,其优点显而易见,但也有两点不足:一是原料采购货源报价表中的最高、最低和正常价格常常较为悬殊,特别是不同供应商的报价更是如此,因而较难准确掌握平均价格;二是实际进价往往难以控制。因此,这种定价方法只能起到相对控制进价的作用。

❸ **集体竞价定价**　餐饮企业先建立采购进价管理制度,然后集体讨论,与供应商竞价,最后集体定价。

(1)确定原料定价期。一般鲜活原料7天左右为一个定价期,短期储备的原料15～20天为一个定价期,其他原料可以1～3个月为一个定价期。

(2)联系供应商准备样品和报价。根据不同原料定价期内的品种、采购数量、规格和质量要求,由采购经理组织采购员深入市场了解行情,并通知供应商准备样品和报价。

(3)货源报价和集体定价。在制定具体价格时,财务部先从市场上取得原料采购货源报价表并召开有采购员、库管员、厨师长和物价员参加的集体定价会议。同时将三家以上的带有样品和报价的供应商约请到企业采购部,共同审查样品,比较供应商报价和原料采购货源报价表中的同种原料价格,同供应商竞价。经过集体研究敲定供应商,确定需采购的原料种类、名称、规格和价格,再与供应商签订采购协议书。

（4）原料采购价格实施。集体定价后，由采购部制定原料采购规格和价格表。采购规格以采购协议书为主要依据。价格表一式四份：第一份交采购员组织进货，鲜活原料每天购进，其余原料按采购申请计划、集体定价要求采购；第二份交验收员，原料验收时，必须同时验收数量、质量和价格，原料质量和价格不符合集体定价要求的，不许验收入库或使用；另外两份分别给部门签字的经理人员和财务报销的会计人员，他们在审核签字和处理报销时，必须同时审核实际进价与集体定价要求是否相符，如有问题，要按相应的规章制度处理。

（5）采购价格责任规定。在价格制定和实施过程中，必须坚持采购员、验收员、会计员和物价员共同负责。若某个环节出了问题，违背了集体定价所要求的质量和价格，由此造成的经济损失，由相关责任人员承担，如果责任不清，则由集体承担，情节严重者则随时辞退。

上述三种采购价格定价方法中，显然第三种方法效果最好，应该引起餐饮企业的高度重视。

三、采购数量的确定

食品原料的采购数量是由不同品种的原料的采购周期及周期内的日均用量决定的。采购数量的确定方法主要有以下五种。

（一）每日购进核定法

每日购进核定法主要适用于每日购进的蔬菜、瓜果、鲜肉和活鱼等各种鲜活原料。该方法是根据前后几日的客源变化及各种鲜活原料的每日使用量来确定采购数量，公式为：

$$采购数量（Q）＝当日需要量－厨房现余量$$

（二）标准存量核定法

标准存量核定法主要适用于定期采购的各种干货原料和需要短期储备的冷冻原料，是根据不同原料的采购间隔周期，建立标准存量，然后根据库存状况、采购时的发送时间长短来确定采购数量，公式为：

$$D = a \cdot n + D_n$$
$$Q = D + a \cdot t - Q_n$$

式中，D 为标准存量；a 为订货期间日均用量；n 为采购间隔天数；D_n 为现存量；Q 为采购数量；t 为原料发送天数；Q_n 为预防保险量。

例题：某酒店餐饮部根据市场原料供应状况、厨房生产需要、原料库存历史资料等相关数据，确定了部分食品原料的标准存量，见表 8-7。请确定这些原料的标准存量和采购数量。根据相关公式，将计算结果填入表 8-7。

表 8-7　标准存量与采购数量表

原料	订货期间日均用量/（千克/天）	采购间隔天数/天	预防保险天数/天	原料发送天数/天	现存量/千克	标准存量/千克	采购数量/千克
海参	1.6	30	2	2	1.5		
大米	85	30	2	1	15		
香菇	3.2	30	3	3	2.8		

（三）季节储备核定法

季节储备核定法主要适用于需要建立季节性储备的部分蔬菜、水果等食品原料。这些原料建立季节储备的目的是降低过季购买的价格损失，从而降低进价成本，保证满足顾客消费需求。其采购数量根据季节储备天数和日均用量来确定，计算公式为：

$$采购数量（Q）＝日均用量×季节储备天数$$

（四）经济批量确定法

经济批量确定法主要适用于进价成本高、用量较大、市场供应稳定的食品原料。经济批量是指订货费用和存储管理费用都最低时的一次采购订货数量。它受三个因素的影响：一是除进价成本外的每次订货费用，二是存储管理费用，三是缺货损失。在这三个因素中，订货费用与采购次数成正比，与订货数量成反比，存储管理费用随订货数量的变化而变化，缺货损失则直接由订货数量不足造成。要降低订货费用，就要求加大订货数量、减少采购次数，要降低存储管理费用就要求减少订货数量、增加采购次数。经济批量确定法就是在做好原始记录、统计分析的基础上，找出使存储管理费用和订货费用都是最经济的一次采购订货数量，计算公式为：

$$Q^* = \sqrt{\frac{2KG}{I}} = \sqrt{\frac{2KG}{PR}}$$

式中，Q^* 为经济采购订货数量；K 为每次订货费用；G 为一定时期的原料需要量；P 为原料订货价格；R 为库存维持费用率；I 为单位原料库存费用（存储管理费用）。

（五）特殊需求确定法

特殊需求确定法主要适用于高档宴会和急需的计划外特殊原料采购数量的确定。特殊原料临时采购数量是由行政总厨或厨师长根据特殊产品或宴会生产任务量和原料加工损耗程度来确定的。临时采购数量的计算公式为：

$$Q = \frac{EM}{1-f} + Q_n$$

式中，Q 为特殊原料临时采购数量；E 为单位净料用量；M 为特殊产品生产份数；f 为原料加工损耗率；Q_n 为预防保险量。

学习任务 3　餐饮原料的验收与库房管理

学习成果前瞻：学完本任务，你将了解餐饮验收和库房出入库的表单管理，餐饮库房的管理原则以及库房存量的控制方法等。

一、餐饮原料库房管理的原则和要求

（一）食品库房分类

餐饮企业是根据经营规模、等级、餐厅接待能力、产品类型、专业化程度以及需要保存、用于周转的食品原料、酒类的数量、结构、储存期的长短等多种因素来建立和设置各种库房的。因此，不同餐饮企业的库房种类各不相同。从整体上看，食品库房种类主要有以下七种，如表8-8所示。

表8-8　食品库房分类比较

库房	温湿度	物品储存与分类
干货库	温度 15～37 ℃，相对湿度 40%～60%	・比较干燥，不易腐坏变质的干货、调料等 ・可再分干货调料库、餐茶用品库、杂品库等 ・如米面、干果、木耳、香菇等原料

库房	温湿度	物品储存与分类
恒温库	温度 10～15 ℃，相对湿度 50%～70%	• 主要储存短期存放的新鲜蔬菜、瓜果 • 储存时间多在 5～10 天
保鲜库	温度 3～5 ℃，相对湿度 50%～70%	• 主要储存保管期较短的鲜肉、鱼类、海鲜、蔬菜、豆制品、半成品等，储存时间多在 3～5 天 • 可用冷柜、冰箱代替保鲜库储存
极冷库	温度－20～－15 ℃，相对湿度 80%～90%	• 主要储存需长期存放的肉类、海鲜等 • 储存时间可在 1～3 个月，也可分成小库储存
酒水库	以室温为主，温度 4～16 ℃，相对湿度 40%～60%	• 主要储存各种酒水、饮料，如烈性酒、葡萄酒、啤酒、果汁等 • 多建在地下室或一层
厨房柜	温度 3～5 ℃，干货用品以室温为主	• 保管每天未用完的鲜活原料，供第二天使用 • 保管每天使用而又不宜每天去领的部分调料、米面及干制品等，用冷柜、冰箱、货柜储存
原料食品展示柜	温度 3～5 ℃，灯光展示，以海鲜为主	• 主要设在餐厅展卖区，以冷冻、冷藏、展示柜代替库房，主要适用于专业性餐厅 • 将新鲜原料食品在柜中展卖，供客人直接挑选

（二）库房管理基本制度

为保证食品原料储藏、保管的安全，应认真贯彻食品安全法。原料库房管理必须坚持以下五项基本制度。

❶ **四禁制度** 禁止无关人员入库，禁止存放个人物品，禁止在库房饮酒，禁止危险物品入库。

❷ **四不制度** 采购人员不购腐坏变质的食品原料，库房人员不收腐坏变质的食品原料，厨房人员不用腐坏变质的原料制作食品，销售人员不销售由腐坏变质的原料制作的变质、变味的食品。

❸ **四隔离制度** 在食品原料保管、储存的过程中，要坚持生熟食品隔离，成品和半成品隔离，食品和杂物、药物隔离，食品和天然冰隔离，预防食品污染和食物中毒。

❹ **三先一不原则** 在食品原料库房管理的过程中坚持先入库的先出，易腐易变的先出，有效期短的先出，腐坏变质的不出，及时报损处理。

❺ **四防制度** 即防火、防盗、防腐、防毒制度。要认真做好防火、防盗、防腐、防毒工作，一切进库人员，不得携带火种、背包、手提袋等进库。因业务工作需要进入库房的人员，入库前要办理入库登记手续，并有库房管理人员陪同，不得擅自入库。凡入库人员工作完毕，出库时应主动请库房管理人员检查。库房范围及库房办公地点，不得会客，其他部门员工不得在此围聚闲聊，不许带亲友和无关人员到库房参观。库存原料物品要定期检查、盘点，要保证库房的空气流通和环境整洁，防止食品原料腐坏、变质、变味。在库房规定范围内不得生火，也不准堆放易燃易爆物品。库房每月要检查防火、防盗、防腐、防毒设施，接受企业安全部门的检查、监督，以确保库房安全。

（三）库房管理基本要求

❶ **六化要求** 即管理专职化、货位固定化、码放规格化、计量标准化、库房整洁化和检查经常化，以保证库存原料安全。

❷ **四懂要求** 即库房管理人员要懂原料的品种、规格、数量、质量标准，懂原料的特点和用途，

懂库存物品的保管知识,懂与库存原料相关的业务流程。

❸ **四会要求**　即库房管理人员要会识别食品原料,会制定库存账卡,会保管、储存不同的原料物品,会盘点库存原料。

二、食品原料入库验收程序、方法和日报表

(一)入库验收程序

餐饮企业的食品原料入库验收主要有两种形式:一是全店在财务部下设立统一的验收组,设验收员和记账员,负责全店所有食品原料和各种物资用品的验收工作,验收单据交财务部核算和库房管理人员记账;二是各种食品原料和物资用品直接由库房管理人员和厨房人员(鲜活原料)验收入库或使用。两种验收方式中前者采用较为普遍。不管采用哪种方式,餐饮企业食品原料的入库验收程序主要包括三个步骤。

❶ **验收申请**　各种食品原料采购进店后,由采购员申请验收,一般需提前电话联系,请验收人员做好准备。

❷ **货物验收**　一般是两人临场(一人点验,另一人记账),验收时要与发票核对,按采购申请单上批准的原料品种、规格、质量、数量、价格要求逐一验收。如果是当天使用的鲜活原料,则直接由厨师长或其指定人员验收。

❸ **填制验收单据**　需要填制的验收单据主要有三种:一是入库验收单,由记账员或库房管理人员填写,记录货物入库情况;二是直拨验收单,已登记的货物直接进入厨房当天使用,由厨房验收人员填写,两种单据格式可参阅表8-9;三是原料验收付款签单。原料验收后由验收人员填写付款凭证,即验收付款签单。随后将此签单和进货发票及入库验收单一起送给财务部。财务部出纳员只有收到验收付款签单后,才能向供应商付款,其单据格式可参阅图8-10。

表 8-9　食品原料入库(直拨)验收单

验收日期_____　　验收员_____　　编号_____

供应商	品名	规格	单价	采购量	验收数	金额	库房或厨房
采购员:			库管员:				

致财务部:
下列食品原料与酒水饮料已经验收合格入库(厨房),附验收单于后,可以付款。
　　　　　　　　　　　　验收员_____　　采购员_____
　　　　　　　　　　　　记账员_____　　日　期_____

图 8-10　食品原料验收付款签单

(二)食品原料验收方法

验收食品原料主要包括酒水饮料和餐茶用品等,重点要注意六个方面的问题。

❶ **品种与数量验收**　每次验收,均以采购单上批准的品种和数量为准。品种上要注意防止超范围采购或供应商超品种送货。数量上则以尾数差额不超过3%为宜,以保证品种对路,数量合理。

❷ **质量与规格验收**　每次验货都以事先制定和下达的采购规格书所规定的质量和规格为依据,逐一检查,比较其部位、规格、色泽、弹性、新鲜程度等指标。凡是不符合指标的,必须坚持退货或降价处理。

❸ **商标与产地验收**　凡是罐头食品、瓶装与罐装的酒水饮料等,每次验收要逐一或抽查商标与

产地,尽可能选用著名厂商或供应商的产品,防止虚假、伪劣食品原料进入库房。

④ **箱装与包装验收** 简单包装或散装食品均逐一验收,箱装或包装完好的食品则采用抽检方法,开箱、开包验收。坚持本地的少验、外埠的多验,完整无缺的少验、有破损的多验,混装的全验原则。

⑤ **色泽与新鲜度验收** 肉类、鱼类、蔬菜、瓜果、海鲜等鲜活原料,每次验收时都要逐一检查其色泽、部位、规格、水分、弹性和有效期等,确保新鲜优质,杜绝注水、掺假、过期、变质、变味等食品原料混入。

⑥ **特别要求与价格验收** 对于燕窝、鱼翅、猴头菇、鲍鱼等贵重的食品原料或酒水,要特别逐项验收,验收人员要掌握验收专业知识,防止假冒伪劣食品原料和酒水入库。贵重酒水要检查摇动后的泡沫数量和澄清还原程度。最后,要特别注意各种食品原料和酒水的价格是否符合餐饮企业规定,即是否符合采购单上领导批准的价格水平及其许可的变动范围,以防止采购人员随意提高进货成本。

(三)食品原料验收日报表

① **直拨原料验收日报表** 每天送入厨房或部门使用的鲜活原料,先由厨师长填写直拨验收单,然后将单据交记账员汇总并填写直拨原料验收日报表后交财务部会计员记账。直拨原料验收日报表格式可参阅表8-10。

表 8-10　直拨原料验收日报表

供应商	票据号	品名	规格	单价	数量	金额	使用厨房
合计							

② **库存原料验收日报表** 根据入库验收单副本,由记账员汇总,填写库存原料验收日报表,交财务部会计员记账,其格式可参阅表8-11。

表 8-11　库存原料验收日报表

供应商	票据号	品名	规格	单价	数量	金额	存入库房
合计							

③ **酒水饮料验收日报表** 每次酒水饮料验收完毕进入酒水库房或酒吧间后,由记账员根据入库验收单汇总后填报酒水饮料验收日报表,交财务部会计员记账,格式与表8-9基本相同。

三、库存原料账面管理方法

① **建立库存货物标牌** 保管过程中,以库存物品分类为基础,按货位建立和悬挂货物标牌,每次进货后填挂在货位上,格式可参见图8-11。

货位:牛肉类	品名:牛腰肉
进货日期:×年×月×日	供应商:××有限公司
进货量:85千克	规格:国家一级
金额:1343元	单价:15.8元/千克

图 8-11　库存原料货物标牌

② **使用库存货卡** 库存货卡是监控分类物品库存变动的工具,它按库存物品货位填制并挂在货位上,每次入库、出库时填写,以保证每个货位上的食品原料物品的来龙去脉十分清楚,其格式和内容可参阅表8-12。

表 8-12　食品原料库存货卡

库房_____　货位_____　最高存量_____　订货点_____

入库日期（月、日）	品名	单价/元	入库量/千克	出库日期（月、日）	品名	出库量/千克	余额/千克
10 月 5 日	一级牛肉	15.8	120	10 月 6 日	一级牛肉	85	35
10 月 5 日	特级牛排	19.8	65	10 月 6 日	特级牛排	40	25

❸ **做好库存物品明细账记录**　每次食品原料入库和出库时都要做好库存物品明细账,填写入库验收单和库存货卡。库存物品明细账是检查库存、核对库存情况、库房盘点的基础和依据,可掌握库存物品的来龙去脉、保证库存物品与明细账对口、库存物品同货卡对口、货卡库存余额和明细账对口("三对口"),其格式见表 8-13。

表 8-13　食品原料库存物品明细账

食品原料入库					食品原料出库					
日期	分类	品名	单价	入库量	日期	分类	品名	单价	出库量	余额

❹ **编制库存物品进销存月报表**　每月盘点后,由库房管理人员编制一份"库存物品明细账",汇总后再由会计员编制出全店库存物品进销存月报表,分送有关管理人员,为他们掌握和控制原料资金占用和资金消耗情况提供决策参考。其表格内容可参阅表 8-14。

表 8-14　库存物品进销存月报表

库房_____　月度_____　编号_____

种类	品名	单价	当月入库		当月出库		库存余额	
			数量	金额	数量	金额	数量	金额
主管签字		库房管理人员签字					年　月　日	

四、库存原料盘点与出库管理

(一)库存原料盘点管理

餐饮企业的各类库房,每月应至少盘点一次,必要时可临时盘点。盘点一般由库房管理人员和财务人员共同完成,通常在月末进行。库存原料盘点管理重点是做好以下三个方面的工作。

❶ **清点库存物品,填写盘点清单**　库房盘点一般两人一组,一人清点,另一人记账,逐库逐架或逐货位进行。第一,按财务盘点清单表,先掌握或记录各类物品账面余额;第二,逐一清点各类物品实际库存余额,填写盘点清单;第三,如果发现账面余额与实际盘点数不符,做好记录,查明原因。库存原料盘点清单见表 8-15。

表 8-15　库存原料盘点清单

库房(厨房)_____　月度_____　编号_____

货号	货品名称	单位	单价	账面余额	实际盘点数	盘点金额	备注

货号	货品名称	单位	单价	账面余额	实际盘点数	盘点金额	备注

盘点人： 　　　　　库管员： 　　　　　　　　　　　　　　　　　　年 月 日

❷ 处理盘点结果,调整库存数据　库房盘点时,库存货卡上的原料的账面余额是按"上月末库存＋本月进货－本月出库＝本月末库存"的公式填写的,实际盘点结果常常会有出入。其处理方法如下。第一,正常差额在1‰以内的盘点物品,往往是因保管过程中原料吸收空气水分膨胀或自然减重等原因造成的,不用追查原因;第二,发现过期、变质、变味、腐坏、霉变的食品原料,要填写报损报告单,请餐饮部经理或行政总厨或厨师长亲自察看,得到批准后报损处理;第三,对于未发现损坏而有较大出入的食品原料,要查明原因,提出处理意见报领导,必要时应追究直接责任人的责任;第四,经上述处理,报主管成本会计审查后,调整库存物品数据,保证各种物品月初库存余额与实际库存余额相符。

❸ 编制盘点报表,做好盘点核算　即根据盘点和处理结果编制盘点报表,做好盘点核算,报表内容和格式可参阅表8-16。

表8-16　库存原料盘点报表

货号	品名	单价	账面数		盘点数		盘亏数		盘盈数		报损数	
			数量	金额	数量	金额	数量	金额	数量	金额	数量	金额
合计												

(二)库存原料出库管理

厨房、餐厅等部门每天需要从库房领取的原料物品均按管理制度和规定执行。库存原料出库管理需要做好以下三个方面的工作。

❶ 审查领料申请　各厨房、餐厅、酒吧等部门领取原料物品,一律凭本部门指定主管人员签字的领料单办理。审查领料申请就是看有无正式单据,内容填写是否清楚,领料单格式可参阅表8-17。

表8-17　库房食品原料领料单

库房＿＿＿＿＿　库管员＿＿＿＿＿　编号＿＿＿＿＿　　领料单位＿＿＿＿＿　领料人＿＿＿＿＿　日期＿＿＿＿＿

货号	品名	单价	请领量	实发量	金额	用途

厨房主管签字：

❷ 准确发货出库　根据领料单,按厨房等部门要求的品名、规格、数量发货,并逐一做好记录,保证出库发料准确,防止差错发生。

❸ 填写出库日报表　即根据每日原料出库记录,将出库单汇总,形成食品原料出库日报表,日报表内容可参阅表8-18。

表8-18　食品原料出库日报表

库房＿＿＿＿＿　日期＿＿＿＿＿　编号＿＿＿＿＿

货号	品名	领料单号	单价	出库量	金额	领用部门	每日汇总	部门	金额
当日出库总额							制表人		

五、食品原料库房管理人员工作考核

食品原料、餐茶用品和酒水饮料种类很多。库房管理进、销、调、存业务量大,工作零碎繁忙。为保证业务需要,节省库存容量,防止差错发生,应对库房管理人员的工作建立考核指标。

❶ **库房管理人员的劳动效率** 库房管理人员主要负责库存物品的收货、发货和保管。其劳动效率,可用同期员工平均人数、收发货笔数、收发货吨位数和保管物品吨位数来反映,计算公式为:

$$库房人员的劳动效率 = \frac{计划期保管物品吨位数}{同期员工平均人数或收发货笔数或收发货吨位数}$$

❷ **账货相符率** 库房管理人员入库验收,制作库存货卡、进销存月报,出库登记和库房盘点等各项账务工作频繁,需要有高度的责任心和耐心细致的工作态度。账货不符常常会造成库存损失。因此,定期考核账货相符率,是评价库房管理人员劳动效果的重要指标,计算公式为:

$$账货相符率 = \frac{计划期账货相符笔数}{库存账货总笔数} \times 100\%$$

❸ **保管损失率** 在库房储存、保管过程中,各种食品原料和餐茶用品始终处于流动之中。库房管理人员必须采用科学的方法,有针对性地做好食品原料保管工作。如果方法不当、责任心不强,物品腐坏、变质、报损、丢失必然增多,甚至还会发生失窃现象。保管损失率是考核库房管理人员在储存、保管食品原料和餐茶用品方面绩效的重要指标,计算公式为:

$$保管损失率 = \frac{计划期保管损失金额}{同期平均储存额} \times 100\%$$

六、库存容量控制

库存容量是影响采购计划能否顺利完成的关键,它直接决定资金周转速度。库存容量可通过不同种类的食品原料的最高存量和最低存量反映出来,最高存量是每次进货入库时所达到的最大储存数量,最低存量是随着生产业务的进行,食品原料不断被消耗,库存量下降到最低点时的储存数量。控制库存容量主要是控制最高存量和最低存量。

(一)最高存量控制

食品原料最高存量主要由库存周期内的日均需要量和进货间隔周期决定,计算公式为:

$$Q_1 = a \cdot (n + t_1)$$

式中,Q_1 为最高存量;a 为日均需要量;n 为进货间隔天数;t_1 为安全保险天数。

控制最高存量的关键是要抓好三个环节的工作:

(1)掌握库存余额。每次进货前,库房管理人员根据食品原料种类,分析库存货卡,掌握库存余额,然后根据月度计划要求和厨房生产需要,提出进货补充计划。

(2)及时补充进货。进货补充计划要根据食品原料的进货间隔周期、日均需要量和安全保险天数来确定,并制定采购单,经部门经理和财务人员审批后组织进货。

(3)控制最高存量。每次进货后,库房管理人员要调整库存货卡,制作进货报告,使最高存量符合储备定额要求,防止存量过高或过低,必要时,库管部门记账员和财务人员要做好检查,以此控制最高存量。

(二)最低存量控制

最低存量以满足短时间内厨房生产原料需要为限度,计算公式为:

$$Q_2 = a \cdot (t_1 + t_2)$$

式中,Q_2 为最低存量;a 为日均需要量;t_1 为安全保险天数;t_2 为提前采购天数。

控制最低存量的关键是要掌握不同种类的食品原料的库存余额,每天在库存货卡上做好货物出

入库记录,同时分析最近几天的日均需要量、安全保险天数和提前采购天数,算出最低存量。当库存余额降到或接近最低存量时,就要提出补充进货的要求。

【案例1】

某宾馆部分食品原料消耗和采购资料见表8-19,请确定其最高存量、最低存量和最高资金占用,以便为采购储存控制提供依据。

案例分析:

根据公式列表计算,具体结果见表8-19。

表8-19 食品原料库存量计算表

原料	日均需要量	单价	进货周期	提前采购天数/天	安全保险天数/天	最低存量	最高存量	最高资金占用/元
花胶	5.0 千克	58.60 元/千克	3 个月	15	10			
鱼肚	2.4 千克	84.8 元/千克	3 个月	15	10			
糯米	124.8 千克	1.5 元/千克	1 个月	10	5			
米粉	117.2 千克	0.96 元/千克	1 个月	10	5			
鸡蛋	42.6 千克	4.2 元/千克	15 天	5	7			
盐	6.4 千克	2.4 元/千克	15 天	5	7			
黄酒	1160 瓶	0.8 元/瓶	1 周	3	2			
可乐	1300 听	0.6 元/听	1 周	3	2			
					合计	—	—	

注:一个月按30天计算。

课后实训

实践活动1:以小组为单位,联系实训基地门店,学习制定采购规格书。

实践活动2:查看专业的 B2B 供应链采购网站,了解食材采购网上的类别、规格、品质分类等信息。

现场管理五常法，常管常新

学习目标

知识目标 掌握餐饮业五常法的含义和特征；了解餐饮业五常法管理的要点；掌握餐饮业五常法方法；掌握餐饮业五常法管理的相关制度。

技能目标 能运用餐饮业五常法管理生产高品质产品、提供高品质服务、减少浪费、提高企业效率、树立企业形象。

思政育人目标 培养职业道德和责任感，守住"食品安全"底线。

课程思政

食品安全关系到广大人民群众的身体健康和生命安全，关系到经济健康发展和社会稳定，关系到政府和国家的形象。食品安全已成为衡量人民生活质量、社会管理水平和国家法治建设的一个重要方面。近几年，虽然我国不断加大食品安全的监管力度，但由食品安全引发的公共卫生事件仍时有发生。大中型餐饮服务机构以及单位食堂等集中式供餐机构因供应人员多、涉及面广，一旦发生食品安全问题，影响范围大，因此食品安全管理显得尤为重要。民以食为天，食以安为先。作为食品安全监管的专责部门，要开展"不忘初心、牢记使命"的主题教育，将习近平总书记"最严谨的标准、最严格的监管、最严厉的处罚、最严肃的问责"要求贯穿于"守初心、担使命、找差距、抓落实"的全过程，牢牢守护人民群众"舌尖上的安全"。

观看"央视3·15"食品安全案例，体会五常法对于食品安全防护的重要性。

导读

学习目的、意义 运用五常法对餐饮业的安全、卫生、品质、效率、形象等进行管理，有助于生产高品质产品、提供高品质服务、减少浪费、提高企业效率、树立企业形象。

内容概述 分析五常法的含义、实施及制度，加深学生对餐饮生产经营管理的基本认知，提高餐饮经营品质，提高餐饮经营效率，提高卫生管理水平，促进员工自律，消除餐饮卫生安全隐患。

我国集中式供餐现状及特点

我国饮食文化源远流长,各民族各地区的饮食习惯相差较大;食品生产加工方式种类繁多,过程复杂,管理难度大;生产加工单位规模不一,这些因素使我国集中式供餐到目前为止尚没有固定统一的食品安全管理模式。集中式供餐因就餐人数众多,就餐时间集中,基本采用预先烹制、集中存放、自行选购、即购即食的供应方式,更易引发食物中毒风险,因此其卫生监管要求高,预防和控制要求更高。目前我国集中式供餐的现状及特点如下。

1.间接性 集中式供餐机构在供应环节上有很大部分不是直接由农田到餐桌上的,如调味品、罐头食品、预包装食品等。众所周知,食品加工过程经过的环节越多,监管的单位也就越多;加工环节越长,意味着更容易发生食品安全事故,而监管的单位多并不意味着监管的到位,这是因为现阶段各食品监管单位(如农业部门、工商部门、食药监部门、质检部门等)之间的监管衔接可能存在问题,使食品的安全监管存在着不小的漏洞,这也是目前各种食品安全事故频发的原因之一。餐饮单位是各种食品原辅料的流向终端,所以食品加工过程中任何一个环节出了事故,必然会影响到餐饮的食品安全。

2.群体性 集中式供餐机构的服务对象是一定数量规模的人群。我国按餐饮服务经营者的业态和规模将集中式供餐机构分为小型、中型、大型以及特大型餐馆。其中特大型餐馆的使用面积在 3000 平方米以上(不含 3000 平方米),就餐座位数在 1000 座以上,在这些大中型以上餐饮单位用餐的人数一般都比较多,因此一旦发生食品安全事故,极易酿成群体性公共卫生事件,影响人数众多,危害甚广。

3.频繁性 随着经济社会发展,人民群众生活水平不断提高,各种大型宴席也越来越多,特别是在节假日期间,集中式供餐机构承办了大量的大型宴会,其供餐负荷日趋加大,而企事业单位食堂的用餐情况也在增加,有的甚至是一日三餐每天不间断运转,因此食品安全隐患不容忽视。

4.分散性 随着城镇化的发展,生产生活节奏日益加快,餐饮服务形式也呈多样化发展,餐饮业的布局也越来越分散,从商业中心到村镇,都存在着大量的餐饮机构,集中式餐饮机构也如此,特别是农村自办宴席,目前属于"遍地开花"的状态,在许多农村或社区里都存在着这种自办式的宴席。餐饮机构的过分分散,给职能部门的监管带来了一定的困难。

5.简陋性 这主要体现在食物的加工场所上。因历史以及各地生活习惯的问题,我国现阶段许多的餐饮机构的设施设备都存在一定的问题,餐饮经营者的管理思维很多都停留在提供住家饭菜的水平上,特别是现在兴起的"农家乐""农家游",经营者大部分是农村人口,法律意识、卫生意识相对较差;厨房功能布局不合理,功能间缺少,卫生设施不全,易造成交叉污染,部分经营者为体现"农家乐""家常便饭"的意图,在食品操作加工上采用不卫生的"土方法";部分经营者不配备或者虽配备了餐具消毒、保洁设施,但不经常使用,有的由于顾客数量多不能满足实际需要,形同虚设。随着旅游业的日益发展,旅游人数日渐增多,饮食花样日益繁多,原有的许可条件和规范远不能满足现实的监管情况。

6.混乱性 这体现在餐饮机构的管理上。餐饮经营者或管理者的意识不到位,有的餐饮企业和食堂外表建设得富丽堂皇,但其加工场所并未按原料、半成品、成品等顺序予以布局,存在布局不合理的情况;有的操作间管理混乱,废弃物不能及时清理,与卫生要求相差甚远;有的食品管理人员欠缺必要的食品法律法规基础知识,对食品从业人员要求不严格;食品从业人员操作随意，安全操作意识差，责任心不强；进货索证索票意识不强，缺乏必要的安全意识；餐饮从业人员，尤其是中小型餐饮单位的从业人员大多文化程度不高，有的从业人员甚至连最基本的法律法规和卫生知识都一无所知，大多是凭着自己的经验操作；有的企业不为餐饮从业人员办理健康证明，或者为了应付办证，节省体检费用，随意了事，加上餐饮从业人员流动性大，这给餐饮管理带来了更大的困难。

针对目前我国集中式供餐现状及特点，一方面，政府管理部门要根据当地饮食习惯的特点，时刻保持食品安全监管不放松；另一方面，倡导供餐单位和企业不断提高自身管理也十分重要。近年来，五常法作为国外一种先进食品安全管理方法逐步在我国餐饮界得到广泛应用。

学习任务 1　五常法的基本概念及实施意义

学习成果前瞻：学习完本任务，你将能全面了解"五常法"的概念和意义。

一、五常法的基本概念

五常法简称 5S 管理，最初起源于日本民间企业。1994 年，何广明教授在日本民间 5S 管理的基础上创立并发展出常组织（structurise）、常整顿（systematise）、常清洁（sanitise）、常规范（standardise）、常自律（self-discipline）的"五常法"，亦称"5S 法则"。

（1）常组织。为消除潜在风险因素，防止食品交叉污染或误用事件的发生，将工作现场不需要的物品及时处理或回仓，对厨房内物品按使用频率实行分类分层管理，对私人物品集中存放，保证工作场所无私人用品。

（2）常整顿。为防止物品乱堆乱放，提高工作效率，整理厨房内所有必需品，集中分类放置并做好标签标识。对场所和物架进行分区划线，确保必需物品能在 30 秒内随取随用，保证物品有序放置，提高工作效率。

（3）常清洁。为促使工作场所卫生整洁，创造良好舒适的工作环境，保证日常物品正常使用，实行功能区域责任制，定期打扫工作场所，除四害、清死角，保持工作人员个人卫生，维护环境、物品、设施、设备处于清洁可用状态，防止污染。

（4）常规范。注重发挥主观能动性，采用视觉管理、园林式环境等创新性方式方法，管理餐厅等功能分区，维护环境卫生，并使之制度化、持续化、规范化。

（5）常自律。提高从业人员品质，塑造良好职业形象，规范工作行为，培养良好习惯使员工自觉遵守规章制度，从而推动五常法管理习惯化、持续化。

二、五常法的实施意义

（一）切实提升企业品质、打造企业品牌的保障

（1）被顾客称赞为整洁的餐饮企业，顾客乐于前来消费。

（2）在同行中树立典范形象。

（3）清洁明亮的工作环境，管理有序的运作氛围，可吸引更多的人才，进而提高员工总体素质。

（二）开源节流的法宝

（1）减少不必要的浪费。

（2）减少寻找物品带来的麻烦，节省宝贵的时间。

（3）能减少工时，不会延长工作时间。

（三）提供安全卫生餐饮环境的保证

（1）工作场所宽广明亮，视野开阔，能使人流、物流一目了然。

（2）物品堆放定点定位，标识明显，避免交叉污染，杜绝物品使用差错。

（3）走道清洁畅通，不会造成杂乱情形而影响工作的顺畅和突发事件的疏导。

（四）标准化的推动者

（1）员工都能正确地按照规定执行任务。

（2）流程标准化，使任何员工进入现场即可展开作业。

（3）程序稳定，成本合理，服务质量可靠。

（五）形成令人满意的工作环境

（1）明亮、清洁的工作场所，能使员工保持良好的工作心情。

（2）员工业务素质提高，有示范作用，可激发其他员工积极性。

（3）能带动现场全体员工不断完善、保持整洁的工作环境与良好的工作氛围。

学习任务 2　五常法的实施

学习成果前瞻：学习完本任务，你将能独立进行五常法的组织和实施，为五常法管理打下基础。

一、实施步骤

可分为决定、策划、培训、实施、维持五个步骤。

（一）决定

决定即获得最高管理者的承诺并做好准备。企业中的最高管理者必须确立推行五常法的思想和决心，设立专门的五常法管理小组，并且在具体推行、实施和培训等需要经费支持时，能够提供资金上的保证。

（二）策划

策划指做好五常法管理活动的策划。五常法管理小组应有专（兼）职人员和办公地点，确定本企业五常实施的切入点和关键环节、关键部门或岗位。策划要做的第一件事就是要编制五常促进运动计划表。这个计划表可以包含以下几方面内容。

（1）在第一步实施的计划中，要从五常中选取一项事情来完成，并在相对集中的时间内，开展五常法管理活动，具体可采用五常日的形式。

①第一个五常日：常组织，发动全体员工，所有人对所有的作业区域与作业环境开展整理，确定每项物品的作用、使用频率，并据此进行分类，坚决丢弃或去掉不需要的物品。

136

②第二个五常日：常整顿，给常组织后确定需要留下的物品予以命名，给每一件命名物品贴上标签，确定位置，物品做到"有名有家"。

③第三个五常日：常清洁，全体员工开展相应区域大扫除，包括对地面、墙壁、天花板、台面、货架等每一个角落的正面、背面、顶面、底面进行全面清扫，营造全新的清洁环境。

④第四个五常日：常规范，体现视觉管理和增加执行透明度，主要区域由五常责任人分工，设备、设施均有五常责任卡，制定五常管理制度，并上墙。

⑤第五个五常日：常自律，分层分级开展五常培训，做好培训记录，培养员工了解五常内容，分担五常责任，养成良好操作习惯。

（2）五常法管理小组对于五常法管理活动中工作突出的部门、班组或个人，应及时予以表彰和奖励，并为下一步的五常法管理活动制订计划。

（三）培训

（1）五常法管理以消除企业浪费和在企业内部进行持续的品质改善为目的。开展各个层面及全体员工的五常知识、五常理念和五常观念培训，是实施五常管理必不可少的环节。

（2）在五常法管理活动中，训练员工能够制定并实施自己的方案是一种必要的培训。靠个人所取得的进步或者总是依赖别人帮助所取得的进步都不是真正意义上的进步，只有企业整体水平和形象的提升才是真正的进步。

（3）在整个部门内或整个企业内的会议上，适时表扬已取得的成绩也属于培训的范畴，这不仅是一种鼓励，也是必要的思想和信息交流。

（4）培训可采取分层次的形式，有重点地开展。

（5）培训的关键，以员工操作指导培训内容为重点，使每一位员工都能从思想上、认识上、行动上了解为什么实施五常法、怎样实施五常法和如何实施五常法等知识，从而实现人人皆知五常、人人理解五常、人人认识五常、人人参与五常。

（四）实施

实施就是具体推行五常法。这个阶段，主要依照有关内容逐条对照、逐条落实，尤其应做好信息的收集与保存。

图片是一种保持记录的良好方法。图片可以是整个厨房的全景图，也可以是某些功能部位的全景图。这些图片不仅可以供内部有关人员参考，也可以作为企业实施五常法管理后取得进步的依据，还可供评估专家参考。

录像已被用作一种解决问题和说服观众的省力工具。已实施五常法管理的企业发现，将五常日之前和五常日期间的录像进行对比，很能鼓舞人心，激励参与人员的士气。

（五）维持

维持就是将已开展的五常法管理活动持之以恒。因此，需要对企业五常法管理活动予以评估。在评估过程中，须确定评估方法和完善评估内容。

简言之，五常法就是获得高层管理者的承诺、起草五常计划并实施、组织五常培训、做好信息收集保存、完善评估等五个方面工作的有机结合。

二、具体做法与要求

（一）1S——常组织：腾出有效空间

（1）对所在的工作场所进行全面检查，制定"需要"和"不需要"的判别标准，确定哪些需要、哪些不需要，同时，反省不需要物品的产生原因（表9-1）。

表 9-1　需要及不需要的物品

需要	不需要
要用的设施、设备、电气装置	杂物、灰尘、纸屑、油污、蜘蛛网
工作台、物品架	破损的垃圾筒、箩筐、纸箱、呆料、滞料
使用的工具、容器	损坏的工具、样品
原料、半成品、成品	除统一放置的私人茶杯以外的私人物品
使用中的看板、海报	不再使用的吊扇、各种挂具、旧海报
各种清洁工具、用品	无用的各种管线和工具
检验用样品	无效的标牌、指示牌等
其他需要的物品	其他不需要的物品

(2)列入不需要物品的重点对象:设备设施;库存物品、原辅料;作业场所的工具、用品、容器等。

(3)物品淘汰的准则:物品用途不明确的;物品已经变质或过期的;物品已经不需要使用的。

属于淘汰准则内的物品,做好标记,由专人或专门管理小组负责集中收集及处理。

(4)破损设施、器具及时报修、清理:已经破损的设施、器具等,应及时报修,恢复正常使用功能,不能修理的或者已经破损淘汰的设施、器具,应及时清理。

(5)私人物品的存放:一般来说,私人物品不应带入工作场所,个人衣服、挎包等物品,应集中存放于更衣室的衣柜内,在工作时间内需要使用的个人物品如茶具、毛巾等应统一存放于工作场所内指定的位置。

(6)调查需要物品的使用频率、决定日常用量,并进行分层管理。

物品的判定基准可参考表 9-2。

表 9-2　基准表

使用次数	分层管理
一个月都不用使用一次的物品	废弃处理或放入专门仓库
偶尔使用或也许需要使用的物品	放在作业区附近或暂存仓库
每星期需要使用一次的物品	放在作业区附近
每天都需要使用的物品	放在使用地
每天都使用三次及以上的物品	放在不用移动身子就可以取到的地方或身上

(7)根据基准表和每个岗位的具体要求,确定留下来的物品的使用频率。企业可针对具体的整理、整顿内容,制定出符合本企业特点的所有物品的基准目录。

(二)2S——常整顿:让物品有"名"有"家"

(1)所有物品的存放位置都有标识:对可供放置物品的场所和货物架进行统筹安排,划线定位,使得所有物品的存放均能做到有"名"有"家","名"即物品的名称,"家"即存放物品的位置。其目的是让物品存放归类,便于管理和方便拿取。

(2)所有的设施、设备均应有标签:标签内容可根据具体设施的不同而有所变化,如设施的操作方法,设施的性能(消毒柜应当达到的消毒温度、冰箱应当满足的冷藏或冷冻温度)等,但管理责任人及其管理职责的内容必须明示。通过设置标签,明确管理责任人和管理职责,以保证设施处于良好的和有秩序的运转状态。

(3)需要重点整顿和定位的区域:冷菜间、仓库、烹饪区域、粗加工间、面点间等其他功能间。

(4)划线定位方式:可采用彩色胶带、彩色瓷砖、不同材质的栅栏或在不锈钢上雕刻花纹等方法进行划线定位。

(5)划线定位线条的颜色:可采用黄色、蓝色、绿色、红色等不同的颜色。实施企业可按照惯例或原有的底色来确定采用何种颜色,原则上采用的颜色应容易识别或比较醒目。

(6)定位线条宽度的参考标准:主通道标线宽度约10厘米;次通道或区域定位标线宽度为3～7厘米。

(7)将物品整齐摆放在规划好的位置,原则上,按产品类别(如冷菜间食品须集中放置在冷菜专间内)和按原料类别(如肉禽、蔬菜、水产品不同原料须归类放置)放置。具体的放置方法:立体放置(上下分层),提高利用率,按照先进先出的原则(推荐左进右出),危险场所采用栅栏等措施予以隔离等。

(8)放置的方法与原则:建议采用平行(物品架前后或上下平行)、直角(物品架放置做到垂直)放置原则,放置区域不得超过划定的范围,清扫用具可以悬挂式方法放置等。

(9)具体实施过程中的放置方法可因地制宜,力求实用、简洁、卫生、高效。同时,应设置物品负责人及检查表,并应落实到具体的责任人。

(10)标识所有物品(这是五常法实施目视管理的重点),具体可参照以下原则。

①物品放置场所的标识与物品实物相一致原则。

②标识包括大标识与小标识,大标识设在醒目处,小标识设在物品放置区域,遵循醒目处标识与物品放置区域(场所)标识相一致原则。

③标识可用标签、显示板、看板、现场划线或在划线上加注文字等方法表示,遵循目视容易识别的原则。

④标识是五常法管理的关键环节,为充分发挥标识的目视管理效能,企业在推行五常法管理时,可在标识上多下功夫、多动脑筋,如采用颜色标识、采用可变换标识、采用插入式标识等。

(11)目视管理。

①管理标签:计量、仪表、设备、设施、工具、容器等使用周期、精度、校正周期、是否完好等信息在标签上做到一目了然。

②管理界限标识:应用明显的线条或颜色,标出一般使用范围和危险范围,原料、半成品、配料、备用等物品,亦可借助不同颜色的标签、划线,标识最低的库存量,通过颜色提示使用者和管理者。或采用定点照片展示,如果难以用标签或文字达到目视管理的目的,可以在同一地点、同一角度对现场或操作进行照相,用照片作为限定的标准或规范管理的依据。

③着色:依照不同的重要性、危险性、紧急性程度,以不同的颜色提醒有关操作人员和管理人员,确保目视管理的效率与安全。

(三)3S——常清洁:保持环境整洁

(1)建立清洁责任区。对照本企业的平面图,明确标识各区域的清洁责任人或责任班组(科室),各责任区域应有细化的定置图(即定位到每个最小区域,如调味品桌、切菜台等都落实有固定的责任人)。公共区域,可确定某个岗位(班组)或某人为包干责任人,或者采用轮值的方法,不管采用何种方法,都必须有明确的责任人负责该区域的清洁卫生。

(2)掌握清洁要领。对工作场所进行全面大清扫,包括地面、墙面、天花板、工作台面、物品架(柜)等。规定例行大扫除的内容,要细化到每日清洁、每周清洁的时间、范围和内容。注意清洁隐蔽的地方,为使清洁更容易,尽量使物品离地放置。清洁时要注意配线、配管上部的清洁,设施、设备周围的清洁,转角处、操作台底下、桌子或柜子底下、冷库内、冰箱内等容易被忽略地方的清洁,日光灯、紫外线灯及其他照明灯内壁和灯罩的清洁,洗手间、茶水间的清洁,橱、柜等顶面、背面的清洁。最后还要注意清洁用品本身的清洁、使用后及时归位放置。地面保持干燥、整洁,墙面、天花板保持清洁。仪器、设备每次用完清洁干净并上油保护。墙面、天花板破损或脱落处,常规方法清洁不到的地方以及地面破损或积水处要及时修补或清理。

(3)认真履行个人清洁责任。清洁必须细心,员工应树立在自己的责任范围内不允许存在有任何不清洁或有污秽情况的观念,具体清洁时需特别注意:清洁范围、对象,清洁方法、重点,清洁要求、标准,清洁次数、周期,清洁用品、工具,清洁时机、时间。

(4)具体清洁要求:场所内墙面、屋顶无积尘、蜘蛛网;墙面、天花板、门窗等无破损、发霉、发黑;工作台面、物品架(柜)、仓库物品摆放整齐清洁;除粗加工、餐具洗消间外地面无明显水渍;墙面、地面不油腻,走路不粘脚;油烟罩、排烟管表面光亮、无油污;餐具清洗后表面无残渣、不油腻,热力消毒后餐具表面无水渍;冷菜间操作前场所内空气用紫外线灯消毒 30 分钟,冷菜间内温度保持在 25 ℃以下;合理配置洗手消毒液,有洗手标准图解;下水道定期清理,无沉积污水、污物;"四害"预防措施得当,各功能区域内无"四害";固体废弃物分类整理、当日清运,工作现场垃圾桶加盖、表面清洁。

(四)4S——常规范:做到持之以恒

(1)认真落实前 3S 的工作,利用文字、表格、图片、张贴画、宣传资料、个人体会、讨论发言、大会演讲、表态等形式,在企业内部营造浓厚的五常法管理实施氛围。

"常组织""常整顿""常清洁"既是一个过程,又是一种结果,通过"组织""整顿""清洁"三个过程,达到工作现场卫生整洁。

(2)制定目视管理、颜色管理的基准。所谓卫生整洁,狭义的解释是指"干净整洁",广义的解释是指"美化有序",因此,除了要不断维持前 3S 的效果外,还需要建立健全可以通过各种能够直接看到(目视)的措施,使管理者及员工可以通过目视及时发现异常情况并处理,达到工作现场始终保持正常整洁状态的目的。

例如,一个定位为半成品的区域,如果放置了成品,那么就是发生了异常情况,应立即进行处理。

借助整顿时实施的定位、划线、标识,塑造一个地面、工作台面、物品、墙面明朗化的工作现场,让目视管理成为现实管理中的重要手段和内容。

(3)制定检查审核方法。制定、建立五常法实施标准检查表或清洁卫生检查表,相关操作人员或责任人可以对照该表进行自查与自纠,主管领导应定期或不定期地对五常法实施情况进行检查。

(4)制定奖惩制度,加强执行力度。制定五常法管理实施奖惩办法,对实施过程中表现优良和执行不力者及时予以奖惩。实施奖惩宜以奖励为主,惩罚为辅,重点应注重营造团队氛围,培养团队精神,树立团体荣誉感,发挥团队作用。

(5)任何场合、任何时候始终维持五常法意识。企业高层与全体员工必须永远抱着坚定推行五常法的信心和决心,可采用五常法海报、徽章、标语等,让五常法意识深植员工的内心并使其在日常工作中运用自如。

随时评估企业五常法的进程,实施全程做到明朗化,让全体员工了解企业五常法推行的水准现在已达到什么程度,离目标还有多远,再提升多少水准能够赶超其他同行的水平等等,从而激发员工参与五常法的热情与干劲,进一步推动企业实施五常法的进程。

(6)最高管理者应经常带头检查五常法,带头重视五常法,带头实践五常法。应做到逢会必讲五常法，布置工作必讲五常法，检查工作必讲五常法。只有高层重视下级才会努力，只有上级关心下级才会有责任心。

（五）5S——常自律：提升员工素质，变"要我做"为"我要做"

（1）持续推动前4S至习惯化。前4S是基本动作，也是手段和过程，员工于无形中养成一种保持整洁的操作习惯。企业应加强前4S的执行和改善，以改变员工日常工作行为与操作习惯。五常法推行一段时间基本成型后，仍须继续紧抓，否则就容易出现放松和忽视，导致半途而废或走回头路。

（2）制定共同遵守的五常法规则、制度或规定。除非是与企业有关的一些政策性的规定，一般性规定尤其是有关五常法的规定，应尽可能让员工参与制定，内容包括作业要点、安全卫生守则、服装仪容仪表、礼貌待客须知等。

（3）将各种规定目视化，让一些规定用眼睛一看就能够知道是否落实和执行，目视化管理现场选择在明显且容易看到的地方。目视方法可利用各类宣传的方式，如应用漫画形式或图表形式制成管理手册，在员工操作现场制作标语、看板、卡片等。

学习任务 3　五常法管理的组织与职责

> **学习成果前瞻**：学习完本任务，你将能以店长视角设立五常法管理小组，分配相应职责，提高管理效率。

一、管理组织

设立五常法管理小组，由企业负责人兼任该管理小组组长全面负责五常法的实施及管理，管理小组人数应为单数。小组内设五常法执行主管、监察人员、部门主管等。具体的关系安排如图9-1所示。

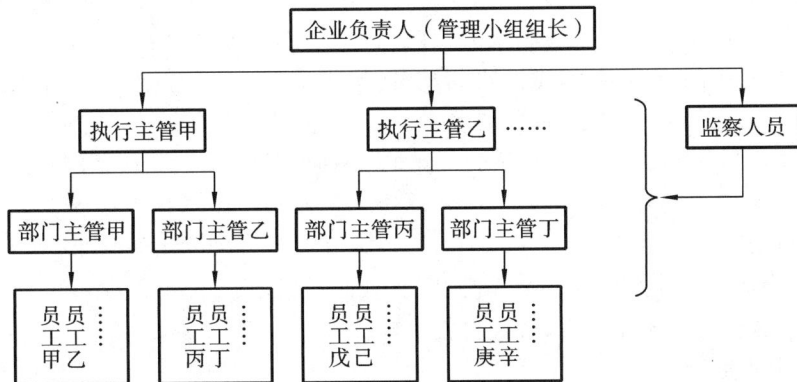

图 9-1　五常法管理小组结构图

二、相关人员的工作职责

❶ 管理小组组长（企业负责人）的工作职责

（1）负责本企业五常法管理实施的全面工作。

（2）主持五常法管理小组成员办公会，研究和决定五常法实施的各项工作。

（3）审定五常法实施的计划和步骤，并抓好落实。

(4)做好五常法实施的阶段评估,适时调整下一步的工作计划及实施步骤。

(5)审定本企业五常法实施的各项规范、制度、要求、相关考核办法、奖惩标准等。

❷ 执行主管的工作职责

(1)在管理小组组长领导下,负责本企业五常法管理相关知识的宣传、培训和监督五常法的执行。

(2)协助制定五常法工作计划并组织实施,及时总结汇报。

(3)布置、督促、检查各分管部门负责人的工作。

(4)认真落实五常法实施的规范工作要求,督促、检查各项五常制度及五常规范的执行与具体落实情况。

(5)深入各部门了解和检查五常法实施情况,认真记录五常法实施的每一过程,及时总结汇报。

(6)定期组织各部门间的相互学习,善于发现先进,善于运用先进促进后进,不断提高和改进工作方法。

(7)全面掌握五常法管理实施动态,及时分析及解决实施过程中出现的问题与困难。

❸ 监察人员的工作职责

(1)在管理小组组长领导下,严格按照"督促、指导、把关"的工作原则,全面负责五常法管理的实施监督和指导工作。对管理小组组长负责。

(2)协助制订五常法工作计划,督察各部门五常法贯彻实施的执行情况,及时总结汇报。

(3)广泛听取员工的意见和建议,并及时进行分析汇总,做好上情下达,下情上传工作。

(4)全面了解员工的工作状况,做好正确引导与指导,确保五常法管理顺利实施。

❹ 部门主管的工作职责

(1)负责本部门五常法实施日常管理工作。

(2)协助制定和完善有关规章制度,严格执行相关规章制度。

(3)负责贯彻落实五常法实施的规范工作要求,督促、检查本部门员工各项制度及规范的执行情况。

(4)合理安排员工班次,并视实际情况随时做好调配。

(5)结合本部门的实际情况,通过言传身教,激发员工工作和学习热情,对本部门员工进行业务培训,努力提高本部门员工的工作热情和服务技能,特别是五常理念及实践应用。

(6)每天主持召开部门班前例会,做好班前准备、班中督导、班后总结工作,并做好工作笔记。

(7)正确处理员工之间的工作矛盾,关心爱护员工。

(8)随时检查本部门的设施设备是否正常运转,及时向领导汇报情况,确保五常法管理正常实施。

(9)及时安排本部门的物品发放。

(10)督导员工操作习惯,检查员工仪容仪表,及时帮助纠正。

(11)带头做好本部门的环境卫生,做好自查自纠。

❺ 员工的工作职责

(1)熟悉并熟练掌握自己工作岗位的五常要点。

(2)自己的工作场所须不断整理、整顿、清洁。

(3)不用的东西要立即处理。

(4)通道必须始终保持清洁和畅通。

(5)食品原料、物品、设备的放置要做到仔细、正确、安全。

(6)各类食品加工产生废弃物要集中放于规定场所。

(7)注意上级的指示,并加以配合。

五常法管理制度

一、原料采购索证五常制度

责任部门：采购部　　　责任人：×××　　　制度编号：5S—001

1.每种食品原料采购时须查看、备份该产品生产单位的卫生许可证及产品质量检验报告。

2.原料采购时须仔细确认产品的色、香、味、形等感官性状；采购定型包装食品时，商品标签时上应有品名、厂名、厂址、生产日期、保质期等内容。

3.采购人员须及时掌握食品安全形势，不得采购被曝光、列入"黑名单"的原料。

4.建立规范详细的原料索证管理台账，做到记录清晰易查。

5.五常法管理小组须每月对所采购原料的索证资料进行核查，核对索证资料与采购物品是否相符，检验报告与所采购批次是否相符。

二、食品储存五常制度

责任部门：仓储组　　　责任人：×××　　　制度编号：5S—002

1.各类食品原料入库前须详细登记入册，详细记录原料的生产日期及保质期，仔细检查原料入库前的色、香、味、形等感官性状，定型包装食品须检查标签是否齐全。

2.物品摆放须严格按仓库总体布局，成品、半成品及食品原料应分区设置，并按高、中、低用量，分区、分架、分层存放，与货架标签内容相符。

3.各类食品存放于规定区域，不得超过"三线"，严格按标签名称整齐规范摆放，存取物品以左进右出为序，领取物品应在30秒内找到。

4.食品进出仓库做到勤进勤出，先进先出，定期检查清仓，防止食品过期、变质、霉变、长虫，严禁有毒有害物品及个人物品进入仓库，及时将不符合卫生要求的食品清理出库。

5.保持仓库整体卫生的整洁，每周对仓库的卫生进行彻底打扫。

三、食品粗加工五常制度

责任部门：粗加工组　　　责任人：×××　　　制度编号：5S—003

1.预加工原料按标签指定位置、定量整齐存放。

2.粗加工人员须对预加工原料进行质量检查，过期、变质、腐烂等不符合卫生要求的原料不得加工。

3.清洗池按水产类、肉类、蔬菜类标识分池清洗，保证水池上下水道通畅，粗加工产生的废弃物及时清理到水池旁的带盖密闭垃圾桶内。

4.原料清洗后按容器类别存放、沥水，摆放整齐。

5.清洗人员穿戴整洁的工作衣帽，保持个人卫生。

6.责任人员确保卫生设施正常运转，室内无虫害。

7.各类粗加工工用具按规定位置存放，标识清楚。

8.每天下班前5 min进行五常检查，工用具归位，设施完好，确保卫生整洁。

9.每周对工作场所进行全面的大清扫，包括地面、墙面、天花板、工作台面、物品架等每一个角落。

四、切配菜五常制度

责任部门：粗加工组　　　责任人：×××　　　制度编号：5S—004

1.切配人员须对预切配原料进行质量检查，过期、变质、腐烂等不符合卫生要求的原料不得加工。

五常法管理标识图例

餐饮业五常法管理实施评估表

2.工用具做到刀不锈,砧板不霉,工作台面、抹布干净,按标识功能使用,并存放于标识位置。

3.切配好的原料按水产类、肉类和蔬菜类分类盛放,摆放整齐。

4.冰箱由专人管理,定期化霜,按冰箱责任卡标示的位置存放。

5.切配人员穿戴整洁工作衣帽上岗,如有发热、创伤性损伤等有碍食品卫生的情况立即离岗。

6.切配操作产生的废弃物须及时清理,存放于带盖密闭垃圾桶。

7.每天下班前5 min进行五常检查,做到物品归类,卫生整洁。

8.每周对工作场所进行全面的大清扫,包括地面、墙面、天花板、工作台面、物品架等每一个角落。

五、烹饪五常制度

责任部门:炉灶或烹饪组　　责任人:×××　　制度编号:5S—005

1.厨师须对预加工材料进行质量检查,过期、变质、腐烂等不符合卫生要求的原料不得加工。

2.食品确保烧熟煮透,防止里生外熟,熟食放在经过消毒的清洁容器内,容器须与半成品、原料容器有明显区分标识。

3.厨师不得用炒菜勺子直接品尝菜肴。

4.烹饪间内抹布须专用并保持清洁。

5.工作结束后调料加盖,调料瓶、炊具、用具、灶上灶下台面清洗整理干净,并将各类物品按标识位置存放。

6.烹饪产生的废弃物及时清理,存放于密闭垃圾桶内。

7.每天下班前5 min进行五常检查,做到物品归类,卫生整洁。

8.每周对工作场所进行全面的大清扫,包括地面、墙面、天花板、工作台面、物品架等每一个角落,地面保持干燥、干净整洁。

六、冷菜加工五常制度

责任部门:冷菜组　　责任人:×××　　制度编号:5S—006

1.冷菜间需定岗定员操作;进冷菜间前先通过预进间(区域),穿戴清洁的工作衣帽、戴口罩、洗手消毒。

2.冷菜间内物品应严格按标签划线位置摆放,保持室内清洁。

3.制作人员须对预加工材料进行质量检查,凡质量不新鲜或隔夜未回锅食品不得制作。制作好的冷菜应尽量当餐用完。需批量制作的冷菜起锅后应使用消毒过的容器盛放,并应立即通过冷菜传送窗口放到冷菜间内进行冷却;剩余尚需使用的应存放于专用冰箱内冷藏或冷冻,并须在保存盒上标注具体的制作时间和保存日期;重新食用前,须按规定进行再处理。

4.冷菜间使用的工具、容器应做到专用,用前应消毒。冷菜进出必须经冷菜传送窗口传递,不得经过预进间传送。

5.每次使用前须进行空气消毒,每次紫外线灯照射时间不少于30 min,室内温度控制在25 ℃以下。

6.制作人员操作前对刀具及砧板进行消毒,各类工用具按功能标签专用。

7.定期对冷菜间内的净水器进行检查,按时反冲或更换过滤设施,并记录。

8.操作完成后,责任人员应将冷菜间内物品归位,对卫生情况进行检查并记录。

9.每周对工作场所进行全面的大清扫，包括地面、墙面、天花板、工作台面、物品架等每一个角落。

七、面食制作五常制度

责任部门：面点组　　　责任人：×××　　　制度编号：5S—007

1.面点师须对预加工原料进行质量检查，过期、变质、腐烂等不符合卫生要求的原料不得加工。

2.物品应严格按标签、划线位置整齐规范摆放。

3.工作结束后工用具、台面清洗整理干净，并将各类物品按标识位置存放。

4.操作完成后，责任人员应将面点间内物品归位，对卫生情况进行检查并记录。

5.每周对工作场所进行全面的大清扫，包括地面、墙面、天花板、工作台面、物品架等每一个角落。

八、餐具清洗消毒保洁五常制度

责任部门：洗消组　　　责任人：×××　　　制度编号：5S—008

1.餐具、饮具和盛放直接入口食品的容器必须洗净、消毒，并按标签划线位置存放到洁净的保洁柜内。

2.餐饮具消毒按标准程序进行，消毒到位安全，每天检查消毒设施是否运转正常。

3.餐具清洗消毒应按一刮、二洗、三冲、四消毒、五保洁的程序进行。

4.保持保洁柜及消毒设施整洁。

5.抹布及时清洗、消毒，防止二次污染。

6.工作结束后工用具、工作台面清洗整理干净，并将各类物品按标识位置存放。

7.操作完成后，责任人员应将物品归位，对卫生情况进行检查并记录。

8.每周对工作场所进行全面的大清扫，包括地面、墙面、天花板、工作台面、物品架等每一个角落。

九、从业人员个人五常制度

责任部门：餐饮部　　　责任人：×××　　　制度编号：5S—009

1.每年进行一次健康体检，参加卫生知识培训，食品从业人员持有效"健康证明"和"卫生知识培训合格证"上岗。上岗时，应穿戴清洁的工作服、工作帽（专间内操作还需戴口罩），头发不外露，无长指甲，不涂指甲油，不带手表、戒指，不佩戴饰物等。操作前应洗手，接触直接入口食品时，还应进行手消毒。

2.建立晨检制度，出现发热或腹泻情况时，应立即报告有关主管人员，并应立即离岗就诊，待恢复健康或诊断明确才能重新上岗。患有痢疾、伤寒、病毒性肝炎等传染病，活动性肺结核，化脓性或者渗出性皮肤病以及其他有碍食品卫生的人员，立即调离工作岗位。

3.工作服定期换洗，保持清洁，一旦脏污，随时更换；冷菜间等专间操作人员的工作服应每天更换。保持良好的个人卫生，勤洗澡，勤换工作服，勤理发，勤剪指甲。

4.熟练掌握本岗位的操作规程，遵守本岗位卫生制度。

5.专间操作人员进出专间时，应及时更换专间专用工作衣帽。不得穿戴专间专用工作衣帽从事与专间操作无关的工作。

6.切实落实五常责任分解职责，个人衣物及私人物品不能带入食品处理区；在食品处理区内不吸烟、不吃东西、不做其他可能污染食品的行为，保证责任区域内卫生整洁。

7.上厕所前，均应在食品处理区内脱去工作服，需清洗的工作服应放在食品处理区外。遵守员工仪表仪容制度，保持大方整洁。

十、更衣室五常制度

责任部门:餐饮部   责任人:×××   制度编号:5S—010

1. 从业人员进入操作间前需更衣、洗手。

2. 物品应严格按标签划线位置整齐规范摆放,保持更衣室内整洁、干净。

3. 个人物品必须放置于衣橱内,保持衣橱内物品整齐。

4. 个人衣橱做到每日一清理,及时清除杂物。

5. 每周对场所进行全面的大清扫,包括地面、墙面、天花板等每一个角落。

十一、预进间五常制度

责任部门:冷菜组   责任人:×××   制度编号:5S—011

1. 员工进入直接入口食品操作间前需更衣、洗手、消毒。

2. 员工通过预进间程序:更换洁净的工作衣帽→戴口罩→洗手→手消毒→上岗(离岗时应再更衣)。

3. 员工的普通工作衣与洁净工作衣宜用不同颜色区分,并分开按标识位置挂放,避免污染。

4. 定期检查洗手消毒用品用量,洗手消毒用品须存放于规定区域内。

5. 预进间由专人负责,使用前进行空气与衣物表面紫外线消毒 30 min。

6. 定期进行五常检查,做到物品归类,卫生整洁。

十二、食品留样五常制度

责任部门:厨房   责任人:×××   制度编号:5S—012

1. 重大活动宴请以及单餐 10 桌以上聚餐留样,以备查验。

2. 每份菜肴留样不少于 100 克,置于经消毒后有盖(或加膜)的容器内。

3. 留样的菜肴存放在专用冰箱内,0~10 ℃条件下可保存 48 h。

4. 每餐留样菜肴均需标明:留样日期、餐次、留样人,标识清楚。

5. 留样由专人负责,留样菜肴不得再继续食用,应及时清理,并保持留样冰箱清洁,不存放其他物品。

十三、除虫灭害五常制度

责任部门:工程部   责任人:×××   制度编号:5S—013

1. 除虫灭害工作由专人负责,其他员工配合其工作。

2. 定期开展除虫灭害工作,要采取有效措施防止鼠类、蚊、蝇、蟑螂等聚集和孳生,并进行记录。

3. 定期检查防鼠、防蝇等卫生设施、设备是否正常运转。

4. 对已产生有害虫物的场所,采取紧急措施加以控制和消灭,防止蔓延和对食品造成污染。

5. 杀灭有害动物,查明其来源,彻底消除隐患。

6. 除虫灭害工作不得在生产加工过程中进行。

十四、五常奖惩制度

责任部门:餐饮部   责任人:×××   制度编号:5S—014

1. 员工每天上班穿戴好工作衣帽,定期更换,服装不整洁或未穿戴工作衣帽,扣奖金 10 元。

2. 工作时杜绝不良的卫生习惯,经常洗手,常剪指甲,工作场所不得吸烟,违反其中一项扣奖金 10 元。

3. 每天按五常要求做好本职岗位卫生工作,并将物品归类摆放,如工作区域不卫生或不符合五常要求的,按情节轻重酌情扣奖金 5~30 元。

4.操作结束后,及时打扫卫生,被检查人员发现没有做好卫生工作,擅自离岗,扣责任人奖金20元。

5.个人用品及杂物存放于指定位置,违者扣责任人奖金10元。

6.五常法管理小组定期对各部门的工作进行考核评定,考核优秀的奖励50元。

7.定期评定五常实施先进个人,予以表彰。

十五、企业五常管理制度

制度编号:5S—015

(一)常组织

1.场所内物品应区分用与不用,区分使用的周期或频率,对可有可无的物品应及时处理。

2.将必需品按照高、中、低用量分层存放与管理。

3.破损设施、器具及时报修清理。

4.私人物品应减少至最低数量并集中存放在固定位置。

(二)常整顿

1.物品存放切实做到有"名"有"家"。

2.食品储存定点定量、先进先出(左进右出)。

3.各区域有责任图,标识内容清晰完整。

4.所有物品均能做到30秒内取出或放回。

(三)常清洁

1.制定清洁责任区划分值日明细表。

2.定期组织对场所卫生进行彻底清扫。

3.责任区域卫生必须做到随时清理。

4.保持环境卫生整洁,设施设备完好,垃圾及时清理。

(四)常规范

1.有完整的五常管理组织结构和责任人员,各类管理台账资料完整。

2.将各项操作规程制度化、规范化。

3.全面推行颜色标识目视化管理。

4.增加管理的透明度,及时公布考核成绩,落实奖惩。

(五)常自律

1.定期组织员工培训。

2.员工应熟悉五常知识。

3.员工须熟悉责任区域及职责,严格各司其职。

4.员工须做到文明服务,着装整洁,仪容仪表规范。

课后实训

实训项目1:结合学校实训场地。观察哪些是不需要的物品,列出一个淘汰清单并指出筛选的原则。

实训项目2:结合学校实训场地,从常整顿的角度,设计一个标识、标签整顿方案。

实训项目3:调研校外实训基地,研习实习企业的五常法管理制度。

产品生产加工规范

学习目标

知识目标 了解厨房产品生产的流程,掌握各流程生产环节的控制,掌握标准食谱的设计方法。

技能目标 能运用厨房生产流程管理理论提高厨房生产的品质标准和生产效率;能运用标准化菜谱制作理论制定标准化菜谱。

思政育人目标 培养敬业精神和责任感,塑造食品安全意识和标准化思维。

课程思政

标准化思维是一种逻辑抽象能力,也可以称为整体观、全局观。

在国民经济的各个领域中,凡具有多次重复使用和需要制定标准的具体产品,以及各种定额、规划、要求、方法、概念等,都可称为标准化对象。标准化对象一般可分为两大类:一类是标准化的具体对象,即需要制定标准的具体事物,如餐饮经营流程规范从制度规范、从业人员的基本条件、职业道德、技术操作、卫生要求等几个方面做出了详细规定,填补了餐饮行业在标准规范上的空白,解决了餐饮行业无标准可依的问题,有利于对餐饮行业进行管理和指导,有利于餐饮企业进行标准化经营,对推动餐饮行业健康有序发展具有重要意义。另一类是标准化的总体对象,即由具体对象抽象出来的,需要通过制定各类标准(如基础标准、通用标准等)来对其整体或其涉及的通用方面、共性问题等进行统一规范和管理的对象集合或领域等,它涵盖了多个具体对象以及它们之间的相互关系等,是从宏观和整体层面来考虑标准化的对象范畴。

导读

学习目的、意义 了解厨房产品生产流程以及各流程生产环节的控制,掌握标准食谱的设计方法,能让学生构建起完备的厨房生产知识体系,清晰知晓每一道菜品从食材准备到成品上桌的流程,保障整个生产流程的稳定运行,这是踏入餐饮领域的基石。

内容概述 通过了解厨房产品生产流程,掌握各环节控制与标准食谱设计方法,构建餐饮基础认知。运用流程管理和标准化菜谱制作的相关理论,提升厨房生产品质、效率及个人实操能力。

某餐饮企业"产品管理"

眉州东坡餐饮管理(北京)有限公司,旗下拥有"眉州东坡酒楼""王家渡火锅""眉州小吃""眉州私家厨房""小渡火锅"等五种业态,60多家分店,是国内的大型餐饮连锁集团。

中餐连锁店最困难的是菜肴的标准化。许多人认为中餐不可能实现标准化,更不用说产业化了。而眉州东坡董事长王刚充满信心说:我觉得中餐可以产业化,首先要解决标准化问题。一个品牌要想延伸,就必须连锁。我在2003年开第七家店时,发现80%~90%的中餐可以标准化。许多研究饮食理论的专家坚信中餐不能标准化,所以我用自己的实践为专家解决了这个问题。

当然,王刚之所以有这样的信心,是因为他有实践经验。在十多年的中餐馆经营中,他意识到中餐是一门艺术。如果中餐机械地标准化,就像用复印机复制中国画一样,价值会大大降低。但是配料、工艺流程等是完全可以实现标准化的。

在王刚看来,标准化并不意味着一切都一样。如果我们机械地认为中国菜的标准化应该和肯德基和麦当劳完全一样,那么这样的中国菜很可能什么都不是。比如眉州东坡酒楼最著名的菜——东坡肘子,如果完全按照标准化要求,由中央厨房做好,那就会影响这道菜的质量和口感。因为东坡肘子成功的关键在于温火炖,水少,火候到了自然味道佳。因此,王刚认为,中餐标准化的前提是不能影响口感甚至要增强口感,否则就不要标准化。

眉州小吃是眉州东坡集团最早实现产业化的商业形式。它的包子、叶儿粑、冻糕等都是由中央厨房制作好,然后配送到各个门店进行销售。部分菜肴的原料和配件统一采购,在中央厨房初步加工成半成品,各店厨师按照统一规范的配料重量和搭配要求完成后续操作。

眉州东坡酒楼(劲松店)开业后,王刚在这家店设置了眉州小吃。这种店里店的方式不仅能让顾客在店里吃正餐,也能吃到正宗的眉州小吃,甚至打包带回家。正因为如此,眉州小吃成了眉州东坡集团最赚钱的商业形式。用王刚自己的话说:"别看眉州小吃里一碗面才卖5元,但如果我卖5000碗甚至10000碗的话,利润惊人。"

厨房产品大多要经过多道工序才能生产出来。菜肴的生产工序:原料→初加工→切割→配菜→烹调→成菜装盘。面点的生产工序:和面→下碱→揉面→搓条下剂→制皮→上馅→成形→熟制(上笼或入烤箱)→成品出笼(或出烤箱)。各个工序、工种、工艺密切配合,按序操作,按规格出品。概括地讲,厨房生产流程主要包括加工、配份、烹调三大阶段,以及点心、冷菜相对独立地两大生产环节。应针对厨房生产流程不同阶段的特点,明确制定操作标准,规定操作程序,健全相应制度,及时灵活地对生产中出现的各类问题加以协调督导,这是厨房生产进行有效控制管理的主要工作。

学习任务 1 **厨房初加工流程控制**

学习成果前瞻:学习完本任务,你将能全面了解厨房初加工流程控制,为菜肴配份阶段打下基础。

厨房初加工流程控制主要包括冰冻原料的解冻质量控制、原料加工出净率控制和原料加工数量管理等几个方面。

一、冰冻原料的解冻质量控制

冰冻原料解冻,即采取适当的方法,将冰冻状态的原料恢复新鲜、软嫩的状态,以便于烹饪。冰冻原料解冻,要使解冻后的原料尽量减少汁液流失,保持其风味和营养,解冻时必须注意以下要点。

(1)解冻媒质温度要尽量低。用于解冻的空气、水等,温度要尽量接近冰冻原料的温度,使其缓慢解冻。解冻时可将原料适时提前从深冻库领至冷藏库进行部分解冻。解冻时将原料置于空气或水中,要力求将空气、水的温度降低到 10 ℃ 以下(如用碎冰和冰水等解冻)。切不可操之过急,将冰冻原料直接放在热水中化冻,这可造成原料外部未经烧煮已经半熟,使原料内外的营养、质地、质量都受到破坏。

(2)被解冻的原料不要直接接触解冻媒质。冰冻保存原料,主要是抑制原料内部微生物活动,以保证其质量。解冻时,微生物随着原料温度的回升而渐渐开始活动,加之解冻需要一定的时间,解冻原料无论是暴露在空气中,还是在水中浸泡,都会造成原料氧化、被微生物侵袭和营养流失。因此,若用水解冻原料,最好先用聚乙烯薄膜包裹解冻原料,再进行水泡或水冲解冻。

(3)要缩短原料外部和内部解冻的时间。解冻时间越长,原料被污染的概率就越大,原料汁液流失的数量就越多。因此,在解冻时,可采用勤换解冻媒质的方法(如经常更换用于解冻的碎冰和凉水等),以缩短原料内外部解冻的时间差。

(4)尽量在半解冻的状态下进行烹饪。有些需用切片机进行切割的原料,如切羊肉片、切炖狮子头的肉粒,略做化解即可用以切割。

二、原料加工出净率控制

原料加工出净,是指有些完整的、没有经过分档取料的原料,需要在加工阶段进行选取净料(剔除废料、下脚料)处理。加工出净率是指加工后可用于做菜的净料占未经加工的原始原料重量的百分比。加工出净率越高,原料的利用率越高;加工出净率越低,菜肴单位成本就越高。

因此,把握和控制原料加工出净率十分重要。具体做法可以采用对比考核法,即对每批新使用的原料进行加工测试,测定出加工出净率后,再交由加工厨师或助手操作。在加工厨师操作过程中,对领用原料和加工成品分别进行称量、记重、随时检查,看加工出净率是否达标。未达标则要查明原因。如果因技术问题造成,要及时采取有效的培训、指导等措施,若是态度问题,则更需要强化检查和督导。同时可以经常检查下脚料和垃圾桶,检查是否还有原料未被利用,引起员工对加工出净率的高度重视。

原料加工质量直接关系到菜肴成品的色、香、味、形及营养和卫生状况。因此,除了控制原料的加工出净率,还需要严格把握加工品的卫生指标和规格标准。凡不符合要求的加工品,禁止流入下道工序。加工原料的洗涤是厨房产品卫生的基础。原料洗涤不净,不仅有损菜肴味道,甚至会引起顾客的不满和投诉。比如杀鱼时,鱼内脏未洗净;该去鳞的鱼,鱼鳞未去净;甲鱼的油脂未完全除净等,既影响成菜的色泽,又使菜肴有恶腥味。有些蔬菜洗涤不充分、不彻底,中间可能夹有泥沙,甚至蝇虫,而后期在配份、烹调时又很难发现菜中有异物,这就为出品质量留下了隐患。原料加工分工要明确,一方面是为了分清责任,另一方面可以提高厨师专项技术的熟练程度,有效地保证加工质量。尽量使用机械切割,保证加工成品规格标准一致。原料加工规格明确、精细,加工成品整齐一致,为成菜口感和品相的一致奠定了基础。加工规格标准一致,不仅指原料的刀工成形,即片、丝、块、条、段等均匀整齐,原料上浆腌制的规格也应一致。

三、原料加工数量管理

原料的加工数量应以销售预测为依据,以满足生产为前提,留有适当的储存周转量,避免加工过多而造成加工品质量降低。厨房原料加工数量的控制是厨房管理的重要基础工作。加工多了,使用不足,大量过剩,加工品质量降低,甚至成为垃圾被废弃;加工少了,经营使用断档,开餐期间免不了混乱、狼狈。原料加工数量的确定和控制过程如下。

(1)各配份、烹调厨房根据下餐或次日预订和客情预测提出加工成品数量要求,在约定时间(如中午开餐后、下班前)提交加工厨房。

(2)加工厨房收集、分类汇总各配份、烹调厨房加工原料数量。按各类原料的加工出净率、胀法率,推算出原始原料(即市场可购买状况原料)的数量,作为向仓库申领或向采购部申购的依据。此申购总表必须经总厨审核,以免过量进货或进货不足。原料进入饭店之后,经过加工厨房分类加工,继而根据各配份、烹调厨房的数量要求,进行加工成品原料的分发。这样可较好地控制各类原料的加工数量,并能及时周转发货,保证厨房生产的正常进行。

学习任务 2 　菜肴配份阶段流程管理

> **学习成果前瞻:** 学习完本任务,你将能够独立进行菜肴配份和管理,为菜肴烹调打下基础。

菜肴配份与烹调在同一间厨房,是热菜成熟、成形阶段。配份与烹调虽属两个岗位,但联系相当密切,沟通特别频繁,开餐期间,配份与烹调也常常是厨师长最为关注的环节。

菜肴配份,是指根据标准食谱即菜肴的成品质量特点,将菜肴的主料、配料及料头(又称小料)进行配伍、组合供炉灶岗位烹调的过程。配份是决定每份菜肴的用料及成本的关键,甚至生产的无用功(即产品出去了,可利润没收回)也会在这一阶段出现。因此,配份阶段的控制既是保证出品质量的需要,也是经营盈利所必需的。

烹调阶段则是将已经配份好的主料、配料、料头,按照烹调程序进行烹制,使菜肴由原料变成成品。烹调阶段是确定菜肴色泽、口味、形态等的关键。烹调阶段控制得好,就可以保证出品质量和出菜节奏,若控制不力,会造成出菜秩序混乱,使菜肴回炉返工率增高,顾客投诉增多。因此,切不可掉以轻心。

一、配份数量与成本控制

配份数量具有两方面的意义:一方面,它可以保证配出的每份菜肴数量合乎规格,成品饱满而不超标,使每份菜肴产生应有的效益;另一方面,它又是成本控制的核心。因为原料通过加工、切割、上浆到配份阶段时其单位成本已经很高,配份时如疏忽大意,或者大手大脚,使原料大量流失,就会使菜肴成本进一步增加,提高成本控制难度,因此,控制配份的数量至关重要。配份控制的主要手段是充分依靠、利用标准食谱规定的配份规格,养成用称称量、论个计数的习惯,这样就可以切实保证顾客的利益,也有利于塑造良好的产品形象和饭店声誉。

二、配份质量管理

菜肴配份,首先要保证同样菜名的原料配伍相同。某饭店曾发生这样的事:前后两位顾客都点了"三鲜汤",一位厨师为之配了鸡片、火腿、冬笋片,价格昂贵,口味鲜美;另一位厨师为之配了青菜、豆腐、鸡蛋皮,色彩悦目,成本低廉。厨师用心皆良,烹调得不错,可顾客却为之纳闷,颇感不悦。厨房管理者更是不快——质量难保,成本难控。可见,配份不一,不但影响菜肴的质量,而且会影响饭店的社会效益和经济效益。按标准食谱进行培训,统一配份用料,并加强岗位间监督、检查,可有效地防止随意配份现象的发生。

配份岗位的操作还应考虑烹调操作的方便性。每份菜肴的主料、配料、料头配放要规范,即分别取用各自的器皿,三料三盘,这样,烹调岗位在操作时就十分便利,也为提高出品速度和质量提供了保证。配份时还要严格防止和杜绝配错菜(配错餐桌)、配重菜和配漏菜现象出现。一旦出现上述疏忽,会打乱出菜次序,妨碍餐厅的正常运转,若发生在开餐高峰期会造成很大损失。防止错配、漏配的措施:一是制订配菜工作程序,理顺工作关系;二是健全出菜制度,防止有意或无意错配、漏配现象的发生。

❶ **料头准备工作程序**　料头,又称小料,即配菜所用的葱、姜、蒜等佐助配料,其块型大多较小。虽然这些小料用量不大,但在配菜与烹调之间,也起着无声的信息传递作用,可以避免很多错乱的发生,尤其是在开餐高峰期。

标准与要求:

(1)大小一致,形状整齐美观,符合规格要求。

(2)数量适当,品种齐备,满足开餐配菜需要。

步骤:

(1)领取、洗净各类料头原料,分别定位存放。

(2)根据烹调菜肴需要,按切配料头规格,对原料进行处理。

(3)将处理好的料头根据性质及用途分别干放或水养,置于固定器皿和位置,并用保鲜膜封好。

(4)清洁砧板、工作台,将用剩的料头原料放置原位。

(5)开餐时,揭去保鲜膜,根据配菜要求分别取用各种料头。

❷ **配份工作程序**

(1)配份用料品种、数量符合规格要求,主、配料分别放置。

(2)接受零点订单5分钟内配出菜肴,宴会订单菜肴提前20分钟配齐。

步骤:

(1)根据加工原料申订单领取加工原料,备齐主料和配料,并准备配菜用具。

(2)对菜肴配料进行切割,部分主料根据需要加工。

(3)对水养原料进行换水处理。

(4)对当日已发好的干货进行洗涤改刀,交炉灶焯水后备用。

(5)备齐各类配菜筐、盘,清理配菜台和用具,准备配菜。

(6)接受订单,按配份规格配制各类菜肴主料、配料及料头,置于配菜台出菜处。

(7)开餐结束,交代值班人员做好收尾工作,将剩余原料分类保藏,整理冰箱、冷库。

(8)清点下餐、次日预订客情通知单,结合零点客情分析,计划并向加工厨房预订下餐或次日需补充的料单。

(9)清洁工作区域,用具放于固定位置。

❸ **配菜出菜制度**

(1)案板切配人员随时负责接受和核对各类出菜订单。

① 接受餐厅的点菜订单须盖有收银员的印记,并夹有该桌号与菜肴数量相符的木夹。

② 宴会和团体餐单必须由宴会预订部门或厨师长开出。

(2)配菜岗凭订单按规格及时配制,并按先接单先配、紧急情况先配、特殊菜肴先配的原则处理,保证及时上火烹制。

(3)排菜必须准确及时,前后有序,菜肴与餐具相符,成菜及时送至备餐间,提醒跑菜员取走。

(4)点菜从接受订单到第一道热菜出品不得超过10分钟,冷菜不得超过5分钟,因配菜误时耽误出菜引起顾客投诉,由当事人负责。

(5)所有出品订单、菜单必须妥善保存,餐毕及时交厨师长备查。

（6）炉灶岗对打荷所递菜肴要及时烹调,对所配菜肴规格质量有疑问者,要及时向配份岗提出,并妥善处理。烹制菜肴先后次序及速度服从打荷安排。

（7）厨师长有权对出菜的手续、菜肴质量进行检查,如有质量不符或手续不全的出菜,有权退回并追究责任。

学习任务 3　烹调操作流程控制

学习成果前瞻:学习完本任务,你将能够独立进行烹调操作流程控制。

烹调相关工作程序主要包括打荷工作程序、盘饰用品制作程序、大型餐饮活动厨房餐具准备程序、炉灶烹调工作程序和口味失当菜肴退回厨房处理程序等。

一、打荷工作程序

① 标准与要求

（1）台面清洁,调味品种齐全,摆放有序。
（2）吊汤原料洗净,吊汤用火恰当。
（3）餐具种类齐全,盘饰用花卉数量适当。
（4）分派菜肴给炉灶烹调恰当,符合炉灶厨师技术特长或工作分工。
（5）符合出菜顺序,出菜速度恰当。
（6）餐具与菜肴相配,盘饰菜肴美观大方。
（7）盘饰速度快捷,形象美观。
（8）打荷台面干爽,剩余用品收藏及时。

② 步骤

（1）清理工作台,取出、备齐调味汁及糊浆。
（2）领取吊汤用料,吊汤。
（3）根据营业情况,备齐餐具,领取盘饰用花卉。
（4）传达、分派各类菜肴给炉灶厨师烹调。
（5）为烹调好的菜肴提供餐具,整理菜肴,进行盘饰。
（6）将已装饰好的菜肴传递至出菜位置。
（7）清洁工作台,剩余的盘饰用花卉和调味汁、糊浆冷藏,餐具放回原位。
（8）清洗、消毒、晾挂抹布;关、锁工作门柜。

二、盘饰用品制作程序

① 标准与要求

（1）盘饰用花卉至少有 8 个品种,数量充足。
（2）每餐开餐前 30 分钟备齐。

② 步骤

（1）领取备齐食品雕刻用原料及番茄、香菜等盘饰用蔬菜。
（2）清理工作台,准备各类刀具及盛放花卉用盛器。
（3）根据装饰点缀菜肴需要,运用各种刀法雕刻一定数量、不同品种的花卉。

(4)整理、择取一定数量的番茄、香菜等头、蕊、叶等,置于盛器,留待盘饰使用。

(5)将雕刻、整理好的盘饰用花卉及蔬菜,用保鲜膜封盖,集中置于低温处,供开餐打荷使用。

(6)清理、保管雕刻刀具、用具,剩余原料放归原位,清洁整理工作岗位。

三、大型餐饮活动厨房餐具准备程序

① 标准与要求

(1)餐具规格、数量符合盛菜要求。

(2)摆放位置合适,取用方便。

② 步骤

(1)根据大型餐饮活动菜单,分别列出各类餐具名称、规格、数量。

(2)向餐务部门提出所需餐具的数量及提供时间。

(3)分别领取各类餐具,区别用途分别放于冷菜间、热菜出菜台及其他合适位置。

(4)与菜单核对,检查所有菜点品种是否都有相应餐具,拾遗补漏。

(5)取保鲜膜或洁净台布将餐具遮盖,防止灰尘污染或被随意取用。

(6)大型餐饮活动开始,揭去遮盖,根据菜单分别取用餐具。

(7)大型餐饮活动结束后,及时将餐具归位。

四、炉灶烹调工作程序

① 标准与要求

(1)调料罐放置位置正确,固体调料颗粒分明,不受潮,液体调料清洁无油污,添加数量适当。

(2)烹调用汤:清汤要清澈见底,白汤要浓稠乳白。

(3)焯水蔬菜色彩鲜艳,质地脆嫩,无苦涩味;焯水荤料去尽腥味和血污。

(4)制糊投料比例准确,稀稠适当,糊中无颗粒及异物。

(5)调味用料准确,口味、色泽符合要求。

(6)菜肴烹调及时迅速,装盘美观。

② 步骤

(1)准备用具,开启排油烟罩,点燃炉火使之处于工作状态。

(2)对不同性质的原料,根据烹调要求,分别进行焯水、过油等初步熟处理。

(3)吊制清汤、上汤或浓汤,为烹制高档及宴会菜肴做好准备。

(4)熬制各种调味汁,制备必要的糊,做好开餐的各项准备工作。

(5)开餐期间,接受打荷安排,根据菜肴的规格标准及时进行烹调。

(6)开餐结束,妥善保管剩余食品及调料,擦洗灶头,清洁整理工作区域及用具。

五、口味失当菜肴退回厨房处理程序

① 标准与要求

(1)处理迅速,出菜快捷。

(2)菜肴口味符合要求,质量可靠,出品形象美观。

② 步骤

(1)餐厅退回厨房口味失当的菜肴,及时向厨师长汇报,交厨师长复查鉴定;厨师长不在,交当场最高技术岗位人员鉴定,最快安排处理。

(2)确认系烹调失当,口味欠佳菜肴,交打荷即刻安排炉灶调整口味,重新烹制。

(3)无法重新烹制、调整口味或出品形象破坏太大的菜肴,由厨师长交配份岗位重新安排原料切

配,并交给打荷。

(4)打荷接到已配好或已安排重新烹制的菜肴,及时迅速分派炉灶烹制,并交代清楚。

(5)烹调成熟后,按规格装饰点缀,经厨师长检查认可,迅速递于备餐划单出菜人员上菜,并交代清楚。

(6)餐后分析原因,采取相应措施,避免类似情况再次发生,处理情况及结果记入相关处理表格。

学习任务 4　冷菜、点心操作流程控制

> **学习成果前瞻:** 学习完本任务,你将能够独立进行冷菜、点心操作流程控制。

在中餐厨房,冷菜部和点心部是厨房生产相对独立的两个部门。冷菜品质优良,出品及时,可以诱发顾客食欲,给顾客以美好的第一印象。点心虽然多在就餐的最后或中途穿插出品,但其口味和造型同样能给客人以愉快的享受并留下美好的记忆,起到画龙点睛的作用。

一、冷菜生产质量控制

冷菜的生产同样要经过初加工、切配、烹制、装盘等生产环节,但因其属于开胃菜范畴,并早于热菜之前上桌,对其又有特殊的要求,即讲究色彩的丰富、口味的变化、成形的美观、刀路的清晰、数量的精巧等。

(1)冷菜分量控制。冷菜与热菜不同,多在烹制成熟、晾凉后切制装盘。每份的数量及装盘形式既关系到顾客的利益,又直接影响成本控制。虽然冷菜多以小型餐具盛装,但也并非越少就越给人以细致美好的感觉,应以适量、饱满、恰到好处为度。

(2)冷菜的质量与出品管理。中餐冷菜和西餐冷菜都具有开胃、佐酒的功能,对冷菜的风味和口味要求都比较高。要求风味要正,口味要准确。

(3)保持冷菜口味的一致性。可采用预先调制统一规格比例的冷菜调味汁、冷沙司的做法,待成品改刀、装盘后浇上或配带调味碟即可。冷菜调味汁、冷沙司的调制应按统一规格比例进行,这样才能保证口味的纯正和一致。

(4)突出特色,杜绝漏洞。冷菜由于在一组菜点中最先出品,总给客人以先入为主的感觉,因此,对其装盘的和色彩的搭配等要求很高。不同规格的宴会,冷菜还应有不同的盛器及拼摆装盘方法,给客人以丰富多彩、不断变化的印象。同时也可突出宴请主题,调节就餐氛围。冷菜的生产和出品通常是和热菜分开的,因此其出品的手续控制亦要健全。餐厅下单时,多以单独的两联分送冷菜厨房,按单配份与装盘出品同样要按配菜出菜制度执行,严格防止和堵塞出品中的漏洞。

二、点心生产质量控制

点心是白案组加工生产的产品,是对套餐、宴会菜品的补充,好的点心能给顾客留下深刻的印象和美好的回味。点心的形式很多,但总体比较精细,大多小巧玲珑,口感清新,在席间往往会起到锦上添花的作用。

(1)点心的特点。根据工种的特点,白案的工作宜采取与其他工种不同的管理方法。点心通过和面、揉面、搓条、下剂、制皮、上馅、成形、熟制等不同工序生产而成。其品种大多以"个"的形式包捏完成。其分量和数量包括两个方面:一是每份点心的个数;二是每个点心的馅料及其配比。前者直接影响点心的分量和成本,后者直接影响点心的风味、质量和价格,因此加强点心生产的分量和数量控制也是十分重要的。

（2）制定点心规格标准。在点心的生产操作过程中,要控制点心分量,有效的做法是规定各类点心的生产分量(皮剂重量和馅心重量)和装盘规格标准,然后根据其规格标准进行督导管理并依照执行,以保证点心的产品质量的一致性。

（3）不符合标准不出售。点心重在给就餐顾客留下美好的回味。点心多在就餐后期出品,顾客在酒足饭饱之际,更加喜欢品尝、欣赏点心出品的口味和造型,或者打包带走。这要求对点心质量加以严格控制,确保出品符合质量要求的点心,并对点心的生产、销售做好记录,对于质量不合格、不达标的点心坚决不出售。

学习任务 5　标准食谱设计与制定

学习成果前瞻： 学习完本任务,你将能进行标准食谱的设计与制定。

为保证菜单上各种菜品的质量达到规定的标准,并保持一定的稳定性,同时也为了有效地进行餐饮成本控制,有必要对餐饮生产进行标准化控制。为此,要制定标准食谱,以保证餐厅中出售的各类菜品质量的标准化和统一性。

一、标准食谱的应用与效果

标准食谱起源于西方国家的饭店经营管理模式。它明示了菜品制作的具体配方,包括具体的配料、每种配料所需的数量、制作工序、每份的大小和相应的设备、配菜以及菜品制作时所需要的具体数据以及菜品的制作成本、价格核算方法等内容。

标准食谱与普通食谱有许多区别。普通食谱的主要内容包括加工餐饮产品的原料、辅料以及菜品的制作过程两大部分。普通食谱的作用主要是作为厨师等餐饮产品加工生产者的生产工具书。而标准食谱是厨师和管理人员的基本工具,它可以用来培训厨师、指导服务员服务、控制食品成本,也可以用来确保顾客得到质量与数量稳定的产品。在标准食谱的主要内容中,除了普通食谱的部分内容外,另有关于餐饮产品经济核算方面的内容。它可以用作餐饮管理人员餐饮成本核算、控制的手段。

标准食谱不仅是餐厅食品和成本控制的工具,也可反映一个餐厅的餐饮风格。从企业经营的角度来看,标准食谱还有以下效果。

❶ **强化标准份额**　标准份额是指每份菜品以一定价格销售给顾客时的规定数量。每份菜品每次出售给顾客的数量必须一致。比如一份鱼香肉丝分量是 300 克,那么每次向顾客销售时,其分量应该保持一致,必须达到规定的标准份额。规定和保持标准份额具有以下两个作用。

（1）防止顾客不满。确定和坚持执行标准份额,使餐厅每次提供的菜品和饮料的数量相同,避免引起顾客不满。每次供应的菜品分量稳定,会使顾客产生公平感,从而增加回头客。

（2）防止成本超额。如果菜品的份额不同,则其涉及的原料成本也会不同,这样往往会引起成本超额。一份盐水鸭如果份额为 250 克,则其成本为 4 元;若是 300 克,成本就需要 4.8 元。份额不标准,就难以进行成本控制,而销售价格并不会因为菜品的份额控制不准而发生变化,这样就会引起餐厅利润的波动。

❷ **加强技术培训和规范操作**　在正确使用标准食谱时,必须要注意一些问题:在修改传统食谱前,必须要对原来使用的食谱进行修改和测试,以期达到最佳的效果;实行新的标准食谱,需花费一定的时间,食谱确定后,必须对厨房生产人员进行培训,使他们掌握新的食谱,达到标准质量要求;标准食谱是规范的、不可随意变化的,就如同机器加工产品一样,因此,使用标准食谱时给人们的感觉

往往是比较机械的,甚至感到使用标准食谱会扼杀自己的创造性和主动性,这需要人们正确处理好标准食谱与创新的关系。

二、标准食谱的具体内容

标准食谱涉及的内容主要有以下几个方面。

❶ 菜品名称及基本技术指标　菜品要有一个标准的名称,这个名称应与印刷菜单上的名称保持一致。基本技术指标主要包括菜点的编号、生产方式、盛器规格、烹饪方法、精确度等。它们虽然不是标准食谱的主要部分,但确是不可缺少的基本项目,而且它们必须在一开始设计时就要确定好。

❷ 标准配料量　厨房生产的一个控制环节就是要规定生产某菜品所需要的各种主料、配料和调料的数量。在确定标准生产前,首先要确定生产一份标准份额的菜品需要哪些配料,每种配料需要多少用量,以便提供质价相称、物有所值的菜品。这是保障产品质量的前提条件。

❸ 标准烹调程序　规范烹调程序是对烹制菜品所采用的烹调方法和操作步骤与要领等方面所作的技术性规定。这一技术规定是为了保证菜品质量,对厨房生产的最后一道工序进行规范。它全面地规定了烹制某一菜品详细的烹调程序,所用的炉灶、炊具,原料配份方法,投料次数,烹调方法,操作要求,装盘造型和点缀装饰等。

❹ 烹制份数和标准份额　在厨房中,有的菜品适合一份一份地单独烹制,有的则适合或必须数份甚至数十份一起烹制。因此,标准食谱对菜品的烹制份数必须有明确的规定,以便正确计算标准配料量、标准份额和每份菜品的标准成本。标准食谱对每种菜肴、面点等的分量、份数进行了规定,是以保证菜品质量为出发点的。

❺ 烹饪时间与温度　西餐菜谱对烹饪时间和温度有着明确的要求。这也是西餐菜品标准化做得较成功的主要原因。时间和温度关系密切,有些菜品需要长时间的小火加热,而有些菜品需要短时间的旺火爆炒。标准食谱应对时间和温度有明确的规定,尽量避免使用"片刻""一会儿""热油""温油""六成油"等不明确的词语。

❻ 每份菜品标准成本　标准食谱对每份菜品标准成本做出规定,能够对产品生产进行有效的成本控制,可以最大限度地降低成本,提高餐饮产品的市场竞争力。标准食谱对标准配料及配料量做出了规定,由此可以计算出每份菜品的标准成本。由于食品原料市场价格不断变化,因此须及时调整每份菜品的标准化成本。

❼ 成品质量要求与彩色图片　标准食谱对用料、工艺等的规范,保证了成品的质量。标准食谱对出品的质量要求也做出了规定,但因为菜点的成品质量有些项目目前尚难以量化,所以在设计时,应制作一份标准菜品,拍成彩色图片,作为成品质量最直观的参照标准,使人一目了然。

❽ 食品原料质量标准　只有使用优质的原料,才能加工烹制出好的菜品。标准食谱对所有食品原料的质量做出规定。如食品原料的规格、数量、感官性状、产地、产时、品牌、包装要求、色泽、含水量等,以确保餐饮产品质量达到要求。

三、标准食谱的制定与使用

标准食谱的设计制定是一项工作量较大且十分细致复杂的技术工作。标准食谱是厨房生产管理的重要手段,为了保证企业的菜品质量,我们必须认真做好、高度重视。一般标准食谱的设计项目:菜品名称、图片、产品特点、适用季节、食用对象、主配料的分量、制作程序及方法、烹调时间及温度、上桌时所达温度和餐具的规格等。标准食谱上的用料分量要经过反复实践科学地确定,绝不能凭空估算,工作程序的语言要采用恰当的专业术语。

❶ 确定主料、配料的种类及数量　菜品的原料有许多品种,不同的产地、部位和品种都存在着不同的差异,所以,对某一菜品来说,其质量的好坏和价格的高低很大程度上取决于烹调菜肴所用的

主料、配料的种类与数量。为了确保菜品的质量,标准食谱对主料、配料的产地、部位、品种等都做了相应的规定,为菜品的质价相符、物有所值以及风格特色做出了重要的保证。

❷ **规定调料品种,试验确定每份用量**　我国调料市场琳琅满目,就菜肴的调料而言,同一菜品运用不同品牌的调料会产生不同的口味,所以对某一调料品种都要进行认定,使其固定下来,并对各种调料的分量进行量化,对全部数量单位给予说明,以保证菜品的口味准确无误。

❸ **根据主料、配料、调料用量,计算成本、毛利及售价**　这是标准食谱设计过程中最细致、最复杂的步骤。企业必须根据自己的生产情况对每种原料的数量做出规定,然后通过试烹确定用量。原料配份与用量确定以后,将所有原料价款相加后得到的总价款数,就是制作一份或几份菜品的标准成本,根据标准成本就可计算出某一菜品的毛利和售价。

❹ **规定加工工艺流程与制作步骤**　这一步骤主要是对具体的技术环节做出规定。如主料、配料加工切制的形状、大小,粗细、厚薄等,原料切配后的处理环节,如预热处理方法、糊的种类等。同时对烹调加热过程的技术要求更应做详细规定,如加热的方式、加热的温度与时间、调料投放的次序、勾芡的技术要求等。

❺ **选定盛器,落实盘饰用料及式样**　菜品在加工、烹制成熟后,接下来就是菜品的装盘工序。菜品成菜后应根据菜品整体形态、色泽确定盛器的大小、形状和色泽。同时,也应明确规定其装盘方法以及点缀装饰的效果,如黄瓜、番茄、胡萝卜、雕刻花卉等都应做统一的盘饰规定,以保证某一菜肴风格的统一性。

❻ **明确产品特点及质量标准**　每个菜品都有自己的特点,应将每个菜品的风格特色及其质量标准单列出来,主要从色泽、口感、味觉、触觉、营养和形态等方面明示,使每个制作者和顾客都一目了然。

❼ **制作标准食谱**　将标准食谱的各项内容一一核对后,填写标准食谱卡,将主料、配料及调料的用量、品种、制作程序以及菜品的特点、装盘等分别填入标准食谱卡中,制作一份标准菜品,拍成彩色图片,作为成品质量最直观的参照标准。最后填写设计时间、编号及设计人员,一菜一页,装订成册。

❽ **按标准食谱培训员工,统一生产出品标准**　标准食谱确定以后,厨房所有人员就必须严格按此标准执行,要维护标准食谱严肃性和权威性,避免随意投料乱改程序而导致出品质量的不一致、不稳定等情况。在厨师(特别是新员工)培训时可直接利用标准食谱作为培训依据,使厨房生产走上统一的质量标准行列。

❾ **采用食谱管理软件利于经营和及时调整**　标准食谱确定以后,便可将所有内容输入计算机,以方便检阅和查找。利用食谱管理软件制作标准食谱文档,不仅方便管理,而且便于调整和修改。

课后实训

实训活动1:根据当令季节,设计某一菜品的标准食谱。

实训活动2:原料解冻应注意的要点有哪些?

实训活动3:标准食谱的作用及其主要内容是什么?

生产卫生与安全管理

学习目标

知识目标 掌握餐饮食品安全的含义;了解餐饮食品卫生与安全现状;掌握影响餐饮食品安全的因素及预防措施;掌握餐饮生产卫生与安全管理要求;了解餐饮安全管理体系。

技能目标 能落实餐饮食品安全要求,提高餐饮服务质量;能运用餐饮安全管理体系提高餐饮门店的安全管理。

思政育人目标 培养敬业精神和社会责任感,塑造生命至上的价值观。

课程思政

生命至上的价值观和责任意识是保障餐饮行业健康、安全发展的基石。它体现了企业对员工和顾客生命安全的高度重视以及对社会责任的担当。

在餐饮行业中,员工的健康与安全是最基本的保障,顾客的安全同样是餐饮行业不可忽视的责任。只有树立了正确的价值观、责任意识和职业道德,具有诚信经营理念、团队合作精神、创新意识以及较强的社会责任感的人,才能在未来的工作中更好地传承和发展企业,为企业的可持续发展和社会的和谐进步做出贡献。

导读

学习目的、意义 食品是餐饮服务的主要载体,而食品安全则是保障顾客健康、企业声誉和行业可持续发展的基石。食品安全问题不仅直接影响顾客的健康和生命安全,也关系到餐饮企业的经营稳定和社会公共安全。因此,餐饮职业经理人必须高度重视食品安全,建立健全食品安全管理体系,确保门店从食材采购到食品制作、储存和供应的全过程都符合安全标准。

内容概述 介绍餐饮食品安全的意义及现状,加深学生对餐饮食品生产经营安全的基本认知;阐述食品安全的影响因素及预防措施,提出各工作环节的安全要求,培育学生餐饮服务安全生产与管理的意识和能力。

Note

导入案例

导入案例

2017 年 2 月,上海市宝山区市场监督管理局接群众举报,在某水产市场附近查获王某购入 120 斤(60 千克)活体河豚鱼准备出售。据查,王某前后共销往上海一些酒店和江苏盐城等地约 250 公斤(250 千克)。公安机关以王某涉嫌生产、销售不符合安全标准的食品罪立案侦查,检察机关审查批准逮捕。

2021 年,北京市通州区漷县镇漷县二街一家餐厅存在餐具清洗水池与清洗抹布、拖把及其他物品的水池混用的行为,市场监管局做出了处罚,责令整改、给予警告。

2023 年,广西某餐饮管理有限公司存在直接接触食品从业人员未取得健康证明从事直接接触食品操作岗位的行为,市场监管局责令整改、给予警告。

餐饮服务业是与消费者关系最为密切的食品经营行业,餐饮服务环节作为食物供应链的最末端,其食品安全风险具有累积性、综合性、广泛性和显现性。餐饮服务经营者在企业经营发展过程中,除了要充分理解并熟悉食品安全法律法规,了解餐饮食品安全监管制度,还应该掌握食品安全的科学知识,掌握餐饮业食品安全控制方法,提高企业自身的食品安全管理水平,从而降低经营中的食品安全风险,最终保障消费者的健康。

学习任务 1　餐饮食品安全现状及监管

一、餐饮食品安全相关概念

(一)食品安全

2021 年修订的《中华人民共和国食品安全法》第一百五十条把食品安全解释为:"指食品无毒、无害,符合应当有的营养要求,对人体健康不造成任何急性、亚急性或者慢性危害"。食品安全是一个大概念,从纵向上看,它包括了食物的种植、养殖、加工、包装、储存、运输、销售、消费等各个环节;从横向上看,它包括食品卫生、质量安全、数量安全、营养安全、生物安全和可持续性安全等。

由于食品原料生长的环境及人工饲养或种植方法的不同,再加上食品加工以及储存过程的变化,客观上人类的任何一种饮食消费甚至其他行为总是存在某些风险,因此,在现实生活中,绝对的食品安全很难达到,只能达到一种相对安全。所谓相对食品安全,就是说一种食物或成分在合理食用方式和正常食用量的情况下不会对人体健康造成实际的损害。

(二)食品安全危害

食品安全危害是指潜在损坏或危及食品安全和质量的因子或因素,包括生物、化学以及物理性的危害,对人体健康和生命安全造成危害。一旦食品含有这些危害因素或者受到这些危害因素的污染,就会成为具有潜在危害的食品。

食品安全危害根据危害物的性质不同,一般可以分为生物性危害、化学性危害和物理性危害。

生物性危害指生物本身及其代谢过程、代谢产物(如毒素)对食品原料、加工过程和产品的污染,包括微生物(细菌及细菌毒素、真菌及真菌毒素、病毒、酵母菌)、寄生虫(蛔虫、绦虫、肝吸虫、旋毛虫)及其虫卵和昆虫(甲虫、螨类、蛾类、蝇蛆)等。其中以微生物污染影响最为广泛,程度最为严重。

化学性危害指食品中的天然有害物质和有害的化学物质污染食品而引起的危害。化学性危害主要来自生活、生产以及环境中的污染物,主要包括食品中的天然有害物质、农药残留、兽药残留、重金属、滥用食品添加剂和加工助剂、食品包装材料、容器与设备的化学溶出物及污染物、具有"三致"

作用的多环芳烃、亚硝胺、二噁英、杂环胺等。

物理性危害指食品生产加工过程中外来的物体或异物,包括产品消费过程中可能使人致病或导致伤害的任何非正常的物理物质。物理性污染主要是复杂的多种非化学性的杂物,主要有来自食品生产、存储、运输、销售过程中混入的碎骨、砂石、碎玻璃、铁屑、木屑、头发、蟑螂等昆虫的残体以及其他可见的异物,各种放射性同位素污染食品原料等。

二、餐饮业食品安全现状及特点

改革开放以来,我国餐饮业一直保持快速增长态势。根据国家统计局发布的数据,2023年餐饮行业收入达52890亿元,首次步入5万亿大关,同比增长20.4%,增速高于其他消费领域。我国餐饮业在稳增长、调结构、扩消费、惠民生、增就业等方面发挥着重要的支柱性作用。但我国餐饮业存在企业数量多而规模小、管理水平低、菜点品种繁多、工序复杂的特点,导致烹饪原料从初加工、切配、烹制到装盘成菜的各个步骤都可能出现食品安全问题。据调查,有些地区餐饮企业中,食品生熟混放的比例高达66%,无更衣室及流水洗手设施的比例高达85%,更有一些餐饮企业在食品中掺杂、掺假,以及使用非食用物质加工食品。

伴随消费升级、市场竞争激励、经济下行的趋势,中国餐饮业也发生了巨大变化。从餐饮经营的业态变化来看,连锁餐饮和网络餐饮快速发展。随着冷链和物流业的发展,烹饪原料和菜品也更加丰富多彩,餐饮的标准化、工业化正在兴起。从餐饮市场的变化来看,消费者呈现年轻化、个性化特征,市场消费从以价格、品种、口味选择为主,向健康、品味、环境、服务和品牌文化等综合型方向转变。消费者对食品的营养、安全的选择性和理性化消费特点日趋增强,更加注重卫生、环境、服务和特色的需求。食品安全逐渐成为最受消费者关注的话题。

行业态势

餐饮消费维权态势

消费者网、对外经济贸易大学消费者保护法研究中心、北京阳光消费大数据研究院联合发布的《餐饮行业消费维权舆情分析报告(2023)》显示在2023年餐饮舆情中,食品安全问题占比80.99%。

餐饮消费维权舆情的主要问题

反映问题	占比	问题细分	占比
食品安全问题	80.99%	卫生问题	44.79%
		食品质量问题	19.21%
		经营管理问题	10.99%
		员工健康证明	2.18%
		环境问题	1.98%
		食品加工问题	1.30%
		食品储存问题	0.53%
		员工培训问题	0.01%
宣传问题	12.68%		
价格问题	5.29%		
服务问题	1.05%		

各大餐饮品类消费维权舆情分布情况

排名	餐饮品类	舆情占比
1	饮品	28.08%
2	亚洲料理	25.58%
3	小吃快餐	25.53%
4	火锅	16.27%
5	中式正餐	2.92%
6	烘焙甜品	1.36%
7	西餐	0.16%
8	烧烤	0.10%

三、餐饮业食品安全的监管

食品安全的影响因素复杂,利益相关者多,决定了政府监管非治本之策。食品安全从根本上而言,还是要依靠企业诚信和自律。《中华人民共和国食品安全法》首次以法的形式明确了地方政府负总责、监督部门各负其责、企业是第一责任人的食品安全责任体系。食品安全需要社会共治,食品从生产到最终由消费者消费的整个过程中,食品生产经营者、流通者、消费者、政府及其监管部门、行业协会、新闻媒体、检验机构和认证机构等都是维护和保障食品安全的重要参与者,只有让其各自承担起相应的责任,食品安全才能得到真正的保障。目前,国家市场监督管理总局负责农产品进入流通领域以及食品生产、销售、餐饮服务的监管执法,日常监管执法集中在市县级市场监管局。

作为食品安全治理的重要一环,餐饮服务食品安全的保障需要完备的法律规范体系、高水平的监管体系,同时要大力培养食品安全文化,形成生产经营者自觉履行主体责任、政府部门依法加强监管、公众积极参与社会监督等各方各尽其责、齐抓共管、合力共治的工作格局,变"单方监管"为"综合治理",才能实现对食品安全问题的标本兼治。

在数字技术深度融入经济社会发展、深刻影响社会治理方式的今天,以数字化赋能食品安全治理,是落实食品安全战略、提高公共安全治理水平的重要途径。发挥数字技术的支撑和保障作用,创新食品安全治理,织密织牢食品安全全链条全覆盖的防护网络,确保人民群众"舌尖上的安全"。我国食品安全监管体系如图11-1所示。

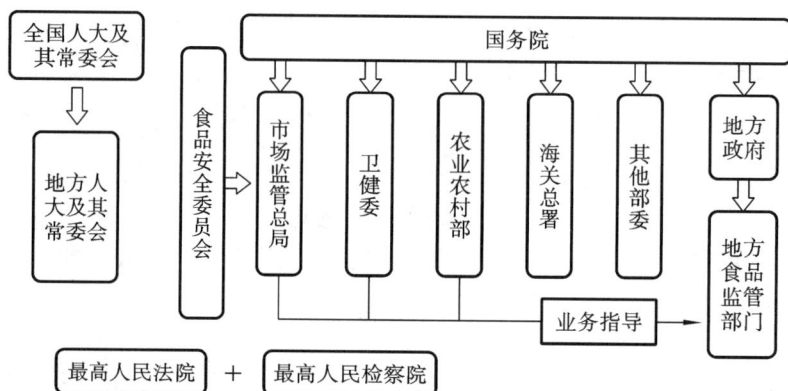

图 11-1 我国食品安全监管体系

学习任务 2 餐饮食品安全危害及控制

食品在原料种植、饲养、捕捞,以及采收、宰杀、生产、储藏、运输、销售等各环节都可能受到污染。食品污染会造成食品安全性、营养性、感官性状的变化。摄入含有致病因素的食品引起的感染性、中毒性等疾病,称为食源性疾病。食源性疾病包括常见的食物中毒、食源性肠道传染病、人畜共患病、食源性寄生虫病以及化学性有毒有害物质所引起的疾病,其中以食物中毒最常见。

食源性疾病的致病因子多样、临床表现复杂、影响范围极广。不管是发达国家还是发展中国家的人群都会受到食源性疾病的危害。根据中国疾病预防控制中心(CDC)统计,在2020年,我国共报告了7073例食源性疾病暴发事件,其中已确认病因的有4662例,共造成了37454人发病和143人死亡。我国食源性疾病主要发生场所为家庭和餐饮服务场所,餐饮服务场所发病人数最多,约占总数的70%。居家庭食源性疾病首位的是毒蕈中毒,餐饮行业中细菌是最常见的病原体。

一、食物中毒

(一)食物中毒的概念

食物中毒是指健康人经口摄入正常数量、可食状态的被生物性、化学性有毒有害物质污染的食品或者食用了含有毒有害物质的食品后出现的急性、亚急性疾病。从这个概念来看,食物中毒既不包括因暴饮暴食而引起的急性胃肠炎、食源性肠道传染病(如伤寒)和食源性寄生虫病(如旋毛虫病),也不包括因一次大量或长期少量多次摄入某些有毒有害物质而引起的以慢性毒害为主要特征(如致癌、致畸、致突变)的疾病。食物中毒是食源性疾病中最为常见的类型。

(二)食物中毒的特点

❶ 潜伏期较短　从有毒食物进入人体到最初症状出现的这段时间称为潜伏期。食物中毒往往是在食用食物后突然发病,潜伏期较短,短时间内可能有大量患者发病。

❶ 症状相似　症状是指发生疾病时表现出来的异常状态。中毒患者的症状可因吃进有毒食物的多少及个体体质的强弱而有程度上的不同,但同种细菌或细菌毒素引起的中毒患者都有相似的临床表现,最常见的为急性肠胃炎,如腹痛、腹泻、恶心、呕吐等(图 11-2)。

❶ 有共同的饮食史　患者一般都是吃了同一种或几种有毒食品或带菌食品而发病的。往往在一个饭店或一个食堂或一个地区,在同一时期内或一餐中吃了有毒食物后,同时有许多人陆续发病。而未进食过有毒食品、带菌食品的人不发病。

❶ 呈暴发性流行　在餐饮业中食物中毒的发生来势汹汹、时间集中、发病率高,少则几十人,多则数百人,甚至上千人,都是突然发病。

❶ 不直接传染　食物中毒一般无传染病流行时的余波。只要送医及时,并停止供应、进食有毒食品,发病率一般可以得到迅速控制。

图 11-2　食物中毒的特点

(三)食物中毒的种类及特点

食物中毒按致病因素分为四类,包括细菌性食物中毒、真菌性食物中毒、有毒动植物性食物中毒及化学性食物中毒。

❶ 细菌性食物中毒 细菌性食物中毒指摄入含有细菌或细菌毒素的食品而引起的食物中毒。细菌性食物中毒是食物中毒中最多见的一类,大多数病程短,恢复快,预后好,病死率低。但李斯特菌、肉毒梭菌等引起的中毒病死率通常较高,要严密加以防范。发病有明显的季节性,5—10 月最多。引起细菌性食物中毒的食品以动物性食物最多见。其中肉类及其制品高居首位,奶、蛋也占一定比例。植物性食物如剩饭、糯米凉糕、豆制品、面类发酵食物等也易引起细菌性食物中毒。

在我国内陆地区,由沙门菌引起的细菌性食物中毒居于首位。在我国东部沿海地区,副溶血弧菌成为引发食物中毒的首要致病菌。金黄色葡萄球菌是仅次于沙门菌和副溶血弧菌引起食物中毒的第三大致病菌。致病性大肠杆菌近年来屡屡在肉制品等食品中检测出来,也是公共卫生部门关注的重要致病菌之一。肉毒梭菌在自然界广泛分布,可引起严重的毒素型食物中毒。

引起细菌性食物中毒的原因是食物被致病性微生物污染后,在适宜的温度、温度、pH 和营养条件下,微生物急剧繁殖,食物在食用前不经加热或加热不彻底;或熟食品又受到病原菌的严重污染并在较高室温下存放;或生熟食品交叉污染,经过一定时间微生物大量繁殖,从而使食物含有大量致病菌或产生毒素,以致食用后引起中毒。此外,餐饮从业人员如患有肠道传染病或者是带菌者,也可通过操作过程使致病菌污染食品,引起食物中毒。预防细菌性食物中毒是现阶段我国餐饮卫生管理工作的重点。

❷ 真菌性食物中毒 真菌性食物中毒指食用被真菌及其毒素污染的食品而引起的食物中毒,用一般烹调方法加热处理不能破坏食品中的真菌毒素,发病率较高,病死率也较高,发病的季节性及地区性均较明显。

真菌在自然界中广泛存在。粮食等在储存和运输的过程中,可因真菌的生长而发生霉变。有些真菌还会产生次生代谢产物——真菌毒素,主要包括黄曲霉毒素、镰刀菌毒素等,具有强毒性和致癌性,作用于人的实质脏器如肝脏、肾脏等。目前,几乎对所有种类的真菌毒素都没有有效的治疗方法。临床上一旦发现可疑中毒人群,应立即按照食物中毒诊断标准及处理总则进行处理。总的原则是停止食用可疑食品或饮料、尽早催吐、导泻排毒、全身支持疗法、保护重要脏器等。在我国,发霉的粮油类如花生、玉米、大米、小麦、大豆、小米等是引起真菌性食物中毒的常见食物原料。

❸ 有毒动植物性食物中毒 有毒动植物性食物中毒指食用动物性或植物性有毒食品而引起的食物中毒。引起动物性食物中毒的食品主要有两种:将天然含有有毒成分的动物当作食品;在一定条件下产生大量有毒成分的动物性食物。动物性食物中毒发病率及病死率较高。我国发生的动物性食物中毒主要是河豚鱼中毒、麻痹性贝类中毒等。植物性食物中毒指食用含氰苷果仁、木薯、菜豆、发芽的土豆、毒蕈等引起的食物中毒。发病特点因引起中毒的食物种类而异,如毒蕈中毒多见于春、秋暖湿季节及丘陵地区,病死率较高。

❹ 化学性食物中毒 化学性食物中毒指食用化学性有毒食物引起的食物中毒。发病的季节性、地区性均不明显,但发病率和病死率均较高,如有机磷农药、鼠药、某些金属或类金属化合物、亚硝酸盐等引起的食物中毒。

化学性食物中毒的常见原因如下。①食用喷洒农药不久的蔬菜、水果,或者是从市场、超市购买回的蔬菜、水果,在食用前没有充分清洗干净,食物上残留的农药误食进入人体,引起化学性食物中毒;②误用盛有化学性毒物的容器,或者用被化学性毒物污染的容器盛放食物;③误将某些化学性毒物当作调味料,如将亚硝酸盐(工业用盐)当作食盐烹调,或将碳酸钡当作发酵粉进行烹调,都会引起化学性食物中毒;④化学性毒物滥用,例如摄入用甲醇勾兑的白酒等;⑤由于环境污染(如水污染、土壤污染),水和土壤被化学性毒物污染后,种出来的蔬菜、水果、粮食,化学性物质含量超标,人体服用后也会引起化学性食物中毒。

（四）食物中毒的预防措施

❶ 预防细菌性食物中毒的基本原则和措施　预防细菌性食物中毒,应按照防止食物受到病原菌污染、控制病原菌繁殖和杀灭病原菌三项基本原则,采取下列主要措施。

（1）避免污染。主要指避免熟制后的食物受到病原菌污染。如避免熟制后的食物与生的食物原料接触;从业人员经常清洗手部,接触直接入口食物的从业人员还应在清洗手部后进行手部消毒;保持餐饮服务场所、设施、设备、加工制作台面、容器、工具等清洁;消灭鼠类、虫害等有害生物,避免其接触食物。

（2）控制温度。采取适当的温度控制措施,杀灭食物中的病原菌或控制病原菌生长繁殖。如熟制食物时,使食物的中心温度达到 70 ℃以上;储存熟制食物时,将食物的中心温度保持在 60 ℃以上热藏或在 8 ℃以下冷藏（或冷冻）。

（3）控制时间。尽量缩短食物的存放时间。如当餐加工制作的食物应当餐食用完;尽快使用完食物原料、半成品。

（4）清洗和消毒。如清洗所有接触食物的物品;清洗消毒接触直接入口食物的工具、容器等物品;清洗消毒生吃的蔬菜、水果。

（5）控制加工制作量。食物加工制作量应与加工制作条件相吻合。食物加工制作量超过加工制作场所、设施、设备和从业人员的承受能力时,加工制作行为较难符合食品安全要求,易使食物受到污染,引起食物中毒。

❷ 预防常见真菌性食物中毒的措施　严把采购关,防止霉变食物入库;控制存放库房的温度、湿度,尽量缩短储存时间,定期通风,防止食物在储存过程中霉变;定期检查食物,及时清除霉变食物;加工制作前,认真检查食物的感官性状,不得加工制作霉变食物。

❸ 预防常见化学性食物中毒和有毒动植物性食物中毒的措施　严格把好原料进货关,进货渠道要正规,并做好原料进货登记台账。

二、食源性肠道传染病和人畜共患病

（一）食源性肠道传染病

❶ 食源性肠道传染病的概念　食源性肠道传染病是指因摄入被各种致病菌（如霍乱弧菌、沙门菌、志贺菌等）、病毒（如甲型肝炎病毒、轮状病毒、脊髓灰质炎病毒等）污染的食物和饮水而引起的细菌性及病毒性肠道传染性疾病。粪-口传播是这类疾病的主要传播途径。常见传染病包括霍乱、细菌性痢疾、伤寒或副伤寒、急性胃肠炎、手足口病、急性出血性结膜炎、甲型肝炎、戊型肝炎、阿米巴痢疾等。

❷ 肠道传染病的传染源及传播途径　肠道传染病的传染源是肠道传染病患者和病原携带者,其粪便和呕吐物中带有大量的致病菌,从体内排出后易污染周围环境和水源。肠道传染病可通过水、食物、日常生活接触和苍蝇等媒介传播。

❸ 肠道传染病的主要症状　肠道传染病一般临床症状主要有恶心、呕吐、腹痛、腹泻、食欲不振等,有些患者可伴有发热、头痛、全身中毒症状。有些肠道传染病来势十分凶险,如霍乱和中毒性细菌性痢疾等,细菌在人体内大量的生长繁殖,毒素迅速进入人体血液,若不及时治疗,可引起严重的并发症,甚至导致多器官衰竭而死亡。

❹ 肠道传染病的防控　预防肠道传染病的关键是把好"病从口入"这一关,要注意饮食卫生,养成良好的卫生习惯,做好预防工作。

（二）人畜共患病

❶ 人畜共患病的概念　传染病根据传染源不同可分为人体传染病、动物传染病、人畜共患病三

类。人畜共患病是既可由动物传染给人,或人传染给动物,也可由同一种病原菌在人与人之间传播,或在动物与动物之间传播的疾病,如口蹄疫(由口蹄疫病毒引起的一种接触性急性传染病,多见于牛、羊、猪)、疯牛病(即人朊病毒病,是一种由耐高温的朊病毒引起的,能使脑组织海绵化的人畜共患病)等。

❷ 人畜共患病的传染源与传播途径　人畜共患病的传染源主要有病畜、病禽等患病动物、带菌动物和患者等。其中,绝大部分以患病动物为传染源。患病的畜禽及其皮毛、血液、粪便、骨骼、肉尸、污水等都会带有各种病菌、病毒和寄生虫、虫卵等,可直接接触传播或通过食物、水或环境传染给人。

❸ 人畜共患病的预防与管理　我国历来重视对传染病的法治管理,颁布了《中华人民共和国传染病防治法》《中华人民共和国动物防疫法》《国家突发公共卫生事件应急预案》《中华人民共和国进出口动植物检疫条例》《生猪屠宰管理条例》《生猪屠宰肉品品质检验规程》等相关法律法规。对于常见的公共传染性疾病可以通过接种疫苗防止疾病在人群和动物中的传播。出现人畜共患病疫情时,对疫区进行封锁,扑杀病畜病禽,将疫情控制在最小范围内。

作为餐饮从业人员,不能片面追求味感和质感,更应培养健康、科学、营养、安全的新理念。

三、食源性寄生虫病

食源性寄生虫病是指易感个体摄入含病原体(寄生虫或其虫卵)的食物而感染的、潜伏期相对较短的人体寄生虫感染性疾病。人体寄生虫可通过各种途径侵入人体,通过掠夺宿主营养、体内移行或直接造成寄生部位损伤、堵塞和压迫组织及产生有毒代谢产物的毒性作用等对机体产生致病作用。常见的食源性寄生虫病有旋毛虫病、绦虫病、华支睾吸虫病、蛔虫病、弓形体病、肺吸虫病、线虫病等(图 11-3)。

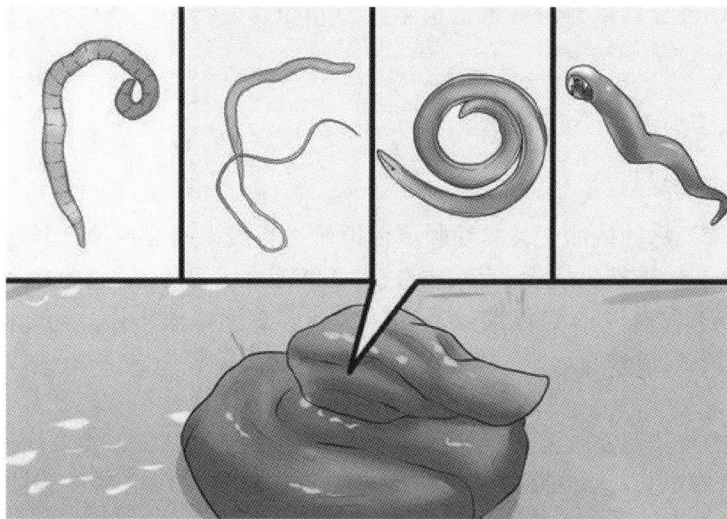

图 11-3　常见寄生虫

我国某些地区特有的生食水产品习惯,如潮汕生腌、鱼生等,使食源性寄生虫病流行和传播可能性大大增加。与许多食源性细菌不同的是,食源性寄生虫不在宿主之外复制,它们对抗生素不太敏感。大多数寄生虫有环境静止期(卵、包囊或卵囊),极低剂量的寄生虫引起感染的可能性很高。所以,预防食源性寄生虫病的重点在于增强人们的防病意识,提高自我保护能力,改正不良的饮食方式和生活习惯,注意饮食卫生,把好"入口关"。

学习任务 3 **餐饮食品安全的管理要求**

一、餐饮从业人员要求

（一）食品安全管理人员的要求

在《中华人民共和国食品安全法》要求的基础上，国家市场监督管理总局发布《企业落实食品安全主体责任监督管理规定》（自 2022 年 11 月 1 日起实施），指出食品生产经营企业应当建立健全食品安全管理制度，落实食品安全责任制，依法配备与企业规模、食品类别、风险等级、管理水平、安全状况等相适应的食品安全总监、食品安全员等食品安全管理人员，明确企业主要负责人、食品安全总监、食品安全员等的岗位职责。

食品安全管理人员必须身体健康并具有从业人员健康合格证明，还应具备 2 年以上餐饮服务食品安全管理工作经历，并持有食品安全管理人员有效培训合格证明等。

（二）餐饮从业人员的要求

① 健康管理

（1）从业人员的健康要求：餐饮从业人员（包括新参加和临时参加工作的人员，下同）应每年进行健康检查，取得健康证明后方可上岗，必要时应进行临时健康检查。相关部门负责保管员工健康证明，并建立健康档案，档案应至少保存 12 个月。

为了防止通过餐饮从业人员造成传染病的发生，对患有某些特定疾病的人员提出了特定要求：患有霍乱、细菌性和阿米巴性痢疾、伤寒和副伤寒、病毒性肝炎（甲型、戊型）、活动性肺结核、化脓性或者渗出性皮肤病等国务院卫生行政部门规定的有碍食品安全疾病的餐饮从业人员，不得从事接触直接入口食品的工作。

（2）晨检制度：食品安全管理人员应每天对餐饮从业人员上岗前的健康状况进行检查。当餐饮从业人员有发热、感冒、腹泻、咽部炎症等症状时，应暂时离开岗位，治愈后再上岗。

当餐饮从业人员被割伤、擦伤或被水、油等烫伤之后，应及时进行包扎。手部有伤口的餐饮从业人员，使用的创可贴宜颜色鲜明，并及时更换。佩戴一次性手套后，可从事非接触直接入口食品的工作。

② 培训考核　餐饮从业人员（包括新参加和临时参加工作的人员）应参加食品安全培训，合格后方能上岗。餐饮服务企业应每年对其从业人员进行一次食品安全培训考核，特定餐饮服务提供者应每半年对其从业人员进行一次食品安全培训考核。特定餐饮服务提供者指学校（含托幼机构）食堂、养老机构食堂、医疗机构食堂、中央厨房、集体用餐配送单位、连锁餐饮企业等。

③ 餐饮从业人员个人卫生

（1）个人卫生习惯：餐饮从业人员应保持良好的个人卫生；不得留长指甲、涂指甲油。工作时，应穿清洁的工作服，不得披头散发，佩戴的手表、手镯、手链、手串等饰物不得外露；食品处理区内的从业人员不应化妆，不喷洒气味浓烈的香水，应戴清洁的工作帽，工作帽应能将头发全部遮盖住；不用手指搔头、抠鼻孔、挖耳屎，不用手和衣服擦拭嘴巴；工作时不能面对他人、餐桌、食物、灶台、切配台等咳嗽或打喷嚏；穿着整齐且合身的工作服，以防过松的衣服被转动的机器缠绕而造成意外，衣袖或裤管也不应过长或过松，纽扣也应扣紧，领带或颈巾亦应固定好。

（2）手部清洁卫生：手部消毒是一种最基本、最简便、最可行的重要措施，它能有效预防和控制病原体的传播。以正确的洗手方式洗手可以洗去 80% 的细菌。

①洗手程序：打开水龙头，用自来水（宜为温水）将双手打湿；双手涂上皂液或洗手液等；双手互

相搓擦20秒(必要时,以洁净的指甲刷清洁指甲),工作服为长袖的应洗到腕部,工作服为短袖的应洗到肘部;用自来水冲净双手;关闭水龙头(手动式水龙头应用肘部或以清洁纸巾包裹水龙头将其关闭,餐饮企业建议采用感应式水龙头);用清洁纸巾、卷轴式清洁抹手布或干手机干燥双手。

②标准的清洗手部方法见图11-4。

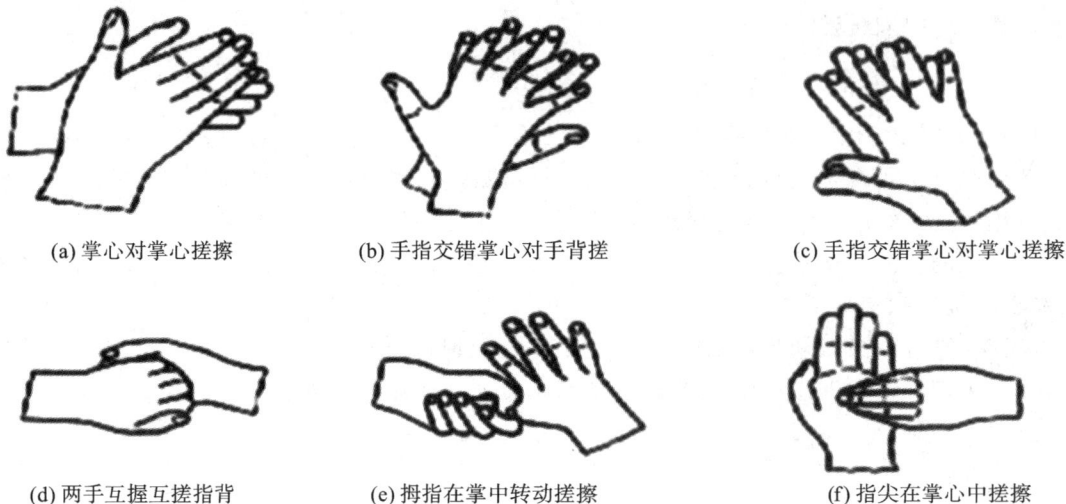

(a) 掌心对掌心搓擦   (b) 手指交错掌心对手背搓   (c) 手指交错掌心对掌心搓擦

(d) 两手互握互搓指背   (e) 拇指在掌中转动搓擦   (f) 指尖在掌心中搓擦

图 11-4　标准的清洗手部方法

③标准的消毒手部方法:消毒手部前应先洗净双手,然后参照以下方法消毒。先将洗净后的双手在消毒剂水溶液中浸泡20~30秒,再用自来水将双手冲净,或取适量的乙醇类速干手消毒剂于掌心,按照标准的清洗手部方法充分搓擦双手20~30秒,搓擦时保证手消毒剂完全覆盖双手皮肤,直至干燥。

手消毒剂:用于手部皮肤消毒的制剂,如乙醇、异丙醇、氯己定、碘伏等。

速干手消毒剂:含有醇类和护肤成分的手消毒剂,包括水剂、凝胶和泡沫型。

④需要洗手的情况:加工制作不同形式的食品前;清理环境卫生、接触化学物品或不洁物品(落地的食品,受污染的工具、容器和设备,餐厨废弃物,钱币,手机等)后;咳嗽、打喷嚏及擤鼻涕后;使用卫生间、用餐、饮水、吸烟等可能会污染手部的活动后;接触非直接入口食品后;触摸头发、耳朵、鼻子、面部、口腔或身体其他部位后。

二、餐饮环境及设施设备的要求

餐厅是供顾客就餐的场所,属人群较为集中、接触密切、流动性大的公共场所。餐厅卫生不仅要符合食品卫生要求,还应符合《公共场所卫生管理条例》以及相关卫生标准的要求。

(一)餐厅的装修和烘托设施的卫生

餐厅的装修装饰材料应是绿色、环保、无毒的,新装修的餐厅有异味的,在装修后开张前应多通风,以尽快去除装修异味,开张后应采取措施去除异味;餐厅的灯光应明亮,不用有色光,如红光、蓝光、紫光,以免使菜肴色调发生改变;餐厅音乐应以轻快抒情的旋律为主,不宜选择悲伤和节奏过于强烈或刺激的音乐,其他烘托设施也应与装修、灯光、音乐一样,以促进顾客食欲为原则。

(二)地面和墙壁卫生

餐厅地面、墙壁、门窗应易于清洁,大厅原则上可用浅色防水建筑材料,除十分高档的豪华包间可用地毯和墙纸(布)外,普通包间原则上不用地毯和墙布,一方面清洁困难,另一方面,顾客抽烟易引起火灾或留下烟味。

❶ **硬质地面的卫生**　每餐营业后应彻底清扫,先将食物残渣清除干净,再用拖布拖净。对油腻

部分,先用碱水拖洗,再用清水拖洗,最后用干布拖干。必要时可在水磨石等地面上打适量地板蜡,使之保持清洁光亮。

❷ **地毯地面的卫生** 每餐营业后应先将地毯上洒落的食物残渣清除,然后用吸尘器吸干净。对于有油污的地毯,要及时换下送地毯清洗厂家洗涤整修,以保持地毯的清洁卫生。

（三）餐桌卫生

桌面、桌布、座椅应洁净,无油污、尘埃、蚊蝇。每餐营业后和下次营业前应彻底擦拭餐桌、餐凳,应注意餐桌边缘、桌腿、凳腿上不得留有食物残渣。如使用沙发椅,应在椅面加上布套,以便于经常洗涤和更换,保持干净。对油腻桌面要先用碱水清洗,用清水擦干。对备有转盘的桌面,打扫卫生时应取下转盘;打扫完毕后,检查转盘转动自如后再将转盘放好备用。总之,每次进餐完毕后必须及时清除食物残渣,擦净桌面,保持清洁。

（四）台布和席巾卫生

每次进餐完毕后,必须更换干净台布,保持餐桌卫生。要防止台布未经清洗反复多次使用而影响就餐卫生。席巾是在就餐时供顾客放在膝盖上或衣襟上,防止菜汁、酒水弄脏衣服,起到清洁和卫生防护作用。每次更换下的台布、席巾应及时送洗涤间洗涤和消毒,并烫平待用。

（五）餐巾卫生

餐巾又称香巾。冬天可给顾客送湿热餐巾,夏天送湿冷餐巾,主要是在进餐前和进餐后,供顾客擦掉脸、嘴边和手上的灰尘、油污等。一次用餐可根据需要送多次餐巾。餐巾每次用完后要用洗涤剂洗净,并经蒸汽或煮沸消毒,以杀灭餐巾上的病菌。

（六）工作台卫生

工作台是服务人员工作和存放饮料、酒水及其他所用物品的地方,要不定期地进行打扫,使工作台内外和存放的物品及用具保持整洁卫生。另外,还要有防蟑螂措施,防止污染餐具用品。

（七）餐厅的室内空气卫生

室内空气污染状况常用的评价指标有空气细菌总数、一氧化碳、二氧化碳、可吸入颗粒物、甲醛。通风是清除室内污染物、改善微小气候和保证空气卫生质量的主要措施。通风一般采用三种方式:自然通风、机械通风和空调通风。无论采用哪种通风方式,都应提供新鲜的空气和足够的通风量。

（八）餐厅设施及用品的卫生要求

凡与食品直接接触的用具使用完毕后应先彻底洗涤,然后消毒,最后干燥放入橱柜中备用。

顾客所用酒杯,一人一杯,不允许连续多人使用,也不允许只洗涤不消毒。洗涤消毒完毕后,要用干净无菌软布擦拭,杯上不能留有水渍和手指印,否则有碍卫生和美观。

酒柜、酒具柜及其他用品柜要定期擦拭干净,可每周预防性擦拭消毒一次。储藏室要经常保持干净,不能遗留糖渍、酒渍,以免引诱苍蝇或蟑螂等导致害虫孳生。

三、餐饮前台服务的安全控制

餐饮生产经营的特殊性在于菜肴加工后直接面对顾客的过程,因此餐饮前台服务不仅应关注菜肴和服务质量,更应做好食品安全控制,提高顾客满意度。

（一）摆台卫生

摆台过程可根据经营范围和类型确定操作流程和规范,需关注的食品安全重点如下。

摆台所需餐饮具、小毛巾等应经过清洗消毒,并放置在专用的保洁柜内。

摆台的时机应在清洁工作完成后,顾客就餐前1小时内进行,超过1小时应对餐具重新进行清洗消毒。

摆台时应注意防止交叉污染。服务人员在摆台前应洗手消毒,宜戴一次性手套操作。摆台拿餐具、酒具和茶具时,不要用手直接抓拿,要用托盘托拿。摆放口杯和酒具时应拿器皿的下 1/3 处,防止触及器皿上沿。不允许将手指直接伸入杯内拿取。不实行分餐制就餐的,餐桌上应摆放公筷和公匙,以供就餐者分菜使用,公筷和公匙要区别于就餐者的餐饮具。

(二)进餐前后的卫生服务

❶ 餐巾服务　进餐前,当顾客到齐后,服务人员给每位顾客送餐巾一条。送餐巾是餐前卫生必不可少的。顾客可用餐巾清除脸上、手上的灰尘,保持手的卫生。餐巾多采用柔软的全棉小方毛巾,冬季使用湿热餐巾,夏季使用湿冷餐巾。每次用完后要进行洗涤和消毒,保持餐巾的干净卫生。餐中如有手抓食品必须在送餐前先送餐巾,待顾客清理双手后再上菜;菜吃完后,再次送餐巾,以便顾客擦去手上和口中的油污。餐后要向顾客再送一次餐巾,让顾客擦脸和手,以清除面部和手上的油污,使顾客保持个人卫生。送餐巾时必须保证每位顾客一条,用小盘盛装,用餐钳夹取,顾客用毕后,服务人员应及时从餐桌上收回,并送准备间进行卫生处理。禁止一条餐巾多次或多人使用,以防传播传染病。

❷ 传菜服务　菜肴烹制完成后,应及时送至餐桌。传递食品时,应做相应防护措施,可用盖子或保鲜膜覆盖。一般菜肴在备餐场所停留时间不应超过 3 分钟,对于大型宴会应控制在 5 分钟内完成传菜工作。传菜人员应佩戴工作帽,防止头发等异物落入菜肴。

❸ 自带食品处理　在前台服务中发现顾客有自带食品的,可要求顾客提供食品安全证明或出具食品安全承诺,并及时对自带食品进行留样和记录。

❹ 餐后及时整理　整理时应将餐饮具、毛巾、烟缸等分开回收。

(三)上菜卫生服务

上菜用托盘,既可防止烫手,又卫生美观。不允许用手直接端拿菜盘或碗上菜,手指更不能直接接触食物。

轻托时,所托物品要避开自己口鼻部位,不可将所托物品置于胸前。重托时,端托姿势要正确,托举到位,不可将所托物品贴靠于自己的头颈部位。

端托中需要讲话时,应将托盘托至身体的外侧,避开自己的正前方;不允许对着饭菜大声说话、咳嗽或打喷嚏,以防口腔、呼吸道飞沫污染菜肴和饭食。

上菜要先向顾客打招呼,并从顾客左侧上菜,防止汤水洒在顾客衣服上。

分菜要在顾客左侧进行,要用工具分菜,同时防止菜汤、菜渣掉在顾客身上。

顾客盘内或碗内的菜肴吃完后要及时撤去,并送餐具洗涤间洗涤消毒,不要把脏盘、脏碗堆放在另一餐桌。

学习任务 4　餐饮食品安全管理体系

《中华人民共和国食品安全法》第四十八条规定,国家鼓励食品生产经营企业符合良好生产规范要求,实施危害分析与关键控制点体系,提高食品安全管理水平。餐饮服务提供者不仅要依法遵守国家各项法规和标准,还要从企业内部自觉建立食品安全保证体系。对于餐饮服务提供者来说,食品法规、标准等食品安全体系都是外部先行设计好的,采取强制手段或部分推荐手段要求企业执行。为了加强企业内部管理、提高竞争力,餐饮企业必须建立自主性的、有针对性的和有可操作性的企业食品安全保证体系,如国内中小企业常用的五常法以及国际通用的 HACCP、ISO 22000 等制度和规范体系。

目前,将先进的食品安全管理体系应用于餐饮业的食品安全控制一直是个短板。相对于工业化食品生产的系统性风险而言,餐饮业的偶然性与人为性风险尤为突出。随着餐饮服务单位安全意识、品牌意识的不断增强,餐饮业食品安全管理体系也得到了推广与应用。本任务着重讲解 HACCP 在餐饮业中的应用。

一、HACCP 的由来及发展

HACCP(hazard analysis and critical control point),即危害分析及关键控制点。HACCP 于 20 世纪 60 年代产生于美国。1971 年,美国第一次国家食品保护会议首次公布了 HACCP 体系。1989—1990 年,美国农业部食品安全和检验局对 HACCP 的概念、原则、定义、应用研究概况及工业上所需的培训进行了阐述,并对其专门术语进行了汇总。1991 年,国际食品法典委员会发表权威性论文,提出 HACCP 系统由 7 个基本原理组成。1998 年起 HACCP 进入法制化阶段,欧盟及日本等发达国家纷纷采用 HACCP 并将其法制化。欧美等发达国家在食品加工企业引入 HACCP 后,在提高食品的卫生质量、降低食物中毒发病率方面取得了显著效果。

我国于 20 世纪 80 年代末也开始引进 HACCP,在冻肉、速冻蔬菜、花生、水产品等出口食品方面取得了很多研究成果,部分企业获得了 HACCP 认证,产生了明显的社会和经济效益,但与发达国家相比,还存在很大差距。

二、HACCP 的基本原则和步骤

❶ 危害分析(HA)　根据工艺流程图,列出生产中所有的危害,进行危害分析,评价其严重性和危害性并制定出预防措施。一般按照危害性质,将危害分为生物性危害、物理性危害和化学性危害 3 种。

❷ 确定关键控制点(CCP)　CCP 是指一个点、步骤或程序能被控制,且危害可被去除或降低到最低可接受限度。可以利用"决策树"判断加工过程中的 CCP。CCP 的确定必须是在生产过程中消除或控制危害的重要环节上,不能太多,否则将会失去重点。

❸ 建立每个 CCP 的关键限值(critical limit,CL)　CL 为每个 CCP 的安全标准,在实际操作过程中,应制定更严格的标准,即操作限值(operation limit,OL)。当加工流程偏离 OL 但仍在 CL 内时,即需加以调整,若偏离 CL,则需采取矫正纠偏措施。

❹ 建立每个 CCP 的监控系统　监控方式一般选择快速、简便的物理、化学或感官测试方法。微生物检测耗时太长,一般不用。监控必须连续进行并经常做出评价,表明加工正在控制下进行,危害正在被有效预防。

❺ 制定异常时的矫正纠偏措施　要制定矫正及去除异常原因并确保 CCP 恢复到正常状态的纠偏措施,并对系统异常期间的产品实行隔离,视具体情况决定其处理方法。

❻ 记录保存　建立有关以上几个原则实施过程及方案的档案并保存,包括计划书及有关文件、CCP 监控记录、矫正纠偏措施记录、检查和确认记录等。

❼ 验证 HACCP,提供 HACCP 系统工作的证明　建立确认步骤,确定 HACCP 系统能有效正确运行。可采取随机验证方法:对生产过程中半成品、成品、设备、操作人员进行抽样检测,往往可及时发现新加或失控的 CCP;每季或半年进行一次 HACCP 评定;检查各种记录有无缺漏和错误。如属对外出口产品,应定期向进口商提供 HACCP 卫生监测记录,以及政府检验机构签发的证明文件。

三、HACCP 的优点及应用现状

HACCP 是一种控制食品安全卫生的预防性体系,它通过在加工过程中对 CCP 进行控制,从而将影响食品安全的某些危害因素消除在生产过程中,使危害不发生或一旦发生立即得到纠正。另外,HACCP 是一种系统化的程序,可用于食品生产、加工、运输和销售中所有阶段的所有方面的食品安全问题。

作为一种食品安全控制技术和方法,HACCP被认为是最经济、最有效的食品安全控制系统和质量管理体系。随着近几年食源性疾病的发病率呈上升趋势,各国对食品的安全卫生日益重视,HACCP在食品加工行业的应用越来越广泛和深入。联合国粮食及农业组织(FAO)和世界卫生组织(WHO)向各国推广HACCP系统,还特别制定了发展中国家应如何应用HACCP的建议和工作策略。以美国为首的一些发达国家如日本、加拿大、澳大利亚等已将其法制化。最突出的包括以下几个方面:水产品、肉类及其制品(火腿、香肠、培根等)、乳和乳制品(牛奶及加工奶、冰激凌、酸奶等)、冷冻食品、罐头食品。我国对HACCP也日益重视,目前已在许多食品出口加工企业实施,并且取得质检部门HACCP验证证书,并成为水产品走向欧美市场的"通行证"。

四、餐饮业HACCP应用实例分析

鉴于餐饮业生产多样性、复杂性以及难以标准化的特点,其产品种类、产量以及操作过程经常变化,餐饮从业人员水平参差不齐,用于餐饮业的HACCP系统应具备一定的灵活性。在餐饮业实施HACCP系统,最好建立在生产过程的基础上,分析可能影响食品安全的主要环节,针对这些环节制定CCP,这样对不同的食品经相同的生产或操作过程,可采用类似的分析控制和手段,否则若按照食品工业对每一类食品建立HACCP计划,对餐饮企业来说不太现实。下面以某经营中餐为主的餐馆为例,分析餐饮业HACCP系统的应用。

(一)产品描述

该餐馆经营特点是以中餐为主,菜单中的菜点种类繁多,从菜点的原辅料、加工方式、供餐方式、盛放容器和消费对象等方面,进行该餐馆的产品描述,见表11-1。

表11-1　餐饮企业产品描述

产品名称	各类中式菜点
加工方式	①生食;②加热后放凉食用;③加热后即食
原辅料	畜禽肉、水产品、果蔬、豆制品、米、面、鸡蛋、干货、油脂、各种调味料
供餐方式	即点即烹即食(加工方式③中的大部分菜品,如热菜、小吃、汤品、部分蒸菜等);即点即食(其他加工方式)
产品感官特性	以符合餐馆提供的产品图片为准
产品加工方法	除生食产品外,其余所有食品均需进行烹调加热,从而杀灭致病菌;生食产品可以通过三种方法杀灭或降低生物性危害:①过滤水清洗可部分去除食品表面细菌。②-20℃冷冻7天可杀灭寄生虫。③充分利用含有植物杀菌素的原料或调味品,如姜、蒜、芥末等
消费对象	公众,敏感人群(老年人、婴幼儿、孕妇、患者、过敏体质者等)除外
运输方式	加盖传菜
保质期	采用加工方式②的产品,保质期常温下2 h;其他即烹即食
盛放容器	陶瓷、不锈钢、塑料等材质餐具

(二)流程图绘制

按照餐馆的生产经营特点,经过深入详细了解各类菜点的生产加工过程,绘制餐馆菜品加工流程图(图11-5)。流程中的各环节说明如下。

❶ 原料采购验收　食品原料采购人员根据各部门主管上报的原料品种和数量进行采购。大部分畜禽肉、水产品、部分果蔬实行固定供应商供货,每日两次;粮食产品及调料实行定点采购;不能从固定供应商处采购的原料如新鲜蔬菜,临时采购的畜禽肉,则由采购人员餐前到正规市场进行定点

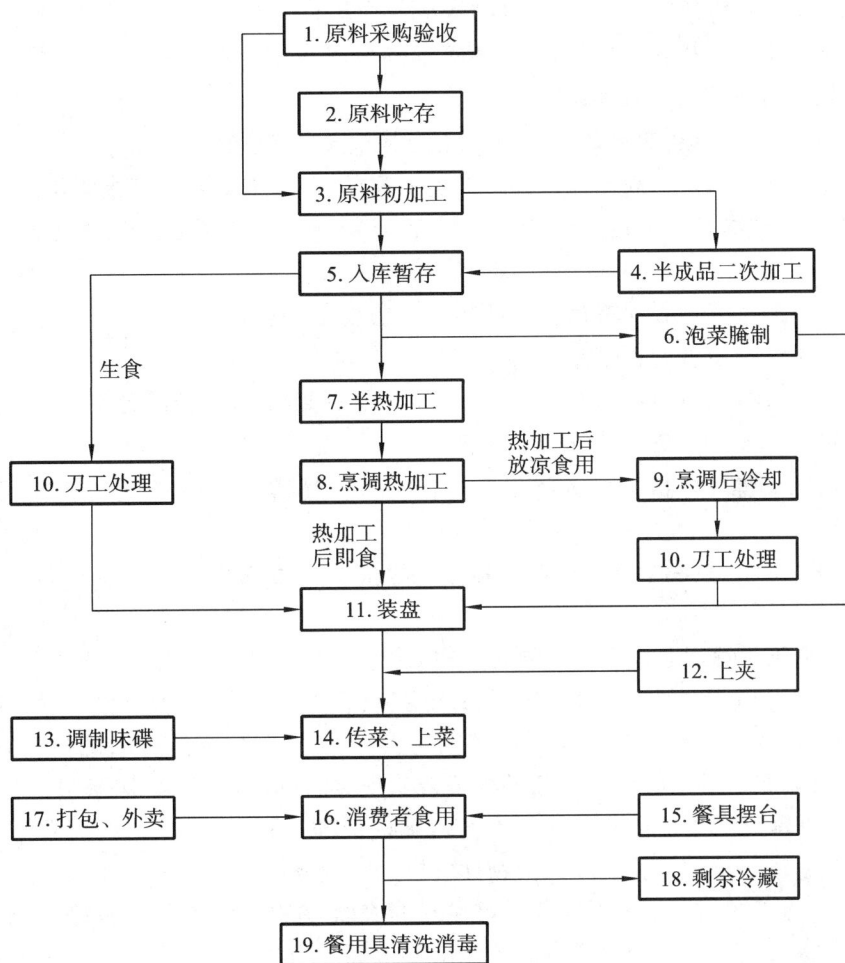

图 11-5　菜品加工流程图

采购。

原料由各部门主管进行验收,厨师长或副厨师长必须至少一人在场,验收内容包括视觉、嗅觉、触觉检查,不合格者当即退还。

❷ **原料储存**　大多原料在验收后即进行初加工,其余原料主要储存方式包括以下几种。

(1)常温储存:粮食、干货、禽蛋、植物油、调料置于库房常温保存;部分用量少,且能长时间保存的蔬菜如南瓜、冬瓜、土豆、洋葱等直接存放在蔬菜粗加工间内常温保存。

(2)冷冻储存:部分畜禽肉和海产品置于-12 ℃以下冷冻库储存。

(3)水养储存:根据需要对水产品进行水养,包括淡水水养和咸水水养。

❸ **原料初加工**　包括畜禽肉、水产品的解冻、清洗、切块;水产品的宰杀;蔬菜的摘洗;干货产品的涨发;豆制品清洗和切配;大米的挑选和清洗;面点制作的和面、制馅、成型。

❹ **半成品二次加工**　包括半成品的切配、生食原料及腌制蔬菜的再次清洗、切配等。

❺ **入库暂存**　这里的入库并不仅仅指将处理后的产品放入冷藏库储存,还表示在进入下一道工序处理前的短时间冷藏入库。

❻ **泡菜腌制**　将根茎类蔬菜(如萝卜、青菜头、辣椒、豇豆等)清洗干净,放入配制好的泡菜盐水中腌制。

❼ **半热加工**　畜禽肉用沸水煮、过油、蒸或挂糊上浆后炸、熘;蔬菜、豆制品焯水或油炸等。

❽ **烹调热加工**　包括各种烹调加工方式,如炒、爆、煨、炸、蒸、烤等。

⑨ **烹调后冷却**　包括畜禽肉、蔬菜的过滤水快速冷却和蔬菜的常温冷却。

⑩ **刀工处理**　指对直接入口食品,即生食产品和热制凉食的切配。

⑪ **装盘**　包括对成品的盛装和装饰。

⑫ **上夹**　为了方便上菜,装盘后在盘子边缘夹上标注有座位号的木夹。

⑬ **调制味碟**　操作人员提前制作好部分菜肴所需的调料,在需要时直接同相应菜肴一道传送。

⑭ **传菜、上菜**　包括传菜人员将菜肴传送至目的地及服务人员将菜肴端上餐桌,或将菜肴进行分盘再上桌。

⑮ **餐具摆台**　服务人员餐前将消费者所用餐具按规定摆上餐桌。

⑯ **消费者食用**　消费者食用菜品。

⑰ **打包、外卖**　服务人员将食物盛放于一次性餐盒中,由消费者带出餐厅自行食用。

⑱ **剩余冷藏**　主要指凉菜间部分当餐未售完的菜品及部分蒸菜,在餐后放入冰箱冷藏。

⑲ **餐用具清洗消毒**　包括消费者所用餐具,及其他盛装食品的容器和处理食品的器具,如砧板、菜刀、抹布等。

由于餐饮业 HACCP 系统主要建立在过程控制的基础上,故简单分析餐饮业常见的关键控制环节及其控制措施。

❶ **原料采购验收**　餐饮业作为食物链消费的终端,原料质量很大程度上影响着烹调加工食品的安全。原料中的部分危害(如生物性危害)可以通过后续加工来去除,但有些危害(如化学性危害)却难以在后续加工中彻底消除。因此,必须对餐饮业选择的各种原料进行来源控制,即选择有信誉的供货商,定点采购,采购验收时检查原料的检疫合格证,加强原料的感官检查。

❷ **生食原料处理**　由于生食产品往往不经过加热处理,原料中存在的致病微生物不能通过加热过程杀灭,只能通过一定加工方式降低生物性危害的可能性。常用的方法如下。

(1)净水清洗:由于微生物主要附着于新鲜原料的表面,在初加工后用过滤净水彻底清洗食品原料的表面,可以在很大程度上降低食品表面的细菌含量。

(2)−20 ℃冷冻 7 天:有文献表明,将海鲜类食品(如三文鱼)在−20 ℃条件下冷冻 7 天,可杀灭其中的寄生虫。

❸ **烹调热加工**　烹调热加工(包括食物的重热)是餐饮业食物制作的主要灭菌环节,对于保证食品卫生起到非常关键的作用,一般对于烹调热加工的控制措施,应依据餐饮企业的经营业态进行调整,主要有三种方法。

(1)温度计测量:对于集中用餐的配送单位(如食堂、快餐外送等),由于每锅菜的出品量很大,很可能因受热不均而未完全熟透,因此,对于大锅菜的生产加工而言,宜实行测量中心温度的方法,确保中心温度达到 70 ℃。

(2)规定食物加热温度和时间:餐饮企业可根据各自对菜肴的要求,制定企业内部产品的质量标准,规定主要菜肴品种、小吃和主食的配方、加热温度(火候)和时间,并对厨师进行生产培训,技能合格方能上岗。一般情况下,为了便于操作,还可结合食品感官进行判断。

(3)直接由厨师感官判断:中餐传统烹饪方式的特点就是根据厨师的经验进行制作,即使是同一名厨师制作的同一种菜肴也会出现不一样的加工效果,因此,在餐饮业中加强厨师的标准技能培训和食物的安全制作知识考核是非常重要的,在实际应用中可采用定岗定员,各厨师负责固定几类菜肴的制作,降低操作失误的概率。

以上三种方法各有利弊,企业可根据实际情况酌情选择或联合使用。

❹ **原料或食物的保藏**　餐饮企业常常出现提前采购大宗原料、加工成品或半成品不一定每天都能销售完、加工完成的菜品不能立即食用等情况。在这些情形下,往往需要将原料和食物进行妥善保藏,防止食物和原料的腐败变质和致病菌的繁殖产毒,通常采用的方法如下。

（1）原料或食物的冷藏：对于原料而言，蔬菜、禽蛋类可置于 0～8 ℃冷藏；部分畜禽肉和水产品可置于 −20～−10 ℃冷冻库储存。

食物冷藏要求是烧熟后，将食物的中心温度降至 8 ℃再冷藏保存，其食用时限为烧熟后 24 h 但供餐前应重新热透才能食用。

（2）食物热保藏：对于集中配送或自助餐等经营业态而言，需要将食物保持在适宜的食用温度，且不能出现致病微生物的繁殖，因此需要将食物热保藏的温度和时间作为关键控制点，其控制措施是烧熟后 2 h 食品中心温度保持在 60 ℃以上，保质期为烧熟后 4 h 内。

课后实训

实训活动 1：以小组为单位，通过网络数据收集和餐厅实地调研，总结当前餐饮食品安全的主要问题及分析原因。

实训活动 2：以小组为单位，联系实训基地门店，根据餐厅售卖产品的生产流程以及餐厅卫生与安全情况，尝试编制 HACCP。

危害分析单

HACCP 计划
样例

餐厅与厨房布局

学习目标

知识目标 掌握餐饮企业生产场所布局的基本要求;了解厨房与餐厅的空间划分;掌握餐厅的设计布局;掌握厨房规划布局。

技能目标 能够以餐厅的用餐人数为参数设计餐厅;能根据经营主题设计餐厅气氛;能够进行厨房作业区规划。

思政育人目标 培养实事求是的精神;塑造严谨的科学态度;培养调查分析的习惯。

课程思政

梁思成与中国建筑史

梁思成先生是中国建筑史学科的重要奠基人之一。1931年,他正式到中国营造学社工作,任法式部主任。20世纪30至40年代,他和营造学社的同仁们先后奔赴十五个省二百多个县,开展中国古建筑的田野调查工作。

建筑史学家、前营造学社社员莫宗江曾回忆与梁思成先生一同考察的情形:"这次计划,到哪一省? 走哪几条线? 先到北京图书馆,把原先所有的地方志、县志、府志全借出来,顺着县志、府志上的线路一路抄过去。这里面记载的有哪些有名的庙、哪些古庙、哪些重要的文物,都抄在一个本上。我们走的时候,就顺着这个本子一路找过去。到了地方上,挨个问:这庙是在哪儿? 什么地方? 现在保存情况怎么样? 哪个地方能去?"

通过这样的方式,梁思成率队发现、测绘和研究了五台山佛光寺东大殿唐代建筑,蓟县独乐寺观音阁与山门、应县木塔等辽代建筑,正定隆兴寺摩尼殿与转轮藏殿、太原晋祠圣母殿等宋代建筑,以及隋代敞肩式石拱桥——赵州桥等众多中国建筑史上的经典杰作,并在《中国营造学社汇刊》陆续发表了一系列具有世界级学术水平的论文。

梁思成十分注重古建筑测绘,他与助手莫宗江合作的一系列古建筑测绘图是迄今无人超越的典范。1933年9月测绘应县木塔时,梁思成甚至不顾生命安危,徒手攀援铁链测绘塔刹。"梁先生上去之后我想,我要上去。没想到我爬了几下,我就下来了。那铁链冰手!"莫宗江曾回忆道。

抗日战争期间,营造学社被迫南迁,辗转经过武汉、长沙、昆明,最终落脚在四川南溪县李庄。在极其艰苦的条件下,梁思成与学社同仁著就了《中国建筑史》(原名《中国艺术史建筑篇》)和英文版《图像中国建筑史》两部巨作。

释读"天书"《营造法式》亦是一项大工程。经过长年潜心研究,梁思成开创性地提出了确定建筑比例的基本方法,对中西建筑史比较研究做出了重要贡献。

导读

　　学习目的、意义　餐饮生产的工作流程、生产质量和劳动效率,在很大程度上受到餐厅和厨房设计布局的影响。生产场所设计的科学与否,不仅直接关系到员工的劳动工作量和工作方式,还会影响到生产场所内部动线以及生产场所与餐厅间的联系。

　　内容概述　介绍餐饮企业生产场所布局、餐厅设计、厨房设计等,使学生能够划分餐饮企业的功能区域,能够以餐厅的用餐人数为参数设计餐厅,能根据经营主题设计餐厅气氛,能根据厨房生产任务进行厨房作业区规划。

导入案例

网红餐厅的平面布局法则

　　1.网红餐厅的平面布局满足功能性　不管网红餐厅的规模或经营类型如何,餐厅都是由多个功能空间组成的(图 12-1)。

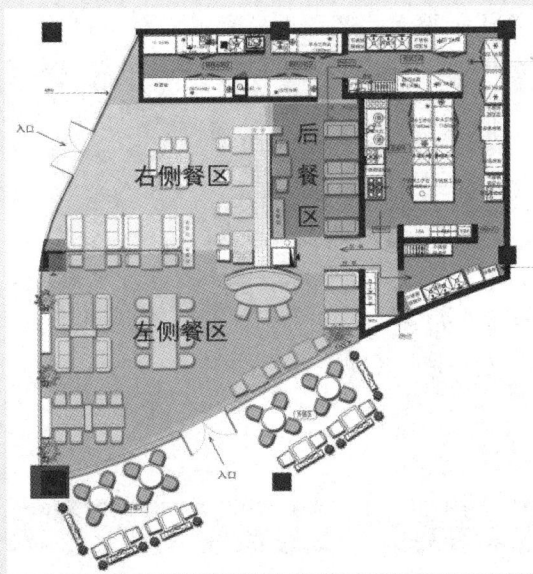

图 12-1　某网红餐厅的平面布局

　　通常,网红餐厅可分为以下功能空间:整体用餐空间、单一用餐空间、柜台空间、垂直交通空间、卫生间、厨房工作空间等。因为每个分区的功能不同,不同功能空间在不同餐厅所占的比例也不完全一样。在布置餐厅平面之前,有必要详细研究餐厅的定位,餐厅周围顾客群体的构成,甚至餐厅的位置,从而对网红餐厅的功能空间进行合理的规划和布局。对网红餐厅功能空间的分配,是高效充分利用空间的重点所在。在全部功能空间中,后厨和用餐区之间的比例是关键。比如中餐厅或者饭馆,后厨和用餐区比例一般为 1∶2,如果是只做单个品类的餐厅,如粥店、面包店等,后厨和用餐区比例一般为 1∶3。后厨和用餐区的使用需求各不相同。在规划用餐区时,需要划分整个空间中最优质的区域,而划分后厨区域时则需要考虑厨房材料进出的便捷性。

Note

2.网红餐厅的平面布局基本尺度依据　单人用餐所需的空间尺度:一般是宽度600 mm、深度800 mm。虽然餐桌的大小形态各异,餐桌高度也是五花八门,但是不管餐桌高度是多少,餐桌与座椅的相对高度是不变的。用餐区两座椅之间的过道宽度至少为600 mm,每个餐桌旁边应留1200 mm净宽的通道以便收餐,餐车通过的过道宽度至少为1500 mm,成人用餐所需的基本面积为1.1 m^2 等。

双人方桌、圆桌餐台常见尺度:中式餐厅的双人位设计多为圆桌,一般餐台高度为750～800 mm,直径不应小于800 mm。西餐厅或者快餐店双人位设计多为方桌,餐台高750～800 mm,长度、宽度均不应小于600 mm。餐椅之间通道的距离宜为600～900 mm。

3.网红餐厅的平面布局动线规划　网红餐厅里,好的动线规划能够充分提高餐厅的经营效率。餐厅动线是指顾客、服务人员、食品与器皿在餐厅内流动的方向和路线。

网红餐厅动线可以分为三种:服务动线、顾客动线、后厨动线。

(1)服务动线:规划服务动线之前需模拟一下服务人员的服务动作。

首先需要把食物从后厨的备餐区拿出,然后路过正在规划的服务路径,将食物送至餐桌。顾客用餐完毕后将餐具收拾运回洗碗间,服务人员完成上述操作的行动路径就是服务动线。始为备餐区,终于洗碗间。一个高效的服务动线,应尽量避免服务人员走重复烦琐的路线而降低服务效率。设计服务动线最重要的原则是"既短又散"。"短"意味着能以最方便、快捷的方式到达,"散"意味着同一方向路径避免集中,否则服务人员在行动过程中容易发生碰撞。

(2)顾客动线:顾客在空间中行走的路径。顾客的动作一般有以下几种:进出门、点餐、用餐、上卫生间、拿取食物或者碗筷。设计顾客动线时应尽可能保证顾客动线既直接又简单,避免迂回绕道。过于迂回的动线会使顾客拿取食物或者上卫生间后很难找到自己的座位,造成非常差的体验。简捷的动线能够让顾客行动顺畅,秩序井然,给顾客一种非常舒适的体验感,进而增加对餐厅的好感度。顾客动线应尽可能不与服务动线交叉重叠,否则既会降低服务效率,又会给顾客一种不适感,尤其是收拾餐桌到洗碗间的动线。

(3)后厨动线:首先要根据菜单烹饪制作时所需设备进行规划,不同品类需要不同的厨房设备和餐厅空间设计。每个品类的餐厅所用的设备各不一样,因此规划后厨动线时需要结合具体情况对厨房设备的区域位置做出相应的调整。规划的核心一定是厨师烹饪的便捷性。

学习任务 1　餐饮企业的空间划分

学习成果前瞻:学习完本任务,你将了解餐饮企业生产场所布局的基本要求、餐饮企业的功能区域划分、餐厅与厨房的空间划分。

合理的空间划分是餐饮企业生产场所的基本要求。因为餐饮生产的工作流程、生产质量和劳动效率,在很大程度上受到厨房设计布局的影响。生产场所设计布局科学与否,不仅会直接影响员工的劳动量和工作方式,同时还会影响生产场所内部动线以及生产场所与餐厅间的联系,决定建设投资是否合理和确有成效。

一、餐饮企业生产场所布局的基本要求

餐饮企业生产场所主要是厨房，下面主要叙述厨房的设计布局，以及厨房设备和设施的分布。厨房的设计布局，因餐饮企业的规模、位置、星级档次和经营策略的不同而表现出不同的风格。科学的设计布局可以帮助厨房减少浪费，降低成本，方便管理，提高工作质量和生产效率，减少员工外流。厨房设计布局中必须注意以下几个方面。

❶ 同一平面设计厨房　厨房的不同作业点应集中紧凑，安排在同一平面上，即同一楼层，这样可缩短原料、食品的搬运距离，便于互相调剂原料和设备用具，有利于垃圾的集中清运，切实减轻厨师的劳动强度，提高工作效率；保证出品质量，缩短顾客等餐时间；便于管理者的集中控制和督导。如果同一楼层面积不够容纳厨房全部作业点，可将食品仓库、冰库、烧烤间等安排到其他相近的楼层，但要求它们与出品厨房有方便的垂直交通联系。

厨房和餐厅要设计在同一平面上，并使厨房尽量靠近餐厅。厨房与餐厅的关系非常密切，在餐厅用餐的顾客希望尽快吃到自己挑选的餐食。餐饮人员也希望把生产出来的菜肴等食品尽快送到顾客面前。另外，餐厅与厨房之间每日的食品与盘碟进出量很大，所以有必要缩短厨房与餐厅的距离以提高工作效率。

❷ 保证工作流程通畅　餐饮生产从原料购进开始，经加工、切割和配份到烹调出品，是接连不断、循序渐进的过程。因此，厨房原料进货和领用路线、菜品烹制装配与出品路线，要避免交叉回流，特别要注意防止烹调出菜与收台、洗碟、入柜的交错。厨房的物流和人流路线在设计时应充分考虑到领料车和垃圾清运车的通道，以及在大型餐饮活动时，餐车、冷碟车进出的通道。

❸ 兼顾厨房促销功能　厨房虽然是餐饮后台，若设计独具匠心，巧妙得体，不仅可以美化餐厅、活跃餐厅气氛，而且可以推动厨房产品的销售。若将活养箱池置于餐厅与厨房相连处，既可供顾客观赏、选点，美化餐饮环境，还可以刺激顾客的消费欲望。同样，将色泽诱人、香气四溢的各类烧烤制品布置于明档，由衣着整齐、动作娴熟的厨师操作，无疑也将起到美化餐饮环境和引导消费的作用。对于这样的厨房，不仅要精心设计，精细施工，还应要求厨房内部整洁卫生，厨师着装干净、举止文明。

❹ 作业点流程合理　作业点是厨房的基本工作岗位。作业点的分布要符合作业流程的规律，原料的验收点和仓库可安排在离餐厅较远的地方，而厨房的出品部门要安排在离餐厅较近的地方。餐具存放既要方便厨房人员取用，又要方便餐厅人员取用。另外各作业点用具、设备的安放要方便厨师作业时使用，若放置不合理，则会增加作业人员行走的距离，增加作业人员的体力消耗，进而影响其工作效率。

❺ 作业点尽可能兼用、套用　现代餐饮企业大多设有多功能餐厅、小宴会厅，以及风味餐厅、零点餐厅等，提供相应产品的厨房自然增多。而各厨房若不能合理安排布局，势必要配置若干套厨房设备。尤其是多功能餐厅，厨房使用频率不是很高，厨房设备大多闲置，很不经济。因此，厨房设计时应尽可能合并厨房的相同功能，如将点心、烧烤、冷菜厨房合而为一，集中生产制作点心、烧烤、冷菜，分点灵活调配使用，以节省厨房场地和劳动力，大大减少设备的投资。

❻ 创造良好的工作条件　为了提高工作效率，要高度重视厨房的通风、照明、高温、噪声问题。厨房整体要设置在整个餐饮企业后部或两边，要考虑到油烟管道的排风效果，如出风量与进风量的配比；需考虑噪声问题，选择符合标准的排风管材料，把噪声降到最低。如果设计存在缺陷，则会严重影响员工的工作情绪和工作效率，油烟味跑到餐厅也会严重影响餐厅的用餐环境。

二、餐饮企业的功能区域

现代餐饮企业是由多个功能区域组成的营业场所。功能区域的分配与布置要结合企业类型、餐厅经营的要求、最方便顾客和安全操作的原则来确定,同时要考虑卫生、防疫、消防安全等特殊要求,以利于餐饮企业进行高效率经营。

一般餐饮企业从整体上可分为两大作业区域,即厨房与餐厅。

❶ **厨房** 厨房是准备原料和烹制菜肴的区域,包括库房、冷库、粗加工区、精加工区、炉灶区、点心房、冷菜房、清洗消毒间等。

厨房内的主要设备有洗碗机、消毒柜、保温柜、案板台、冰箱、搅拌机、绞碎机、压面机、抽油烟机、库房货架、开水器、炉具、推车、餐具等。在特殊情况下还有升降梯。

❷ **餐厅** 餐厅是接纳顾客用餐的场所,其中包括迎宾台、休息区、大厅、雅座、包厢、多功能厅、酒吧区、备餐间、卫生间,以及烹饪表演区、舞台演出区、演员更衣室、点菜区、海鲜池等。

餐厅内的设施物品包括餐椅、餐桌、台布、酒水设备、制冰机、开水器、台号牌、点菜单、陈列柜、收款台、酒吧台、咨询台、屏风、花槽等。

❸ **其他** 餐饮企业除餐厅、厨房的工作区域外,还有后台的公共区域,其中包括办公室、员工更衣室、员工浴室、员工卫生间、仓库及员工吸烟室等。

三、厨房与餐厅的空间划分

厨房与餐厅的空间划分是餐饮整体布局中最关键的部分。这是一项复杂且受多种因素影响的工作,因此,在进行布局、安排时,应该由布局设计者、管理者、生产者、设备专家共同讨论、研究决定。厨房与餐厅的空间划分是指餐饮生产系统的整个设计规划。通常中小型饭店的生产场所是一个具有多种功能的综合性大厨房,而大型饭店的生产场所是由若干个不同功能的分点厨房组成的。大型饭店各分点厨房是有机联系的整体,在厨房的位置、面积、生产功能的分配、产品的流程上,都要体现整体作业的协调性。

厨房与餐厅的空间之比没有明确规定,有 1 : 1、4 : 6、7 : 3 之说,中餐厅和西餐厅厨房的差异很大。一般影响厨房面积的因素如下:①原料加工程度的差异。发达国家对食品原料的加工已实现社会化,如猪、牛等各按不同部位及用途做了精细、准确、标准的分割。国内的原料常以整片、整只出售,或只做简单分割,规格不准,分量不实,需厨房做进一步加工。②供应菜肴品种的差异。中餐中有许多菜肴制作工艺复杂,如鱼翅、海参的涨发需要多道工序、多种设备的处理,故中餐厅厨房面积应大于西餐厅厨房。③设备的先进程度差异。电磁灶多为集成灶台,省空间,电磁灶使用比例高的厨房往往面积不用很大。西餐厅厨房厨具的空间利用率较高。按上述三条分析,从理论角度看,中餐厅厨房的设计面积应大于西餐厅厨房。西餐厅厨房面积加上后台其他设施,一般占到整个餐厅面积的 50% 左右;国内餐厅在整体布局时,往往将大面积空间作餐厅之用,缩小厨房面积,减裁后台设施(如餐厅储物仓库)占用面积。确定餐厅、厨房面积的方法一般有三种:一是按餐厅预期的用餐人数来确定;二是按分配比例表来确定;三是根据餐厅不同的功能来确定。

❶ **按餐厅预期的用餐人数来确定** 按餐厅预期的用餐人数来确定厨房面积的方法见表 12-1。通常餐厅预期的用餐人数越多,用餐的人均所需厨房面积越小,但小型厨房的辅助间和过道等所占的面积不可能按比例缩得太小。

表 12-1　厨房面积规格

餐厅预期的用餐人数/人	人均所需厨房面积/(米²/餐位)
100	0.697
250	0.48
500	0.46
750	0.37
1000	0.348
1500	0.309
2000	0.279

❷ **按分配比例表来确定**　按分配比例表来确定餐厅、厨房等的面积比例。通常,厨房占餐饮企业总面积的 21％左右(表 12-2),除去辅助区域后,其面积应是餐饮企业总面积的 40％～50％。但在实际运用中应留有一定的弹性幅度,这是因为各餐饮企业的餐饮定位、档次、功能以及用料情况、制作工艺、设备设施、场地的可用面积、过道的方位等不同,故各餐饮企业的情况各异。

表 12-2　餐饮企业各部门面积比例表

部门名称	所占比例/(％)
餐厅	50
客用设施	7.5
厨房	21
仓库	10
清洗间	6.5
员工设施	3
办公室	2

❸ **根据餐厅不同的功能来确定**　不同类型、不同规格的餐厅,对餐位面积的要求亦不相同。一般来说,各种餐厅及酒吧设置的餐位面积如表 12-3 所示。

表 12-3　各种餐厅及酒吧的餐位面积对照表

类别	餐位面积/(米²/餐位)
咖啡厅	1.4～1.6
自助餐厅	1.2～1.7
豪华餐厅	1.5～1.9
普通餐厅	0.9～1.4
风味餐厅	1.4～1.8
快餐厅	1.1～1.4
宴会厅	1.1～1.3
酒吧	1.2～1.4

同时,餐厅与酒吧的客容量视饭店的规模、类型、地点及市场情况而定。对于大型饭店,餐厅餐位与客房数目之比应为 0.75∶1,酒吧餐位与客房数目之比应为 0.5∶1。在远离市区的度假型饭店中,宾客一日三餐都在饭店内解决,所以饭店要设法灵活利用室外场地,如游泳池旁设快餐酒吧,或者设法提高用餐高峰时的餐位周转率。

学习任务 2　餐厅的设计布局

> **学习成果前瞻：**学习完本任务，你将了解餐厅设计的原则、餐厅设计布局的要点、餐厅座位设计与布局。

一、餐厅设计的原则

❶ 以经济、安全、高效为原则　合理的餐厅设计不是单纯在材料上追求昂贵，而是要通过装饰布置、色彩线条来体现风格。餐厅设计要注意以下几个方面。

（1）经济性。设计出的餐厅在同档次中投资较少，从而使投资空间所获取的收益最大。由于餐厅面积的利用程度直接影响到接待能力和营业收入，所以各种设计布置不应占据太多营业空间。

（2）安全性。餐厅内的布局要合理、实用，保证用餐区内顾客、产品、服务人员和设备的流动畅通，无安全隐患。具体内容：在用餐区要为员工提供安全的工作空间，为顾客提供公共通道，保证用餐区环境卫生、整洁。

（3）高效性。用餐区的设计与布局应便于员工高效率地工作。主要内容：用餐区的设备、设施维修方便，维修费用较低；用餐区高效节能，如最大限度地采用自然光，或者与饭店大堂共享喷泉流水等室内景观，以充分利用餐厅营业空间，并给顾客带来乐趣；餐厅设计要为顾客提供舒适的环境。

❷ 以满足功能需要为原则　在餐厅入口处设立收银员、引座员柜台，以控制进出、结账收款，并设衣帽间。将餐厅分为若干小区，在营业低峰时可以关闭部分小区。餐桌要有大小不同的规格，以便招待人数不同的各批次顾客。餐厅里应设食品陈列柜。

每间包厢设 1 个工作台，大厅约每 5 桌设 1 个工作台，用于为顾客提供水、咖啡，分派菜肴，置放餐具。

使用可变灯光调节装置，以便创造不同的用餐气氛。

二、餐厅设计布局的要点

❶ 餐厅的通道设计与动线安排　餐厅通道的设计布局应体现流畅、便利、安全，切忌杂乱。要从视觉上给人以统一感，其平面变化应达到完整与灵活相结合的布局效果。

餐厅动线是指顾客、服务人员、食品与器物在厅内流动的方向和路线。顾客动线应以从大门到座位之间的通道畅通无阻为基本要求。一般来说，餐厅中顾客动线采用直线为好，避免迂回曲折。任何不必要的迂回曲折都会给人一种人流杂乱的感觉，从而影响顾客进餐的情绪和食欲。餐厅中顾客的流通通道要尽可能宽敞，动线以一个基点为准。餐厅中服务人员的动线长度对工作效率有直接的影响，原则上越短越好。在服务人员动线安排中，一个方向的作业动线不要过于集中，应尽可能除去不必要的曲折。所以设置一个区域工作台是非常有必要的，既可存放餐具，又有助于缩短服务人员的行走距离。

❷ 餐厅的空间设计与布局　餐厅内部的设计与布局应根据餐厅空间的大小决定。由于餐厅内各部门所需的空间不同，所以在进行整体空间设计与布局规划时，要做到统筹兼顾，合理安排。既要考虑到顾客的安全性、便利性，以及营业各环节的功能、操作效果等因素，又要注意全局与部分之间

的和谐、均匀、对称,体现出浓郁的风格情调,使顾客一进入餐厅就能强烈地感受到形式美与艺术美。餐厅的空间设计通常包括以下几个方面:①流通空间(通道、走廊、座位等);②管理空间(服务台、办公室等);③调理空间(配餐间、展示厨房、备餐间等);④公共空间(休息室、用餐区、洗手间)。

❸ **根据厨房要求设计餐厅平面形式**　餐厅的平面形式要根据厨房的要求、餐厅各室的种类及数量(如多功能厅、雅座、单间等)来进行设计。现代餐厅的平面设计大致分为两类:一类是配置传统封闭式厨房的餐厅,这类餐厅的用餐区和厨房是隔开的;另一类是配置开放式厨房的餐厅,这种餐厅将厨房展示在顾客面前,现在越来越受到顾客欢迎。

❹ **餐厅的空间分隔**　从用餐者的感受和视觉特征变化来看,在没有遮挡的餐厅内,物体的凹进或凸出,都能在视觉上给人一种空间感。

餐厅空间分隔的总体原则是使顾客既能享有相对隐蔽的空间,又能感受整个餐厅的气氛。陈设的简繁以及空间曲折、大小、高低的不同,能产生出形态繁多的空间分隔。下面介绍几种餐厅空间分隔的常用形式。

(1)软隔断分隔:用垂珠帘、帷幔、金属帘、折叠垂吊帘等对餐厅进行分隔,软隔断富丽、高档,一般在有空调的餐厅中使用。

(2)通透隔断空间:散发出传统的文化气息,通常是指屏风、博古架、花窗墙、竹排隔断等,一般是将大餐厅分隔成若干个雅座时使用。

(3)列柱、翼墙:为满足特定空间的要求而虚设,列柱、翼墙给人以稳定、厚重的感觉。

(4)用灯具对餐厅空间进行分隔:给人一种隔而不断的感觉,达到一种特殊效果。灯具的布置起到了空间分区的作用,对于西餐厅和酒吧来说,布置灯具是室内环境设计的常用手法。用灯具对餐厅空间进行分隔的特点是既保持了大的整体空间的气氛,又在顾客的心理上形成分隔,而且空气流通良好,视野宽广。

(5)矮墙分隔:可使用餐者在心理上产生一种自我受到保护的感觉。人们既享受了大空间的共融性,又保持了一定的隐秘性。矮墙分隔同样具有用灯具对餐厅空间进行分隔的多种优点。

(6)升降高程划分:局部提高或降低餐厅室内的地面,并用台阶作为联系的通路来对餐厅进行分隔。一般升高程用得较多,通过突出地面,暗示出两个空间区域。

(7)用植物划分:不仅可以限定两个功能不同的空间,还可以阻挡视线,围合成具有相对独立性的私密空间。植物本身犹如一种充满生机的"屏",起到隔而不断的效果,从而保证了空间的完整性和宽敞性。植物还可以净化室内空气,调节温湿度,改善小气候,增加视觉和听觉的舒适度。同时,由于人们向往回归大自然,故人们对植物也有一种偏爱。

(8)装饰物的放置也可以暗示一个空间的结束和另一个空间的开始。此时,装饰物与半通透的隔断或柱子具有相同的作用,不会阻碍人们的视线,但会阻碍人们的行动,从而给室内带来丰富的空间层次。按照空间构成的原理,可以在分隔空间时利用多种类型的物体。花架、水池以及铺地材质的变化等都能起到分隔空间的作用。

三、餐厅座位设计与布局

餐厅座位的设计与布局,是根据餐厅类型、厨房特色来进行的,对整个餐厅的经营影响很大。尽管座位的餐桌、座椅、架等的大小、形状各不相同,但还是有一定的比例和标准的。一般以餐厅面积的大小、座位的需要数量进行适当的配置,使有限的餐厅面积最大限度地发挥其价值。

❶ **桌椅的设计**　在现代餐厅中,座椅的首要功能是满足顾客坐的需要,其次才是满足美感要求。所以座椅的设计,首先要考虑舒适感,关键在于座面要贴合人体坐姿的自然曲线。另外,靠背的支撑必须切中人体上部的着力部位。

研究表明,当人坐在高 $40\sim45$ cm 的座椅上时,腰部不易疲劳。另外,座椅的高度应该比小腿的长度低 2～3 cm。一般来说,餐桌与座椅的最佳搭配如图 12-1 所示。

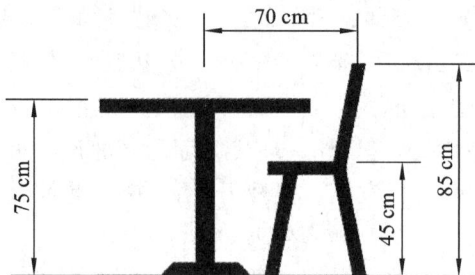

图 12-1　餐桌与座椅的最佳搭配

❷ **餐厅座席的设计**　餐厅配置座席时一般要根据用餐人数、餐桌形状来确定合适的座席数,做到既不使顾客感到拥挤局促,又不使其感到疏远。

(1)圆形餐桌:根据圆桌的直径与人数的关系来计算餐位个数。即以每 17～20 cm 的直径可容纳一人的比例来计算餐位个数,如直径 105 cm 对应 5～6 个餐位,直径 220～250 cm 对应 12～14 个餐位(表 12-4);或根据圆桌大小与人数关系计算,以每人占 55～60 cm 桌边长来确定餐位个数。

表 12-4　圆形餐桌与餐位个数的关系

直径/cm	餐位/个
105	5～6
120	6～7
150	7～9
170～180	9～11
220～250	12～14

(2)方形餐桌。根据用餐人数来确定不同的餐桌宽度和长度(表 12-5)。

表 12-5　方形餐桌的设计

方形餐桌类型		宽/cm	长/cm
正方桌	4 人座	75	75
	4 人座	90	90
长方桌	2 人座	60～65	72～85
	6 人座	75～90	130～160
	8 人座	80～100	160～180

四、餐厅气氛设计

餐厅气氛是餐厅设计中的一项重要内容。餐厅气氛设计的优劣直接影响餐厅对顾客的吸引力。首先了解一下气氛的概念,气氛是指一定环境中能给人某种强烈感觉的精神表现或景象。餐厅气氛就是指餐厅内顾客所处的氛围环境。餐厅的气氛包括两个部分:一种为有形气氛,如位置、外观、景色、内部装潢、构造和空间布局等,它是餐厅整体设计的重要组成部分;另一种是无形气氛,如服务人员的态度、礼节、仪容仪表、服务能力以及让顾客满意的程度等。有形气氛靠设计人员和管理人员来创造,无形气氛靠全体员工的努力来营造。

❶ **餐厅气氛的作用**　有形气氛设计的优劣和无形气氛营造的好坏,会直接影响餐厅对顾客的吸引力,直接关系到餐厅经营的成败。因此,餐厅的有形气氛必须与餐厅的其他设计工作共同组成一个有机的整体,来反映餐厅经营的主题思想。

首先,餐厅气氛的主要作用在于影响顾客的心境。心境是指顾客对组成餐厅气氛的各种因素的心理反应。良好的餐厅气氛能给顾客留下深刻的印象,从而增强顾客的消费动机。其次,餐厅气氛设计也是占有目标市场的良好手段。餐厅的经营需考虑顾客的职业、种族、风俗习惯、社会背景、收入水平、用餐时间以及偏好等因素。餐厅气氛设计既要考虑到消费者的共性,又要考虑到目标消费者的特点。针对目标消费者的特点进行气氛设计,是占有目标市场的重要条件。

总之,餐厅的气氛对餐厅经营的影响是直接的。要想设计良好的气氛,就要考虑到"舒适"这一标准。由于"舒适"的含义是抽象的,而且不同的顾客对"舒适"有不同的标准,因此,要想达到"舒适",就必须深入了解顾客的心理因素。这些心理因素通常是指顾客对餐厅的光线、色调、音响、气味、温度等方面的感知。优良的餐厅气氛是这些方面的最佳组合。

❷ **餐厅有形气氛的构成**　餐厅有形气氛是由内部气氛和外部气氛所组成的一个整体。餐厅的外部气氛是指餐厅的位置、名称、建筑风格、门厅设计、风景和停车场等方面的因素。外部气氛的设计要能够反映出餐厅的种类、经营特色,同时要考虑到对顾客的吸引力。外部气氛要与内部气氛相辅相成,共同形成餐厅的有形气氛。由于餐厅的外部气氛涉及的内容很广,也很复杂,这里就不一一阐述。餐厅的内部气氛是指足以影响顾客心理的各种因素。内部气氛的设计要比外部气氛的设计具体得多,其作用也大得多。成功的内部气氛设计完全能够影响顾客的情绪和心境,所以内部气氛设计是餐厅气氛设计的核心部分。要想设计出良好的内部气氛,通常要考虑如下几项基本内容。

(1)光线。光线是餐厅气氛设计应该考虑的关键因素之一,因为光线系统能够决定餐厅的格调。餐厅使用的光线种类很多,如烛光、白炽光、荧光以及彩光等,不同的光线有不同的作用。

烛光是餐厅使用的传统光线。这种光线的红色光焰能使食物显得分外诱人、顾客看起来更漂亮。烛光比较适用于朋友聚会、恋人约会、节日盛会等场合。

白炽光是餐厅使用的一种重要光线。这种光线最容易控制,而且食物在这种光线下看上去最自然。如果调低光线,则能增加顾客的舒适感,从而延长顾客的逗留时间。但白炽光的成本较高,一般适用于较为豪华的餐厅。

荧光是餐厅常使用的光线。这种光线经济、大方,但缺乏美感,因为荧光中蓝色和绿色强于红色和橙色而居于主导地位,会使人的皮肤看上去显得苍白、食物呈现灰色。有学者指出,荧光会缩短顾客的用餐时间。

彩光是光线设计时应该考虑的另一因素。彩光会影响人的面部和衣着。红色光对家具、设施和绝大多数食物的展示是有利的;绿色光和蓝色光通常不适合照射顾客;桃红色光、乳白色光和琥珀色光可用来增加热情友好的气氛。

不论光线的种类如何,光线的强度对顾客的用餐时间均有影响。昏暗的光线会增加顾客的用餐时间,明亮的光线则会缩短顾客的用餐时间。

(2)色彩。色彩是环境气氛构成中可视的重要因素。它是设计人员用来影响人心境的有效工具。不同的色彩对人的心理和行为有不同的影响。有些人认为,红、橙之类的颜色有激励的效果,其他如绿色等冷色则有镇静的作用。一般来说,颜色对人心境的影响见表12-6。

表12-6　颜色对人心境的影响

颜色	效果
红色	振奋、激励
橙色	兴奋、活跃
黄色	刺激
绿色	宁静、镇静
蓝色	自由、轻松

续表

颜色	效果
紫色	优美、雅致
棕色	松弛

不仅颜色的种类对人的心理和行为有影响,颜色的强度也有此效果。例如明亮的蓝色有与红色相同的激励作用。

在餐厅气氛设计过程中,要想提高顾客的流动率,餐室中最好使用红绿相配的颜色,而不使用诸如橙红色、桃红色和紫红色等颜色。因为橙红色、桃红色和紫红色等颜色给人以柔和、悠闲的感觉。在快餐厅的气氛设计中,鲜艳的色彩十分重要。鲜艳的色彩配以窄小而又不太舒适的餐桌和火车座、明亮的灯光和快节奏的音乐,再加上嘈杂声,可使顾客无暇交谈而用餐后快速离开。反之,要想延长顾客的用餐时间,则应使用柔和的色调、宽敞的空间布局、舒适的桌椅、浪漫的光线和温柔舒缓的音乐来渲染气氛,从而使顾客延长逗留时间。

另外,色彩还能用于表达餐厅的主题思想。例如,美国多年前的海味餐厅多在墙上画着帆船航海图,或梁上悬挂着船灯、帆缆甚至救生艇。但是,现在的餐厅打破了原有的传统设计,采用冷色调的绿、蓝、白三色微妙地表现航海的主题。

颜色的选择还与餐厅的地理位置有关。例如,在纬度较高的地区,餐厅里应该使用暖色,如红色、橙色、黄色等,从而给顾客一种温暖的感觉。在纬度较低的地区,绿色、蓝色等冷色效果更佳。

(3)声响。声响是指餐厅里的噪声和音乐。噪声是由烹调、顾客流动和餐厅外部环境所造成的。不同种类的餐厅对噪声的控制有不同的要求。主要招待忙碌了一天的企业人员的餐厅,需要安静和优雅的环境,因此对噪声的控制较严。但学生食堂就不同,因为学生在宁静的教室上了半天课,喧闹的食堂会起到放松和休息的作用。

现代研究已经证实,音乐对顾客的活动确实有一定的影响。明快的音乐会使顾客加快用餐;节奏缓慢而柔和的音乐会给顾客一种放松、舒适的感觉,从而延长顾客的用餐时间。因此,不同种类的餐厅要根据具体需要进行不同的背景音乐设计。

综上所述,餐厅的气氛是餐厅设计的重要任务。要想设计出优良的气氛,必须深入研究目标市场,以及各种因素对顾客心绪和活动的影响,同时还要注意到这些因素之间的相互联系。餐厅管理人员必须与设计师、建筑师及服务人员密切配合,共同创造出一种理想的餐厅气氛。

五、餐厅营业区域设计

近年来,餐厅设计出现了一种新的方法,即在同一餐厅内设置几种不同格调、档次、大小的厅室来满足不同用餐者的需求。餐厅各厅室的设计和面积、功能的分配应根据市场调研情况及餐饮规划来确定。大多数餐饮企业的多功能厅占用面积较大,但也有雅座或单间占用面积大的情况。

❶ 多功能厅 多功能厅是餐厅的核心,它反映了餐厅的气氛与风格。

(1)多功能厅的功能越多,所需的设备就越多。它既可以用作摆设宴席的大厅,也可供一般顾客用餐,还可供表演、娱乐和举办会议等使用。

(2)多功能厅要考虑一次能摆设多少席,在布局中应尽可能将多功能厅的面积留大一些。若同时考虑到宴席的特点,可将桌椅布局集中一些,使其空间更完整。在设计平面图时,应尽可能用9~11人座来进行布局,其餐桌的直径一般为180 cm。多功能厅的基本格调应是大方、豪华、温暖、干净、热闹。

(3)在进行餐厅空间划分时,多功能厅与雅座最好不做全隔式(即隔墙)处理,而是采用从地面叠级或用矮花槽、门槽等半隔断来划分空间,使其内外空间既相隔又相通,必要时可以连通使用。

(4)多功能厅的通道设计应考虑到主通道与次通道的分布,认真分析人流导向,一般主通道宽度应为 150 cm 左右,次通道宽度为 50 cm 左右。

(5)多功能厅的酒吧设计体现着餐厅的档次,其功能有收银、调配酒、零售烟酒等。

❷ **雅座**　雅座是指餐厅中比较典雅、优美、清静、与其他散座区相区别的座位区。雅座往往为 2 人座与 4 人座(或 6 人座)。

(1)在平面布局中靠近餐厅里面或偏僻安静的地方可设为雅座区。它往往与多功能厅既在一个空间,又有一定形式的分隔,其在设计上与多功能厅的热闹、豪华有完全不同的风格。它要求设计精致、典雅、清静。

(2)雅座多采用叠级做地面处理,如地面材料相同,则在天花板设计上有所不同,进行象征性的空间划分。在考虑雅座区的天花板时,应着重在"雅"上进行思考。过分的叠级、过多的变化等都将影响其"雅"的效果。

(3)在特殊情况下,有些雅座由"卡座"(又称火车座)所代替。

(4)在一般情况下,雅座的家具档次应不低于多功能厅的家具档次。

(5)有时在设计大型餐厅时,将雅座作为风味餐厅来处理,其位置多靠近厨房,以便于风味餐厅的厨房设备与其他多功能厅的设备共享。目前很多餐饮企业将雅座设计成园林式,给人一种回归自然之感。

❸ **豪华包厢**　豪华包厢的面积一般为 20～30 m²,包厢内有休息区。有些有舞池的豪华包厢的面积更大,可食、唱、跳三者相结合,其已发展为一种小型美食＋娱乐的形式。

豪华包厢的平面布局既要考虑餐位,又要考虑娱乐区的划分。即需要确定电视、录放机的位置,并考虑沙发的布局与舞池的设置,此外,目前大多数豪华包厢还会考虑设置卫生间。豪华包厢具有一定的隐蔽性,能使贵宾获得一种不受他人干扰、无拘无束的感觉。

在多数情况下,包厢以 10～12 座一围式为标准座,也有为签约合同和特殊庆典设计的 16～20 座一围的宴席座式单间。另外还有以二围式、三围式等形式出现的大空间包厢。

学习任务 3　厨房的规划布局

> **学习成果前瞻:**学习完本任务,你将了解厨房设计要求、厨房各区块设计要点、厨房作业区规划。

一、厨房设计要求

❶ **处理好厨房与餐厅的衔接关系**　厨房与餐厅的衔接,关系到菜肴的质量、服务的效率。厨房与餐厅最好直接连接,并在一个平面无高低落差,如遇无法避免的落差,也不应以台阶相连,以免带来工作不便或造成事故。宜用防滑地面砖做斜坡处理,以便于行走和拉车,并在坡面上加上色彩,以区别于其他地面,引起工作人员的注意,保证安全。

❷ **处理好厨房到餐厅的动线**　首先,厨房内部应合理缩短工艺流水线,减轻员工劳动强度。其次,应考虑尽量缩短食品制作地点到餐厅内最远处餐桌之间的距离,从而减少运输过程中餐具的破损和人力的消耗。食品原料从储藏库取出,一直到食品加工完成,再到上桌服务,整个过程要有一条合理的动线。最理想的设计是餐厅与厨房直接相连,所有功能区域分布在同一层面,从生产服务到收台是在一个平面的一条循环线。但遇到餐厅层面不能容纳全部厨房面积时,可将冷库、点心间等移出,但必须与主厨房有良好的垂直交通联系。

③ 注重卫生与安全要求　厨房是餐饮企业中卫生要求最高的部分。厨房设计要遵循厨房卫生标准及员工安全规则。各地卫生防疫部门、环卫部门对厨房有严格的审查、验收规定。厨房布局中冷菜间应设计二次更衣间,配电控制箱应设计在方便控制、远离炉灶的位置。厨房机械设备的安装必须方便操作,方便拆卸移动,并符合卫生、安全、防火的标准。建筑物应该密封的部位必须严实密封,以防止尘埃灌入及蚊、蝇、蟑螂、老鼠等侵入,不能封闭的部位必须能正常开启,以利于清洁打扫。应依照《中华人民共和国消防条例》安装消防器材,建造疏散消防楼梯,以确保餐饮企业财产及宾客、员工的人身安全。

④ 布局应干湿、冷热分区　布局时应考虑各功能区域的干湿、冷热的特点。如点心制作、备餐间等要求干燥,而洗碗间、蒸饭间则十分潮湿,这两个区域应避免靠太近,并在蒸饭间配以有效的排气装置,洗碗间配以良好的排水沟。另外,冷菜间、刺身间、水果间应与热菜烹调区保持适当距离。

⑤ 选用便于清洁的地面、墙面材料　厨房卫生的重要性决定了厨房卫生工作的经常性,每天打扫厨房应被列入每个厨房的规章制度。由于厨房需经常用水冲洗,故地面、墙面要铺贴容易清洗的材料,并应适当增大地面排水坡度,设置地面排水沟。但在西点间不设地面排水沟为好,一为防潮,二为防鼠。

⑥ 防止厨房油烟进入餐厅　厨房的通风、排风如处理不当,会导致油烟向餐厅、客房弥漫,影响顾客用餐和休息。现代厨房设计均采用厨房比餐厅的空气压力低的方法来解决此问题,即厨房采用负压,并通过增加换气次数(换气次数为 60～70 次/小时)的方法将厨房油烟与热量迅速排至室外。

⑦ 减少厨房噪声　噪声过大会直接影响员工工作的质量和效率。故在手推车和其他可以移动的设备上安装橡胶轮子,洗涤架下铺设塑料垫或橡胶垫,避免金属、瓷器的撞击,尽可能减少噪声。一般在厨房与餐厅之间通过备餐间或过道的转折来降低噪声对餐厅的影响。也可使用屏风或隔墙等方法,来减少厨房噪声传入餐厅。

⑧ 设计方便通畅的行走线路　厨房、库房与供应入口应有方便、宽敞的行走通道。餐厅和厨房的通道必须妥善布局,以避免宾客和服务人员、服务人员和厨师的行动路线相互交叉和碰撞。厨房与餐厅之间的连接处应分别设有进、出两个通道,避免碰撞。厨房的操作单元应布局合理,各操作单元的位置也应根据操作特点和出菜的先后次序排列。避免厨师重复走动,提高工作效率。

⑨ 充分考虑各功能区域　在进行设计规划时,应充分考虑各功能区域。如食品验收区、粗加工间、切配烹调间、冷菜间、点心间、备餐间、洗碗间等均应考虑到位。

⑩ 创建良好的工作环境　良好的工作环境有助于员工充分发挥工作才能,免除不必要的疲劳和不适。如温度、湿度、通风、照明、噪声、工作空间等诸多环境因素和条件都影响着员工的工作效率和情绪,特别是在设计和挑选地面材料时,要考虑到防滑与宜清洗。工作环境不仅会影响工作效率,也会影响到厨师队伍的稳定性。

二、厨房各区块设计要点

① 厨房的高度　厨房高度一般不低于 3.6 m,太低会使人感到压抑,且使透气效果差和散热效果差;太高会使建筑、装修、清扫、维修费用增大,不符合经济要求。较为常见的高度为 3.6～4 m。储藏室之类的房间可以适当低一些,如果是顶层,可以通过这一高一低的错落设计天窗通风口。

② 墙壁和天花板　墙壁和天花板平面力求平整,无裂缝和凹凸不平,无暴露的管道。否则易堆污积尘,甚至滋生虫蝇,影响食品生产的卫生安全。由于厨房空气湿度大,天花板最好涂抹防水白漆,以防表面受潮脱落而污染食物。或选用轻型金属材料拉顶,以便于拆卸清洁。墙壁应平整光滑,无裂缝、凹陷,经久耐用,易于清洁,最好整面墙采用瓷砖、塑料之类的可洗物质铺面,以免油污堆积。

❸ **厨房地面**　厨房地面在保证不滑的前提下,还要求耐磨、易于清扫、不沾油腻,且在经受无数次清扫、重物碰撞、高温接触的情况下,都不开裂、不褪色。另外,地板的颜色要鲜明,迫使人们从心理上注意保持厨房清洁。

❹ **排水沟**　排水沟必须有适当的深度,一般宽度为 20～30 cm,深度为 15～30 cm,内壁铺设瓷砖或不锈钢板,有一定的斜度,防止逆流,上面装不锈钢栅板(栅板密度要小,防止服务人员进出时卡住高跟鞋鞋跟),排水沟出口处应有防止垃圾流入管道的过滤筛,以及防止鼠虫侵入的挡板。

❺ **其他要点**　装备火警预报和自动灭火系统;冷藏库与冷冻库要排列在一起,以节省能源,并与库外地面平齐;厨房与各餐厅、宴会厅之间要有一服务间(习惯称备餐间),以存放各种菜肴的辅助工具及服务用具,如火锅、刀叉、台布、纸巾以及制冰机等;宴会厅与服务走廊之间要有隔屏;餐具车要放在从餐厅通向厨房的门边,以便于随时放置从餐厅内撤下的餐具,送往厨房洗碗间;厨房通道至少宽 1.1 m 等。

三、厨房作业区规划

厨房由原料储藏区、原料粗加工区、精加工区、烹调区、冷菜间、点心间等组成。

(1)原料储藏区。原料储藏区分为食品仓库和冷库,食品仓库又分为干货仓库和粮油仓库。冷库一般采用预制组合式冷库,这种冷库的壁板采用保温性能极高的材料,壁板之间有凹凸槽连接,安装方便、迅速,效果良好。食品仓库和冷库内应充分利用空间,使用尺寸合适的陈放架。

(2)原料粗加工区。中式烹饪原料采购后,蔬菜要进行挑拣、清洗,鸡鸭要进行屠宰、煺毛等处理,所以中餐厅粗加工区的面积要比西餐厅的粗加工区面积大。随着食品供应质量的提高和配送中心的发展,中餐厅厨房的粗加工区面积逐渐缩小。目前粗加工区主要包括工作台、水池、货架及活养区。在规划时要考虑到地面冲洗的排水、水池容量的大小、自来水的进水流量、污水的排放速度等问题。

(3)精加工区。精加工区即切配区。厨师按照已确定的菜单进行切制加工和配伍,为下一工序——烹调做好准备。精加工主要分蔬菜加工、肉类加工、糕点加工等。规划要求是所在区域有冰箱(冷藏库)的位置,并靠近烹调区。

(4)烹调区。烹调是厨房中最重要的工序,烹调质量的好坏直接影响餐厅的经营效益。中、西餐的烹调截然不同,其设备与布局也不同。

中餐烹调:一般配备炉灶与出菜台。出菜台又称打荷台。炉灶与打荷台距离应为 850～1100 mm。炉灶有二眼炉灶、三眼炉灶、五眼炉灶之分,上方要配备吸风罩,以利于油烟排放。中餐炉灶靠墙的为多。

西餐烹调:西餐烹调区一般分为主菜烹调间、冷菜制作间等。西餐炉灶有四头明火炉、六头明火炉、八头明火炉,以及不附设烤箱炉灶与附设烤箱炉灶多种。西餐炉灶有用电的炉灶、用煤气的炉灶,其他西餐设备有扒炉、炸炉、西式汤炉、热汤池、烤炉、焗炉等。上方要配备吸风罩,吸风罩摆放在厨房中间的较多。

(5)冷菜间。冷菜间的设计应考虑二次更衣间、生制品加工间、冷菜切配出品间,并应配有冷气设备或单独装有空调。除照明设施等外,还要安装红外线消毒灯,配备充足的冷藏设施。

(6)点心间。点心间应具有一定的相对独立性。必须配备相应的面点原料加工、搅拌、发酵和蒸、煮、炸、烤等设备。应考虑大功率电源的设置,并应具备良好的排油烟、水蒸气系统。一般制作点心的设备有发酵箱、多功能搅拌机、压面机、蒸炉、烤箱等。

(7)主厨办公室。主厨办公室是厨师长设计菜单的场所,也是对外联系原料的窗口,其位置最好在原料储藏区和切配/烹调区之间,这样既便于厨师长验收和检查原料,也便于其在切配/烹调区指挥工作,还避免了供应商进入烹调区。厨房作业区规划如图 12-2 所示。

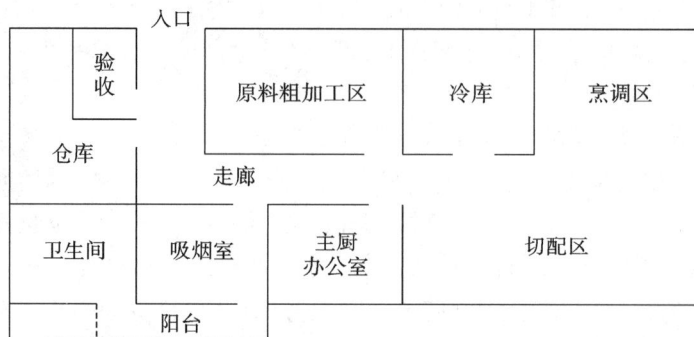

图 12-2　厨房作业区规划

员工卫生间是必备设施,最好设计在远离餐厅的部位。底层厨房可将员工卫生间单独设计在厨房的外面,楼层厨房可将员工卫生间设计在仓库验收区块,或者增设阳台,从阳台进入卫生间,并使卫生间的门窗朝室外开启。这样设置不会影响到厨房的环境。

课后实训

实践活动 1:虚拟一个厨房空间,根据厨房设计的要求,绘制厨房作业区图纸。

实训活动 2:店长访谈。在餐厅附属区域中,哪些是不可缺少的?

实训活动 3:厨师长访谈。餐厅和厨房的连接处在装修上要注意哪些问题?

餐饮成本核算与销售毛利率设计

扫码看课件

教学视频1

教学视频2

教学视频3

学习目标

知识目标 掌握餐饮成本的含义和特征;了解餐饮成本控制的要点;理解菜肴成本核算的方法;理解销售毛利率的定义;掌握影响餐饮毛利率的因素;掌握提升餐饮毛利率的方法,掌握餐厅综合毛利率的计算方法。

技能目标 能运用餐饮成本控制理论提出提高餐饮毛利率的途径和方法;能运用菜肴成本控制的相关策略,并根据餐饮成本的特点,对菜肴的相关成本要素进行核算和控制。

思政育人目标 培养敬业精神和责任感,塑造运营利润观和营销全局观。

课程思政

系统思维是一种逻辑抽象能力,也可以称为整体观、全局观。

系统思维是原则性与灵活性有机结合的基本思维方式。只有具备系统思维,才能抓住整体,抓住要害,才能不失原则地采取灵活有效的方法处置事务。客观事物是多方面相互联系、发展变化的有机整体。系统思维就是人们运用系统观点,把对象的互相联系的各个方面及其结构和功能整合起来进行系统认识的一种思维方法。整体性原则是系统思维方式的核心。这一原则要求人们无论干什么事都要立足整体,从整体与部分、整体与环境的相互作用过程来认识和把握整体。领导者思考和处理问题的时候,必须从整体出发,把着眼点放在全局上,注重整体效益和整体结果。只要合乎整体、全局的利益,就可以充分利用灵活的方法来处理问题。

观看改革开放成就纪录片,体会改革开放30年,国家发展的宏观布局和战略规划成果。

导读

学习目的、意义 餐饮成本核算是餐饮市场营销的基础,俗话说"只有错买的没有错卖的"。选择一个合适的毛利率是企业维持价格竞争力和保证利润的重要手段,是餐饮职业经理人必须掌握的技能。

内容概述 通过对餐饮成本含义、特征、分类和要素的分析,加深学生对餐饮生产经营活动的基本认知;通过分析和核算菜肴成本,设计餐厅综合毛利率,提高学生对餐饮运营、控制策略的认知。

某餐饮企业餐饮标准成本控制

南京某大型餐饮企业采用标准成本法对餐饮部的成本实施控制。在精确计算的基础上，餐饮企业为餐饮部的每种菜肴确定了标准成本。营业期末，再将餐饮实际成本与标准成本进行比对分析，找差距，分析原因。协助做好成本控制。其具体做法如下。

一、餐饮标准成本的确定

餐饮企业首先制定标准成本卡。这项工作由厨房和财务部共同完成。厨房根据菜单确定每种菜肴的配方和用量，由财务部根据原料价格计算出标准成本的金额。完整的标准成本卡还应该配上菜肴或酒水以及点心的照片。在餐饮经营过程中，由于有顾客零点、宴会、自助餐以及餐饮企业内部公关用餐等多种就餐形式，因此餐饮标准成本的确定方法也有所不同。其中，零点菜肴按照每个品种的标准成本确定，宴会可以按照每套菜单中各种菜肴、点心确定整套菜单的标准成本。自助餐的标准成本不易控制，餐饮企业应先对自助餐投入的菜肴、点心、水果分别计算成本，然后根据顾客就餐人数和消费掉的菜肴数量进行估算，测算出每位就餐顾客的餐饮标准成本近似值。

二、标准成本的计算

该餐饮企业实行了电脑化管理，这为实施标准成本控制带来了便利。餐饮部在实际的经营过程中只需事先将每一种菜肴、酒水、点心的售价和标准成本输入收银电脑系统，在任何时候运用酒店的电脑系统都可以获得各餐厅的销售收入、营业成本、标准成本率等指标的数字报告。但在实际经营过程中，部分餐厅存在如下原因使电脑不能处理得到标准成本。

（1）宴会餐厅餐饮以及零点餐厅中按标准就餐的团队餐和餐饮企业公关用餐的标准和菜单经常变化，故成本也随之变化。

（2）餐厅推出特选、临时性特别菜肴等电脑中无标准成本的品种。

（3）餐厅收银员不能准确地按照货号输入订单菜肴而大量使用电脑中的食品和酒水功能键，使电脑无法按照菜肴品种进行分类统计。这种情况下就需要成本组按照每一张未识别账单后的宴会菜单或餐厅订单进行单独统计，以使各餐厅销售的全部品种都能计算出标准成本。

三、标准成本分析

实施标准成本分析是控制成本的关键。

当月末财务人员将餐饮标准成本计算出来时，其结果与餐饮部实际成本往往差异比较大。这就需要分析造成实际成本与标准成本差异的正常与不正常因素。

造成实际成本与标准成本差异的正常因素如下：

（1）餐饮企业经营过程中向顾客提供的免费欢饮酒水、赠送水果食品等；

（2）免费顾客的餐厅消费；

（3）没有即期收入的餐饮企业内部公关消费和高层管理人员的签单消费；

（4）当期餐饮原料价格与制定标准成本时期餐饮原料价格发生变动。

造成实际成本与标准成本差异的不正常因素如下：

（1）食品、酒水供应储存过程中产生损耗、短少但由当期实际成本承担；

（2）食品初加工过程中出现净料率提高或降低；

（3）食品烹饪加工过程中产生损耗或漏洞，如加工用量不当造成浪费、质量不合格食品不能提供给顾客、跑冒滴漏等；

(4)餐饮销售过程中管理不当造成收入和成本的流失,如不按照订单出菜甚至无订单出菜;

(5)厨房、餐厅经营过程中的合理的综合利用可以降低实际成本消耗,如用鱼头、鸭骨、碎牛肉等做汤,用自助餐厅顾客未用完的水果做沙拉等。

在分析成本构成的基础上,对影响实际成本与标准成本差异的因素进行一一分析,然后和当月实现的营业收入的标准成本进行比较。这个差异反映了餐饮企业餐饮成本控制水平的高低,管理方据此采取相应的管理控制措施。

一位优秀的餐饮职业经理人在企业的生产经营中不仅要会开源,持续扩大销售,而且必须会节流,严格控制餐饮成本。因此餐饮成本核算是餐饮企业成本控制的主要组成部分,也是制定餐厅营销策略的前提与基础。餐饮成本控制涉及餐饮运营的全过程,同时关系到人员组织、采购、加工、烹调、装饰、餐厅销售等生产服务各个环节;涉及原料初加工、半成品加工和成品加工,餐厅销售,平台销售全过程。

毛利率是餐饮营销中非常重要的指标,也是餐饮定价参考价值最大的指标。它反映了餐厅经营的能力,也间接体现了餐饮企业和消费者之间的博弈。设计和维持一个稳定的毛利率是餐饮企业保持价格竞争力、精准定价的基础。

学习任务 1　餐饮成本构成与特点

学习成果前瞻:学习完本任务,你将能全面了解餐饮经营的成本结构,知己知彼,百战不殆。

成本的基本概念:成本是商品经济的价值范畴,是商品价值的组成部分。人们要进行生产经营活动或达到一定的目的,就必须耗费一定的资源(人力、物力和财力),所耗费资源的货币表现及其对象化即成本。成本的构成内容要服从管理的需要,并且随着管理的发展而发展。国家规定成本的构成主要包括以下内容:

①原料、燃料等费用,表现商品生产中已耗费的劳动对象的价值;

②折旧费用,表现商品生产中已耗费的劳动对象的价值;

③工资,表现生产者的必要劳动所创造的价值。

在实际工作中,为了促使企业厉行节约,减少损失,加强企业的经济责任,一些不形成产品价值的损失性支出(如厨房生产中的烹调失败、停工损失等),也被列入产品成本之中。此外,某些应从为社会创造的价值中进行分配的部分(如财产的保险费用等)也应被列入产品成本。

餐饮成本不仅包括传统意义上的各项成本和费用,还包括由于生产加工和管理疏忽所造成的各种利润损失。要控制好餐饮成本,首先需从其构成和类型入手。

一、餐饮成本的构成

餐饮成本的构成要素反映了餐饮成本的构成比例,是进行成本控制的前提和基础。

❶ 餐饮成本要素

(1)原料。

（2）燃料。

（3）厨房物料。

（4）低值易耗品摊销。

（5）员工工资。

（6）相关福利。

（7）水电费用的摊销。

（8）企业管理费。

（9）其他支出。

上述各成本要素依据各餐饮企业的营业性质和接待对象的不同在构成和比例上可能有所不同。

❷ **主要成本要素分析**　在餐饮企业管理中，对主要成本要素的控制往往决定了最终的财务控制目标是否可以实现。而在餐饮成本中最重要的成本是原料成本和人工成本。下面介绍这两种成本。

（1）原料成本。厨房加工的原料一般包括主料、辅料和调料等。原料成本是厨房生产过程中食品和饮料的直接成本。它在所有的餐饮成本中所占比例最高，占餐饮企业收入的比例也最高，据测算，社会餐饮原料的成本率一般在 40%～45%。餐饮企业对原料的成本控制主要体现在批量生产加工上。具体可以体现在以下方面。

①批量加工半成品。某些常用原料可以事先或预先加工成半成品，如用于菜肴制作的肉片、肉丝、牛柳、鱼片等可以先批量滑油备用。

②批量调制调料。有些调料如各种调味汁、高汤可以事先按一定比例调制好备用，这样可以节约人力和时间。

餐饮成本要素占营业收入比例参考表见表 13-1。

表 13-1　餐饮成本要素占营业收入比例参考表

餐饮成本要素	占营业收入比例/（%）
原料	45
厨房物料	3
燃料	3
低值易耗品摊销	2
员工工资	15～20
相关福利	3～5
水电费用的摊销	3
企业管理费	3
其他支出	1

（2）人工成本。人工成本是餐饮企业在生产经营活动过程中耗费的劳动成本的货币表现形式。人工成本一般包括员工工资、相关福利等成本要素，人工成本在餐饮成本要素中的重要性仅次于原料成本，也是餐饮成本中的重要支出。

餐饮职业经理人要善于分配，大材小用会导致成本增加，小材大用会拔苗助长，菜肴质量得不到保证，给餐饮企业带来潜在的质量危机。所以针对厨房岗位的具体要求，遴选员工是餐饮职业经理人必备的能力。对于员工管理，要处理好专业化、细分化和全面化的矛盾。细分化固然可以提高生产效率、降低成本，但是过度细分化会导致员工工作能力下降，在顾客稀少时，出现多名员工服务一位顾客的情况。

二、餐饮成本的类型

餐饮企业中的食品成本、饮料成本、洗涤成本与其他成本一样,可以按多种标准进行分类,分类的目的在于根据不同成本采取不同的控制策略。以下是常用的分类方法。

❶ 固定成本、变动成本和半变动成本

(1)固定成本:不随产品销售量变动而变动的成本。当产品销售量有较大变化时,固定成本的绝对额一般相对稳定。在餐饮企业中,固定员工的工资、设施设备折旧都属于固定成本。这些成本在餐饮企业没有销售量的情况下也会照常发生。

(2)变动成本:随着产品销售量的变动而发生相应变动的成本。当产品销售量增加时,变动成本的绝对额会同方向、成比例地增加;当产品销售量减少时,变动成本的绝对额会同方向、成比例地减少。餐饮企业中的食品成本、饮料成本、洗涤成本等属于变动成本。

(3)半变动成本:随着产品销售量的变动而部分变动的成本,它与产品销售量的变动不完全成比例。半变动成本由固定成本和变动成本两部分组成,如人工总成本、水电费等。以人工总成本为例,厨房员工可分为两类,一类员工属固定员工,另一类员工属临时员工,临时员工人数不确定,随业务量的变动而变动,如学徒、清洁工等。由于第一类员工的工资总额不随业务量的变动而变动,而第二类员工的工资总额随业务量的变动而变动,因此,人工总成本是半变动成本。

❷ 可控成本和不可控成本　从成本管理角度分类,餐饮成本可以分为可控成本和不可控成本。

(1)可控成本:在短期内或通过严格有效管理可以改变其数额的成本。变动成本一般是可控成本。管理人员若变换每份菜的份额,或在原料的采购、验收、储存、生产等环节加强控制,则食品成本会发生变化。大多数半变动成本、某些固定成本也是可控成本。例如,广告和营销费用、大修理费、管理费等都是可控成本。

(2)不可控成本:在短期内或餐饮管理人员通过管理而无法改变的成本。固定成本一般是不可控成本。例如,租金、折旧费用和利息等都是无法立即改变数额的不可控成本。

❸ 单位成本和总成本　单位成本通常是指单位平均成本,如每份菜肴成本、每杯饮料成本。总成本则是单位成本的总和。例如,制作西湖醋鱼,批量为 60 份,60 份西湖醋鱼的总成本为 600 元,则每份西湖醋鱼成本为 10 元。

三、餐饮成本控制的原则与特点

(一)餐饮成本控制应遵循的两个基本原则

❶ 最大化利润　餐饮企业厨房作为一个相对重要的经营生产实体,应该把利润最大化作为首要目标。因此管理者要不断地开拓创新,合理地对生产加工成本进行控制以达到企业利润最大化的目标。

❷ 最大化满意度　顾客是餐饮企业的"衣食父母",成本控制得再有效,如果没能满足顾客需求,一切都是空谈。因此,餐饮成本控制应遵循的第二个基本原则就是要追求顾客的最大化满意度。

上面两个原则缺一不可,除非餐饮企业不以盈利为目的。餐饮企业是在为顾客提供食品和服务时使自身获利的,也就是说餐饮企业与顾客通过交换,让彼此的利益都能得到满足,餐饮企业要有利可图,顾客要觉得物有所值。

(二)餐饮成本控制的特点

❶ 成本管理难度大、泄漏点多　成本泄漏点是指厨房生产活动过程中可能造成成本流失的环节。餐饮成本的大小受经营管理的影响很大。在菜单的计划、食品及饮料的成本控制和前厅销售过程中涉及许多环节:菜单计划—采购—储存—领料—初加工—配菜—烹调—服务销售等。这些环节都有可能造成成本泄漏。

(1)菜单计划和菜品的定价决定烹饪原料的综合利用率,影响顾客对菜品的选择,决定菜品的成本率。

(2)对烹饪原料和酒水饮料的采购、验收控制不严,或采购的价格过高,烹饪原料采购过多会造成浪费,数量不足又影响销售。

(3)采购的烹饪原料不能如数入库,烹饪原料质量不达标,涨发率或净料率不足,都会导致成本提高。

(4)储存和发货控制不力,会引起烹饪原料变质或被偷盗进而造成损失。

(5)对加工和烹调控制不好会影响食品的质量,菜点质量不合格重新加工,引起直接成本增大,还会引发顾客不满,连带导致其他损失。

❷ **调控重点突出,对管理人员要求高**　餐饮成本中,除了一些大型设备的维修费和折旧费之外,大部分成本是原料、燃料、水电等费用。管理者可以直接控制这些成本要素。因此管理者成本控制意识的强弱、成本控制能力的强弱对成本调控至关重要。同时原料的成本调控又与厨师的烹调加工水平息息相关。例如厨师的初加工水平,直接影响到原料的净料率和涨发率。厨师的烹调水平又直接决定了菜品的废品率。

❸ **厨房的成本调控离不开现代化的设备**　厨房的生产加工对设备的依赖性很强。首先,烹调加工标准需要依靠精确的加工工具和测量工具确定。其次,现代化的设备直接影响到厨房员工的操作,与原料的储存、加工与烹调直接相关。设备的运行状态与最终的出品率是息息相关的。因此良好的设备对成本控制十分重要。

行业态势

扫码看彩图

扫码看彩图

餐饮行业主要成本包括原料、租金和人力成本,各细分业态成本结构差异较大(图 13-1、图13-2、表 13-2)。

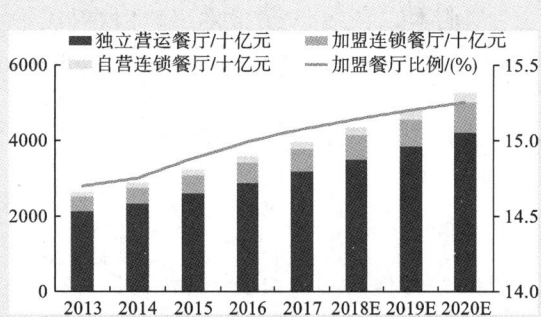

图 13-1　餐饮行业各运营模式收入及比例
资料来源:海底捞招股书、招商证券。

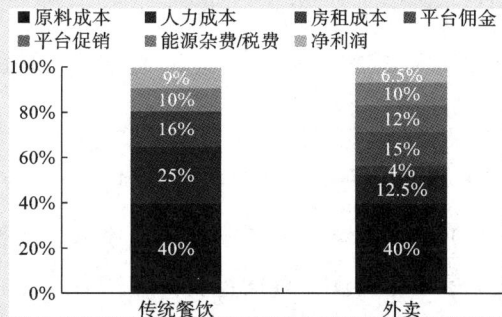

图 13-2　传统餐饮/外卖成本结构
资料来源:众郝创意咨询、招商证券。

表 13-2　餐饮各业态成本结构

项目	正餐	火锅	快餐	团餐	西餐	日料
原料成本/收入	38.26%	37.94%	49.93%	52.44%	36.11%	39.29%
房租及物业/收入	11.31%	12.01%	8.56%	3.44%	11.91%	9.52%
人力成本/收入	23.77%	20.36%	21.22%	25.00%	27.82%	15.78%
能源成本/收入	4.65%	3.34%	5.93%	4.45%	5.45%	2.06%
各项税费/收入	5.04%	4.44%	4.87%	3.52%	4.90%	6.20%

数据来源:招商证券研报。

学习任务 2　菜肴成本核算

学习成果前瞻： 学完本任务，你将能够独立进行菜肴成本核算，为菜肴定价和成本控制打下基础。

一、菜肴成本核算方法

餐饮成本核算是从原料加工开始的，它以单位产品的成本核算和分类原料成本核算为主，目的是为厨房产品配制、烹调制作提供成本和定价依据。原料加工的成本核算方法主要适用于厨房成本核算。由于食品原料的种类不同，原料用途和加工方式不同，其成本核算的具体方法也不同。

（一）一料一档食品原料成本核算

一种原料经过加工处理后只有一种净料，下脚料无法利用，其成本核算是以毛料价值为基础，直接核算净料成本，其核算公式为

$$C = \frac{P \cdot Q}{R}$$

$$r = \frac{R}{Q} \times 100\%$$

式中，C 为净料单位成本；P 为毛料价格；Q 为毛料重量；R 为净料重量；r 为出料率。

【案例 1】

厨房用胡萝卜 25 千克和木耳 8 千克作为原料，胡萝卜进价 0.86 元/千克，木耳进价 98.4 元/千克。经加工处理后，得到胡萝卜净料 21 千克，水发木耳 20.6 千克。请分别确定两种原料的净料单位成本和出料率。

案例分析：

（1）直接代入公式计算两种原料的净料单位成本（设胡萝卜净料单位成本为 C_1，木耳净料单位成本为 C_2）。

$$C_1 = \frac{25 \times 0.86}{21} \approx 1.02\,(元/千克)$$

$$C_2 = \frac{8 \times 98.4}{20.6} \approx 38.21\,(元/千克)$$

（2）直接代入公式计算两种原料的出料率（设胡萝卜出料率为 r_1，木耳出料率为 r_2）。

$$r_1 = \frac{21}{25} \times 100\% = 84\%$$

$$r_2 = \frac{20.6}{8} \times 100\% = 257.5\%$$

（二）一料多档食品原料成本核算

一种原料经加工处理后可以得到两种及以上档次的净料，这时，要分别核算不同档次净料的成本。食品原料加工处理形成不同档次的净料后，各档次净料的价值是不同的。为此，要分别确定不同档次净料的价值比率，然后才能核算其分档净料单位成本。其核算公式为

$$C_j = \frac{P \cdot Q \cdot f_j}{R_j}$$

式中，C_j 为第 j 种分档净料单位成本；P 为毛料价格；Q 为毛料重量；f_j 为第 j 种净料价值比率；R_j 为第 j 种净料重量。

【案例 2】

厨房领取光鸡 75 千克，进价 16.24 元/千克，经加工处理后得到鸡腿 18.6 千克，鸡胸 15.4 千克，鸡翅 12.5 千克，鸡杂 8.6 千克，鸡架、鸡脖 13.6 千克，其余为下脚料，无价值。上述净料价值比率分别为 42.5%、30.6%、12.4%、9.5%和 5%。请核算各档净料单位成本。

案例分析：

直接代入公式计算，设鸡腿净料单位成本为 C_1，鸡胸净料单位成本为 C_2。

$$C_1 = \frac{75 \times 16.24 \times 42.5\%}{18.6} \approx 27.83 (元/千克)$$

$$C_2 = \frac{75 \times 16.24 \times 30.6\%}{15.4} \approx 24.2 (元/千克)$$

以此类推，即可核算出其他各档净料的单位成本。

（三）多料一档食品原料成本核算

多种原料经加工处理后，得到一种净料。这种情况主要适用于批量生产的餐饮产品成本核算。在生产过程中，某些批量生产的餐饮产品，尽管各种原料的加工方式不同，但加工后的原料最终混合成一种净料，这时，厨房只要将各种原料的实际成本汇总，即可核算出混合净料的单位成本。其核算公式为

$$C = \frac{\sum_{i=1}^{i} (P_i \cdot Q_i)}{R_n}$$

式中，C 为混合净料单位成本；P_i 为第 i 种毛料价格；Q_i 为第 i 种毛料重量；R_n 为混合净料重量。

【案例 3】

厨房生产小笼包一批，馅料用量见表 13-3，经加工处理，得到馅料 23.8 千克，请核算馅料单位成本。

表 13-3　产品生产成本记录表

原料	用量/千克	单价/(元/千克)	成本/元	备注
腿肉	15	9.2	138	
肉皮	4	3.6	14.4	
红糖	2.8	2.9	8.12	
麻油	0.5	18.4	9.2	
味精	0.03	98.8	2.96	
胡椒	0.02	64.3	1.29	
生姜	0.3	3.8	1.14	
红醋	0.3	1.4	0.42	
酱油	1.6	1.2	1.92	
其他	—	—	9.80	
合计			187.25	

案例分析：

直接计算单位成本。

$$C = \frac{187.25}{23.8} \approx 7.87(元/千克)$$

（四）多料多档食材成本核算

多种原料经过加工处理后，得到一种以上的净料。这种情况主要适用于餐饮产品的再加工或分类使用。其成本核算方法是先分档核定原料成本再确定净料或半成品价值比率，最后核定分档净料或半成品成本。其核算公式为

$$C_i = \frac{f_j}{R_j} \sum_{i=1}^{i} (P_i \cdot Q_i)$$

式中，P_i 为第 i 种毛料价格；Q_i 为第 i 种毛料重量；f_j 为第 j 档净料的价值比率；R_j 为第 j 档净料的重量。

【案例4】

厨房烹制鸡汤一锅作烹调汤使用。预计可分30份，用料为老母鸡4.8千克，进价11.8元/千克，另用配料一种0.2千克，进价68.4元/千克，其他调料1.85元，烹制后鸡汤作烹调汤使用，鸡肉改作他用，重3.6千克，其价值比率为22.8%，请核定鸡汤和鸡肉的单位成本。

案例分析：

运用公式直接计算（设鸡汤单位成本为 C_1，鸡肉单位成本为 C_2）。

$$C_1 = \frac{(4.8 \times 11.8 + 0.2 \times 68.4 + 1.85) \times (1 - 22.8\%)}{30} \approx 1.86(元/份)$$

$$C_2 = \frac{(4.8 \times 11.8 + 0.2 \times 68.4 + 1.85) \times 22.8\%}{3.6} \approx 4.57(元/千克)$$

【案例5】

厨房每日原料加工成本核算。

某宾馆川菜厨房生产松鼠鳜鱼、清蒸鲥鱼、冬笋仔鸡、锅巴鱿鱼、冬笋牛肉、龙眼蒸包等产品。8月10日，部分原料领用加工情况如下，请核定当日成本。

（1）购进鲜活鳜鱼、鲥鱼，经验收分别为86.5千克和78.4千克，进价分别为62.4元/千克和42.6元/千克。加工处理后得到鳜鱼净料74千克、鲥鱼净料67千克待用，下脚料不能再被使用，请核算两种原料的总成本和净料单位成本。

（2）购进鲜竹笋38.5千克，进价4.8元/千克。领取光鸡64.8千克，毛料价11.6元/千克。经加工处理后得到笋丝、笋片和玉兰片分别为3.8千克、7.4千克和9.6千克。留作烹制冬笋仔鸡、冬笋牛肉、锅巴鱿鱼和鱼香肉丝待用。光鸡经分档取料后得到各档净料重量和市场价资料见表13-4。请核定竹笋和鸡肉分档净料成本。

表13-4　光鸡分档后的各档净料重量和市场价

项目	鸡腿	鸡胸	鸡翅	鸡爪	鸡杂	头脖	合计
净料重量/千克	17.6	14.7	9.4	4.8	3.6	10.9	61.0
市场价/(元/千克)	18.2	16.5	20.4	8.2	18.5	5.6	87.4

（3）当日生产龙眼蒸包领用原料见表13-5。经加工处理后得到馅料60.5千克。烹制出龙眼蒸包94.5千克。请核定龙眼蒸包的馅料和蒸包成本。

表 13-5　龙眼蒸包原料用量、单价及成本

原料	用量/千克	单价/(元/千克)	成本/元	原料	用量/千克	单价/(元/千克)	成本/元
鲜猪肉	15	14.5	217.50	红醋	0.5	4.2	2.10
肉皮	3.5	3.8	13.30	味精	0.4	25.8	10.32
大葱	28	2.1	58.80	腿肉	2.8	15.8	44.24
红糖	1.8	4.9	8.82	生姜	0.8	4.8	3.84
酱油	1.6	4.2	6.72	麻油	1.2	29.8	35.76
虾仁	4.5	21.5	96.75	鸡蛋	2.4	5.4	12.96
其他	少许	—	16.54	面粉	138	2.4	331.20

（4）当日购进甲鱼4只，验收每只平均1.5千克，进价148元/千克。同时领取人参0.6千克，龟片0.3千克，烹制参龟甲鱼汤。人参与龟片进价分别为158元/千克和128元/千克。经加工处理后，厨房当日售出参龟甲鱼汤4份，甲鱼汤再烹制鼋鱼鸡片18份，同时耗用配料28.4元。参龟甲鱼汤的价值比率为68.5%，请核定两种菜点成本。

案例分析：

根据厨房领料与加工情况，在不考虑其他因素的条件下，分别核定8月10日厨房成本如下。

（1）按题目条件直接核定鳜鱼、鲥鱼成本：

$$鳜鱼、鲥鱼总成本 = 86.5 \times 62.4 + 78.4 \times 42.6 = 8737.44（元）$$

$$鳜鱼净料单位成本 = \frac{86.5 \times 62.4}{74} \approx 72.94（元/千克）$$

$$鲥鱼净料单位成本 = \frac{78.4 \times 42.6}{67} \approx 49.85（元/千克）$$

（2）根据竹笋领料加工和光鸡分档取料，分别核定两种原料的总成本和单位成本如下：

$$当日竹笋总成本 = 38.5 \times 4.8 = 184.8（元）$$

$$笋丝、笋片、玉兰片单位成本 = \frac{184.8}{3.8 + 7.4 + 9.6} \approx 8.88（元/千克）$$

$$光鸡总成本 = 64.8 \times 11.6 = 751.68（元）$$

光鸡分档净料单位成本核算如下：

$$鸡腿 = \frac{751.68 \times \frac{18.2}{87.4}}{17.6} \approx 8.89（元/千克）$$

$$鸡胸 = \frac{751.68 \times \frac{16.5}{87.4}}{14.7} \approx 9.65（元/千克）$$

$$鸡翅 = \frac{751.68 \times \frac{20.4}{87.4}}{9.4} \approx 18.66（元/千克）$$

其余各档净料单位成本核定方法相同。

（3）核算龙眼蒸包的馅料和蒸包成本如下：

$$馅料总成本 = \sum 表中除面粉外各项成本 = 527.65（元）$$

$$馅料单位成本 = \frac{527.65}{60.5} \approx 8.72（元/千克）$$

$$蒸包单位成本 = \frac{527.65 + 331.20}{94.5} \approx 9.09（元/千克）$$

(4)核算参龟甲鱼汤和鼋鱼鸡片成本如下：

两种菜点原料总成本＝1.5×4×148＋0.6×158＋0.3×128＋28.4＝1049.6(元)

$$参龟甲鱼汤单位成本＝\frac{(1.5×4×148＋0.6×158＋0.3×128)×68.5\%}{4}≈174.88(元/份)$$

$$鼋鱼鸡片单位成本＝\frac{(1.5×4×148＋0.6×158＋0.3×128)×(1-68.5\%)＋28.4}{18}≈19.45(元/份)$$

(5)在不考虑其他因素的条件下，核算当日总成本如下：

当日总成本＝8737.44＋184.8＋751.68＋527.65＋331.20＋1049.6＝11582.37(元)

二、标准成本确定方法

标准成本是通过精确的调查、分析与技术测定制定的，用来评价实际成本、衡量工作效率的一种预计成本。采用标准成本法不仅能有效控制厨房食品生产成本，而且能增强企业的计划与经营控制，方便产品成本计算，同时提高业绩评价的准确性。采用标准成本法控制厨房生产食品原料成本，厨房管理者必须在目标食品成本率确定的情况下，制定出每种菜肴、面点或整桌宴席(套餐)的标准成本，以规范厨师在菜品生产作业中的原料使用，利于厨房生产成本的控制。标准成本的制定实际上在厨房生产中是和标准菜谱的制定紧密联系在一起的，标准菜谱对每份成品的配料、配料量和原料单价都做出了规定，就可以计算出每份成品菜点的原料标准成本。对厨师在配份方面的规范，可以防止厨师盲目投料，既可以杜绝原料损失浪费，控制原料成本，又可以保证成品质量。

(一)制定单份菜点标准成本并严格执行

确定每份菜点标准成本的前提条件是确定每份菜点的量。每份菜点的量就是标准菜谱生产批量除以份数，如果某批菜点的生产总量为10000克，共20份，则每份菜点的量为500克。每份菜点的量是确定每份菜点标准成本的基础，也是厨房生产成本控制的关键环节。

应在制定标准菜谱时说明如何确定每份菜点的量。如果同一种菜点的每份菜点的量相同，那么不仅每份菜点的成本相同，而且可使顾客得到同样的价值。一旦每份菜点的量得到确定，厨师在实际操作时的每次配菜和装盘，为了投料准确必须使用量勺、量杯等分量控制工具。每个岗位的厨房员工还必须了解每份菜点的量。在厨房里，应张贴各种标准菜谱所规定的每份菜点的量表，以便厨师随时对照执行，严格按每份菜点的标准分量、标准成本执行。

标准菜谱确定之后，每份菜点的标准成本就可以根据标准菜量计算出来。每份菜点的标准成本是指生产每份菜点所耗费的食品原料成本。厨房管理人员可根据不同的菜点确定每份菜点的标准成本。

❶ **确定标准成本的方法**　公式计算法。

大多数菜点的每份菜点标准成本的确定是相当简单的，厨房管理人员可使用下列公式进行计算：

每份菜点标准成本＝原料的单位进价÷单位食品原料可生产菜点的份数

不少厨房购买由供货单位加工切配好的食品原料，其中包括主料、辅料和调料，这类原料的包装上通常注明装有的菜点份数，厨房管理人员只需用单位进价除以份数，即可求出每份菜点的标准成本。

❷ **投料成本卡**　厨房管理人员也可根据标准菜谱确定各种菜点的每份菜点标准成本。

根据标准菜谱生产，可批量制作菜点。厨房管理人员可用标准菜谱的总生产成本除以份数，求出每份菜点标准成本。厨房管理用投料成本卡示例见表13-6。

表 13-6 厨房管理用投料成本卡示例

菜肴名称:宫保鸡丁		标准售价:8.4 元/份				
产量:5 份		标准成本:4.17 元/份				
日期:××××.××.××		标准成本率:50%				
项目	鸡脯肉	花生米	干辣椒	调料	……	合计
用量/千克	1.5	0.15	0.01	0.15	……	
单价/(元/千克)	12	8	15	10	……	
成本/元	18	1.2	0.15	1.5	……	

　　计算各种原料的成本之和,厨房管理人员即可确定某一标准菜谱的总成本,再用这个总成本除以份数,即可求出每份菜点标准成本。只要厨房员工能按照标准量投放和使用原料,在市场价格稳定的条件下采购各种食品原料,且没有浪费,这样计算出的标准成本就是每份标准分量菜点的生产成本。

　　各种原料的市场供应价格会发生变化,因此,厨房管理人员应随时调整菜点的标准成本。厨房管理人员应根据市场情况,并考虑到厨房员工的时间和精力,决定应多久计算一次。

　　(二)成套菜点标准成本的确定

　　成套菜点包括餐厅设计的套餐、团队餐和完整的宴席菜点菜单。餐厅通常需按每套菜单计算成本、制定销售价格。表 13-7 即是 88 元 2 人用虾仁套餐标准成本计算表。

表 13-7 88 元 2 人用虾仁套餐标准成本计算表

菜点名称	分量/克	每份成本/元	份数	合计成本/元
沙拉	150	2	2	4
清炒虾仁	200	5	2	10
软炸鸡	100	3	2	6
烧四宝	200	4	2	8
炒西蓝花	150	4	2	8
三鲜汤	500	3	2	6
香米饭	100	1	2	2
合计	1400	—	14	44

学习任务 3　综合销售毛利率与毛利提升

　　学习成果前瞻:学完本任务,你将能以店长视角对每日、每周等一段时间的经营毛利率情况进行监控和复盘,能及时找到毛利率失控的原因和补救措施。

一、毛利与毛利率

　　毛利是餐厅中非常重要的一个经营管理评估指标,餐厅的毛利越高,相对利润就越高,餐厅的毛利越低,相对利润就越低。

常用原料净料率参照表

毛利是指收入和与收入相对应的原料成本的差额,公式为

$$毛利＝营业收入－直接成本$$

毛利率是毛利与销售收入(或营业收入)的百分比,公式为

$$毛利率＝(毛利/营业收入)\times100\%＝[(营业收入－直接成本)/营业收入]\times100\%$$

$$单个菜点的毛利率＝[(单个菜点的价格－原料成本)/单个菜点的价格]\times100\%$$

$$餐厅的综合毛利率＝\sum(单个菜点的毛利率\times单个菜点的销售百分比)$$

从构成上看,毛利是营业收入与直接成本的差额,但实际上这种理解将毛利的概念本末倒置了,其实,毛利反映的是一个产品经过内部生产转换系统以后增值的那一部分。也就是说,增值的部分越多,毛利自然就越高。比如产品通过烹饪加工和差异性设计,对比竞争对手增加了一些风味和审美,而边际价格的增加又为正值,这时毛利也就增加了。

毛利和毛利率是衡量餐厅经营情况的指标,简单来说,毛利是产品的经销差价,也就是产品的进货价和销售价之间的差价。例如,一份土豆丝成本价是 5 元,售价是 20 元,那么它的毛利就是 20－5＝15(元)。毛利不是门店的净利润,它是某个产品或所有产品的直接成本和营业收入之间的粗放利润,也叫作毛利润,房租、人工、水电等相关费用并没有计算在内。

在餐厅,毛利包括单品毛利、食材毛利和酒水毛利等。单品毛利就是单个菜品的毛利,食材毛利就是所有菜品的毛利,酒水毛利就是所有酒水饮料的毛利,这些毛利可以分开计算,也可以整体计算。很多餐厅对毛利的计算方法很简单,用本月营业额减去本月所有食材成本就计算出本月毛利,比如一个月营业额为 50 万元,这个月进货花费 20 万元,那么毛利就是 30 万元。我们都很清楚,这个营业额并不全是菜品销售得到的,还有酒水销售,可能还有其他收入并入了这个营业额中,因此这样算出的毛利是不准确的。同时,我们只知道所有原料的毛利,并不知道个别产品的毛利甚至某一类产品的毛利。

毛利占营业收入的比例就是毛利率。

例如,一条鱼的成本为 5 元,售价为 15 元,那么毛利就是 10 元,毛利率就是毛利除以售价乘以 100\%,即$(10\div15)\times100\%\approx66.67\%$。这里考虑的只是鱼的直接成本,除了这些成本,制作菜品用到的葱姜蒜和调料这些相关成本也是要计算进去的。我们可以理解为一条鱼的进货价是 4 元,其他的相关原料(如葱姜蒜和调料)加起来是 1 元,那么总成本就是 5 元,这就是这道菜的成本。所以一道菜的成本是所有的主料加上辅料、调料的成本。

综合毛利率的计算要考虑单个菜品的毛利率和销售百分比。

【场景一】　餐厅经营的一日复盘

【案例 6】

某餐厅某日销售情况如表 13-8 所示,计算当天综合毛利率。

表 13-8　某餐厅某日销售情况

菜单品种	销售单价/(元/份)	销售量/份	毛利率/(%)
酸辣鱼翅	48	25	78.05
清蒸大闸蟹	68	58	58.26
炝炒时蔬	18	46	68.48
香酥糯米鸭	38	32	74.16
山珍海味盅	48	28	66.23
铁板鳝段	28	18	60.14
合计	—	207	—

综合毛利率计算如下（表 13-9）：

表 13-9　综合毛利率计算

菜单品种	销售单价/(元/份)	销售量/份	销售收入/元	销售百分比/(%)	毛利率/(%)	毛利贡献/(%)
酸辣鱼翅	48	25	1200.00	13.28	78.05	10.37
清蒸大闸蟹	68	58	3944.00	43.65	58.26	25.43
炝炒时蔬	18	46	828.00	9.16	68.48	6.27
香酥糯米鸭	38	32	1216.00	13.46	74.16	9.98
山珍海味盅	48	28	1344.00	14.87	66.23	9.85
铁板鳝段	28	18	504.00	5.58	60.14	3.36
合计	—	207	9036.00	100.00	—	65.26

二、毛利和毛利率的认知

（1）厨房毛利率的高低决定了餐厅的盈利能力，因此一般来说，餐厅的毛利率越低，则餐厅盈利能力越差。假设一个月的营业额是 50 万元，如果毛利率下降一个百分点，则少赚 5000 元。

（2）毛利率并不是越高越好。如果毛利率特别高，可能会让顾客觉得很不划算，性价比很低，因此餐厅需要在顾客感受和餐厅盈利之间找到一个平衡，通常餐厅的毛利率范围是 58%～70%。如果一条鱼的进价是 5 元，经过加工后卖 15 元，那么它的毛利率还算适中。如果想让它的毛利率更高，通常有两个办法。第一个办法是降低成本，改用 3 元的鱼，还是卖到 15 元，这样毛利和毛利率肯定会更高，可是 3 元的鱼卖到 15 元，顾客会不会觉得不划算？这是我们需要思考的问题。第二个办法是提高售价，将进价 5 元的鱼卖到 18 元，这样毛利就变成了 13 元，毛利率当然也更高，可是顾客会觉得划算吗？所以毛利率应该有一个适当的范围。但要注意，这个范围指的是整个餐厅的毛利率范围，而不是某一道菜的毛利率范围。餐厅中的某一道菜的毛利率可以很低，低到 20% 都有可能，但是个别菜的毛利率可能很高，例如，饮品和汤菜的毛利率可能高达 80% 甚至 90%。不同类型餐厅的毛利率是不一样的。

（3）有些产品的毛利率高，但是毛利不一定高，有些产品毛利高，但毛利率不一定高。例如，成本为 3 元的一道素菜，卖 15 元，毛利为 12 元，毛利率为 80%；而一道成本为 20 元的荤菜，卖 50 元，虽然毛利率只有 60%，但是它的毛利高达 30 元。通常情况下，餐厅在进行综合计算时要看毛利率，而在计算单品的时候要看毛利。

（4）餐厅毛利率的高低既与成本的控制好坏有关，也与餐厅的销售收入有关，因为收入减成本等于毛利。同时，餐厅的销售收入与自身的促销活动有关，最终还是要看实际到手的收入，而不是看虚收。虚收也叫作应收，它有可能很高，但是当打折 10%、15% 时，也就意味着餐厅的实际毛利率其实可能是下降的。

（5）毛利率并不是一成不变的，而是在一个范围内波动的，凉菜的毛利率范围可能是 65%～80%，热菜的毛利率范围可能是 55%～65%，不同的品类有不同的毛利率范围，菜品的标准毛利率只能作为参考，不能作为最终衡量一家门店盈利能力的标准，因为通常进货量越大，某种菜品的毛利率就会相对越低。比如在上面的案例中，一条鱼的进货价是 5 元，卖 15 元，其毛利率就是 66.67%，但这个毛利率并不能作为鱼类菜品毛利率的标准，只能作为参考，所以我们把它叫作标准毛利率。因为当进 1000 条鱼的时候，成本达到 5000 元，但这并不意味着你可以卖到 15000 元，这中间会有多种问题制约标准毛利率的达成，比如当你买 1000 条鱼的时候，难免会有一些死亡的鱼，也可能会由于技术不熟练导致产品有问题不能销售，所以损坏、技术不熟练、烹饪不合理，这些都会造成成本的损失。也许今天做促销买一条送一条，成本虽然是 5 元，但是实际每条相当于只卖 7.5 元，这些都有可能使毛利率无法达到标准。

三、如何提升销售毛利率

要想在日常工作中提升毛利，餐厅管理者需要熟悉餐厅生产销售的基本流程。一般来说，整个餐厅生产销售的基本流程如下所述。

（一）采购环节

在采购过程中，相关人员要特别注意原料的成本和规格。规格就是在采购时对原料相关标准的要求，比如选土豆时，不能选那些大小相差比较大、形状奇特的土豆，因为这样的土豆加工生产起来有可能会产生浪费。

（二）加工环节

加工环节包括粗加工（即去皮、去根、去老叶），以及切削分割成块状、片状等。相关人员还需对经过粗加工的原料进行常温保存，对经过精加工的原料装保鲜盒或装筐，放在保鲜冷柜中进行管理，这是加工之后的管理过程。

（三）配菜环节

这是非常重要的一个环节，所有的原料都应该过秤，提前用电子秤称好，然后进行加工，如果配菜过程中没有做好这些工作，产生原料浪费的可能性就会增加。

（四）烹饪环节

在烹饪环节，要考虑两个很重要的问题。一是烹饪技法，就是烹饪的方法，是先煎还是先炸，是先烤还是先卤，烹饪技法决定菜品的成功率和口感的好坏，如果烹饪做得不好，则会导致顾客投诉。二是熟练度，烹饪菜品的速度、稳定性也会影响菜品的毛利率。

（五）销售环节

餐厅会在销售的过程中做一些营销活动，比如买一送一、买二送一、第二份半价等，有时餐厅也可能因为应对顾客投诉而给予打折处理，所以这个环节经常会损失毛利。

一般来说，采购环节对毛利率的影响比例大约为 10%，加工环节和库存环节对毛利率的影响比例大约为 50%，配菜环节对毛利率的影响比例大约为 20%，烹饪环节对毛利率的影响比例大约为 10%，销售环节对毛利率的影响比例大约为 10%。

综合来看，对餐厅整体毛利率影响最大的是加工和配菜这两个环节，这两个环节对毛利率的影响比例达到约 70% 甚至更高，所以餐厅管理者应严抓加工和配菜流程。

那么，对于这些影响毛利率的环节，餐厅管理者应如何管控呢？

在采购环节，餐厅管理者首先要注意采购比价和供应商的结算方式。采购人员可按月或按半月确定一次采购价格，在确定采购价格前一定要去市场上比一比价格，了解市场情况，不要只是依靠一个市场或一个供货商，无底线地相信其价格。供应商的结算方式也很重要，结算方式包括按天结算、按周结算、按月结算、按季度结算等，选择哪种结算方式也影响着餐厅的采购成本。其次，应制定原料的采购标准及收验货的要求。各类原料都应该有相应的采购标准，比如什么样的土豆不能买，什么样的鱼不能买，这就是原料采购标准；制定收验货要求就是确定什么样的货能收，什么样的货不能收。在货品没有进厨房之前，餐厅不需要承担成本，但是一旦相关人员验收并签字确认，餐厅就需要承担成本了，验收后再发现问题就会影响餐厅的毛利。

在加工环节，餐厅管理者需要注意以下三点。

（1）明确加工标准。任何食材的加工都应该有标准，比如食材的出成率是多少，必要的时候要对出成率进行检查。假设芹菜的出成率要求达到 70％，那么就需要在相关人员加工当天采购的 10 斤（1 斤为 500 克）芹菜后对其进行称量，如果称量只有 6 斤，那就表示加工环节损失了 1 斤芹菜，这就是对加工环节的标准出成率的评估。

（2）明确库存管理标准和储存管理标准。储存管理标准就是对冰柜、冻库、货架上的每一件货品的管理标准，比如哪些货品要装箱，哪些要装瓶，哪些要加膜，哪些要加盖，保存期限是多久等。若不明确储存管理标准，就会导致食品安全问题的产生，以及造成食材浪费。

（3）一定要加强相关人员的刀功练习。刀功在粗加工和精加工的环节非常重要，刀功好，对原料的切制精度就高。

在配菜环节，每一道菜都要过秤。假如一道菜品有四种原料，则每一种原料都应该过秤。凉菜的原料更要过秤，因为凉菜的制作不只包括每道菜的原料，也包括里面的汁水、酱料等，这些都需要过秤。

在烹饪环节，要使厨师加强对菜品烹饪流程和标准的掌握。利用产品标准操作流程（SOP）对产品烹饪标准进行规范和约束是非常重要的，无论是做面点还是炒菜，都必须遵守每道产品烹饪环节中的标准和流程管控。另外，厨师长一定要抽查菜品的品质，高峰期厨师长一定要在新手的身边检查其做出的成品的质量，或者在出菜口跟进产品的品质。

在销售环节，餐厅管理者首先要注意营销工作的执行，确保不超额也不超标。其次，一定要控制退菜和顾客投诉的次数，并对问题进行分析，以减少销售端不应该产生的浪费和损失。餐厅管理者可以使用毛利管控要点表对门店的毛利进行管控，以提升管控效率。

毛利管控要点表

课后实训

实训活动 1：以小组为单位，联系实训基地门店，根据一天的营业情况，计算餐厅当日综合毛利率。并对该门店的盈利能力做出分析。

实训活动 2：问题反思。综合毛利率和实际毛利率如果有差别，说明了什么情况？

实训活动 3：西餐厅厨房制作牛肉基础汤一锅作烹调汤使用。预计可分 20 份，用料为牛肉 10 千克，毛值 75 元/千克，另用配料蔬菜 4 种共 2 千克，综合进价 15 元/千克，其他调料 22 元，烹制后牛肉汤作烹调汤使用，牛肉改做肉松，重 7.5 千克，其价值比率为 35.5％，请核定牛肉汤和肉松的单位成本。

产品的定价管理

扫码看课件

教学视频

学习目标

知识目标　掌握餐饮产品的价格构成,掌握餐饮产品定价原则,掌握毛利率定价法。了解餐饮自助餐的定价方法,了解监控价格变动的方法,理解价格调整的程序和方法。

技能目标　能够选择合适的毛利率给餐饮产品定价,能够运用价格弹性系数监控价格调整的市场反馈,能够根据需要给相应餐饮产品调整价格。

思政育人目标　培养敬业精神和责任感,塑造运营利润观和营销全局观。

课程思政

大别山上的鱼

"我是中国人民的儿子,我深情地爱着我的祖国和人民。"这句话是邓小平说的,他也是这样做的。

1948年2月,正是农历春节时期,许多战士来自农村,对于春节还是非常重视的,大家自然而然地想到了改善生活。在老根据地时,不管条件如何艰苦,大家都想尽量改善一下生活,搞些娱乐活动。如今长期在紧张和艰苦的条件下战斗与生活,又逢春节时期的几天短暂休息,同志们想到改善生活不足为奇。战士们买了两头猪,准备吃一顿饺子,同志们有的去池塘捉鱼,有的去河塘捉虾,有的砍柴,有的采黑木耳。大别山区地势险要,物资供给困难,不仅粮食稀缺,工具也很稀少,常言道"工欲善其事,必先利其器",同志们在捉鱼的时候用的只是仅有的简陋工具,忙活了半天才捉到几条鱼,收获甚微。部队上人很多,这样的效率显然太低,没有办法满足所有战士。但部队里总有几个人是点子多的,看到战友们捉鱼实在不易,有位同志便联想到司马光砸缸的故事,出主意放掉池塘里的水,在水的流口处阻拦就可以直接捉鱼。主意一出就得到了大家的一致赞同,于是大家这样做了。经过放水直接捉鱼确实收获不小,一下子弄到几百斤鱼,战士们很开心。正在战士们欢呼雀跃之时,邓小平从山坡上走了下来,看着欢乐场面,首先表扬了他们在艰苦条件下保持乐观的精神状态,然后严肃地指出,池塘的水是给群众备旱用的,你们这般竭泽而渔贪图眼前,损害了群众的利益,要把关心群众冷暖、解决群众困难当作最大的事来办。凡事都要从实际出发,正确地对待和处理事情。经过邓小平这一番指点,大家都后悔不及,水已经流走不可挽回了,但事后同志们向群众道歉,并赔偿了损失。为此邓小平还亲自起草了一个通知下发给所属部队,号召全体指战员留心照顾群众的利益,不能竭泽而渔。

邓小平深知只有具备钢铁般的纪律,我们的军队才能战胜困难取得胜利,但这并不意味着邓小平不关心同志们。

导读

学习目的、意义　餐饮定价是餐饮企业营收变现的重要一环,企业的成本、费用、利润等要素通通要在价格中得以体现,同时价格还是区分市场、进行市场竞争、进行成本控制的重要手段。

内容概述　讲解餐饮产品价格的特点和构成,使学生了解产品价格管理的原则。介绍制定价格的方法以及调整价格的方法,借助指标监控价格波动的市场反馈。

导入案例

菜单定价"271 法则"

"271 法则"是指菜单中三种菜品的分配比例,分别是爆款菜品占比 20%、常规菜品占比 70%、引流菜品占比 10%。

1. 爆款菜品占比 20%,毛利率定在 70%以上　爆款菜品可以帮助门店形成品牌认知,驱动顾客下单消费,是餐饮门店的特色体现,是餐厅留给顾客的记忆点,是餐饮门店的销量主力,也是盈利主力,数据显示,成功的爆款菜品可以为门店带来 50%的营收。餐饮门店的爆款菜品需要具备 3 个特征:第一,点单率高,有客户需求基础,销量排名前五;第二,口味稳定好吃,供应链稳定,口碑好,"颜值与实力并存",是品牌的传播利器,可以撬动品牌传播的势能,帮助品牌掌握品类竞争的话语权;第三,毛利率高,一般控制在 70%以上。

爆款菜品是餐饮门店创收过程中人气最旺、成交量最高的几款菜品,但是如果仅仅是卖得好、销量高,但利润太低,那么这样的爆款菜品的价值就大打折扣。

2. 常规菜品占比 70%,毛利率定在 50%~70%　顾客去餐厅吃饭不可能只点爆款菜品,还需要从常规菜品中挑出几款去做搭配。常规菜品的毛利率可以定在 50%~70%。具体可以通过评估门店在同一商圈同一品类中的话语权来确定,通常高于餐厅的综合毛利率。常规菜品占比最大,因此在菜单设计中,一定要对常规菜品进行整理,使其分门别类地出现在菜单相应的版块中。西餐比较简单:前菜、主食、汤、点心之类。中餐比西餐复杂得多,分类也是五花八门,中餐有三种基本分类方式:按食材分类,按烹饪方式分类,按场景分类。分类的终极目的是让顾客更快地接收到菜品传达的信息,更容易、更快地选择菜品,提高点单效率,优化顾客体验,增加翻台率,最终增加门店业绩。

3. 引流菜品占比 10%,毛利率定在 30%以下　10%的引流菜品主要用来作为活动专供款,引流菜品可以微利,也可以不赚钱,可以通过市场类比定价法确定引流菜品的定价。只要比市场主流定价低一些即可,引流菜品定价最终要达到的目的是让顾客看一眼就会觉得这个店非常良心实惠,先入为主,从而获取顾客的好感,极大地增大顾客进店的概率。试想一下,如果一家门店的菜单上土豆丝写着 8 元,做得还挺好吃,而其他门店的价格基本在 12 元左右,还有一部分的价格在 16 元左右,那顾客就会觉得这家门店很便宜,店内其他菜品也高不到哪里去。特殊情况下,比如商圈内同品类竞争非常激烈,此时门店可以考虑用"田忌赛马"的原则,把竞争对手的主打菜品做成自己的引流菜品,以此摧毁竞争对手的盈利模型。

本案例选自餐饮树商学院 2023 年 4 月 28 日公众号文。

学习成果前瞻：学习完本任务，你将能全面了解餐饮产品的价格构成，了解餐饮产品定价的原则与程序。

一、餐饮产品的价格构成

任何产品的价格都是以价值为基础的，餐饮产品的价格也不例外。餐饮产品的价值一般由三个部分构成：一是生产资料转移的价值，它以食品原料价值、设备设施、家具用具、餐具布件和水电油气消耗价值为主；二是劳动力价值，即劳动报酬，包括劳动者的工资及其附加值、劳保福利和奖金等；三是税金利润，即以税金和利润为主要形式的公共积累和企业再生产资金积累。

餐饮产品的价格构成与其价值是相适应的，在价值向价格转化的过程中，食品原料价值转化为产品成本，生产加工和销售服务过程中的设施设备、家具用具、餐具布件、水电油气消耗、工资及其附加值等转化为流通费用。产品成本和经营费用构成餐饮企业的经营成本。企业积累以税金的形式上交国家，剩余部分为利润。由此可见，餐饮产品价格是由原料成本、经营费用、税金和利润四个部分构成的，其公式为

$$餐饮产品价格＝原料成本＋经营费用＋税金＋利润$$

在餐饮企业经营过程中，人们习惯将价格中的经营费用、税金、利润三者之和称为毛利，这样，餐饮产品价格的计算公式可简化为

$$餐饮产品价格＝原料成本＋毛利$$

二、餐饮产品定价原则与程序

（一）餐饮产品定价原则

餐饮产品定价是餐饮企业经营的重要工作内容，是一项严肃、认真的事情，在进行具体餐饮产品定价时应遵循以下五项原则：

（1）按质论价，分清优劣；

（2）适应市场，反映供求关系；

（3）既相对稳定，又灵活可变；

（4）自我调节，以利竞争；

（5）执行国家政策，接受物价部门的督导。

（二）餐饮产品定价程序

❶　确定市场需求　餐饮产品定价必须以市场需求为前提。只有在做好市场调查，判定某种风味、某类产品的市场需求量及需求程度、预测消费者对产品价格的反应之后，才能合理地制定出餐饮产品的销售价格。

❷　确定定价目标

（1）市场导向目标，即以增加市场份额为中心，采用市场渗透策略定价，逐步扩大市场占有率，吸引回头客，以形成稳定的客源市场。

（2）利润导向目标，即以经营利润作为定价目标，一般采用声望定价策略进行定价。经营者根据利润目标，预测经营期内将涉及的经营成本和费用，计算出完成利润目标必须完成的收入指标。计

算方法为

$$营业收入指标＝目标利润＋原料成本＋经营费用＋税金$$

根据目标利润计算出的顾客平均消费额指标应与客源市场的需求和顾客愿意支付的价格水平相协调。在确定目标顾客平均消费额指标后,就可以根据各类餐饮产品所占营业收入的比例来确定其大概的价格范围。

(3)成本导向目标,即以降低、准确控制成本为核心,采用薄利多销的策略进行定价。

(4)竞争导向目标,即以积极态势参与市场竞争,以增强企业产品竞争力为中心制定餐饮产品价格。一般确定以竞争导向目标定价有两种情况:一是新开张或地理位置较偏僻,知名度不高的餐饮企业,为了吸引顾客或为了扩大知名度,餐饮产品价格制定得相对较低;二是在激烈的竞争中为了保持或扩大市场占有率,通过较低的价格来争取客源。以竞争导向目标定价可能会造成餐饮经营的表面繁荣,而实际获利较少,甚至不能产生利润。

(5)享受导向目标,即以满足顾客物质和精神享受为重点,采用高价促销策略定价。采用这种策略定价的餐饮企业一般档次较高,并且有固定的消费水平较高的客源,餐厅装潢、餐饮产品以及服务等都追求尽善尽美,给人以豪华典雅、舒适愉悦之感,甚至一些餐厅还增加一些娱乐节目为就餐的顾客助兴,使顾客得到物质和精神等多方面的享受。

❸ **计算餐饮产品成本**　餐饮产品的价格受其成本的影响很大,成本是影响餐饮产品价格的重要因素。餐饮产品价格主要以单位产品成本为基础来制定,因此,在确定餐饮产品价格之前必须先进行餐饮产品成本的核算,分析餐饮产品成本、费用水平,掌握餐饮经营赢利点的高低,以便为制定餐饮产品价格提供客观依据。

餐饮产品成本的构成通常以生产餐饮产品的净主料的价格为基础,加上辅料和调料,定价时综合考虑餐饮企业总体利润水平要求和各项费用指标,再确定餐饮产品的销售价格。其公式如下:

$$单位原料成本＝\frac{毛料价}{净料率}×单位用量$$

$$产品成本＝\sum\left(\frac{毛料价}{净料率}×单件产品用量\right)$$

❹ **分析和比较竞争对手的价格**　在餐饮经营过程中,分析和比较同行竞争对手的同类产品的价格对提高本企业产品的竞争力有十分重要的作用。分析过程中一般以选择规模和档次与本饭店、餐厅相仿的竞争对手为主,分析和比较其产品的规格、同类产品的质量水平和价格尺度,然后根据分析和比较的结果选择相应的定价策略。

可根据竞争对手价格分析的结果,采用几种不同的定价策略。一是随行就市,即不考虑与对手竞争的因素,而是根据市场行情进行定价,这样既可以保证企业应有的经济效益,也不会因为价格过高或过低而影响本企业的客源。二是按高于竞争对手的价格定价,即在确保产品质量和服务质量等优于竞争对手的前提下,采用高于竞争对手的销售价格进行定价,一方面表明自己的经营信心,另一方面可以向顾客传递优质优价的信息,吸引一批有消费能力、追求高档次享受的顾客,但采用这种定价策略也可能会丧失一部分消费能力不高的客源。三是采用低价竞争策略,即按低于同档次餐饮企业的价格定价,通过低廉的价格与竞争对手争夺客源,迅速占领市场,但采用这种定价策略时可能会损失一部分企业利益。采用第三种策略时要注意,虽然低价,但不能低质,否则会很快失去应有的市场份额。具体采用哪种定价策略,还需要根据餐饮企业自身的经营思想和实际情况来确定。

❺ **制定合理的毛利率标准**　餐饮产品的价格还要根据餐饮产品的成本和毛利率来制定。毛利率的高低直接影响餐饮产品的价格高低。因此,餐饮产品正式定价前还必须制定合理的毛利率标准,餐饮产品的毛利率标准有分类毛利率和综合毛利率两种。

(1)分类毛利率,即某一类产品的毛利率占该类产品销售额或原料成本的比例。其表现形式有销售毛利率(又称内扣毛利率)和成本毛利率(又称外加毛利率)两种。销售毛利率是以销售额为基础制定的毛利率,成本毛利率是以原料成本为基础制定的毛利率。它们是制定餐饮产品价格的主要依据,计算公式为

$$销售毛利率=\frac{销售额-原料成本}{销售额}\times100\%$$

$$成本毛利率=\frac{销售额-原料成本}{原料成本}\times100\%$$

一般情况下,毛利率指的是销售毛利率,但一些厨房部门会用成本毛利率来制定价格,两种毛利率的换算如下:

$$r=\frac{f}{1+f}$$

$$f=\frac{r}{1-r}$$

式中,r 为销售毛利率;f 为成本毛利率。

(2)综合毛利率,即餐饮产品的平均毛利率,它是餐饮产品毛利总额占其销售总额或原料成本总额的比例(销售毛利率、成本毛利率两种形式)。它的作用是控制餐饮企业产品的总体价格水平。其表现形式也有两种,计算公式与分类毛利率相似,但其数值是以餐饮企业全部餐饮产品销售额和成本额为基础的。

分类毛利率和综合毛利率的关系是相辅相成的。分类毛利率是形成综合毛利率的基础,综合毛利率则对分类毛利率起总体监控作用。综合毛利率是在各种分类毛利率和各类餐饮产品经营比重的基础上确定的。

❻ **确定定价方法** 确定定价方法是餐饮产品定价工作的最终环节。由于定价目标不同,市场竞争形势不同,餐饮企业的定价方法也不完全一样。

在综合考虑上述因素之后,定价方法可以有以下三种选择:一是以成本为中心,二是以利润为中心,三是以竞争为中心。任何一家餐饮企业都应该结合企业的实际情况和定价目标选择最佳的定价方法。

学习任务 2 餐饮产品定价的方法

学习成果前瞻:学完本任务,你将能够运用毛利率进行定价,能够运用主要成本法定低价。

一、毛利率定价法

餐饮产品价格的制定是在核定产品成本和毛利率的基础上完成的,其方法有多种。其中,毛利率定价法是较常用、较简单的方法之一。具体方法又有两种。

(一)销售毛利率法

销售毛利率法通常是在核定单位产品成本的基础上,根据产品的花色品种,参照分类毛利率标准来制定价格。本法主要适用于零点餐厅餐饮产品定价。其计算方法如下:

$$产品价格=\frac{单位产品定额成本}{1-销售毛利率}$$

【案例 1】

某酒店中餐厅销售清蒸鲈鱼和松鼠鳜鱼,进价分别为 23 元/千克和 37.2 元/千克,净料率为 82% 和 78%,盘菜用量均为 0.75 千克,两种菜品的配料成本分别为 1.6 元和 2.4 元,调料成本分别为 1 元和 1.4 元,销售毛利率分别为 52% 和 68%,请分别确定两种菜品的价格。

案例分析:

(1)分别计算两种菜品的盘菜成本。

$$清蒸鲈鱼的盘菜成本 = \frac{23}{82\%} \times 0.75 + 1.6 + 1 \approx 23.64(元/盘)$$

$$松鼠鳜鱼的盘菜成本 = \frac{37.2}{78\%} \times 0.75 + 2.4 + 1.4 \approx 39.57(元/盘)$$

(2)分别计算两种菜品的基价。

$$清蒸鲈鱼的基价 = \frac{23.64}{1-52\%} \approx 49(元/盘)$$

$$松鼠鳜鱼的基价 = \frac{39.57}{1-68\%} \approx 124(元/盘)$$

(二)成本毛利率法

成本毛利率法通常是先制定单位产品原料与配料定额,计算出成本,然后根据规定的成本毛利率定价。成本毛利率因其比较的基础和销售毛利率不同,毛利率水平一般比销售毛利率更高。成本毛利率法的计算方法如下:

$$产品价格 = 单位产品定额成本 \times (1 + 成本毛利率)$$

【案例 2】

某酒店零点餐厅销售叉烧仔鸡。盘菜主料用公鸡 1.5 千克,进价为 16.8 元/千克,经加工处理后,下脚料折价 1.6 元,配料成本 5.6 元,调料成本 4.8 元,成本毛利率 85.6%,请确定叉烧仔鸡的盘菜价格。

案例分析:

根据题目条件直接计算产品基价。

$$叉烧仔鸡盘菜价格 = (16.8 \times 1.5 - 1.6 + 5.6 + 4.8) \times (1 + 85.6\%) \approx 63(元/盘)$$

小链接

怎样掌控毛利率

在餐饮经营中,不同餐厅的毛利率水平是不同的。餐厅档次越高,其毛利率越高。在同一餐厅中,不同菜品的毛利率也是各不相同的。一般掌控毛利率的做法如下:

(1)蔬菜类产品,毛利率最高,单价较低。

(2)一般肉类产品,毛利率一般,单价居中。

(3)海鲜类产品,毛利率偏高,单价较高。

(4)加工复杂的名贵产品,毛利率较高,单价最高。

(5)加工简单的一般产品,毛利率最低,单价也较低。

各类产品的具体毛利率要根据本企业和本餐厅的档次规格、星级或等级和接待对象的档次、类型等灵活掌握,没有统一的标准。

二、主要成本法

主要成本法是根据菜品的主要成本和定价系数来制定价格。菜品的主要成本是指原料成本和直接人工成本之和。在核定菜品原料成本和直接人工成本的基础上,可以算出菜品的定价系数,然后制定价格,方法如下。

(1)预算分类菜品成本率。以餐厅统计资料为基础,分别确定不同种类菜品的成本率,如蔬菜、肉类、主食、面点、野味和禽蛋,菜品种类不同,成本率的高低会有所不同。

(2)预算直接人工成本率。直接人工成本是餐饮部门或某一个餐厅的人工成本,不包括企业高层管理人员和综合管理部门的人工成本。

如果核定一个餐厅的产品价格,则只算一个餐厅的直接人工成本,其计算方法是根据餐厅以前的人工成本和销售收入大致确定。

(3)计算产品定价系数。将分类产品的原料成本和直接人工成本结合起来,分析它们与价格之间的关系,即可确定产品的定价系数,其方法是直接用预算收入和主要成本来计算,计算公式为

$$r = \frac{Q}{c_1 + c_2}$$

式中,r 为定价系数;Q 为预算收入;c_1 为原料成本;c_2 为直接人工成本。

(4)核定产品基价。在核定菜单各种产品标准成本的基础上,求出主要成本,制定产品基价。其计算公式为

$$P = (c_1 + c_2) \cdot r$$

式中,P 为产品基价;c_1 为原料成本;c_2 为直接人工成本;r 为定价系数。

【案例3】

某酒店风味餐厅定价期内预算销售收入 285.76 万元,其中,冷菜类占 12.8%,蔬菜类占 18.6%,肉类占 28.5%,海鲜类占 25.4%,禽蛋类占 10.2%,其他占 4.5%。餐厅直接人工成本率为 15.4%,各类菜品分类毛利率分别为冷菜类 62.5%、蔬菜类 68.7%、肉类 60.8%、海鲜类 58.2%、禽蛋类 61.3%、其他 57.4%。餐厅已核定出部分菜品盘菜标准成本,见表14-1。

表14-1　某酒店风味餐厅部分菜品盘菜标准成本　　　　　　　　　单位:元

品种	冷菜类	蔬菜类	肉类	海鲜类	禽蛋类
a	3.86	0.98	5.85	9.45	11.75
b	2.58	0.56	7.45	12.74	18.46

请用主要成本法核定上述产品的基价。

案例分析:

(1)编制各类菜品销售收入、主要成本和定价系数,见表14-2。

表14-2　各类菜品定价系数计算表

项目	冷菜类	蔬菜类	肉类	海鲜类	禽蛋类	其他	合计
销售收入/万元	36.58	53.15	81.44	72.58	29.15	12.86	285.76
原料成本/万元	13.72	16.64	31.92	30.34	11.28	5.48	109.38
人工成本/万元	5.63	8.19	12.54	11.18	4.49	1.98	44.01
定价系数	1.89	2.14	1.83	1.75	1.85	1.72	1.86

(2)计算菜品直接人工成本。每种菜品原料成本越多,分摊的直接人工成本也越多。如冷菜类产品 a 直接人工成本计算如下:

冷菜类直接人工成本与原料成本比例 = 15.4% ÷ (1 - 62.5%) = 0.41

冷菜类品种 a 分摊直接人工成本额 = 3.86 × 0.41 ≈ 1.58(元)

(3)编制菜品基价,见表14-3。

表 14-3　各类菜品基价

菜品种类	品种	原料成本/元	直接人工成本/元	定价系数	产品基价/元
冷菜类	a	3.86	1.58	1.89	10.28
	b	2.58	1.06		6.88
蔬菜类	a	0.98	0.48	2.14	3.12
	b	0.56	0.27		1.78
肉类	a	5.85	2.28	1.83	14.88
	b	7.45	2.91		18.96
海鲜类	a	9.45	3.50	1.75	22.66
	b	12.74	4.71		30.54
禽蛋类	a	11.75	4.70	1.85	30.43
	b	18.46	7.38		47.80

三、边际成本法

边际成本法主要适用于餐饮企业的自助餐、套餐、团体餐等以人均收费为价格表现形式的餐饮产品价格调整或制定。这种方法的基本原理：产品价格越高，销售量越小；产品价格越低，销售量越大。但销售量的增加或减少，只影响原料成本和变动成本，不影响餐厅的固定成本。因此，经过测试分析，在产品价格和销售量的最佳适应点，边际收入会等于边际成本，这时，餐饮产品的利润最大。价格制定或调整就以这时的价格为标准，形成产品定价。这里的边际收入是指每增加一单位产品销售量所增加的收入，边际成本是指每增加一单位产品销售量所增加的成本。边际成本法的调价步骤如下。

❶ **收集价格资料**　这主要包括产品原价、接待人次、原料成本、固定费用和变动费用，以便为产品价格调整提供依据。这些资料可以以餐厅过去一定时期的实际统计资料为准。

❷ **预测调价效果**　根据调价方案确定在不同价格水平下的预测产品销售量或接待人次，进而测试产品价格和销售量或接待人次的最佳适应点，计算边际收入和边际成本。

❸ **确定调价水平**　根据测试结果，找到边际收入等于边际成本时的产品价格和销售量或接待人次，从而做出调价决策。

【案例 4】

某酒店自助餐厅计划成本率为 32.5%，人事、折旧等固定费用预计每月 3.58 万元，水电燃料等可变费用预算为 12.5%，自助餐厅原定每人次收费 75 元。预计月接待人次 1500 人。若价格下调，接待人次将增加，请确定未来 1 个月最优利润价格目标。

案例分析：

根据题目条件，直接列表分析产品价格、接待人次、边际收入和边际成本，确定定价目标，具体见表 14-4。

表 14-4　边际成本法产品价格计算表

人均收费/元	预测月接待人次/人	收入/万元	边际收入/万元	原料费用	固定费用	可变费用	总支出	边际成本/万元	边际毛利/万元	利润/万元
75	1500	11.25	0	3.66	3.58	1.41	8.65	0	0	2.60
73	1710	12.48	1.23	4.06	3.58	1.56	9.20	0.55	0.68	3.28

续表

人均收费/元	预测月接待人次/人	收入/万元	边际收入/万元	成本费用支出/万元				边际成本/万元	边际毛利/万元	利润/万元
				原料费用	固定费用	可变费用	总支出			
70	2010	14.07	1.59	4.57	3.58	1.76	9.91	0.71	0.88	4.16
68	2310	15.71	1.64	5.11	3.58	1.96	10.65	0.74	0.9	5.06
65	2430	15.80	0.09	5.14	3.58	1.98	10.7	0.05	0.04	5.10
62	2550	15.81	0.01	5.14	3.58	1.98	10.7	0	0.01	5.11
60	2580	15.48	−0.33	5.03	3.58	1.94	10.55	−0.15	−0.18	4.93

分析结果表明,自助餐人均收费以 60～62 元为最好,这时,边际收入和边际成本大致相等,利润最大。

思考:边际成本法有效的前提是准确地计算出预测月接待人次,如何保证这一数据的真实性?

学习任务 3　餐饮产品价格的调整

学习成果前瞻:学习完本任务,你将能够依据市场变化有针对性地调整价格,并能运用价格弹性系数监控价格波动后市场反馈情况。

一、餐饮产品价格调整的依据和原因

餐饮产品价格的制定和执行不是一成不变的,在市场经济条件下,餐饮产品价格总是随着市场供求关系的变化而上下波动,这是价值规律起作用的一种表现形式。因此,餐饮产品价格调整是不可避免的,引起产品价格调整的依据和原因主要来自三个方面。

(一)市场供求关系的变化

需求决定供给,供给刺激需求。在市场经济条件下,餐饮市场供求关系的变化是随着时间的推移而呈阶段性波动变化的。其时间的阶段性变化大致有两种:一是因餐饮企业的建造周期而发生的市场供求关系的变化,这种供求关系的变化多以 1～3 年为一个周期;二是一个年度内随着季节波动而发生的市场供求关系变化,这种变化多以一个带有周期性的季节为一个周期,如淡季、旺季的供求关系变化,春、夏、秋、冬因食品原料的季节波动和顾客口味需求变化而引起的市场供求关系变化。由于餐饮市场供求关系波动规律的客观存在,餐饮产品的价格必然需要调整。在比较完全和充分的市场竞争环境中,餐饮企业的价格调整大多不是单一的涨价或降价,而是与企业的产品风味、花色品种调整和菜单重新制定相结合,同时伴随着餐饮企业之间的资本运作、市场进入和退出而发生的。

(二)原料成本与费用开支的市场变动

原料成本和费用开支是影响餐饮产品价格的重要因素。在一定时期和一定经营条件下,同一地区、同一城市的同等规格与档次的原料成本和费用开支水平是基本稳定的,但餐饮企业无法控制社会通货膨胀。当通货膨胀引起食品原料价格和各种费用开支水平大幅上涨时,餐饮产品的价格必然向上调整。当社会上出现银根紧缩、银行利率下降、原料物品价格下降时,餐饮产品的价格必然向下调整。这也是引起餐饮产品价格调整的重要原因之一。

（三）餐饮经营者的市场策略变化

餐饮经营者的市场策略是多种多样的,但引起餐饮产品价格调整的策略一般有三种。一是将市场占有策略调整为新的价格策略。如企业刚开业时,采用以低价为主的市场占有策略,经过一段时间的努力奋斗,打开了销售局面,形成了良好的市场声誉和丰富的客源市场,转而采用满意利润策略或声望价格策略,必然引起价格向上调整。二是因市场竞争激烈而调整市场营销策略。如将企业的风味产品调整为大众产品,将企业的特色产品调整为家常菜等,也会引起价格调整。三是企业升级而调整人事政策,提高员工的平均工资。提高员工工资水平的资金来源必然是增加产品销量、提高产品价格而带来的经营收入。这些都是由餐饮经营者的市场策略变化而引起的。

二、餐饮产品价格调整的工作步骤

餐饮产品价格调整常常是伴随着企业产品和菜单的调整而进行的,价格调整大致分为四个工作步骤。

（一）选择调价时机

餐饮产品的调价时机是由市场供求关系变化、原料成本和费用开支变动或企业经营策略调整决定的。选择调价时机要有预见性,即要根据市场供求关系变化和企业实际情况,在机会到来时及时做出调价决策。过早和过迟都对经营不利,调价时间过早,引起敏感性反应,可能影响餐厅客源和声誉,调价时间过晚,又会贻误战机,影响企业经营收入,所以必须选准调价时机。

（二）分析调价范围和品种

餐饮产品品种多,价格的调整往往是局部的,因此,正式调价前,餐饮经营者要分析调价范围和品种,要坚持以企业餐饮经营实力为价格调整的基础。企业实力是企业产品风味、质量,企业形象、声誉、管理水平以及服务质量的综合反映。企业实力雄厚,产品质量和服务质量高,具有局部竞争优势,可以保持价格的相对稳定或局部调价。另外,企业有各种不同类型的餐厅,其中,有些餐厅利用率很高,有些餐厅可能利用率很低。价格的调整就要根据不同餐厅的具体情况来确定,选好调价范围。就每一个餐厅而言,餐饮产品有多种类型,其中,有的品种受欢迎程度高,有的品种可能顾客很少问津。因此,调整产品价格还应选择好具体品种,有的可以上调,有的可以下调。分析调价范围和品种,就是要针对企业各种类型的餐厅及其品种做出抉择。

（三）拟订调价方案

餐饮产品因品种众多,其价格调整不像工业产品或大件商品那样简单地在商品原价基础上将价格上调或下调。就其产品价格调整的形式来看,主要有两种:一是零星菜点的价格调整;二是以人均收费为基础的自助餐、套餐产品价格调整。当价格调整的机会到来时,就应制定或拟订调价方案,如果不制定调价方案,而是在菜单上简单地将产品价格或人均收费上调或下调,必然引起顾客的敏感性反应。制定调价方案,首先要分析为什么要调,选择哪些产品调价,哪些不调价;其次要确定价格调整要达到的目的,特别是要预测可能引起的产品销售量、餐厅顾客数量的变化趋势;最后要将价格调整和菜单调整结合起来。只有这样,才能做好餐饮产品的价格调整工作。

（四）采取调价措施

采取调价措施就是根据调价方案,选择适当方法,在分析测试的基础上,做出具体的调价决策。如果是价格上调,重点要宣传产品质量、口味,形成良好口碑。如果是价格下调,则要做好宣传促销,以确保增加销量从而增加经济收入。

三、选择调价法

选择调价法主要适用于零点餐厅的餐饮产品的价格调整,一般以选择提价为主。当价格调整的机会到来时,选择调价法可大致分为四个步骤。

（一）选择需要调价的菜点品种和数量

零点餐厅的菜点品种很多。在市场竞争条件下,当调价机会到来时,受各种产品的价格、受欢迎程度和原料成本的影响,绝不应该采用统一提价或降价,即所有菜点都按一定比例调整价格的方法,而应该首先选择那些需要调价的菜品来进行价格调整。选择的方法一般是以统计资料为基础,选择那些受欢迎程度高且销售量、毛利率或毛利需要变动的产品。

（二）计算需要通过产品调价增加的销售收入

采用选择提价法只需要选择部分产品提价。调价的依据和原因主要是供求关系变化、原料价格上涨、营业费用和人工成本增加、原有产品价格过低、产品口味和质量引起受欢迎程度发生很大变化等。不管属于哪一种,进行选择提价后都会引起顾客人均消费的变化,也会引起销售收入的增加,否则,餐饮产品调价毫无意义。因此,用调价期内的预测顾客人均消费和预测接待人次,即可计算出产品调价后的新增收入。

（三）计算新增收入在调价产品中的分摊比例

采用选择提价法所获得的新增收入都是通过提价产品销售而得到的。它与不提价的产品没有必然联系,而选择提价的产品不止一个。这就需要根据所选择的提价产品的受欢迎程度和原价高低及其构成比例的平均值来确定餐饮产品提价后新增收入的分摊比例。

（四）预测提价产品的销售份数和提价额

选择提价法是选择受欢迎程度高的产品来提价。因菜单中的产品众多,提价后的这些产品一般不会引起顾客对价格的敏感性反应。因为不是统一提价而是选择提价,提价产品的品种较少,提价额较小。这时,根据市场状况和统计资料预测提价产品在调价期内或每天的销售份数,即可确定每个调价产品的提价额。

【案例5】

某酒楼经营广东菜。上期酒楼顾客的人均消费为64.38元。因面临通货膨胀,猪肉进价、蔬菜进价涨幅较大。本期酒楼计划调整产品价格。管理人员经过对市场物价上涨趋势分析、企业成本分析、酒楼经营环境预测已经收集了有关资料,制定了如下调价方案,并据此调整已选出的部分产品价格。

（1）酒楼餐位480个,供应中餐和晚餐。经预测本期上座率可达86.5%,调价前人均消费为64.38元,调价后人均消费必须达到68.52元才能弥补物价上涨的损失,完成计划利润目标。

（2）经对菜单销售分析和预测,本期已选出4种受欢迎程度高、需要调价的菜点。这些菜点的上期销售统计和本期日均预测销售份数如表14-5所示。

表 14-5　酒楼调价菜点基础数据

菜点名称	上期单价/元	上期日均销售份数/份	本期日均预测销售份数/份
家常海参	38.6	158	154
雪山鸡片	32.8	146	150
水晶虾球	29.4	140	142
鱼丝菠菜	16.5	165	160

案例分析:

（1）根据题目信息,计算本期日均新增收入。

$$新增收入=(68.52-64.38)\times480\times86.5\%\times2\approx3437.86(元/日)$$

（2）根据提价菜的上期日均销售份数和价格,计算每种菜点应该分摊的新增收入百分比,结果见表14-6。

表 14-6　提价菜点分摊新增收入百分比

菜点	上期日均销售份数/份	上期单价/元	份数构成比/(%)	价格构成比/(%)	平均分摊率/(%)
家常海参	158	38.6	25.94	32.91	29.43
雪山鸡片	146	32.8	23.97	27.96	25.97
水晶虾球	140	29.4	22.99	25.06	24.03
鱼丝菠菜	165	16.5	27.09	14.07	20.58
合计	609	117.3	100	100	100

（3）根据提价菜本期日均预测销售份数，计算菜点提价额和本期单价。

$$家常海参 = \frac{3437.86 \times 29.43\%}{154} \approx 6.57（元）\qquad 新价：45.17 元$$

$$雪山鸡片 = \frac{3437.86 \times 25.97\%}{150} \approx 5.95（元）\qquad 新价：38.75 元$$

$$水晶虾球 = \frac{3437.86 \times 24.03\%}{142} \approx 5.82（元）\qquad 新价：35.22 元$$

$$鱼丝菠菜 = \frac{3437.86 \times 20.58\%}{160} \approx 4.42（元）\qquad 新价：20.92 元$$

四、价格弹性系数分析

价格是影响餐饮产品销售量的又一重要因素。随时分析价格变化对销售量的影响，合理掌握价格，求得价格和市场销售的最佳适应点，也是提高餐饮产品销售的重要手段。餐饮产品价格受原料成本、管理费用、市场竞争等多种因素影响，但最终通过接待人次和顾客对餐饮产品的喜爱程度来影响销售收入。在一定时期和一定经营条件下，价格变化对客源的影响的函数关系可用下式表示：

$$x = f(P)$$

式中，x 为客源数量；P 为产品价格。

价格弹性系数是指价格变化对客源产生影响从而对销售量产生影响的程度。在一定时期和一定经营条件下，价格弹性系数说明价格变化引起客源变化，从而引起销售量变化的度量关系。其计算公式为

$$k = -\frac{(x_2 - x_1) \div x_1}{(P_2 - P_1) \div P_1}$$

式中，k 为价格弹性系数；x_1、x_2 为不同时期的产品销售量；P_1、P_2 为不同时期的产品价格。

价格弹性系数始终小于 0，说明价格变化和销售量的变化之间存在反比例关系，但影响程度不同，有三种可能。

（1）当 $|k| < 1$ 时，说明价格变化对销售量的影响较小，市场求大于供，有利于扩大产品销售，也可以适当调价，以扩大产品销售，增加经济收入。

（2）当 $|k| = 1$ 时，说明价格变化会引起销售量等比例地变化。价格越高，销售量越少。如果各种产品都涨价，提高综合毛利率，客源会大量减少，涨价毫无意义。而且会引起顾客消费心理发生连锁反应，这时要保持价格的稳定性。

（3）当 $|k| > 1$ 时，说明价格变化对销售量的影响很大，市场处于敏感期，顾客对价格的敏感性较高，这时涨价会引起销售量更大比例地减少，影响销售收入。管理人员应保持价格稳定，最好是适当降价，提高竞争力，扩大产品销售。

课后实训

实践活动 1:以小组为单位,联系实训基地门店,分析门店菜品的定价情况,估算毛利率。

实践活动 2:定价练习。某饭店销售啤酒鸭:主料进价 24.5 元/千克,净料率 82.5%,盘菜用量 1.5 千克,配料成本和调料成本分别为 5.2 元和 4.8 元,销售毛利率 62%。请用毛利率定价法定价。

实践活动 3:小组讨论。选择调价法中选出的餐饮产品是怎么被确定的,说出理由和计算方法。

餐饮菜单设计与分析

学习目标

知识目标 掌握菜单设计的原则和标准,了解菜单的种类,掌握菜单设计的内容和方法。

技能目标 能够设计各种类型的菜单。能够根据餐厅的经营主题设计菜单。能够根据菜单菜肴的销售情况进行菜单分析。

思政育人目标 培养敬业精神和责任感,塑造双赢思维,学会结构化分析方法。

课程思政

"新中国第一宴"

1949 年 10 月 1 日,毛泽东、刘少奇、周恩来、朱德、宋庆龄等党和国家领导人,社会各界代表、国际友人共 600 多人出席了在北京饭店举办的新中国第一次国宴。这是中华人民共和国成立后的第一次重要宴会。

国宴菜肴讲究清淡软烂,以咸为主,刺激性味道较少,兼顾领导人和国宾的口味是必须考虑的事。考虑到参加本次宴会的人来自天南海北,为了满足大家不同的口味,周恩来总理特意挑选了兼容南北菜系之长的淮扬菜作为此次国宴的主菜。当时的北京饭店主要经营西餐,尤以法餐为主。缺乏中餐制作经验的北京饭店,先是临时搭建起了一个二百平方米的中式厨房,随后邀请了当时北京有名的淮扬风味饭庄——玉华台的朱殿荣、王杜堃、孙久富等 9 位淮扬菜大师,带领着 10 位北京饭店的西餐大厨,完成"新中国第一宴"。

宴会当天,大家醉翁之意不在"菜",只是借着这个场合,庆祝新中国的诞生,觥筹交错之间谋划着新中国的开局,畅想着新中国的建设蓝图,竟没有人留下文字材料记载开国第一宴吃了什么。多年以后,根据参加"新中国第一宴"制作的面点师孙九富、"新中国第一宴"现场招待管理员郑连福、参加"新中国第一宴"服务的理发员朱殿华和参与了肉类、鱼、虾、蔬菜加工的西餐厨师庞恩元的回忆,可以大致拼凑出"新中国第一宴"的菜谱。

导读

学习目的、意义 菜单在经营过程中作用巨大。菜单是企业营销的依据,是组织生产的工具,是餐饮企业市场定位的集中体现,是菜品推销的广告。围绕着菜单设计、菜单销售做分析对餐饮经营工作意义重大。

内容概述 讲解菜单的基础知识,使学生熟悉菜单的种类;讲解菜单的主要内容,使学生了解一份好的菜单应该怎样展现;对菜单的销售情况进行复盘,梳理菜肴的盈利结构,为学生更好地开展餐厅经营打下基础。

导入案例

时空的密语：香港瑞吉酒店

色彩冲击力越强，品牌形象越鲜活。

香港瑞吉酒店的餐厅 The Drawing Room 和酒吧 The St. Regis Bar，分别在空间和时间上将瑞吉昼夜不停息的餐饮享受拆分开来，为此，酒店为它们开发了一个共用的 logo。同时，使用不同颜色作为主色调，来反映两个餐饮空间鲜明的时间属性，以及被不同时间变化所赋予的风格特点（图 15-1）。

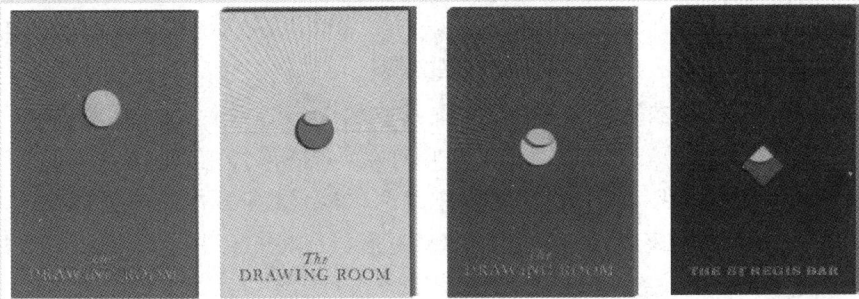

图 15-1　香港瑞吉酒店菜单设计

根据一天中的 4 个餐饮时段——午餐、下午茶、晚餐和深夜，The Drawing Room 和 The St. Regis Bar 的菜单分别展现自己的代表色。整个白天提供服务的 The Drawing Room 有 3 个菜单，只在夜晚营业的 The St. Regis Bar 有 1 个菜单。

这些颜色以自然光透过餐厅大窗户洒进室内时所呈现的色彩感为基础，巧妙地经过设计师的感性认知处理，得到全新的具象诠释。最精妙之处在于，就连菜单中心那颗"太阳"的位置高低、明暗，及其光线辐射纹路的疏密、角度，也会参考自然的真实变化，借由细节设计体现出来。

在 The Drawing Room，中午和傍晚可以享用丰富、新鲜的时令地中海菜肴，下午则有精致的手推车点心，任意时刻踏进这里，都能沉浸在惬意、舒适的氛围中。

学习任务 1　菜单基础知识

学习成果前瞻：学习完本单元，你将熟悉和了解菜单的种类、菜单的作用，了解常见菜单的形式设计。

菜单的英文是"menu"，来源于法语，或称菜谱、食单，其雏形是法国厨师为了记录菜肴的烹制方法而写的单子。当它成为向顾客提供的菜单时，已是 16 世纪中叶的事情了，据说在 1541 年英国布朗斯维克公爵在私人宅第举行晚宴，宴请朋友时，要求厨师将当天准备的菜肴抄在小纸条上，使他能预先知道要上的菜，顾客看到他在看桌上的单子时，颇受启发；以后大家便争相效仿，菜单也就真正出现了。而我国在宋代就有了菜单，诗人陆游在《老学庵笔记》中记载了宋廷宴请金使的国宴菜单。

一、菜单的定义与作用

菜单的含义有广义与狭义之分。广义的菜单是指餐厅中一切与该餐饮企业产品、价格及服务有关的信息资料,它不仅包括各种文字图片资料、声像资料以及模型与实物资料,还包括顾客点菜后服务员所写的点菜(订餐)单。狭义的菜单仅指餐饮企业为便于顾客点菜订餐而准备的介绍该企业产品、服务与价格等内容的点菜菜单或介绍宴会菜点的宴会菜单。

随着餐饮业的发展,新的餐饮经营形式不断出现,新技术在餐饮业广泛应用,从而使得菜单的种类与形式日趋丰富,其内容与作用也相应扩大。今天,菜单的含义已不局限于传统上人们的眼睛能立即见到的文字内容,它已成为餐饮企业与顾客进行信息交流与沟通的重要手段之一,同时也是餐饮企业对整个餐饮经营过程进行计划、控制不可缺少的管理工具之一。它在餐饮企业经营管理中的作用主要表现在以下几个方面。

❶ **菜单能促进餐饮销售**　一份精心编制的菜单,能使顾客感到心情舒畅,并能让顾客体会餐厅的用心经营,促使其多点几道菜品。同时,餐厅可以利用菜单内容引导顾客尝试高利润菜,以增加餐厅的收入。如加插精美的菜肴图片,使点菜者馋涎欲滴。

❷ **菜单是宣传品,又是艺术品**　菜单无疑是餐厅主要的广告宣传品,一份制作精美的菜单不仅可以调节用餐气氛,而且能反映餐厅的格调,使顾客对菜单内所列的美味佳肴留下深刻印象。有的菜单甚至可以被视为一种艺术品,让人欣赏并留作纪念,带给顾客美好的用餐体验。据说大画家张大千所写的菜单,成为顾客竞相索取和收藏的纪念品,张学良将军还将收藏的张大千所写菜单装订成册后请张大千题字留念。

❸ **菜单可反映餐厅的经营方针**　餐饮工作包罗万象,主要有原料的采购、食品的烹调制作以及餐厅服务,这些工作内容都需以菜单为依据。因此,必须根据餐厅经营方针的要求来设计菜单,才能实现营运目标。

❹ **菜单可控制餐饮成本**　菜单内容一经确定,也就决定了餐饮企业食品成本的高低。若毛利偏低的单种菜品过多,则必然导致整体食品成本偏高;精烹细作、工艺复杂的菜品过多,也会引起劳动成本的上升。菜单上不同成本的菜品数量比例是否恰当,直接影响到餐饮企业盈利能力。所以菜单的设计是生产成本控制的重要环节。

❺ **菜单是厨房购置相应餐饮设备的指南**　餐饮企业必须根据菜单的菜品种类和制作方法,选择合适的餐饮设备和工具。例如,菜单有老鸭煲时要购置砂锅,有煎牛排时要购置平板灶或平锅。一般而言,菜品种类越丰富,所需的设备种类就越多。

❻ **菜单是顾客与接待者之间沟通的桥梁**　顾客通过菜单来选购自己所喜爱的菜品,而接待人员通过菜单来推荐餐厅的招牌菜,两者之间借由菜单开始交谈,形成良好的双向沟通模式。有些餐厅在菜单上绘漫画,加上菜点小常识,从而拉近与顾客的距离。

❼ **菜单体现餐厅菜品的经营特色和等级水准**　每个餐厅都有自己的经营特色和等级水准。菜单上的菜品项目、饮料品种、价格及质量等均能体现餐厅菜品的特色和水准,好的菜单更能给顾客留下良好和深刻的印象。

❽ **菜单是餐厅采购食品材料种类、数量的依据**　食品材料的采购和储藏是餐厅经营活动的必要环节,它们受到菜单内容和菜单类型的影响,所以餐厅经营者必须根据菜单来决定食品材料采购的种类和数量。

❾ **菜单是餐厅服务人员为顾客提供各项服务的准则**　菜单决定了餐厅服务的方式和方法,服务人员必须根据菜单的内容及种类,提供各项标准的服务程序,既让顾客得到视觉、味觉、嗅觉上的满足,又让顾客享受到优质的服务。

❿ **菜单是研究食品质量的资料**　根据顾客点菜的情况,分析餐厅菜品销售状况,了解顾客的口味以及顾客对菜品的选择率,并依此改进食品质量及服务品质,从而调整口味方向,改良生产计划和烹调技术,改善菜品的促销方式和提高菜品毛利率。

二、菜单的类型

依据不同的分类标准,菜单可分为多种类型。按照餐饮形式和内容,菜单可分为早餐(茶)菜单、正餐菜单、宴席菜单、团队菜单、冷餐自助餐菜单、宵夜点心菜单和酒水单等。按照市场特点,菜单可分为固定菜单、循环菜单、当日菜单和限定菜单等。按照菜单的价格形式,菜单可分为零点菜单、套餐菜单和混合菜单。根据餐饮企业经营类型,菜单可分为餐桌服务式餐厅菜单、自助式餐厅菜单和外卖送餐式餐厅菜单等。按照中西餐就餐方式,菜单可分为中餐菜单和西餐菜单。综合考虑各类餐饮企业的经营类型、经营项目、就餐形式及服务对象等因素,菜单可分为以下六大类型。

(一)零点菜单

零点菜单又称"点菜菜单"或"散客菜单",是酒店餐厅或者独立餐饮企业中最基本、最常见也是使用最广泛的一种菜单。它适用于前述大多数经营类型的餐饮企业,如传统餐桌服务式餐厅、特色餐厅、风味餐厅、火锅餐厅及咖啡厅等。零点菜单按餐别可分为中、西式早餐零点菜单和中、西式正餐零点菜单四种。中、西式正餐零点菜单所列菜品种类较多,大多图文并茂,顾客可根据自己喜好按菜单点菜。随着餐饮业的迅猛发展,近年许多餐厅在正餐零点菜单上除保留一定比例的固定菜品外,大量增加了应时新鲜菜品和一些特选品种,进一步扩大了菜单上的选择项目,使顾客有更充分的选择余地。即使是专营某类菜肴的特色餐厅或风味餐厅,其菜单上也列有一定数量的其他菜肴。中、西式早餐零点菜单则相对简单,这主要是由于大多数人早上忙于上班,就餐时间相对较少,早餐菜单上较少的菜品可为顾客节约点菜时间。总的来说,零点菜单的基本特征主要有以下几个方面:①针对流动性较大的客源市场,常使用固定性菜单,在相当长一段时间内大部分菜品基本不变;②针对的顾客群较广,为兼顾顾客不同口味与层次的需求,零点菜单菜品较多,菜品价格高、中、低档搭配适度,尤其是正餐零点菜单,可使顾客有充分的选择余地;③每道菜品标明价格,许多餐厅的零点菜单还将每道菜品按大、中、小份分别定价,让顾客有更大的选择余地;④反映餐厅经营特色与等级水平,突出主菜与特色菜。

❶ 中式早餐零点菜单主要菜品类别

(1)粥类。各地粥品以当地风味为主,如白粥、小米粥、八宝粥常见于北方风味餐厅,鱼片粥、皮蛋瘦肉粥则在粤菜餐厅菜单上常见。除了白粥价格低一个档次外,其他粥品一般以差不多的价格供顾客选择。

(2)面食点心类。面食点心类以中式面点为主,常见品种有蒸饺、虾饺、烧卖、春卷、花卷、包子、馒头、煮面、炒面、云吞等。

(3)小菜类。以各地风味小菜为主,如泡菜、咸菜、火腿肠、咸蛋、花生等,南方地区的餐厅还提供肉类小食,如牛百叶、凤爪、猪蹄等。

(4)饮料类。饮料一般是茶或果汁,有些餐厅还提供水果或咖啡。

❷ 西式早餐零点菜单主要菜品类别

(1)果汁与水果类:这是英式早餐的常见品种。

(2)面包与黄油:面包一般是烤制而成,与果酱、黄油同时送上。早餐菜单一般提供月牙形黄油小面包、香甜盘肠面包、玉米面包等面包类主食。

(3)谷物类:这是英式早餐菜单上的常见品种,尤以燕麦片粥、玉米面包片较为有名。

(4)禽蛋菜肴类:这也是英式早餐菜单上的常见品种。这类菜肴一般加有火腿、香肠或咸肉。

(5)饮料:主要有咖啡、牛奶、可可、红茶等。

❸ 中式正餐零点菜单主要菜品类别

(1)冷盘凉菜类:包括各种拼盘、凉菜。

(2)江鲜、河鲜与海鲜类:主要包括淡水与咸水鱼、虾、蟹及甲壳类菜肴。

中式早餐
零点菜单
内容示例

中式正餐
零点菜单
内容示例

（3）肉类：主要是家畜类菜肴，包括家畜内脏等原料制成的菜肴。

（4）禽类：主要是家禽类菜肴。

（5）蔬菜类：主要包括以蔬菜、水果等为原料制作的菜肴。

（6）主食类：一般是由米、面等制作的品种。

（7）汤类：以各种羹汤类菜品为主。

（8）甜点类：包括各种甜食菜品。

（9）饮料类：包括酒精饮料与非酒精饮料。

中式正餐零点菜单品种丰富，但并不意味着所有的餐厅在选择菜品时，必须将上述类别的菜品全部都列在菜单上，而是要根据本餐厅的经营类别、当地原料供应情况、本餐厅技术力量、本餐厅市场定位与档次来选择菜品品种，同时在众多菜品品种中，将那些最能突出本餐厅特色、反映本餐厅技术水平以及餐厅最愿意销售的菜品放在菜单上最醒目的位置。另外，中式正餐零点菜单的菜品类别，也可根据需要，加入以烹调方法为特征的品种，如煲仔类、铁板类、热炒类、烛品类、烧烤类等类别。

❹ 西餐正餐零点菜单主要菜品类别

（1）前菜类。前菜也称开胃菜或头盘，一般在主菜前食用，其特点是量少、味鲜、色美，具有开胃（刺激食欲）的作用，通常包括三明治或饼干类开胃品、蘸汁开胃品及其他开胃小食品类，如法式鹅肝酱、苏格兰烟熏三文鱼、俄式鱼子酱、肉冻、咸菜、酸菜及小虾米干等。

（2）汤类。在法国菜中，汤一般分为两大类，即浓汤和清汤。清汤中又以牛肉清汤最具代表性，西餐涉及人口及国家较多，除法国的汤菜外，其他许多国家也有一些较著名的汤菜，如俄罗斯的波昂斯切汤、意大利的意大利蔬菜汤等。

（3）主菜与配菜类。这一类菜肴是西餐菜单上最重要的类别。主菜通常是菜单上烹调工艺较复杂、口味最具特色、分量最大的一类菜品，一般包括鱼、虾类，肉类、禽类及野味类菜品。按照西方人的就餐习惯，主菜一般只选一道菜品。主菜大多需要配菜，配菜一般选用各种新鲜菜，按照白、青、红等颜色组合烹制而成。其既能在色、香、味、型方面美化主菜，又能刺激食欲，平衡营养。

（4）沙拉类。沙拉也译为"沙律"，通常是在主菜上桌后不久或同时上桌。沙拉有荤、素之分。荤沙拉一般由鱼虾、蟹肉等原料制成。素沙拉主要选用新鲜质嫩的蔬菜、水果制成。随着节食者和素食者的增多，素沙拉的需要量在大幅增加，因此它又常作为顾客的一道主菜使用。沙拉类菜品有时也可作为配菜使用。

（5）甜品类。甜品类菜点并非仅仅局限于甜味食品，按照西方人的饮食习惯，广义的甜品是指正餐后食用的食物。甜品类菜点一般由三类菜品组成：①由冷热布丁、冰淇淋等组成的冷热甜食类菜品；②以奶酪为主料制成的各种咸味小食品；③水果类。

（6）盘肠面包与黄油类。主要品种有白面包、燕麦面包、葡萄干面包、黄油面包卷、奶油包及玉米薄饼（片）。

（7）酒水饮料类。酒水饮料一般放在菜单最后，包括餐前开胃酒、跟餐酒、餐后烈酒、咖啡、牛奶、茶等。

（二）套菜菜单

"套菜"也称"套餐""定菜"，就是在各类菜品中选配若干菜品组合在一起，以一个包价销售的一套菜单。套菜菜单按照餐别，可分为中、西式早餐套菜菜单和中、西式正餐套菜菜单四种；按照服务人数可分为个人套菜菜单和多人套菜菜单。个人套菜菜单多见于中、西快餐厅，而多人套菜菜单常见于各类餐桌服务式餐厅。餐饮企业推出各种套菜菜单的目的：一是迎合不同顾客的需要，二是增加餐饮企业的收入，充分利用餐厅现有资源。同零点菜单相比，套菜菜单具有以下基本特征。

（1）经济实惠：套菜菜单以每客、每套或每桌计价，因此每套菜的包价通常比顾客单独零点加起来便宜。

（2）品种大众化：套菜菜单上选用的菜品大多是大众习惯享用且制作较简便的品种。

（3）组合简单：每套菜的品种一般较少，便于顾客选择，使顾客一目了然。

（4）可循环使用：无论是中、西式早餐套菜菜单还是中、西式正餐套菜菜单，除快餐厅外，每次提供给顾客选择的套数不宜太多，一般保持在 3～5 套，但这些套菜菜单可循环使用。如每周循环一次。

（5）在节日或特殊场合，套菜菜单也可选用部分制作精细、档次较高的菜品。

（三）宴席菜单

宴席菜单是为宴席而设计的，由具有一定规格、质量的一整套菜品组成的菜单。严格说来，宴席菜单也属于套菜菜单，只是由于人们举行宴席的目的、档次、规模、季节、宴请对象及地点各不相同，宴席菜单在规格、内容、价格方面应与其他套菜菜单区别开来。因此，宴席菜单可以说是一种特殊的套菜菜单。宴席菜单同其他套菜菜单相比，特殊性主要表现在以下几个方面。

（1）设计的针对性与及时性。餐饮企业必须根据宴席预订信息或临时针对每一次宴席顾客的不同需要来进行菜单设计，即便是同一餐厅，同一时间，同一价格，菜单内容也会因宴席目的与宴请对象不同而大相径庭。这也是宴席菜单与套餐菜单主要的区别之一。

（2）内容的完整性。宴席无论是何种目的与档次，在菜单设计上都要求按照就餐顺序，设计一套完整的菜品。如中式宴席菜单一般要求有冷菜、头菜、热荤菜、素菜、甜菜、汤、席点、随饭菜、水果等一整套菜品。

（3）菜品编排的协调性。宴席菜单在选择菜品时，除选择做工精细、外形美观的菜品外，所有菜品还要求在色、香、味、形、器、质地等方面搭配协调，避免雷同与杂乱；菜品选择还应与宴席性质及主题协调呼应，即菜单上菜品要相互呼应，特色分明，使所有菜品融合为一个有机统一的整体。

（4）宴席菜单选用的菜品集中体现了餐饮企业的技术水平。

（5）宴席菜单本身的设计也体现了餐饮企业的个性特色。宴席菜单不仅要求外观漂亮，印刷精美，其色、形、图案也要与餐厅装饰、宴席台面相协调，宴席菜单一般还可让顾客带走留作纪念。

（四）特种菜单

此类菜单同零点菜单、套菜菜单、宴席菜单相比，在服务对象、计价方式、品种编排以及适用场所等方面都有较特殊之处。特种菜单常见的有以下几种。

❶ 自助餐菜单　自助餐菜单与套餐菜单的主要区别：套餐菜单无论是以人还是以桌为计价单位，总是以一定品种和数量的菜品进行包价销售，而自助餐菜单则让顾客在一定品种的菜品中任意选用，无论数量多少，都按规定的以每位顾客为计价单位收费。也就是说顾客选择消费套餐，是以一定价格将套菜菜单上的菜品全部购买，即使吃不完也可打包带走，而选择消费自助餐，则具有在餐厅提供的菜品中任意享用的权利，但不能打包带走。自助餐菜单主要运用于经营自助餐、自助餐宴席以及自助式火锅的餐厅中。由于自助餐需要将菜品提前备好，供顾客自由选用，因此自助餐菜单上菜品的选择具有以下一些特点：①一般选用能大量生产、出品快速并且放置后质量下降慢的菜品，热菜要选用易于加温保温的品种；②无论是中式自助餐还是西式自助餐，餐饮企业一般会对菜品进行合理编排与搭配，形成多套自助餐菜单，循环使用；③品种风味一般要大众化，避免使用少数人群喜爱的风味菜；④品种数量一定要合理预测与安排，如果盲目制备，则极易造成浪费。

❷ 客房送餐菜单　这种菜单一般只在较高星级的酒店、宾馆才能见到。客房送餐是酒店、宾馆为那些不能去餐厅用餐或在开餐时间以外的时间要求用餐的住店顾客提供的特别餐饮服务。因此客房送餐菜单具有以下一些特征：①从菜单内容上看，客房送餐菜单仍属于零点菜单，但其品种数量明显少于零点菜单，而且酒店、宾馆一般将早餐、午餐、晚餐菜品及饮料都印在一张菜单上，或置于客房内，或挂于门把上，方便顾客订餐；②由于将菜品从餐厅送至客房需要一段时间，因此在选择菜单

菜品时,一般选用质量高、工艺不复杂且存放一定时间后质量不易降低的菜品;③选择菜品时,亦尽量少用需使用较复杂餐具的菜品;④菜单计价一般有两种方式,一是菜单上注明每款菜品的价格和服务费收取比例,另一种是将用餐费包含在房价之中,如有些酒店、宾馆的房价注明包含早餐送餐服务;⑤由于送餐服务需配备额外的工作人员和设备,如推车、保温容器等,菜品的价格往往明显较零点菜单上的菜品价格高。

❸ **特殊人群菜单** 餐饮企业推出特殊人群菜单,主要是为了满足人们多种就餐方式与就餐口味的需要,以进一步提高餐厅的营业收入。餐饮企业针对特殊人群推出的菜单主要有四大类,即儿童菜单、病人菜单、特殊饮食菜单、营养保健菜单。

(1)儿童菜单。尽管儿童不是家庭外出就餐的决策者,但他们对决策者有十分重要的影响,尤其是当前我国城市生活水平大幅提高,独生子女较多,年轻的父母们大多愿意为子女花钱,不少家庭因孩子的央求而外出就餐,因此许多餐饮企业,特别是西式快餐厅如"麦当劳""肯德基"等都将目光集中在儿童这一特殊人群身上,开发出了各式各样的儿童菜单。儿童菜单特点是菜单设计图文并茂,可引起儿童兴趣,菜品上主要选择适合儿童生理特点的营养食品,计价上更灵活,使年轻父母们感到经济实惠,同时在菜单上注明可获额外小礼品,以进一步取悦小朋友。

(2)病人菜单。有些顾客因患有某些疾病而在饮食上受到许多限制,如糖尿病病人与胃病病人。尽管这些人群是顾客中的极少部分,但一些餐厅还是为这些顾客准备了特别的菜单,以满足他们外出就餐的需要。在编制这种菜单时,应有医生、饮食学家和营养学家的指导。

(3)特殊饮食菜单。餐饮企业推出特殊饮食菜单主要是针对那些有特殊饮食习惯与嗜好的顾客,以满足他们的特殊饮食需要,如针对素食者的素菜单、针对节食者的节食菜单等。

(4)营养保健菜单。随着人们生活水平的提高,人们对饮食给健康带来的影响越来越重视,人们总是希望通过饮食来预防疾病,促进健康。在我国早就有"医食同源"之说,中医亦认为可通过饮食来预防和治疗某些疾病。一些餐饮企业研发并推出了包含药膳食疗菜品的营养保健菜单,以满足市场需求。目前许多药膳菜单上的品种逐渐被其他种类的菜单所吸收引用。

(五)酒水单

酒水单主要适用于以经营酒水饮料为主的酒吧、咖啡屋、茶馆等餐饮企业。酒水单上饮品的种类根据餐饮企业的经营类别而有所不同。酒吧中的酒水单以酒精饮料为主,而咖啡屋和茶馆的酒水单则以咖啡、茶等非酒精饮料为主。酒水单上的饮品种类较多,一般有开胃酒、烈性酒、鸡尾酒、香槟酒、葡萄酒、啤酒、汽水、果汁等类别。酒水单上的每一种饮品应分别注明价格。但计价单位因各餐饮企业的经营方法和酒水种类不同而有所不同。如烈性酒、鸡尾酒等饮品大多按每杯计价,而香槟酒、葡萄酒等多按每瓶计价。酒水单的基本形式与零点菜单类似。由于酒水饮料属于获利很大的产品,因此酒水单的品种选择与内容编排会直接影响餐饮企业的酒水销售。经营酒水饮料的餐厅大多把酒水饮料附列在菜单最后,部分大中型高档餐厅因提供酒水饮料品种较齐全,有时也单独印刷酒水单,其内容形式与酒吧等的酒水单类似。

三、菜单的形式设计

菜单是餐饮业无言的"推销员",在设计上要符合餐厅所塑造出来的形象,所以菜单的外形要与餐厅的主题相互辉映,而字体、颜色、用纸等更要能搭配餐厅的气氛和装饰,最后通过菜单内容的设置反映出服务方式,这样才算是一份完整的菜单设计。

(一)菜单格式

菜单的规格和样式大小应能满足顾客点菜所需的视觉需要。此外,餐厅经营者对于菜单的大小、插页的多少及纸张的折叠选择等也不可掉以轻心。一般零点菜单宜尺寸适中,太大会让顾客拿起来不舒服,太小会造成篇幅显得拥挤。最佳尺寸一般利用黄金分割比例 0.618 来计算。

零点菜单一般以长方形居多,宴会菜单多为单页形、双页形、多折形、扇形、卷形、轴形等,设计精致美观。

（二）菜单封面

❶ **字体与图片选择**　文字和图片是菜单上最基本、最主要的信息媒介,用于餐厅与顾客之间的沟通。无论是汉字还是其他文字,字体设计一定要易于辨认,为普通人所接受,否则不仅会拖延顾客点菜时间,有时甚至还会引起顾客误读而招致不必要的纠纷或令顾客十分尴尬,而不愿再来就餐。字体、字号、线条粗细等也应与餐厅风格相适应。图片传递的信息最直观,最能真实展现菜品的特色。彩色照片比文字具有更强的说服力,而且菜品的某些质量信息只有通过彩色照片才能形象地展示给顾客。如某些饮品的颜色、菜品的新鲜程度等。但彩色印刷的成本显然比单色印刷高很多,而且大量使用图片会使菜单制作成本增高,菜单篇幅增大,因此图片的数量要控制在一定的范围内,而且最好选择餐厅的品牌菜、部分高档菜或最受欢迎的菜品配上图片。

❷ **纸张选择**　用于印制菜单的纸张有多种类型,其价格、质量各不相同。如覆膜铜版纸、哑粉纸及一些特种纸张价格较高,而胶版纸、凸版纸等纸张价格相对较低。

总体说来,菜单的内容一般按就餐顺序排列布局,因为顾客一般也习惯于按就餐顺序进行点菜。菜单上不同部位对人们目光的吸引力不同,应将餐厅的特色菜、品牌菜、高档菜或餐厅最希望销售的菜品列在菜单上最引人注目的重点推销区。

❸ **页数的选择**

（1）单页菜单。单页菜单的重点推销区是菜单中线及以上部分,见图 15-2（阴影部分为重点推销区,余同）。

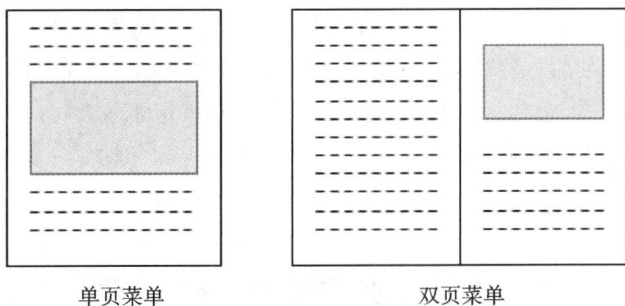

单页菜单　　　　　双页菜单

图 15-2　单页菜单和双页菜单

（2）双页菜单。双页菜单的重点推销区是菜单右上角区域,如图 15-2 所示。

（3）多页菜单。三页菜单的重点推销区是菜单正中部分。研究表明,人们对正中部分的注意程度是对其他部分的 7 倍。人们翻开三页菜单首先注意其正中位置,然后移到右上角,接着移向左上角,再到左下角之后回到正中,再到右下角,最后回到正中及中上方,如图 15-3 所示。因此中页的中部是最显眼之处,应列上餐厅最希望推销的菜品。

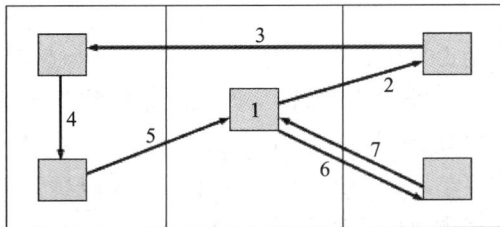

图 15-3　阅读三页菜单的先后过程

多页菜单的第一页和最后一页一般给人的印象较深,经过调查,顾客一般总能记住同类产品的第一个和最后一个(图 15-4)。

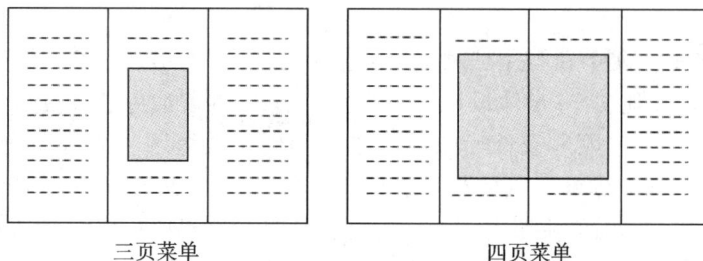

三页菜单　　　　　　　　　　四页菜单

图 15-4　三页菜单和四页菜单

(三)菜单艺术设计

菜单的艺术设计对于餐厅经营来说非常重要。因为一份设计精美的菜单本身对顾客就有非常大的吸引力。菜单的大小、色彩、重量、纸张质感、清洁度等都能给顾客强烈的印象。因此要想制作一份精美的菜单,应聘请艺术设计师专门设计。在设计制作菜单时,餐厅管理者应注意以下几个方面的内容。

❶ **菜单规格与篇幅**　菜单规格和篇幅应满足顾客点菜所需的视觉需要。其大小和页数的选择要慎重,太大的菜单会使顾客不便拿取,太小的菜单可能会使人不易看清。决定菜单大小的因素包括菜品数量、字号、字间距、页边距、页眉、页脚等,文字所占篇幅一般不要超过 50%。选择菜单规格与篇幅时,既要让人容易阅读,又不要太冗长。菜单常见的大小为 23 cm×30 cm,15 cm×27 cm,15.5 cm×24 cm,16.5 cm×25 cm 等。各企业可根据需要选择具体规格。

❷ **菜单封面与封底**　封面是菜单的门面,是菜单给顾客的第一印象,而封底是菜单留给顾客的最后一个印象,独具匠心的封面和得体的封底,往往会给顾客留下深刻而美好的记忆。菜单封面与封底的色彩、图案、字体等应与餐厅档次、特色、环境色调相匹配和协调。封面与封底可用防油防水材料压膜覆盖,以防止水、油的浸染,同时也便于清洁。

学习任务 2　菜单的内容表达

　　学习成果前瞻:学习完本单元,你将了解好菜单的构成要素和菜单的品牌表达,你的菜单审美能力将会提升。

一、好菜单的构成要素

好菜单的核心标准是顾客觉得好。菜单的内容设计不是从经营者角度看,而是从顾客角度看。这里就存在市场营销观中的产品思维和营销思维,产品思维往往从企业自身需求出发来思考问题,而营销思维则是从用户、顾客的角度出发来思考问题。

好的菜单能让顾客从拿到菜单起就能顺利、愉悦甚至惊叹地享受美食服务过程,每种菜肴各尽其用,各美其美。总体而言,顾客视角的好菜单具备以下特征。

(一)招牌菜清晰易识别

招牌菜是餐厅做得最好、最棒的菜品。招牌菜一定要突出,要让顾客一下就能识别出来并感觉良好。招牌菜的选择是一个取舍问题,但经营者要自己完成,不能将困难丢给顾客。餐厅和顾客之间存在着信息差,顾客看着陌生的菜单时,更希望餐厅提供最好的选择。所以,餐厅的招牌菜应该成为客户必点的第一道菜,字体一定要足够大并且放到显眼的位置,而且要给顾客提供足够的点选理由。

（二）招牌菜独具差异化价值

招牌菜的核心价值在于其与众不同。例如:作为招牌菜展示时,同样是酸菜鱼,有的店命名为酸菜鱼,有的名为柠檬老坛酸菜鱼;同样是比萨,有的店命名为比萨,有的名为榴梿比萨;同样是粥,有的店命名为粥,有的名为深海石斑鱼粥。所以餐饮经营者要构建菜品的差异化逻辑,产品的差异化在于食材的差异化与产品研发能力的差异化,以及产品所提供顾客价值的差异化。

另外,招牌菜利益的诉求点在哪里?利益的诉求点在于你想通过产品整体呈现给顾客什么样的印象,是健康、营养、无污染,还是热辣、过瘾,抑或清新、甜美等。产品的食材、工艺、利益诉求点是我们形成独具差异化价值的两大维度。

（三）产品分类清晰、点菜方便

一般而言,消费者的注意力有限,清晰、逻辑合理的菜单产品分类能迎合消费者的消费习惯,促进点单。例如西餐,可以分为前菜、主食、汤和点心之类。对于中餐,可以按照食材、按烹饪方式和按场景分类。总体而言,菜单分类要实现两个效果,一是让顾客更容易选择产品,二是让顾客快速接收到产品传达的信息。

（四）菜品命名简单易懂、有吸引力

好的菜名朗朗上口,能增加记忆点。消费者一般本能地讨厌复杂的菜名,简单明了、提示性强的菜名容易脱颖而出。例如同样是奶茶,有的店命名为珍珠奶茶,有的店名为芝士奶盖奶茶。同样是臊子面,有的店命名为陕西臊子面,有的店名为舌尖上的臊子面。有的火锅店菜单上有一种虾滑产品,原来名为虾滑,后来改名为鲜虾滑,加一个"鲜"字,销量竟然直线上升。因为加一个"鲜"字可以产生心理暗示作用。

（五）菜品价格准确易懂

菜品的定价包含所有的成本和餐厅的利润诉求。定价不能零乱,不能带角带分,不能考验顾客的计算能力,定价太零乱以致增加顾客的点单时间是不合适的。菜单产品的排列如果密密麻麻,也会分散顾客注意力。同时餐厅经营者应当知道不管是刚需的快餐还是满足社交需求的高档中餐,顾客往往在心里会有一个消费金额预期,定价、客单价要圈定消费人群的圈层。在菜单上,产品的价格如何排列,如何不让顾客感觉到贵,如何让顾客感觉吃得值,这是个非常关键的问题。

二、菜单的品牌表达

菜单的品牌表达首先需要餐厅具备自己的品牌印象。品牌印象需要更多地站在消费者的角度去认知。顾客接触到餐厅后产生的印象是什么,他们接受怎样的品牌表达等。餐厅树立品牌印象需要思考以下三个问题:

- 这家餐厅的概念是否明确且简明易懂?
- 这个概念能否被本地消费者欣然接受?
- 店内的实际场景、服务等各方面有没有偏离这个概念主旨?

例如,明明是一家低客单价的餐厅,只是为了解决顾客的刚需,却把店面装潢得特别豪华耀眼,这会让顾客望而却步,这样就偏离了这个餐厅所要传递的核心概念。再如,有的人为了追求差异化,把烧烤店装潢得富丽堂皇、精致有加,完全破坏了烧烤店在人们心中放松消遣的认知。当品牌印象与人们的认知发生冲突,就会给顾客造成不适。

（一）构成餐厅品牌印象的支柱

经营餐厅最重要的是要有亮点：一是要让消费者明确地知道到餐厅是吃什么的，二是餐厅会让消费者在什么样的动机和需求下产生去就餐的欲望。要把握好这两点，最关键的就是品类和场景。这也构成了品牌印象的两大支柱，这里的品类指的是餐饮产品的品类。品类解决的是"我是谁？"的问题，要让消费者明确地知道餐厅销售的是什么。如较大的品类（如火锅、烧烤），这些年由于竞争，品类不断分化，如火锅的分类就有毛肚火锅、牛肉火锅、菌菇牛腩火锅等。当然其他的品类也进入分化阶段，如虾仁水饺、酸菜炒饭等。

品类是品牌背后的品牌，是消费者认知和购买产品的最后一级分类，就是所谓的消费者"用品类来思考，用品牌来表达"。"用品类来思考"是指消费者脑海里想吃的是什么，品牌则用来表达这个品类。比如想吃火锅，大部分人就会说我们去海底捞吧。这是成功的品牌与品类之间明确的等同价值。

场景即在什么样的空间、时间里与谁发生了什么。重要的是站在用户端去思考，任何脱离用户使用场景所做的自嗨产品都是伪产品。餐饮业的场景也是一样的道理。这里要明确消费者的场景需求，比如是果腹还是社交，是解馋、休闲、家庭聚会、团队建设，还是美食聚会等。

（二）菜单上的品牌印象表达

餐厅品牌的品类与场景是品牌战略的核心方向，餐厅菜单要实现品牌战略可以从以下五个方面入手。

❶ 一个好名称　名称即称呼，也是名字、品牌名。一个品牌在创立的初始阶段，它还不能被称为品牌，只是一个代号、称呼罢了。而在时间的长河里，如何赋予这个品牌名独特的个性与魅力，让人们喜欢并传播，这才是重点。

取名的三大主要方法是人物命名法、暗示品类命名法和地域特色命名法。

（1）人物命名法。比如××记（杨记、松记等）或是直接使用具备人名属性（张妈妈、某某叔叔等）的品牌名，如费大厨等。人物命名法简单易记，大家不要小看这种命名方法，其实这是品牌的最高境界，也就是人格化背书。世界上的知名品牌，尤其是奢侈品品牌、贵族品牌，大多数是以创始人的名字命名的，而我国的很多传统老字号也是以创始人的名字命名的。

（2）暗示品类命名法。比如烤天下、九鲜坊等都与自己所经营的品类属性相关，这样也很容易被消费者识别。名字是品牌的超级符号，中国文字是象形字，文字本身就包含了特性、寓意，甚至带有画面感、想象力。暗示品类或者特性的名字都是好名字，因为无须解释，一眼就能看明白、一句话就能说清楚，这样的名字节省了大量的传播成本。

（3）地域特色命名法。如归蜀第、眉州东坡，它们都有所属地域的特征。四川是个美食之都，眉州是一个地名，而苏东坡是北宋时期眉州非常著名的文学家、书法家、画家，而且还是著名的美食家。"眉州东坡"这个名字将美食、名人与地域相结合。再如涪陵榨菜、金华火腿、德州扒鸡，这些带有强烈原产地属性的名字都被国家市场监督管理总局认定为"原产地商标"，既是品类发源地又是品类的代名词。

当然也不止这三种命名法，也有采用动物命名（比如天猫、飞猪）或是采用其他方法命名的。好名字要有寓意、简短、易读易写易记、减少谐音和生僻字。好名字减少了传播成本、认知成本，提高了传播效率、认知效率。给餐厅起个好名字，也是餐厅经营的一大战略。

❷ 一个好品类　品类是战略，餐厅是否能做大、做好以及是否做得轻松都与品类选择密切相关。选择好的、正确的品类，就做到了选择大于努力。为什么火锅成为第一大品类？就是因为火锅这个品类标准化程度极高，用工少、不依赖厨师，后端供应链相对完善，因此最容易扩张，可以开遍全国。另外麻辣烫、串串等属于火锅品类下的细分品类，可以发展到全国的每一个角落，生命力极其旺盛，开几千家店甚至几万家店都不成问题。

再说大中餐品类,比如徽菜、粤菜等,由于受制于标准化程度、用人数量,复制困难,因此扩张慢,在一个区域开的店也非常有限。正确地选择品类非常重要,这个选择要与自身能力、资源相匹配。有些事也许能看到前景,但不一定能做成。除了选择外,对于处在竞争分化时代的企业来说,还需要进行斟酌,很多餐饮的品类开始进入分化期。比如,水饺有虾仁水饺、鱼水饺,火锅有毛肚火锅、牛肉火锅等。

❸ **一个好口号**　当满街都是×××开创者、领导者时,我们其实需要的是一句非你莫属的口号。口号的价值是让别人记住、传播,最重要的一点是一定要口语化。只有口语化的口号才容易被记住、被传播,也就是我们常说的口口相传。

什么样的口号是好口号呢?想象一下,当你真实地介绍某个品牌给你的亲朋好友时会怎么说?能够代表品牌的差异化,同时能够让消费者产生好的印象并传播的那句话提炼出来就是所谓的好口号。常用的五个口号法则如下。

(1)领导法则。这是以前常用的方法,如果大家对定位不陌生,对这个法则肯定也不会陌生。不过要注意,不要使用违反《广告法》的一些敏感词汇。

(2)年份法则。例如一个韩式炸鸡品牌,菜单上写着"专注韩式炸鸡啤酒30年"。这体现了品牌的时间累积,有些建立一年或是几年的品牌就没法使用这种表述方式。

(3)品类属性法则。根据自己所选品类的一些特殊属性进行提炼而得。比如某餐厅的口号是"越煮越有味儿"。听起来是不是很简单、很直白?但是这个口号放在别的火锅产品或是其他产品上就不合适,放在这里就特别体现出品类的差异,因为该餐厅做的是卤煮火锅。卤煮产品的特性不像常规的火锅产品,卤煮火锅越煮汤越好喝,食材越入味。所以,客户最终也选择了这个口号。

(4)竞争法则。例如巴奴毛肚火锅的口号就带着浓浓的竞争意味,如"服务不是巴奴的特色,毛肚和菌汤才是"等。

(5)场景法则。这个法则其实非常好理解,但要切中消费者的场景需求。如香飘飘的"小饿小困来点香飘飘"。当广告投放到写字楼的电梯视频广告中时,这样一个场景就不断地植入消费者的脑海里,当白领们感受到小饿小困的时候,必然会想到香飘飘。可以说,这个场景是一个非常成功的植入。

❹ **一个好故事**　老字号餐厅经常会用与皇帝或者文人墨客相关的故事做宣传,比如"锅盖面""焖汁萝卜""什锦如意菜"等。再如,香港街头有很多美食与明星相关,当地电视台捧红了很多餐厅,还有一些知名美食家的点评往往也能让餐厅出名。

如果没有名人可"蹭"怎么办?那就专注于产品,从食材到加工工艺的与众不同之处就是最好的品牌故事,既可以是创始人的故事也可以是产品表现力的故事。

故事之所在,价值之所在,故事即印象,印象即传播。

❺ **一个信任状**　品牌如人,人如品牌。在菜单的品牌表达上如何建立品牌的好感度,很大程度上取决于顾客的信任。信任状其实有很多种,比如名人背书、获得米其林星级、获得比赛第一等都可以成为品牌的信任状。名称、人群、品类、口号、故事、信任状,这些都是形成品牌表达的重要元素,而且必须在品牌印象下保持和谐统一。

学习任务3　菜单销售的复盘

学习成果前瞻：学习完本单元,你将能够设立科学的指标进行菜单销售复盘,并对菜单菜品进行优化与筛选。

针对餐厅菜单的销售数据,进行每日、每周、每月复盘,是合理评估和调整菜单菜品的依据。菜单复盘的方法参考波士顿矩阵分析法。

一、波士顿矩阵分析法

波士顿矩阵(Boston matrix)由波士顿咨询公司创始人于1970年首创。它看起来只是一个简单的田字格,却能帮我们形成关于产品的系统化思考,规划企业产品组合方式,协助判断哪些产品该保留,哪些产品该放弃。

(一)波士顿矩阵的含义

波士顿矩阵又称波士顿咨询集团法、四象限分析法、产品系列结构管理法。波士顿矩阵的基本思想是借助市场占有率和业务增长率两个指标构成一个产品组合矩阵,并结合其销售额,综合评价餐饮企业每一个产品的市场状态及资金潜力。市场份额,即市场占有率,反映企业的竞争实力,是企业内部技术、设备、资金利用等能力的体现。业务增长率即销售增长率,反映市场吸引力,包括利润高低、竞争对手强弱、竞争环境优劣等外部环境因素。市场占有率和市场增长率都是可量化的指标,波士顿矩阵用这两个维度交叉形成四个象限,区分出四种不同性质的业务及产品类型。典型的波士顿矩阵如图15-5所示。

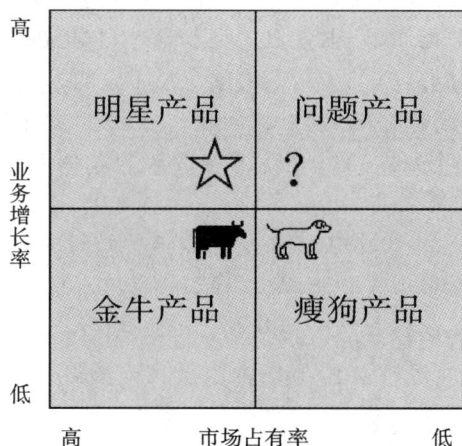

图15-5　波士顿矩阵

在波士顿矩阵上,纵轴为业务增长率,横轴为市场占有率。业务增长率可以用本企业的产品销售额或销售量增长率,时间可以是一年或是三年甚至更长时间。市场占有率可以用相对市场占有率或绝对市场占有率,但是需用最新资料。基本计算公式为

$$本企业某种产品绝对市场占有率 = \frac{该产品本企业销售量}{该产品市场销售总量}$$

$$本企业某种产品相对市场占有率 = \frac{该产品本企业市场占有率}{该产品市场占有份额最大者(或特定的竞争对手)的市场占有率}$$

以10%的业务增长率和20%的市场占有率为高低标准分界线,将坐标图划分为四个象限。顺时针依次为"明星产品""问题产品""瘦狗产品""金牛产品"。然后把企业全部产品按其业务增长率和市场占有率的大小,在坐标图上标出其相应位置。波士顿矩阵四象限产品的含义及特点如下。

(1)"明星产品"是业务增长率高、市场占有率高的产品群。"明星产品"处于快速发展阶段,具备良好市场前景;企业也具备相应的适应能力;面临的竞争压力较小;利润较高且利润稳定增长;对现金流的贡献较大。

(2)"问题产品"是业务增长率高、市场占有率低的产品群。"问题产品"的市场前景良好、机会大;企业竞争力不足,导致市场占有率低;面临较大的竞争压力;利润较低;对现金流贡献较小,或因

占用大量资金,对现金流产生负面影响。例如近些年来比较火的西班牙火腿、法国黑松露,各种档次的餐厅都有推出相关菜品,然而此类菜品竞争激烈,单店销量并不高,常常成为"问题产品"。

(3)"瘦狗产品"是指市场占有率低和增长缓慢甚至负增长的产品。"瘦狗产品"的市场吸引力逐步下降;在企业内部和外部处于劣势地位,面临的竞争激烈,属于衰退类产品,处于保本或亏损状态。

(4)"金牛产品"是指市场占有率高但业务增长率低的产品。"金牛产品"基本上是成熟期的产品,它为企业提供大量正的现金净流量,是企业利润的主要来源,可以用来扶持其他产品的增长或用于企业其他开支。例如楼外楼的经典菜西湖醋鱼、叫花鸡等就是"金牛产品"。

(二)波士顿矩阵的分析策略

企业战略目标定位不同,产品定义和对应的战略对策也不同。企业按产品类型的定位进行分类管理,制定不同策略,保证公司产品对经营业绩的贡献及产品的迭代发展。波士顿矩阵各象限产品的营销策略有以下四种选择。

(1)发展:增加资金投入,目的是扩大战略产品的市场份额。

(2)维持:以维持现有市场份额和收益、不额外增加资金投入为目标。

(3)收获:目的在于增加战略产品的短期现金收入,而不考虑长期影响。

(4)放弃:目的在于出售或清理产品,以便把资源转移到更有利的领域。

处于波士顿矩阵中四个不同象限产品的策略选择如下。

❶"明星产品"　此类产品的营销策略是维持或发展。采取发展的增长策略,需要积极扩大市场规模和抓住市场机会,以长远利益为目标,提高市场占有率,加强竞争地位。若加大投资和产品开发,则可能成为"金牛产品"。具体的发展手段有纵向整合、横向整合、市场渗透、市场开发、产品开发、合资经营等。

❷"问题产品"　此类产品的营销策略是发展、收获或放弃,建议此类产品采取选择性投资战略。若采取发展策略,则需要加大投入、增加市场占有率,未来存在成为"明星产品"或"金牛产品"的两种选择。若选择收获、放弃策略,则应尽快做出放弃该类产品的决策,避免产品长期处于"问题产品"类别,并占用公司资金而影响其他产品的投资。具体的发展手段有市场渗透、市场开发、产品开发、资产(业务)剥离。

❸"金牛产品"　此类产品的营销策略是维持或发展。需要保持稳定高回报,通过该产品回收资金,为其他产品(尤其是"明星产品")或业务仍有所增长的产品提供现金流,应进一步细分市场,维持现存市场增长率或延缓其下降速度。若采取发展策略,则需要尽量增加市场份额,长期维持优势地位,否则市场份额下降,可能变为"瘦狗产品"。具体的发展手段有产品开发、多元化。

❹"瘦狗产品"　此类产品的营销策略是收获或放弃,若战略得当,也有促使业务起死回生,成为有活力、能赢利的业务的可能。若采用收获、放弃战略,首先应减少批量,逐渐撤退,并将剩余资源向其他产品转移;也可采用产品整顿的方式,将"瘦狗产品"与其他产品、业务合并,进行统一管理。对那些业务增长率和市场占有率均极低的产品,则采取放弃策略,建议立即淘汰那些产品。具体的发展手段有裁员、资产(业务)剥离、资产(业务)清算。

波士顿矩阵通过产品划分,使企业采取不同策略,以保证其不断地淘汰无发展前景的"瘦狗产品",保持"问题产品""明星产品""金牛产品"的合理组合,实现产品及资源分配结构的良性循环。

二、菜单分析法

菜单分析法参考波士顿矩阵,选用销售额指数和顾客满意度指数作为参考指标。两个参数的计算公式如下:

$$销售额指数 = \frac{单个菜品的销售额}{平均销售额} \times 100\%$$

$$顾客满意度指数 = \frac{单个菜品的销售量}{平均销售量} \times 100\%$$

销售额指数反映菜单菜品的营收能力，越大越好。参数1为分界点，销售量代表菜品受欢迎程度，对于菜单菜品而言，要么赚钱要么赚人气满意度，是衡量产品优劣的标准（图15-5）。

图15-5　销售额和销售量

依据这个分析框架，可以对菜单菜品进行如图15-6所示的分类。

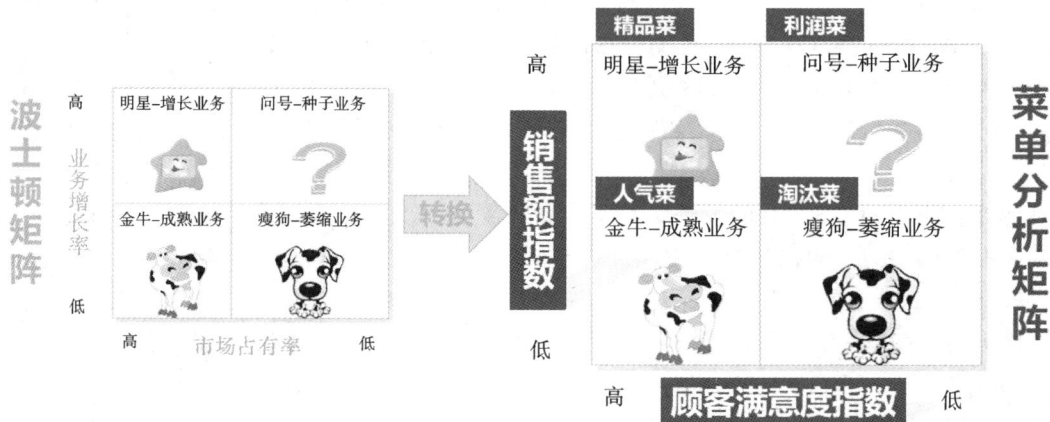

图15-6　菜单菜品分类

菜单分析矩阵四象限产品的含义及特点如下。

（1）"精品菜"是销售额指数高、顾客满意度指数也高的菜品。精品菜意味着名利双收，既能给餐厅带来好的收入，顾客的满意度也比较高。精品菜是整个菜单的主体，也是向顾客推荐的首选。

（2）"利润菜"是销售额指数高、顾客满意度指数低的菜品。利润菜销售量不大，但产生的销售额比较高，说明这类菜肴往往是高价菜，这类菜品定价高，利润高，可表现餐厅较高的烹调技艺和食材高档，是餐厅的门面。利润菜不宜过多，否则影响菜单人气。

（3）"淘汰菜"是销售额指数低、顾客满意度指数也低的菜品。这类菜品点单量少，带来的收入也少，往往是菜单中边缘化的产品，是菜单优化调整的对象。

（4）"人气菜"是销售额指数低、顾客满意度指数高的菜品。这类菜品销售量大，但销售额比较低。说明菜品是低价热销菜。每个餐厅一般会设置若干人气菜,但人气菜的数量不能太多,否则会影响正常的收入。

课后实训

实训活动 1:以小组为单位,拟定一家中餐厅,设计一份菜单。

实训活动 2:店长访谈。联系实训基地门店,做店长访谈,了解餐厅是如何做菜单推销的。

实训活动 3:工作现场实践。考察实习餐厅菜单的一个月销售情况,做菜单分析。

主要参考文献

[1] 蔡万坤,蔡华程.餐饮管理[M].6版.北京:高等教育出版社,2023.

[2] 戴桂宝.现代餐饮管理[M].2版.北京:北京大学出版社,2012.

[3] 白秀峰.餐饮新思维[M].北京:人民邮电出版社,2021.

[4] 容莉.餐饮企业采购业务实战指南:图解版[M].北京:化学工业出版社,2019.

[5] 赖崟,刘承智,秦瑾.餐饮管理6S推行手册[M].北京:人民邮电出版社,2023.

[6] 陆朋,王立宝,董硕.餐饮市场营销[M].北京:企业管理出版社,2021.

[7] 王小白.菜单赢利规划指南[M].北京:机械工业出版社,2019.

[8] 史远.新餐饮生存秘籍[M].北京:机械工业出版社,2020.

[9] 居长志,李加明,王方.门店数字化运营与管理教程:中级[M].北京:中国人民大学出版
     社,2021.

[10] 伊莱恩·哈里斯.顾客服务管理[M].曲波,高坤,姜程,等译.广州:广东旅游出版社,2020.

[11] 苏志平,赵银红,王德静.餐饮企业运行与管理[M].北京:外语教学与研究出版社,2015.

[12] 大卫·海耶斯,艾丽莎·米勒,杰克·奈米尔.餐馆管理[M].袁新宇,杨莹,向娜,等译.广州:
     广东旅游出版社,2019.

[13] 吴克祥.餐饮经营管理[M].2版.天津:南开大学出版社,2004.

[14] 李勇平.现代饭店餐饮管理[M].上海:上海人民出版社,1998.

[15] 郭敏文.餐饮部运行与管理[M].2版.北京:旅游教育出版社,2003.

[16] 刘晨.餐厅经营管理一本通[M].北京:北京时代华文书局,2017.

[17] 宋宣.从零开始做餐饮:开店篇[M].北京:中信出版社,2019.

[18] 徐文燕.餐饮管理[M].上海:上海人民出版社,2011.

[19] 容莉.餐饮管理与经营全案:互联网思维创新餐饮管理和运营模式[M].北京:化学工业出版
     社,2021.

[20] 田园,匡家庆.餐饮服务与运营管理[M].武汉:华中科技大学出版社,2022.

[21] 王天佑.饭店餐饮管理[M].4版.北京:北京交通大学出版社,2021.

[22] 马双,陈阳.餐饮管理案例集[M].北京:旅游教育出版社,2018.

[23] 彭荣胜,张宏丽.餐饮管理实务[M].武汉:华中科技大学出版社,2022.

[24] 国家旅游局人事劳动教育司.餐饮服务与管理[M].6版.北京:旅游教育出版社,2023.

[25] 董家彪,卿琳.餐饮服务与管理[M].北京:旅游教育出版社,2015.

[26] 陆朋,周静莉,王杨.餐饮服务与管理[M].北京:企业管理出版社,2021.

[27] 江小蓉.餐饮服务与管理新编[M].北京:旅游教育出版社,2013.

[28] 丹尼斯·丽丽卡普,约翰·卡曾斯.餐饮服务管理[M].8版.丛龙岩,译.北京:中国轻工业出
     版社,2017.